教师教育精品教材

特殊教育专业系列

"十二五"国家重点图书

培智学校
语文课程与教学

马红英　徐银秀　著

华东师范大学出版社
·上海·

图书在版编目(CIP)数据

培智学校语文课程与教学/马红英，徐银秀著. —上海：华东师范大学出版社，2015.8
教师教育精品教材. 特殊教育专业系列
ISBN 978-7-5675-4098-9

Ⅰ. ①培… Ⅱ. ①马…②徐… Ⅲ. ①语文课-弱智儿童-儿童教育-特殊教育-教学研究-高等学校-教材 Ⅳ. ①G764

中国版本图书馆 CIP 数据核字(2015)第 215278 号

教师教育精品教材 特殊教育专业系列
培智学校语文课程与教学

著　　者　马红英　徐银秀
责任编辑　吴海红
特约审读　舒小林
责任校对　高士吟
装帧设计　卢晓红

出版发行　华东师范大学出版社
社　　址　上海市中山北路 3663 号　邮编 200062
网　　址　www.ecnupress.com.cn
电　　话　021-60821666　行政传真 021-62572105
客服电话　021-62865537　门市(邮购)电话 021-62869887
地　　址　上海市中山北路 3663 号华东师范大学校内先锋路口
网　　店　http://hdsdcbs.tmall.com

印 刷 者　浙江临安曙光印务有限公司
开　　本　787×1092　16 开
印　　张　19.5
字　　数　408 千字
版　　次　2016 年 1 月第 1 版
印　　次　2021 年 7 月第 5 次
书　　号　ISBN 978-7-5675-4098-9/G·8640
定　　价　43.00 元

出 版 人　王　焰

前言

听、说、读、写能力是现代人参与社会生活必须具备的基本能力,因此语文课程无论在哪个国家都处于基础教育的核心位置,是所有学生必须修的课程之一。在培智学校,语文课程同样是所有学生必须学习的基础课程。

"培智学校语文课程与教学"是以培智学校的语文课程、学生学习语文的特点、培智学校语文教学的原则与方法为研究对象的。本书内容包括:培智学校语文课程的性质与要求,培智学校语文教材分析,智力障碍学生学习语文的特点,培智学校语文教学的基本原则与方法,培智学校的汉语拼音教学、识字写字教学、口语交际教学、阅读教学、写作教学、语文学业评价以及语文教学设计等。

虽然,在我国系统地研究培智学校语文教育的理论和操作实践的书籍并不多,但近10年来培智学校语文课程改革备受关注,专家和基层学校教师对培智学校语文课程的性质、内容、教材的组织形式、教学方法和学业评价等提出了很多不同的见解。本书力求从特殊教育和语文教育教学的理论入手,吸收了近些年培智学校课程改革新的理念和研究成果,系统地介绍了培智学校语文教育的基本理论和教学技术。通过阅读本书,既能够使学习者宏观地把握培智学校语文课程的框架,又能够帮助学习者深入了解不同障碍程度学生在学习汉语拼音、识字写字、阅读、写作和口语交际等领域的学习重点、难点和具体的教学方法。为了帮助学习者更好地理解相关理论,开展语文教学实践,本书还配有一些图片和实例分析。本书内容符合培智学校语文师资培养的特点,能够满足培智学校语文教师培养的基本要求。

在本书的编写过程中基层学校的许多老师提供了非常宝贵的经验和案例,而本系研究生刘智芝、林佩、王志琴、徐琴、胡同丽、陈越洋、芦代祯、戴尔芳、车金茗、徐湘、闫寒等参与了部分章节资料的收集和整理,在此我们一并表示感谢!

作　者

2015年8月

目录

第一章

培智学校语文课程概说

语言文字是沟通、思维、学习的工具，也是民族文化的重要组成部分。为了培养学生运用本国语言文字的能力，了解国家历史、传承民族文化、进行社会交流，各国都将本国的语言文字教育作为基础教育的核心内容，我国也不例外。培智学校是基础教育的重要组成部分，而语文课程同样是培智学校最重要的课程之一。学校以期通过科学的教育思想、先进的教育手段、系统的教学训练，帮助学生获得初步的听、说、读、写技能，为其最大限度地融入社会、有尊严地生活和工作、充分发展自我打下基础。作为将服务于培智学校的语文教师，你必须全面而深入地了解培智学校语文课程的性质、地位，明确培智学校语文教育的目标、内容和要求，以便科学地开展语文教育活动。

通过本章学习，你能够：

1. 理解培智学校语文课程的价值。
2. 了解培智学校语文课程的性质与地位。
3. 了解培智学校语文课程目标。
4. 了解培智学校语文课程的内容与课程要求。
5. 了解我国港台地区针对认知障碍学生语文课程的目标与内容。

第一节　培智学校开设语文课程的意义

培智学校的教育对象为智力障碍、脑瘫、自闭症和多重障碍等各类残障学生。这些学生普遍存在语言、思维、动作技能等障碍，严重影响了他们在社会交往、学业和社会认知等方面的发展。语文教育的核心是促进受教育者听、说、读、写能力的发展，所以在培智学校开设语文课程意义重大。开设语文课程的意义在于：

一、健全语言机制，促进思维发展

语言是思维的工具。人们在思考问题、作出决定时都是靠语言去执行，而且思维的结果也必须用语言保存和传递，所以思维离不开语言。如果儿童存在语言障碍，那么必然导致思维障碍。培智学校有些学生在入校时尚未建立口语系统，或语言发展水平尚处在“以词代句”阶段，使得其思维水平非常低。在教学中，他们很难完整、准确地理解感知到的事物，也不能准确地表达思想和情感。而语文课程能够通过科学、系统的语言文字教育与训练，健全学生的语言机制，提高其运用语言收集、处理和传递信息的能力，最终发展其思维水平。因此，语文课程对健全学生的语言机制、促进思维发展有着不可替代的作用。

二、培养沟通能力，促进社会交际

语言是社会交际的工具。因为语言障碍，培智学校的学生很难与人沟通，有些学生甚至从未有过成功的交际体验，故形成了孤僻、沉默寡言的个性。有些学生在家也很少开口说话，不愿与人交往。久而久之，沟通能力缺乏，从而影响了他们的个性发展、职业发展和社区生活的融入。培智学校的语文课程是以学生的社会融入为教育的出发点和归宿的，故非常强调对学生交际互动能力的养成训练。有鉴于此，培智学校的语文课程不但设有专门的“口语交际”、“非言语交际”等教学训练内容，还利用汉语拼音矫正学生的发音缺陷，利用阅读篇目给予学生民族交际文化、常见交际环境和常用交际语的教育。这些内容对培养学生运用语言文字进行社会交往、参与社会活动具有重要意义。

三、掌握语文工具，促进学业发展

掌握语言文字是学习的基础，具备语文能力是学习其他课程的前提。由于语言障碍，培智学校学生对教育、教学语言的理解存在不少困难，影响了他们对教学活动的参与和对教学内容的理解、记忆。而语文课程正是通过科学的口语和书面语教学，全面提高学生的听、说、读、写能力，为学习其他课程打下基础。

四、了解民族文化，建立正确的审美观和价值观

语文课程承载着丰富的民族文化和人文内涵。培智学校的学生因缺少对民族文化和世界优秀文化的了解，故民族认同感不高、国家意识比较淡薄，对是非的判断力也相对较差。语文课程在教授语言文字符号、教会学生运用语言文字阅读鉴赏、交流沟通的同时，还承担着增强学生的民族文化认同、传递世界优秀文化的功能，承担着培养学生审美意识、使其形成正确的价值取向的任务。所以，语文教育不但能够使学生掌握语文知识、形成语文技能，还能够使学生接受民族文化和世界优秀文化的感染和教育，使其逐步建立良好的审美观和正确的价值取向。

总之，语文教育对培智学校学生具有重要的意义。语文教育不但能够促进学生思维、沟通和学习能力的发展，还能够培养其基本的人文精神，为其更好地融入社会生活打下基础。

第二节　培智学校语文课程的性质与地位

作为语文教师，首先应明确语文课程中“语”与“文”的确切含义。培智学校语文课程中的“语”是指口语教育，即通过有针对性的“口语交际”的教学训练使学生具备基本的听、说能力，促进口语交际能力的发展；而“文”则指识字写字、阅读、写作等书面语的教育，通过科学的汉字、阅读和写作教学，使学生具备初步的阅读和书写能力，为其参与社区生活奠定基础。

一、培智学校语文课程的性质

语言文字不仅是沟通交流的工具，也是传播文化、传承人类文明的重要载体，故“工具性与人文性的统一，是语文课程的基本特点”。[①] 培智学校与普通中小学的语文课程性质并无本质上的区别，但因学生的学习基础和教育目标不同，因此培智学校的语文课程对学生学习文化知识的要求较低，更强调语文能力的培养。2007 年教育部颁布的《培智学校义务教育课程设置实验方案》将语文课程命名为“生活语文”，而 2009 年上海市教委颁布的《上海市辅读学校九年义务教育课程方案（试用稿）》则用“实用语文”来命名培智学校的语文课程。从这两个命名就已经明确了培智学校语文课程的基本性质，

① 中华人民共和国教育部：义务教育语文课程标准（2011 年版）. http://www.pep.com.cn/xiaoyu/jiaoshi/tbjx/kbjd/kb2011/，2014 年 7 月 25 日访问。

即“工具性、人文性与实用性的统一是培智学校语文课程的基本性质”。①

语言文字是工具，其“工具性”主要表现在三个方面。第一，语言文字是交际的工具，每一个参与社会生活的人都必须掌握这个工具，并在生活中运用语言文字参与社会活动，获取生活资讯，提升生活质量。第二，语言是思维的工具，语言既是实现思维的工具，也是巩固和传递思维结果的工具。所以只有掌握了语言，才能用它进行思考，才能记录和传递思维结果。其三，语言文字是学习的工具，无论学习哪一门学科，聆听、表达、阅读、书写都是最基本的学习方式，学习者只有掌握了语言文字才能运用这些学习方式进行有效学习。培智学校语文课程的目标就是要使学生获得初步的听、说、读、写技能，并学会运用语言文字参与社会生活。所以语文课程中的汉语拼音、看图说话、口语训练等内容旨在训练学生的口语交际能力，而识字写字、阅读、写作等内容则是为了发展学生运用书面语沟通的能力。

语文课程具有丰富的人文内涵，其涉及的领域非常深广。语文教育不仅能够使学生掌握交流、思维的工具，更能够帮助学生了解世界，走进自然，增广见识，获得情感体验。所以语文课程对学生精神世界的建构和发展具有极其深远的影响。例如，通过学习《美丽的公鸡》，学生们能够理解只有外表美丽并不是真正的美丽；通过阅读《美丽的西沙群岛》，学生们不但知道祖国美丽、富饶的地域环境，还能产生民族自豪的感情，获得民族认同感；阅读了《春天的颜色》，学生们能够在体验、感受大自然变化的同时，学会如何观察自然变化、欣赏大自然；而学习《大自然的语言》，不但能够培养学生观察、思考的能力，还能够使学生掌握生活中的常识……有鉴于此，培智学校的语文课程在矫正学生言语缺陷、讲授必要的语言文字知识的同时，还要关注“人文素养”的教育，以求通过语文教育丰富学生的精神世界，促进学生语言、审美能力同步发展。

智力障碍学生的语言和认知发展水平均比较低，故其学习能力相对普通学生要差一些。为了使培智学校的语文教育更符合学生参与社会生活的基本需求，培智学校的语文课程应该体现实践性和实用性，即紧密围绕学生的生活选取和组织学习材料。例如，阅读《药品说明书》能够使学生学会阅读用药说明，掌握用药常识；学习《“停水”通知》能使学生学会阅读通知，了解如何应对停水的技能；学习《我们的小区》不但能够帮助学生了解社区机构功能，还能够激发学生热爱社区的情感；而学习《问路》则能够让学生学会问路的技巧。除了课程内容要与学生生活紧密相关外，还需调整语文教学的途径和方法。例如，教学方法应考虑智力障碍学生学习语文的特点，而教学途径则要充分考虑社区资源，努力将课堂教学和课外实践主动衔接，便于学生将知识和技能进行迁移运用。

总之，培智学校的语文课程只有达到工具性、人文性和实用性的协调统一，才能发挥语文课程在矫正学生语言沟通缺陷、形成听、说、读、写技能、促进思维发展、提高民族文化认同和提升审美能力的多重功能，最终实现运用语言文字参与社会生活的课程总目标。

---

① 上海市教育委员会:《上海市辅读学校实用语文课程指导纲要》(征求意见稿)，上海教育出版社 2009 年版，第11页。

二、培智学校语文课程的地位

语文课程在培智学校具有特殊的地位，它不仅承担着语文基础知识和人类基础文明教育的任务，还承担着补偿学生语言缺陷、发展学生思维和情感、提高学生的审美能力以及促进学生民族文化认同等任务。鉴于语文课程的多重功能，语文课程必然是培智学校的基础课程，是每个学生必须修习的课程。

第三节 培智学校的语文课程目标

培智学校的教育对象以智力障碍学生为主，但脑瘫、自闭症等其他残疾儿童也大多就读于此。由于脑瘫、自闭症等学生通常也存在认知障碍，故他们具有大致相同的语文学习基础、学习特点和学习需求，这是培智学校语文课程开设的基础。但是，仔细分析培智学校学生的语文教育基础发现，学生的语文能力还是有所差异。例如，有些学生智力损伤比较严重，口语系统尚未建立，因此针对这些学生语文教育的主要目标是建立口语沟通系统，而对阅读、写作的要求较低；但有些学生智力损伤轻微，认知水平相对较高，口语发展也比较好，所以针对其在阅读、写作上提出了较高的要求。为了满足不同智力障碍程度学生对语文教育的差异需求，教育主管部门为轻度和中度智力障碍学生分别设定了不同的语文课程目标。作为语文教师应该熟悉不同智力障碍程度学生的课程目标，以便提供科学的语文教育。

一、轻度智力障碍学生的语文课程目标

研究显示，在义务教育结束时轻度智力障碍学生不仅能听懂日常会话、与人交流，还能够听懂(看懂)一般的新闻、广告、通知和影视剧等。具体而言，经过九年系统的语文教育，轻度智力障碍学生通常能够掌握语文课程中所设的字、词、句及文学常识的学习目标，甚至部分学生能够达到普通小学四至五年级的水平；但在阅读和写作等能力发展上差异很大，个别学生的阅读能力能够达到小学三至四年级的水平，但大部分学生仅能达到小学二至三年级的水平，甚至更低。

针对轻度智力障碍学生学习语文的能力和对语文教育的需求，国家提出了：在义务教育结束时，轻度智力障碍学生应达成“掌握最基本的语文知识，具有听、说、读、写的初步能力，能阅读简短的书报，会写一般的应用文和简单的记叙文，养成良好的学习习惯。同时在教学中渗透思想教育，培养学生良好的道德品质和文明行为习惯”①的课程目标。

二、中度智力障碍学生的语文课程目标

由于中度及以下智力障碍学生在语言、动作、认知、理解和情感等各方面整体发展水平较低，所以针对中度及以下智力障碍学生的语文课程应更多考虑实用语文知识和技能的教育，以满足其参与社会生活的需要。教育部 2007 年颁布的《培智学校课程设

---

①《全日制弱智学校(班)语文教学大纲》(征求意见稿)，教初字(1987)015 号。

置实验方案》提出中度智力障碍学生的语文课程目标是:“使学生掌握与其生活紧密相关的语文基础知识和技能,具有初步的听、说、读、写能力;针对智力障碍学生的语言特点,加强听说能力的训练,把传授知识与补偿缺陷有机结合,使学生具有基本的生活和社会交往能力,形成良好的公民素质和文明的行为习惯,为其自理生活和适应社会打下基础。”①

《上海市辅读学校实用语文课程指导纲要》(征求意见稿)对培智学校的语文课程分别提出了总目标和年级段目标。

1. 总目标

(1) 了解民族文化传统和当代文化生活,具备最基本的公民素质,逐步形成正确的价值取向,初步具有欣赏生活中美的事物的能力。

(2) 热爱祖国语言文字,养成语文学习的兴趣和习惯,掌握基本的语文学习方法。

(3) 矫正语音、用词、用句等语言障碍。

(4) 能注意力较集中地倾听他人的谈话,并理解谈话主要内容;能运用口语较恰当地表达个人需要和情感。

(5) 初步掌握汉语拼音,能听说普通话。

(6) 能正确地朗读。

(7) 具有阅读招牌、警示用语、应用文和浅显短文、诗歌的能力,理解所阅读的内容,初步体会作品情感。

(8) 认识常用汉字 600—1 100 个,并能正确书写其中 500—700 个汉字。能用简单的书面形式表述自己的需要。

(9) 能较准确地理解和运用非言语交际手段。

(10) 初步养成阅读报纸杂志,以及收听收看广播、电视新闻的兴趣与能力。

(11) 有初步借助工具书或网络阅读和获取信息的能力。

2. 阶段目标

(1) 一至三年级目标:到三年级结束时学生应该达到:

① 能借助汉语拼音矫正发音缺陷。

② 能正确跟读词语、句子。

③ 认识常见的偏旁部首;认识并会写自己的姓名;认识汉字 150 个左右,并会书写其中 100 个左右的汉字;书写姿势正确,会使用铅笔。

④ 认识与生活密切相关的小区、道路、学校、班级名称,会背诵儿歌、童谣 10—20 段。

⑤ 能按词语抄写句子和儿歌。

⑥ 具有初步的边听、边想的习惯,能听懂普通话及与之生活经验、理解水平相当的儿歌、故事。

⑦ 掌握基本的交流技巧,会使用常用礼貌用语,能用简短的词句回应他人;能就自己的姓名、年龄、性别、家庭成员等做简单的自我介绍。

---

① 《培智学校义务教育课程设置实验方案》,教基(2007)1 号。

⑧ 能理解并使用常见的手势、动作、表情。

⑨ 结合阅读与习作认识逗号、句号和问号，并学会使用逗号和句号。

（2）四至六年级目标。到六年级结束时达到：

① 掌握常用的汉字偏旁部首、笔顺、笔画和间架结构；累计认识汉字 500—800 个，并会写其中 400 个左右的汉字；会用铅笔熟练地书写，学习使用圆珠笔。

② 能正确地朗读课文。

③ 能诵读儿歌和浅显的古诗，能借助插图或上下文理解课文内容；能阅读站牌、招牌、物品名称、机构名称、警示标志和课程表等；累计背诵诗文 30—40 篇（段）。

④ 能听懂简单的故事、短文、电话等内容；养成收听、收看新闻的习惯。

⑤ 能仿写贺卡、留言条、借条、信封等。

⑥ 逐步养成使用普通话交流的习惯；能说清楚家庭住址、电话号码和喜爱的人与物；能较清楚地表达个人的要求，并就所读学校、班级和自己的兴趣爱好做简单的自我介绍。

⑦ 会使用购物中的常用语言。

⑧ 能结合具体语境准确地理解和使用较复杂的手势、动作和表情。

⑨ 结合阅读与习作认识冒号、引号、感叹号，并学会使用问号和感叹号。

（3）七至九年级目标，到九年级结束时达到：

① 累计认识汉字 600—1 100 个，并会写其中 500—700 个汉字；能用硬笔写字且结构合理；能在生活中运用所识汉字。

② 能流利地朗读课文。

③ 能理解课文的主要内容，并在教师指导下体会作者的思想和感情。

④ 能阅读常用应用文、短文；累计背诵优秀诗文 40—60 篇（段）。

⑤ 初步养成读书、看报的习惯。

⑥ 能听懂任务分工、操作步骤和工作要求；听懂与个人、家庭、社会相关的话题。

⑦ 能收听、收看新闻并复述主要内容。

⑧ 能用普通话与人交谈，并有表达的自信。

⑨ 能寻找恰当的话题与人交流，并就个人感兴趣的问题参加讨论。

⑩ 能较完整、准确地转述信息，并能就所见所闻作较清晰的讲述。

⑪ 能用合理而便捷的方法寻求帮助。

⑫ 能大胆、客观地向他人介绍自己。

⑬ 具有写的兴趣，能在教师指导下写出自己对事物的初步感受和认识。

⑭ 会填写常用表格，会写简单的应用文。

⑮ 结合阅读与习作了解顿号、省略号的一般用法，并会使用冒号和引号。

与轻度智力障碍学生语文课程目标相比，针对中度智力障碍学生的课程目标有三个比较明显的特征。其一，课程目标更关注实用性的语文知识和技能，目的是使学生掌握生活中常用的语言文字知识和技能；其二，课程目标相对具体，以便教师对语文课程有比较清晰的把握；其三，同一学习内容的课程目标跨度较大（例如对学生识字和用字的字量要求跨度较大），以便教师根据不同学生的语文学习能力和教育需求提出科学的教育期望，实施差异的教学。总之，中度智力障碍学生的个体差异较大，所以上述目标并非是每个学生必须达成的目标，而是给予教师实施课程的指导建议。

第四节 培智学校语文课程的内容与要求

课程内容是学校实施教学的依据，是实现课程目标的关键。培智学校语文教育的目的是使学生掌握基本的听、说、读、写技能，为其参与社会生活奠定基础。因此培智学校的语文课程内容应该考虑学生的生活环境，重视对语文应用性知识和技能的教育。具体而言，确定培智学校的语文教学内容应着重考虑三方面的问题：其一，哪些语文知识和技能是培智学校学生参与社会生活时必须具备的；其二，培智学校学生学习语文有怎样的基础和学习特点；其三，确定语文教育的核心文化，即学生应该通过语文课程获得怎样的人文精神。根据对培智学校学生学习语文的能力和语文教育需求的研究，参考普通中小学语文课程标准的内容，确定了针对轻度和中度不同智力障碍学生的课程内容与课程要求。

一、针对轻度智力障碍学生的语文课程的内容与要求

(一) 轻度智力障碍学生语文课程的内容

《全日制弱智学校(班)语文教学大纲》(征求意见稿)明确提出了轻度智力障碍学生语文课程的内容。包括：

1. 汉语拼音

(1) 认读小写拼音字母。

(2) 认识声母、韵母、声调。

(3) 认读整体认读音节。

(4) 拼读方法。

(5) 书写字母和音节。

(6) 学习音序检字法。

(7) 运用汉语拼音矫正发音。

2. 识字与写字

(1) 汉字基本笔画、笔顺、间架结构。

(2) 字形结构分析的方法。

(3) 认识和书写常用汉字。

(4) 执笔方法、写字姿势、写字习惯。

(5) 学习硬笔书写(铅笔、钢笔书写)。

(6) 学习部首检字法。

3. 听话与说话

(1) 听的意识和听话的技巧。

(2) 听理解(听指令、听问题、听故事、听事件、听通知、听广播)。

(3) 听懂普通话。

(4) 学说普通话。

(5) 学习使用礼貌语。

(6) 说话技巧:转述、口述、自我介绍、电话交谈等。

4. 阅读

(1) 常用词语、句子、段、篇。

(2) 朗读和默读。

(3) 复述与背诵。

(4) 记叙文、应用文、诗歌等阅读。

(5) 归纳段义和概括课文主要内容的学习等。

5. 作文

(1) 观察事物的基本方法。

(2) 写应用文(留言条、收条、领条、借条、日记、书信、填写履历表等)。

(3) 写简单的记叙文。

(4) 学习使用常用标点符号等。

(二) 轻度智力障碍学生语文课程的要求

《全日制弱智学校(班)语文教学大纲》(征求意见稿)对语文教学的要求是:“把传授知识、补偿缺陷、培养能力有机结合起来,使学生掌握基本的常用字词,打好初步的阅读写作基础。”具体要求为:

1. 汉语拼音

(1) 掌握汉语拼音,能正确拼读和书写音节。

(2) 认识整体认读音节,会读轻声。

(3) 能借助拼音识字。

(4) 借助拼音矫正发音、学说普通话。

(5) 掌握拼音字母的笔画和书写规则,会书写汉语拼音。

(6) 认识大写字母,学会音序检字的方法。

2. 识字与写字

(1) 逐步掌握汉字的基本笔画、笔顺规则、偏旁部首和间架结构。

(2) 掌握字形分析的常用方法。

(3) 认识常用汉字 2 300 个左右,要求掌握常用汉字 1 500 个左右,做到读准字音、认清字形、理解字义,学过的字词部分会用。

(4) 学会正确的执笔方法和书写姿势,会用铅笔和钢笔写字,并能写得正确、端正、整洁。

(5) 学会部首检字的方法。

(6) 保管写字用具。

3. 听话与说话

(1) 养成良好的听话习惯(注意力集中、安静、耐心、边听边想)。

(2) 听懂日常用语、教师提问和同学的回答。

(3) 听懂他人讲话的主要内容,能抓住要点理解话语内容。

(4) 听懂故事、口头通知,并能复述故事和通知的主要内容。

(5) 听话时明白他人所提出的要求。

(6) 能分辨他人讲话中较明显的错误,并能指正。

(7) 具有收听广播的习惯,能听懂广播,并能转述主要意思。

(8) 对构音缺陷的学生进行针对性的构音训练。

(9) 能使用礼貌语沟通。

(10) 能用普通话回答问题。

(11) 能用完整的句子回答教师提问,且声音响亮、口齿清楚。

(12) 讨论时主动发言,表达清楚。

(13) 会复述课文内容。

(14) 能有条理地口述所见所闻,说得较具体。

(15) 能对不同意见发表自己的看法,有初步的口头表达能力。

(16) 会用电话交谈。

4. 阅读

(1) 掌握学过的常用词语,懂得句子的意思。

(2) 能用普通话朗读。

(3) 能默读课文,并有一定的速度。

(4) 能背诵和复述指定的课文片段。

(5) 能读懂课文,了解主要内容。

(6) 能够有顺序地看图和观察事物的方法。

(7) 能借助字典学习课文中的生字。

(8) 会看身份证、简短的书报。

(9) 能认读街道名称、门牌、校牌、厂牌和其他单位的名称。

(10) 认识常用标点符号。

(11) 在老师的指导下归纳自然段的段落大意,概括课文的主要内容,理解文章的中心思想,培养逐步的分析概括能力。

(12) 能读懂篇幅短小、内容浅显、程度适合的书报。

(13) 养成良好的阅读习惯。

具体而言:

① 词汇教学:常用词语能在口头和书面中运用。

② 句子教学:建立句概念,使学生懂得句子是表达一个完整的意思,教会学生结合上下文和生活实际理解句子的含义,体会句子表达的思想感情。

③ 段的教学:理解自然段主要意思,了解自然段间的关系,并学习归纳段义。

④ 篇的教学:在理解课文的基础上,学习概括课文主要内容,理解文章中心。

⑤ 朗读、默读:会用普通话朗读,不读错字、不丢字、不添字、不唱读、不顿读,发音比较准确、清楚;在正确朗读基础上流利地朗读;在朗读基础上默读课文;逐步做到不出声、不指读。

5. 作文

(1) 会写简单的记叙文。

(2) 做到思想健康,内容较具体,条理较清楚,语句较通顺,格式正确。

(3) 会写一般的应用文(收条、领条、借条、请假条、留言条、日记、履历表等)。

(4) 学习基本观察方法,即有顺序、有重点地观察事物。

(5) 学习使用常用标点符号。

(6) 运用在阅读中学到的知识和技能。

二、针对中度智力障碍学生的语文课程内容与要求

针对中度智力障碍学生的语文课程内容与要求应该同时考虑学生的语言发展基础和语文教育需求,并结合不同年级、不同语文教育模块,整体提出语文课程的内容和要求。

2009年上海市颁布的《上海市辅读学校实用语文课程指导纲要》正是从低、中、高三个年级段分别提出中度智力障碍学生在识字写字、阅读、写作、口语交际、非言语交际和综合实践等几个方面的内容与要求。

(一) 中度智力障碍学生语文课程的内容

按照《上海市辅读学校实用语文课程指导纲要》,培智学校的语文课程内容由识字写字、阅读、写作、口语交际、非言语交际和综合实践六个教学模块组成。

1. 识字写字

识字写字模块包括汉语拼音和识字写字两部分内容。

(1) 汉语拼音:对中度(重度)智力障碍学生的汉语拼音教学不同于普通学生和轻度智力障碍学生。针对中重度智力障碍学生的汉语拼音教学的目的,一是为矫正发音缺陷,二是为了学习普通话。所以,汉语拼音教学应该重视对学生进行听辨音、认读发音和拼读训练,充分发挥汉语拼音的正音功能。至于对借助拼音识字、音序检字等内容可视学生的能力和教育需求而定,不作统一要求。

针对培智学校学生汉语拼音教学的内容有:①音素、音节的听辨与正音;②声母、韵母、声调;③拼读方法;④书写字母、音节;⑤少数学生学习“音序检字法”。

(2) 识字写字:针对中重度智力障碍学生的识字教学,应从其生活需要出发,认识与之参与社会生活必须的一定数量的汉字。而写字教学重在对学生手部运动和手眼协调的教育训练,要求学生会写与之生活紧密相关的、一定数量的汉字。

针对培智学校学生识字写字教学的内容有:①常见偏旁部首;②认识600—1 100个汉字;③常用笔画、笔顺、偏旁部首、汉字结构;④书写常用汉字500—700个;⑤执笔方法、写字姿势;⑥铅笔、圆珠笔的使用;⑦少数学生学习“部首检字法”等。

2. 阅读教学

培智学校的阅读教学也要从学生的实际阅读需求出发,通过阅读学会利用社区机构、保障安全、了解世界、丰富情感、建立正确的审美观和价值观等。从学生的生活出发,建议侧重于应用文的阅读,特别是有关社区生活的内容。

针对培智学校学生阅读教学的内容有:①图片阅读;②词句与儿歌阅读;③名称与

场景阅读(人名、路名、机构名、标语、警示标志、通知、说明书);④应用文、记叙文、诗歌阅读;⑤朗读与默读。

3. 写作教学

为了满足培智学校学生运用书面语参与生活的需求,培智学校的语文课程会适时、适度地训练学生写作的能力。

针对培智学校学生写作教学的内容有:①抄写词、句、段;②写话(看图写话);③写应用文;④常用标点符号等。

4. 口语交际教学

对中重度智力障碍学生开展口语交际教学训练是培智学校语文教学中非常重要的内容。针对培智学校学生口语交际教学的内容有:

(1) 听话能力:①听的意识;②听话技巧;③听理解(听指令、听问题、听故事、听事件、听通知);④听普通话等。

(2) 说话能力:①构音;②说句;③礼貌用语;④求助语的运用;⑤提问技巧;⑥一般表达(讨论、转述、口述、自我介绍……);⑦电话交谈;⑧学说普通话等。

5. 非言语交际

非言语交际模块的教学内容主要是针对培智学校一些学生因不理解、不会使用生活中常用非言语交际手段而导致沟通障碍设定的一项教育内容。

针对培智学校学生非言语交际教学的内容有:

(1) 理解:①常用表情;②动作;③手势;④体态语等。

(2) 使用:①常用表情;②动作;③手势;④体态语等。

此内容主要针对中、低年级段的学生。

6. 语文综合实践

语文综合实践是为实现培智学校的学生将语文知识及时转化为听、说、读、写技能而专门设置的一项教学内容。

针对培智学校学生的语文综合实践教学的内容有:①收听收看新闻;②礼貌沟通、恰当表达;③理解公共设施的标牌、标语;④阅读生活用品说明书;⑤呼救、报警用语等。

(二) 中度智力障碍学生的语文课程的要求

1. 汉语拼音

(1) 认识汉语拼音字母,能借助汉语拼音矫正发音缺陷。

(2) 对具有汉语拼音学习能力的学生要求其认识声母、韵母和声调,会拼读,并能借助汉语拼音识字。

(3) 部分学生会用音序法查检字典。

2. 识字写字

(1) 具有主动识字的兴趣。

(2) 认识常见的偏旁部首。

(3) 认识汉字 700—1 100 个。

(4) 能在课文中找到生字和认识的字。

(5) 能在生活中运用、巩固认识的字。

(6) 较好的书写习惯和正确的书写姿势。

(7) 掌握汉字的基本笔画和笔顺规则。

(8) 能正确书写常见的偏旁部首。

(9) 会写常用汉字500—700个，且结构合理、书写整洁。

(10) 会用圆珠笔和铅笔写字。

3. 阅读

(1) 有阅读的习惯。

(2) 看懂常见图形标志。

(3) 能阅读生活中常见的站牌、招牌、物品名称、机构名称和警示标志等。

(4) 能用普通话正确地朗读课文，做到不跳读、不添字、不漏字。

(5) 能阅读单幅图、多幅图，并能用简短的语言讲述图片大意。

(6) 能阅读生活中的应用文(账单、购物单、商品说明书、通知、广告、留言条及个人简历等)。

(7) 能大致理解影像读物的内容。

(8) 能结合上下文理解生字、生词。

(9) 能结合上下文理解课文中的关键词句，并在阅读中感受好词、好句。

(10) 能在阅读中获得初步的情感体验，并感受语言的韵律美。

(11) 理解课文主要内容，并能在他人帮助下讲述课文大意，能力强的学生能在教师指导下归纳课文主旨。

(12) 能在老师的指导下体会并领悟作者的思想情感。

(13) 能力强的学生能与他人交流阅读感受。

(14) 累计背诵优秀诗文40—60篇(段)。

(15) 具备读书、看报的习惯，并能大致理解所看报章、杂志标题或短文的意思。

(16) 认识常用标点符号。

4. 写作

(1) 能正确抄写课文。

(2) 能用学过的字、词造句。

(3) 能模仿范文写出想说的话。

(4) 会填写病历卡、信封、银行单据和个人履历表。

(5) 会写贺卡、留言条、借条。

(6) 会记个人生活账目。

(7) 能在教师的指导下写出自己对周围事物的简单认识和感想。

(8) 能用文字记录生活中简单的事情，表达自己的想法。

(9) 会使用句号、逗号、问号、感叹号、冒号和引号。

5. 口语交际

(1) 具有较好的倾听态度和习惯。

(2) 能听懂指令、要求、提问。

(3) 能听懂普通话。

(4) 能听懂与个人、家庭、社会相关的话题,并作出适时的反应。

(5) 养成收听、收看新闻的习惯。

(6) 会使用礼貌用语。

(7) 能用简短的语言表达个人的基本需求。

(8) 能简单讲述生活中发生的事情。

(9) 能寻找恰当的话题与人交流,并尊重对方的意见。

(10) 会用求助性语言求助。

(11) 能比较清楚地向他人转述一件事情。

(12) 能客观地向他人介绍自己等。

6. 非言语交际

这是针对部分智力障碍严重、自闭症等儿童提出的教育内容。通过引导学生关注沟通过程中他人的表情、手势、动作准确理解话语内容。教学要求:

(1) 能结合谈话内容和语境准确地理解他人的表情、动作和姿态语等非言语的信息。

(2) 能在交谈中自然而恰当地使用表情、动作和姿态语促进交际。

7. 综合实践

(1) 能礼貌地与人交谈。

(2) 能结合实践活动表达自己的见闻和想法。

(3) 能基本看懂药品名称、用法用量和保质期。

(4) 积极参与社区生活,能够在社区机构中与人沟通,表达个人需要和感受。

(5) 学会购物,并基本看懂产品说明。

(6) 能将自己身边发生的事件讲述清楚。

(7) 能在紧急情况下呼救、报警。

(8) 能看懂与生活中的通知等。

由此可见,针对中度智力障碍学生的语文课程在内容模块上虽然与普通学校大致相同,但在具体课程内容的选择上更倾向于简单实用的语文知识和技能。另外,因中重度智力障碍学生的学业基础、学习能力间差距较大,所以在课程内容的设置上还需有一定的弹性,以适应不同障碍程度学生的学习。《上海市辅读学校实用语文课程指导纲要》已经对课程内容和课程要求作出了弹性化的处理。例如,课程"内容与要求"中有三种目标要求:其一,"内容和要求"上没有标注符号,表示该内容是全体学生都应该学习和掌握的;其二,在"内容和要求"上标注有符号"☝"的,表示该内容难度水平较高,可以作为学业基础较好、有较高语文能力发展要求的学生的教学参考目标;其三,在"内容和要求"上标注有符号"☟"的,则是为能力较差的学生所设的课程内容,是只有能力较差学生才需要学习的。

总之,在培智学校开设语文课程,目的是使学生达到国家对公民的最基本的语文素养的要求,并使其获得融入社会必备的语文知识和技能。因此,基本的语文知识和技能的教育,是培智学校语文课程的出发点和归宿。

第五节　我国港台地区针对智力障碍学生的语文教育

中国大陆与香港、台湾地区具有共同的语言文字、文化传统和教育观念，因此，无论在针对智力障碍学生语文教育的观念上，还是在课程设置、内容选择和教学方法的运用上，三地有着许多共通点。了解香港和台湾地区针对智力障碍学生的语文教育，能够为大陆培智学校的语文教育提供参照。

一、我国香港地区针对智力障碍学生的语文课程

近些年，香港地区针对智力障碍学生的语文教育做了大量的工作，并研制、颁布了一系列重要的语文课程文件。香港教育局课程发展议会先后于2009年、2011年颁布了《香港小学学习字词表特殊教育需要补充篇(智力障碍学生适用)》、《为智力障碍学生而设的中国语文建议学习重点(小一至中三)》和《为智力障碍学生而设的中国语文课程补充指引(小一至中三)》三个针对智力障碍学生语文教育的纲领性文件。这三个文件明确了香港针对智力障碍学生语文教育的课程目标、课程架构、课程规划、学习范畴与学习目标、教学原则、教学说明、学习重点，以及应该学习的字、词等。

(一) 课程目标

《为智力障碍学生而设的中国语文课程补充指引(小一至中三)》阐明了语文课程开设的“课程宗旨”，即：学校教育要发展学生的共通能力，帮助他们建立正面的价值观和培养良好的态度，以提升个人素质，达到全人教育的目的。中国语文教育配合整体教育方向，为学生终身学习、生活和日后工作打好基础，因此要让学生通过语文学习达到以下目标：

(1) 提高读写听说能力、思维能力、审美能力和自学能力；

(2) 培养语文学习的兴趣、良好的学习态度和习惯；

(3) 培养审美情趣，陶冶性情；

(4) 培养品德，加强对社群的责任感；

(5) 体认中华文化，培养对国家、民族的感情。

宗旨(课程目标)体现了语文教育的两个核心任务：其一，通过语文教育使学生获得基本的语文知识和听、说、读、写的技能；其二，通过语文课程使学生获得思维训练，得到情感、审美、文学等熏陶，接受热爱国家和热爱民族的教育，使学生最终获得民族认同，喜欢中华文化，具有一定的审美情趣和能力，并有一定的社会意识和责任感。

(二) 课程架构[①]

为落实课程宗旨，课程研制者在《为智力障碍学生而设的中国语文课程补充指引(小一至中三)》中设定了课程领域、学习目标和课程架构图。同时提出：“该课程架构为‘中央课程架构’，中央课程架构是帮助学校自行规划和发展课程的组织框架，设定学生

① 香港课程发展议会：《为智力障碍学生而设的中国语文课程补充指引(小一至中三)》，www.edb.gov.hk/tc/index.html，2014年7月25日访问。

在不同教育阶段须学习的知识内容、掌握的能力、培养的价值观和态度，这个课程架构给予学校和教师充分的弹性和自主，配合学生的需要，设计不同的课程模式。该课程架构由学习领域、共通能力，以及价值观和态度这三个互有关联的部分组成。”

根据语文课程的宗旨，“中国语文教育学习领域的学习内容，包括阅读、写作、聆听、说话、文学、中华文化、品德情意、思维、语文自学等九个学习范畴的知识、能力、兴趣、态度和习惯”。中国语文课程架构图示如下：

图 1-1

语文课程架构（香港）

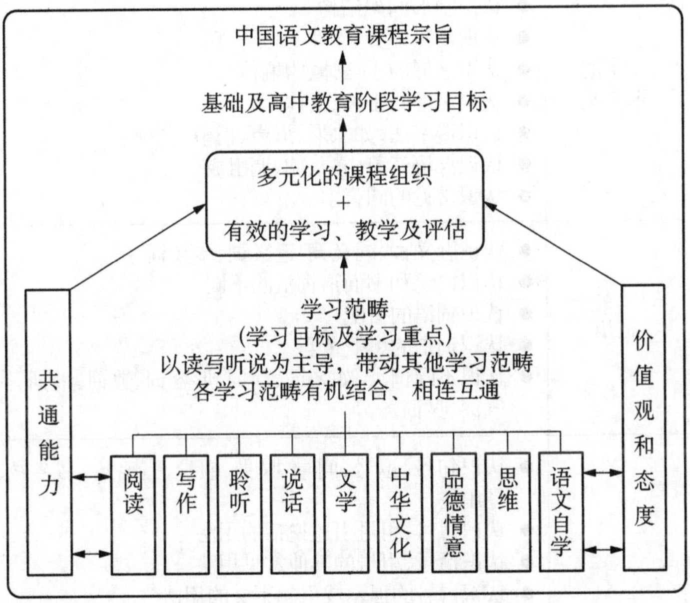

该课程架构仅仅是为了辅助学校自主研发语文课程之用，为了让不同的使用者能够准确把握语文课程的教育内容，研制者还从语文基础知识和语文基本技能两个方面提出了本课程建议学生重点学习的内容。“课程的重点内容包括两部分：语文学习基础知识，包括认识字和词、标点符号、遣词用字、篇章、常用工具书；听、说、读、写，具体为学习聆听、说话、阅读、写作能力，掌握语文运用的策略，培养语文学习的兴趣、良好的学习态度和习惯；而‘写字’的学习重点归入写作范畴内；‘掌握视听资料’的学习重点则同时列入聆听、阅读两个范畴内。”

另外，为了满足差异的语文教育需求，研制者提出了“同一学习重点可适用于不同的学习阶段，但要求却有高低之异，需要在学习材料的复杂性及深度上相应调节。因此，教师应根据学生能力、心理发展和生活经验，选择适当的学习材料”的使用建议。

(三) 课程内容与要求

虽然从“中国语文课程架构图示”看语文课程包含了九个学习范畴，但语文知识和听、说、读、写技能依然是语文课程学习的重点。故在《为智力障碍学生而设的中国语文建议学习重点（小一至中三）》中将“语文基础知识”和“听、说、读、写”范畴的学习内容和要求一一列举出来。

1. 语文基础知识

“语文基础知识”重点在于对学生进行字、词、标点符号、文体、工具书等语言文字知识的教育训练。具体内容为：

学习重点		说明(第一、二学习阶段)
1. 字和词	汉字的形音义	● 认识笔划、笔顺 ● 认识字形间架结构 ● 认识常见偏旁、部件 ● 认识字形的手写体、印刷体 ● 认识字形的正体、俗体 ● 认识造字法，如象形、形声、指事、会意 ● 认识汉语音节由声、韵、调组成 ● 认识常见的同音字
	词语	● 认识近义词、同义词、近义词、多义词 ● 认识口语和书面语词汇的不同 ● 认识词语的搭配 ● 认识词语的褒贬色彩 ● 认识不同词类，如名词、动词、形容词、数词、量词、代词、连词、语气词、叹词
2. 标点符号		● 认识句号、逗号、问号、叹号、顿号、省略号、书名号、专名号的常见用法 ● 认识冒号、引号引述说话的用法 ● 认识括号、引号的其他常见用法 ● 认识冒号的提示或引起下文的用法 ● 认识分号作并列分句之间停顿的用法 ● 认识破折号的解释或说明的用法
3. 遣词用字		● 认识遣词用字在表达上的效果
4. 篇章		● 认识不同性质的文字(如叙述、描写、抒情、说明、议论)的特点 ● 认识实用文字(如书信、便条、日记、周记、通知、报告、说明书、广告、海报、单张、标语、告示)的功能及应用范围
5. 常用工具书		● 认识常用检索法的使用，如部首、笔画、音序
		● 认识常用的字典辞典(书籍及电子版)、儿童百科全书

2. 听、说、读、写

听、说、读、写虽然也属于“语文基础学习知识”，但其是从语言文字运用的角度组织教学内容。具体包括：聆听、说话、阅读和写作四个范畴，而每个范畴又下设了学习该范畴的范围、能力目标、策略技巧和兴趣态度习惯等四个学习领域。

(1) 聆听范畴

① 聆听的范围，包括不同性质的话语：叙述、描写、抒情、说明、议论；不同类型的话语：口头指示、儿歌、故事(童话、生活故事、自然故事、寓言)、报告(个人方面、家庭方面、

学校方面)、广播(学校、小区)、新闻报道、演讲、对话、访问、辩论、戏剧等;不同题材的话语:生活、科普、历史、文化、艺术等。

② 聆听能力:

学习重点	说　明
1a. 培养听觉认知能力	● 听觉辨别
	● 听觉记忆
	● 听觉排列
2a. 理解语意	● 听出话语中的主要信息
	● 感受话语所表达的感情
	● 听出不同观点
	● 听出故事中的寓意
	● 听出话语背后的实际意思
2b. 分析和综合	● 分辨事实与意见 ● 分析话语内容,如语段间的衔接和呼应关系
	● 综合话语内容,如概括全篇意思
	● 比较不同的感受、意见、观点
2c. 评价	● 简单评价内容,如是非美恶 ● 评价话语内容,如是否与主题有关、是否合理
3. 探究和创新	● 在理解的基础上,推断话语以外的内容和见解
	● 运用联想和想象,产生新的意念
4. 掌握视听信息	● 理解音像材料(如互联网、视像光盘、电视节目)所传递的信息

③ 聆听策略:

学习重点	说　明
掌握聆听策略	● 联系生活经验及已有知识以理解话语
	● 因应不同聆听材料,运用适当的聆听方法,如边听边想象 ● 因应不同的聆听材料,运用适当的聆听方法,如边记着重点,抓住关键词句
	● 利用各种途径资源(如鉴貌辨色、音像材料、信息科技)以帮助聆听

④ 聆听兴趣、态度、习惯:

学习重点	说　明
乐于聆听 认真聆听	● 乐于聆听不同类型的说话
	● 安静、耐心、专注地聆听
	● 有礼貌,不随意插话
	● 仔细聆听,认真思考
	● 与人交流时尊重对方,理解对方处境
	● 聆听时作适当响应,如点头、微笑、鼓掌、应答

(2) 说话范畴

① 说话的范围,包括不同性质的话语:叙述、描写、抒情、说明、议论;不同类型的话语:复述、讲述(见闻、故事、感想)、报告、交谈、讨论、辩论、访问、游说等。

② 说话能力:

学习重点	说　明
1. 培养发声能力	● 非语言的表达方式
2a. 确定目的、内容和表达方式	● 按表达需要确定说话内容 ● 因应情境和对象确定说话内容
	● 确定表达方式,如叙事、描述和抒情、说明、议论
2b. 组织结构	● 有条理地说话
	● 说话扣住话题、围绕中心
	● 按需要剪裁说话内容,安排详略
	● 展开话题和结束说话
2c. 口语表达	● 运用同一发音代表事物及运用单词表达
	● 正确地发音,清晰地吐字
	● 运用适当的语气:陈述、感叹、疑问、祈使
	● 语调自然、稳定,并运用不同的语气和语调(如轻重、长短、缓急)以表达情意
	● 说话快慢、停连、长短适当
	● 按需要适当调节音量
	● 用准确口语词、礼貌用语说话 ● 按情境选择得体的用语
	● 说话意思完整

③ 说话策略:

学习重点	说　明
掌握说话策略	● 联系生活经验及已有知识构思话语
	● 因应不同的目的，运用适当的说话方法，如先想后说，边想边说，运用势态语，运用观察、想象
	● 利用各种途径资源（如使用图片、图表、讲稿、信息科技）以协助说话

④ 说话兴趣、态度、习惯：

学习重点	说　明
乐于表达 勇于表达 适当表达	● 有自信地发言
	● 主动与他人交谈/沟通
	● 尊重他人发言
	● 尊重他人的不同意
	● 有礼貌地表达

（3）阅读范畴

① 阅读的范围，包括不同性质的材料：叙述、描写、抒情、说明、议论；从不同来源（如实物、模型、图片、儿童读物、课文、报章、杂志、互联网）阅读不同类型的材料：童谣、诗歌、故事、童话、寓言、散文、小说、实用文（如书信、便条、日记、周记、通知、报告、说明书、广告、海报、单张、标语、告示）等；阅读不同题材的读物：生活、科普、历史、文化、艺术等。

② 阅读能力：

学习重点	说　明
1. 培养视觉认知能力	● 对一般视觉刺激有反应
	● 视觉追踪
	● 视觉辨别
	● 理解非文字的实物、图像、符号、身体语言
	● 视觉记忆
	● 视觉排列
	● 掌握阅读的基本知识
2a. 认读文字	● 认读常用字①

① 请参阅：香港教育局课程发展处特殊教育需要组：《香港小学学习字词表（2008）》及《香港小学学习字词表：特殊教育需要补充篇（智力障碍学生适用）（2009）》。

续 表

学习重点		说　明
2a. 认读文字		● 辨识字形、字音、字义
2b. 理解	理解词语	● 理解日常生活中常见的词语
		● 理解所学篇章中与现代语义不同的文言词语
	理解句子	● 理解句子的意思
	理解段落	● 理解句子的前后衔接关系
		● 理解段意
	理解篇章/书刊	● 理解内容大意、要点、主旨、寓意，体会作者表达的思想感情
		● 辨识简单的叙述手法，如顺叙、倒叙 ● 辨识不同性质的表达方法，如描写、抒情、说明、议论
2c. 分析和综合		● 分析、综合内容(如概括段落及篇章的意思、作出总结、分辨事实与意见)，分析组织结构、写作目的
2d. 评价		● 评价内容，如人物的性格和行为
3. 探究和创新		● 在理解的基础上，推断阅读材料以外的内容和见解
		● 运用联想和想象，产生新的意念
4. 欣赏		● 欣赏作品中优美的语言(如韵律、节奏)和生动的形象
5. 掌握视听信息		● 理解音像材料(如互联网、视像光盘、电视节目)所传递的信息

③ 阅读策略：

学习重点	说　明
掌握阅读策略	● 联系生活经验及已有知识以理解阅读材料
	● 因应不同的阅读材料，采取适当的阅读方法，如精读、默读、朗读(配合感情，有自信地朗读优美的文字) ● 因应不同的阅读材料，运用适当的阅读方法，如略读、浏览、主题阅读法、找出关键词句
	● 利用各种途径资源如插图、互联网、工具书、图书馆、博物馆以帮助阅读

④ 阅读兴趣、态度、习惯：

学习重点	说　明
乐于阅读 勤于阅读 认真阅读	● 培养阅读兴趣，感受阅读的趣味
	● 专注地阅读
	● 爱护书籍

续　表

学习重点	说　明
乐于阅读 勤于阅读 认真阅读	● 经常阅读，多利用图书馆
	● 主动寻找阅读材料，养成课外阅读的习惯
	● 交流阅读心得，与其他说话、聆听、写作活动结合
	● 投入阅读活动，如参加阅读计划

(4) 写作范畴

① 写作的范围，包括不同性质的表达：叙述、描写、抒情、说明、议论；不同类型的表达：涂鸦，画图、联机、基本笔画、填写虚字、书写或抄写简单字词、句子；填充造句、仿作句子、续写句子、写作短句；写贺卡、邀请卡、简单便条、书信、填写表格；续写故事、写周记、日记、报告等。还包括口头造句、描述。

② 书写能力：

学习重点	说　明
培养视觉空间及手眼协调的能力	● 在较大范围内涂鸦
	● 联点成线
写字	● 书写常用字①
	● 硬笔、毛笔的执笔和运笔方法②
	● 正确的写字姿势和良好的书写习惯，如书写规范、端正、整洁
	● 良好的书写习惯，如书写工整、行款整齐、文本整洁

③ 写作能力：

学习重点	说　明
1a. 确定目的、内容和表达方式	● 按写作需要确定写作内容
	● 确定表达方式，如叙述、描写、抒情、说明、议论
1b. 组织结构	● 选取合适素材 ● 选择能突出重点的素材
	● 按需要剪裁内容，安排详略
	● 开头展开话题，结尾收束文章

① 请参阅：香港教育局课程发展处特殊教育需要组：《香港小学学习字词表(2008)》及《香港小学学习字词表特殊教育需要补充篇(智力障碍学生适用)(2009)》

② 毛笔字的书写只宜作为范畴内的体验活动。

续 表

学习重点	说　明
1b. 组织结构	● 分段表达 ● 按表达重点分段 ● 有条理地表达
	● 过渡衔接
1c. 书面语的运用	● 运用阅读和生活中学到的书面语
	● 按表达需要运用不同语气
	● 完整、通顺地表达
	● 运用合适修辞手法以提高表达效果
	● 按表达需要使用常见的标点符号
1d. 修订	● 修改有明显错误的词句 ● 修订语句,推敲字词 ● 调整内容、增删材料
2. 表达方式的运用	● 叙述,如顺叙、倒叙
	● 描写,如直接描写、间接描写(例如通过事物间接描写人物)
	● 抒情,如直接抒情、间接抒情(例如通过事件间接抒发感受)
	● 说明,例如解说日常用品的使用步骤 ● 说明,如举例、比较、分类
	● 议论,例如提出理由支持意见 ● 议论,如举出例证支持意见
3a. 实用写作	● 确定对象,使用合适的格式和用语
	● 游说,如提出要求及理由
3b. 文学创作	● 尝试不拘形式、自由地把见闻、感受和想象写出来

④ 写作策略:

学习重点	说　明
掌握写作策略	● 联系生活经验及已有知识以构思写作内容
	● 因应不同的写作要求,采取适当的写作方法,如先说后写,运用顺序观察、多感官观察,运用联想、想象 ● 因应不同的写作要求,运用适当的写作方法,如运用对比及分类
	● 利用各种途径资源(如互联网、工具书、交换写作心得)以协助写作

⑤ 写作兴趣、态度、习惯:

学习重点	说　明
乐于写作 勤于写作 认真写作	● 与其他说话、聆听、阅读活动结合，欣赏他人的作品，分享写作心得与乐趣
	● 培养创作意识，主动投入，体会写作乐趣
	● 乐于尝试不同类型的写作
	● 勤于练笔
	● 透过不同途径(如观察生活、搜集喜爱作品并分类、读报)积累写作材料，并作摘录
	● 认真思考、反复修改

二、我国台湾地区针对智力障碍学生的语文课程

20世纪90年代，台湾地区为智力障碍学生开发了六门主要课程，教育主管部门于1999年10月颁布了含六门课程纲要的《特殊教育学校(班)国民教育阶段智能障碍类课程纲要》。其中《实用语文领域课程纲要》是专门针对智力障碍学生语文教育的课程文件。《实用语文领域课程纲要》是针对智力障碍下设的语文教育《纲要》。该《纲要》明确了义务教育阶段智力障碍学生语文教育的课程目标、内容、实施方式和评价等内容。

(一)《实用语文领域课程纲要》所列语文课程目标

1. 听

(1) 听辨自然界及日常生活中各种声音所代表的意义。

(2) 表现适当的倾听态度，并作适当反应。

(3) 理解日常生活中常用语汇、句型，并能服从指令等。

2. 说

(1) 能以适当的肢体语言、沟通图卡、语言沟通辅助器或口语表达需求、思想及情意，以达相互沟通的目的。

(2) 增进功能性的语汇能力。

(3) 表现适当的社交沟通能力，以增进人际互动。

(4) 表现适当的沟通态度，并对自己所发表的语言、内容负责。

3. 读

(1) 认识小区中常用图形、符号、标志及文字。

(2) 具备阅读日常生活中常用词汇及短文能力，扩充生活经验，培养思考能力。

(3) 理解他人的肢体语言，作适切的判断，并合理地表达及反应。

(4) 培养阅读、欣赏课外读物的兴趣及习惯。

4. 写作

(1) 具备正确的握笔姿势及运笔方法，并养成整洁的写作习惯。

(2) 书写文字，并正确表达个人思想与需求。

(3) 培养基本计算机操作能力，应用于日常生活中语文信息的传达。

（二）语文课程内容

根据课程目标，依据听、说、读、写的能力发展顺序，设计了316个学习目标。内容涉及：

（1）听理解、注音符号、词汇（成语）、句式、执笔、识字写字、标点符号等语文知识的教育。

（2）表情、动作、手势、图片、标志、理解等非言语理解的教育训练。

（3）故事、戏剧等文学审美的教育。

（4）写作：应用文（写日记、边条、布告、通知）、记叙文（些人、写事、写物、写情、写景）、写议论文、写韵文（儿歌）的写作训练。

（5）演说、社交会话、语言技巧、电话沟通等沟通技巧的教育训练。

（三）课程架构

课程架构采用了领域（实用语文）→次领域（接受性语言、表达性语言）→纲目（听、说、读、写）→学习目标四级结构，共316个学习目标。其结构框架如下图[1]：

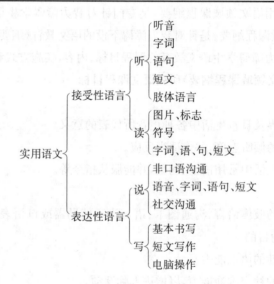

图1-2

课程结构框架（台湾）

- 实用语文
  - 接受性语言
    - 听
      - 听音
      - 字词
      - 语句
      - 短文
      - 肢体语言
    - 读
      - 图片、标志
      - 符号
      - 字词、语、句、短文
  - 表达性语言
    - 说
      - 非口语沟通
      - 语音、字词、语句、短文
      - 社交沟通
    - 写
      - 基本书写
      - 短文写作
      - 电脑操作

近些年，台湾在特殊教育课程的观念上发生了一些改变，为“因应特殊教育与普通教育接轨之融合趋势……强调设计特殊需求学生课程应首要考虑普通教育课程”[2]，台湾教育主管部门在继续使用原《实用语文领域课程纲要》的基础上，又于2011年组织编写了国民教育、国中、高职三个阶段的《认知功能轻微缺损之学生国语文纲要》和《认知功能严重缺损之学生国语文纲要》[3]。

① 钮文英：《启智教育课程与教学设计》，心理出版社2003年版，第405页。

② 台湾教育主管部门：《高级中等以下学校特殊教育课程发展共同原则及课程纲要总纲》，http://www.ntnu.edu.tw/spc/drlusp_1/master.html，2004年7月21号访问。

③ “认知功能轻微缺损学生”包括：智障、情绪及行为障碍、自闭症等各类学生；而“认知功能严重缺损学生”则包括：低功能自闭症学生、中重度智能障碍学生或中重度智能障碍伴随有感官、肢体或情绪等其他障碍之多重障碍的学生。

2011年颁布的新《纲要》是以普通教育的《课程纲要语文学习领域(国语文)》为基础编制的。编制者一方面对障碍学生的身心特征和语文学习需求进行评价;另一方面对普通教育的语文课程能力指标进行分析,结合评价结果与分析结果对普通教育的语文课程能力指标进行调整,最终形成国民教育阶段、高中阶段和高职阶段的《认知功能轻微缺损之学生国语文纲要》和《认知功能严重缺损之学生国语文纲要》。

(四)指标调整及教学重点

语文 领域

九年一贯能力指标	指标调整	教学重点
2. 聆听能力		
2-1 能培养良好的聆听态度 2-1-1 能自然安静地聆听 2-1-2 喜欢聆听别人发表 2-1-3 能养成仔细聆听的习惯 2-1-4 能在聆听时礼貌地看着说话者 2-1-5 能注意聆听不做不必要的插嘴 2-1-6 能礼让长者或者对方先行发言 2-1-7 能学会使用有礼貌的语言、适当应对 2-1-8 能主动参与沟通,聆听对方说明	2-1-1 能安静地聆听 2-1-2 聆听时能眼神注视着说话者 2-1-3 别人说话时能从头听到完 2-1-4 聆听时不任意插嘴 2-1-5 能注视不同的说话对象或场景 2-1-6 聆听时能随着说话者的声音注视说话者 2-1-7 在团体中能轮流等待,不打断他人发言 2-1-8 在团体中能礼让长辈或同学先发言 2-1-9 对别人的问话能有礼貌地回应 2-1-10 能在聆听完别人的话再适当地与他对话	● 引导学生,在课堂中老师说话时,同学必须保持安静,眼睛看着老师,注意听老师在说什么(每天在课堂练习让学生养成习惯) ● 引导学生,在课堂中当老师请同学回答问题时,其余同学必须保持安静,眼睛看着说话的同学,注意听他在说什么(每天在课堂练习让学生养成习惯) ● 安排学生演练,当有人叫他姓名时,会转头注视对方,并注意听他讲什么 ● 安排一个短的指示,让学生练习听完指示内容 ● 安排一个简短的对话,让学生练习从头听到完 ● 引导学生,在课堂中如要发言,必须先举手,老师指名后才可发言 ● 安排一个主题,让学生参与讨论并联系,礼让别人先说,别人说话时不插嘴,当别人说了一个段落,轮到自己时才发言 ● 角色扮演,安排不同的场景及角色,让学生练习关注到每个场景发生的事及人物的谈话内容,能够专心听他们在说什么,目光能自然地转移并注视说话的人 ● 让学生练习,当别人对自己说话时能礼貌回应,例如“请、谢谢、不客气”等,如没听清楚对方的话会说“请再说一遍”等 ● 安排团体讨论的课程,轮流让同学练习,光听别人的意见,再和他对话

上表中,“九年一贯能力指标”是针对普通学生的语文能力指标;“指标调整”是在“九年一贯能力指标”基础上针对严重认知缺损的学生调整后的能力指标;而“教学重

点”则是对每一个能力指标内涵的解释。

由于对普通学生的能力要求大大高于认知障碍学生，所以在调整过程中对“九年一贯能力指标”中较高的、认知障碍学生无法达成的能力作了修改或删除处理。如：“写作能力”中6-2-8的要求是“能具备自己修改作文的能力，并主动和他人交换写作心得”。针对普通学生的要求是“能从内容、词句、标点方面，修改自己的作品”。而调整后的指标是“能订正自己的错字”。

学习内容的调整原则与作法是针对各类特殊需求学生可采用“加深”、“加广”、“简化”、“减量”、“分解”、“替代”及“重整”的方式来调整各项能力指标，再根据调整过后之指标以课程与教材松绑的方式决定教学内容。针对各项指标的调整方式：“加深”是指加深能力指标的难度；“加广”是指增加能力指标的广度及多元性；“简化”指降低能力指标的难度；“减量”为减少能力指标的部分内容；“分解”代表将能力指标分解为几个小目标，在不同的阶段或同一个阶段分开学习；“替代”代表原来指标适用，但须以另一种方式达成，如原为“写出”改为“说出”；“重整”则系将该阶段或跨阶段之能力指标重新诠释或转化成生活化或功能化的目标。由于每一类特殊需求学生均可能有显著个别差异存在，调整时可采用上述一种或多种方式进行。①

（五）国民教育阶段语文课程目标

1. 认知功能轻微缺损学生的语文课程目标②

基本能力 / 课程目标	国语文
1. 了解自我与发展潜能	应用语言文字，激发个人潜能，扩展学习空间
2. 欣赏、表现与创新	培养语文创作之兴趣，并提升欣赏评析文学作品之能力
3. 生涯规划与终身学习	具备语文学习的自学能力，奠定生涯规划与终身学习之基础
4. 表达、沟通与分享	运用语言文字表达情意，分享经验，沟通见解
5. 尊重、关怀与团队合作	透过语文互动，因应环境，适当应对进退
6. 文化学习与国际了解	透过语文学习体认本国及外国之文化习俗
7. 规划、组织与实践	运用语言文字研拟计划，并有效执行
8. 运用科技与资讯	结合语文、科技与咨询，提升学习效果，扩充学习领域
9. 主动探索与研究	培养探索语文的兴趣，并养成主动学习语文的态度
10. 独立思考与解决问题	运用语文独立思考，解决问题

① 台湾教育主管部门：《国民教育阶段特殊教育课程纲要总纲》，http://www.ntnu.edu.tw/spc/drlusp_1/master.html，2014年7月21号访问。

② 台湾教育主管部门：《认知功能轻微缺损之学生国语文纲要》，http://www.ntnu.edu.tw/spc/drlusp_1/master.html，2014年7月21号访问。

2. 认知功能严重缺损学生的语文课程目标①

针对认知功能严重缺损学生的语文课程，研制者不但提出了课程目标，还明确提出了国文学习领域旨在培养学生正确理解和灵活应用语言文字的能力。以使学生具备良好的听、说、读、写、作等基本能力，并能使用语文，充分表情达意，陶冶性情，启发心智，解决问题。培养学生有效应用语文，从事思考、理解、推理、协调、讨论、欣赏、创作，以扩充生活经验，拓展多元视野，面对国际思潮。激发学生广泛阅读的兴趣，提升欣赏文学作品的能力，以体认本民族文化精髓。引导学生学习利用工具书，结合信息网络，借以增进语文学习的广度和深度，培养学生自学的能力。

(1) 应用语言文字，激发个人潜能，拓展学习空间。

(2) 培养语文创作之兴趣，并提升欣赏评析文学作品之能力。

(3) 具备语文学习的自学能力，奠定生涯规划与终身学习之基础。

(4) 运用语言文字表情达意，分享经验，沟通见解。

(5) 透过语文互动，顺应环境，适当应对进退。

(6) 透过语文学习体认本民族及外国之文化习俗。

(7) 运用语言文字研拟计划，并有效执行。

(8) 结合语文、科技与信息，提升学习效果，扩充学习领域。

(9) 培养探索语文的兴趣，并养成主动学习语文的态度。

(10) 运用语文独立思考，解决问题。

无论是中国港台地区还是大陆，为智力障碍学生设计的语文课程目标、内容、要求等大致相同，均符合中华民族对语文教育价值的基本理解。

➢本章小结

语言文字是思维、沟通和学习的工具。只有掌握了语言文字，才能促进学生沟通、思维和学业的整体发展；才能使学生接受到优秀文化的熏陶，形成正确的审美观和价值趋向；才能使学生运用语文知识和技能解决生活问题，最终融入社会生活。认识到语文课程在培智学校教育中的多重功能和重要性，教育主管部门将语文课程设定为培智学校的基础课程，要求所有学生必须修习该课程。

为了使培智学校的语文课程能够达成促进学生社会融入的总目标，教育主管部门分别为轻度认知障碍和中度认知障碍的学生制定了具体的语文课程规划，包括不同认知障碍程度学生应该达成的课程目标，应该学习的课程内容和课程要求。这些纲领性的课程文件为培智学校科学地开展语文教育提供了基础。所以，每一个正在承担和即将承担培智学校语文课程教学的教师都应该了解不同认知障碍程度学生的语文课程目标、课程内容和课程要求，以便提供科学的语文教育。但是，值得注意的是，尽管国家颁布了轻度和中度智力障碍学生的语文课程框架、课程内容和课程要求，但是因为培智学校学生个体间差异大，所以国家所规定的语文课程目标、内容和要求对一部分学生而言

① 台湾教育主管部门：《认知功能严重缺损之学生国语文纲要》，http://www.ntnu.edu.tw/spc/drlusp_1/master.html，2014年7月21号访问。

可能并不完全合适。例如,有些课程内容对某些学生来说很难掌握,但对另一些学生而言却已经掌握了。有鉴于此,培智学校的语文教师应该在熟悉语文学科课程文件的基础上,对班级学生的语文学习基础、学习能力和教育需求作出准确的评价和判断,以确定每一位学生应当掌握的语文知识和技能,以便实施分层教学。

中国港台地区与大陆一样十分重视对智力障碍学生的语言文字教育和民族文化地区的传承。在1999年,港台地区为启智学校研发了语文课程指导纲要和教材。近年来,港台地区在智力障碍学生的教育观念上悄然发生了一些变化。他们正在努力尝试以期通过调整普通学生的语文课程目标来建构智力障碍学生的语文课程目标,以期促进智力障碍学生归回普通学校接受平等的教育。

➢讨论与探究

1. 讨论:从以下两份材料看,针对智力障碍学生的语文课程目标发生了哪些变化?变化的核心是什么?

(1) 1990年原国家教育委员会颁布《全日制弱智学校(班)语文教学大纲》(征求意见稿):弱智学校(班)语文教学的目的是:使学生掌握最基本的语文知识,具有听、说、读、写的初步能力,能阅读简短的书报,会写一般的应用文和简单的记叙文,养成良好的学习习惯。同时,在教学中渗透思想教育,培养学生良好的道德品质和文明行为习惯。

(2) 2007年教育部颁布《培智学校义务教育课程设置实验方案》:生活语文——着眼于学生的生活需要,以生活为核心组织课程内容,使学生掌握与其生活紧密相关的语文基础知识和技能,具有初步的听、说、读、写能力;针对智力残疾学生的语言特点,加强听说能力的训练,把传授知识与补偿缺陷有机结合,使学生具有基本的生活和社会交往能力,形成良好的公民素质和文明的行为习惯,为其自理生活和适应社会打下基础。

提示:思考角度:

A. 语文的实用性;

B. 现代社会生活对公民所具有的语文能力的要求;

C. 教育观念的转变。

2. 你怎样理解语文课程的"多重功能"和"奠基作用"?

3. 案例分析:结合本章的学习内容分析下列两个案例。

案例1

小明今年20岁,是一名唐氏综合征患者。小明6岁时经专业机构鉴定智商为55,属轻度智力障碍。小明的父母因为怕孩子在学校被同伴欺负,所以就没有送他去学校读书,而是把他留在家里,自己教育。教育的内容包括简单的文化知识和生活自理技能。

一天,妈妈上班走之前对小明说:"这两天你有空时去超市买一袋米,家里的米快要吃完了。"小明点了点头。

中午,小明吃完饭,看了一会电视,想起来妈妈让他去买米。于是决定马上去超市。小明关好门窗、走到电梯口,摁了电梯的按钮,但电梯并没有上来。原来电梯停运了。小明犹豫了一下,就徒步下了楼……

不一会儿，小明提着一袋米回来了。当他按动1楼电梯的按钮时，发现电梯依然处于停运状态。他只好放下米等候，心想也不知道什么时候才有电梯，如果下午一直没有电梯，我就得把米提到25楼的家里了。又等了一会，张阿姨下楼来了。张阿姨看到小明提着米在等电梯，告诉小明："今天电梯维修，要到下午6点钟才有电梯。"这下小明真的着急了，现在才中午，离6点还早着呢，怎么办？小明有些沮丧，问道："张阿姨，修电梯为什么不通知我们呢？"张阿姨指着楼道墙上的一张纸说："这个《通知》昨天上午就贴出来了，你没有看吗？"小明这才注意到墙壁上贴的一张纸，他走过去看了看"通知"，好像认识几个字，但大部分字都不认识，所以看不懂。小明告诉张阿姨："昨天我看到了，但是我不太认识字，所以看不懂。"张阿姨说："如果你看懂了《通知》，今天就不会买米了。"小明点了点头，然后谢了谢张阿姨，提着一袋米向25楼爬去……

案例2

豪豪是红星小学4年级的一名学生。他特别喜欢动物，尤其是恐龙。放暑假了，豪豪很想让爸爸、妈妈陪他一起去科技馆再看一次恐龙。但是，爸爸、妈妈最近都很忙，没有时间陪他去，于是他决定自己去。

这天，豪豪看爸爸、妈妈都上班去了，他带上交通卡也出了家门。很快，他坐上了701路公交车。坐了一会，他突然想起，只知道应该坐701路公交车，但不知道在哪里下车。他仔细看了车内701路行驶线路图的标示，想起来上次和爸爸去科技馆时是在和平公园下的车。正想着，和平公园到了，他很快下了车。

和平公园是公交枢纽，公交车的站牌、地铁入口的指示牌、出租车的停车点遍布在此。豪豪下来，按照地铁指示牌的指引进入了地铁。进入地铁站，他看见一块指示牌上写着3号线、5号线和6号线的分别指示线路。这下豪豪可着急了，忘了应该坐几号地铁了。但豪豪是个聪明的孩子，他一眼就看见了地铁里的协警。他赶忙走上前去问："叔叔，你好！我要去科技馆，请问我应该坐几号线？"叔叔笑了笑，说："你要去科技馆啊，你坐6号线，坐3站下来就到了。"豪豪感谢了叔叔，就高兴地按照指示牌上的指引向6号线的方向走去。进入6号线的站台，一看，问题又来了。豪豪看见左边有站台、右边也有站台，而且两辆地铁的方向是完全相反的。到底应该从哪边上车呢？豪豪看见很多大人都抬起头看站台上方的"列车运行指示"，豪豪也赶紧走过去看。他先走到左边的站台上，看了看、数了数"列车运行指示"，发现好像不对。因为从"和平公园站"到"科技馆站"有8站。他想起刚才叔叔说过"坐3站下来就到了"，那么这个方向肯定不对。他又跑到右边的站台上看了看"列车运行指示"。发现从"和平公园站"到"科技馆站"正好3站路。这下对了。很快地铁就靠站了，豪豪高兴地上了地铁……

豪豪终于靠自己的能力参观了科技馆。爸爸、妈妈下班了，爸爸、妈妈一回到家，豪豪就自豪地告诉爸爸和妈妈："今天我去科技馆看恐龙了。科技馆又有很多新的展品，非常好看。下次我们一起去，我可以做'导游'了！"爸爸问："你和谁去的？"豪豪得意地说："我自己去的！"爸爸和妈妈都很吃惊，妈妈说，看来豪豪真的长成大孩子了！

这是两个简单而真实的故事。请以这两个故事为例，讨论如下几个问题：

(1) 现代社会生活需要哪些语文知识和技能？（请列出具体知识、技能）。

(2) 如果你是培智学校语文课程的研制者,你会为学生提供哪些语文知识和技能?为什么?

➢拓展阅读资料

1. 罗林等主编:《教育学》(修订本),华中师范大学出版社1992年版。

2. 钮文英:《启智教育课程与教学设计》,心理出版社2003年版。

3.《培智学校义务教育课程设置实验方案》,教基(2007)1号。

4.《全日制弱智学校(班)语文教学大纲》(征求意见稿),教初字(1987)015号。

5.《全日制培智学校教科书》(试用本),人民教育出版社1992年版。

6.《全日制培智学校教科书》试用本-语文教材编写"说明",(内部资料)。

7. 人民教育出版社小学语文室:《小学语文教学法》,人民教育出版社2005年版。

8. 上海市教育委员会:《上海市辅读学校实用语文课程指导纲要》(征求意见稿),上海教育出版社2009年版。

9. 绍宗杰、裴文敏主编:《教育学》,华东师范大学出版社1996年版。

10. 台湾启智协会:《如何编撰教材》,重庆江津市向阳儿童发展中心1998年印行。

11. 台湾启智协会:《如何选编教材》,重庆江津市向阳儿童发展中心1998年印行。

12. 香港课程发展议会:《智力障碍学生课程指引》,香港教育署课程发展处1997年印行。

13. 香港协康会:《儿童训练指南活动指引——语言/认知》、《儿童训练指南活动指引——自理/社交》,协康会1997版。

14. 香港基督教服务处家长及婴儿训练计划编辑小组:《早期教育及训练课程(初生至三岁)》,香港基督教服务处1995版。

15. 杨再隋等编著:《全日制义务教育语文课程标准学习与辅导》,语文教育出版社2001年版。

16. 叶澜主编:《新编教育学教程》,华东师范大学出版社1991年版。

17. 张文京、许家成:《智力障碍学生适应性功能课程与实践》,重庆出版社2002年版。

18. 赵树铎主编:《特殊教育课程与教学法》,华夏出版社1994年版。

19.《中度智力残疾儿童教育训练纲要》,教基1994年21号。

20. 中国残疾人联合会:《智力残疾儿童系统康复训练》,华夏出版社1997年版。

21. 网站:http://www.pep.com.cn/

http://www.yearbook.gov.hk

http://www.ntnu.edu.tw/spc/drlusp_1/master.html

http://lmf.hkcampus.net/

第二章

培智学校语文教材概说

我国针对智力障碍学生的教育起步较晚，课程与教材建设还很不完善。从 1978 年到 1987 年，我国没有专门针对智力障碍学生教育的语文教材。直至 1992 年人民教育出版社出版了《全日制培智学校教科书（试用本）·语文》，才使培智学校有了专门用于智力障碍学生教育的语文教科书。自此以后，北京、上海、浙江等地也陆续出版了培智学校用语文教科书，为培智学校语文教学提供了更多可供选择的学习材料。但是，由于各地培智学校学生的发展水平、语文教学需求各不相同，现有教科书并不能满足所有地区语文的教学需求，所以，教师必须对现有教科书进行调整使用。作为培智学校的教师，如何调整使用现有语文教科书，如何根据乡土文化补充语文学习材料，在选编语文教材时应该遵守哪些原则，都是必须掌握的基本理论和技能。本章将为你重点介绍《全日制培智学校教科书（试用本）·语文》等教材的结构、版式、选文和练习设计，介绍培智学校语文教材编写的原则和流程等。

通过本章学习，你能够：

1. 了解轻度智障生所用的《全日制培智学校语文教科书》的内容构成和教材结构。
2. 了解中重度智障生所用的《实用语文》的内容构成和教材结构。
3. 了解培智学校现有语文教材的几种编写思路和教材组织形式。
4. 了解培智学校语文教材编写的基本原则和编写流程。

近年来，我国陆续颁布了培智学校的教学大纲、计划、课程安排等文件，并尝试编写了相关教材，包括适用于轻度智力障碍学生的“全日制培智学校教科书”以及适用于中度智力障碍学生的校本教材。由于编写的年代和使用对象不同，教材编写的理论和思路也各不相同。

第一节　轻度智力障碍学生语文教材分析

1987 年，国家教委颁布了《全日制弱智学校（班）教学计划（征求意见稿）》，1990 年颁布了《全日制弱智学校（班）教学计划语文教学大纲（征求意见稿）》，并开始组织语文教材的编写。至 1992 年语文教材编写基本完成，并由人民教育出版社出版《全日制培智学校教科书（试用本）·语文》（以下简称《全日制培智学校语文教科书》）。教材的出版立刻缓解了培智学校无教材、施教难的矛盾。因为当时培智学校所招收的学生以轻度智力障碍学生为主，故这套教材主要用以培养轻度智力障碍学生的语文素养和听、说、读、写能力。

作为中国第一套专门针对智力障碍学生的语文教科书，《全日制培智学校语文教科书》在教材用字、编排结构、选文内容、文体构成、练习设计、教材版式等方面具有哪些特点？我们应该怎样使用呢？

一、教材用字分析

教材用字主要考查的是教材生字表中的用字，通过分析，我们不但可以了解《全日制培智学校语文教科书》各册对生字量和具体识字顺序的安排，还可以从总体上了解国家教育主管部门对轻度智力障碍学生识字的总体要求。

（一）生字表中的字量及其分布

《全日制培智学校语文教科书》共有生字 1 877 个汉字。生字量的分布情况为一二年级和八九年级较少，而三至七年级较多。各年级的生字量分布见下图。

图 2-1

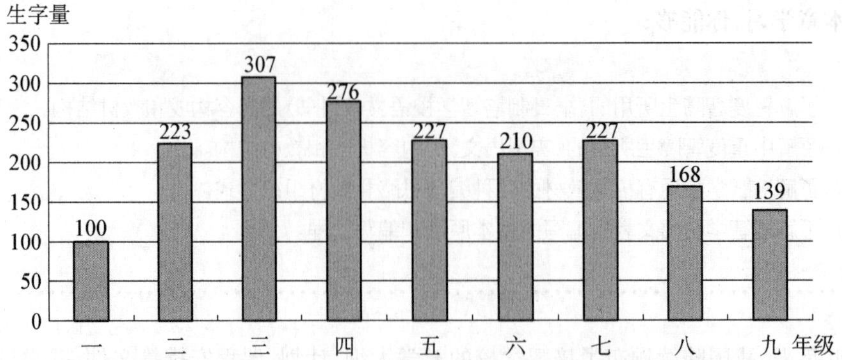

《全日制培智学校语文教科书》各年级的生字量分布统计

1990 年国家颁布了《全日制弱智学校(班)语文教学大纲》,其中规定轻度智力障碍学生应掌握的四会字为 1 500 个。由上图可以看出,教材在遵循《全日制弱智学校(班)语文教学大纲》的基础上略作了调整,将原大纲规定应掌握的四会字 1 500 个调整为1 800 个。从生字量的角度上看,整个培智学校义务教育阶段,《全日制培智学校语文教科书》要求学习 1 877 个字,超过了《全日制弱智学校(班)语文教学大纲》会认字 1 500 个的数量。从不同年级生字表字量安排的数量上看,《全日制培智学校语文教科书》生字量以三至四年级安排最多;而安排最少的是一年级。从图中可以看出,《全日制培智学校语文教科书》在义务教育阶段各年级生字量的安排并不均匀:一至三年级生字量增长速度较快,从一年级的 100 字迅速增长到三年级的 307 字,然后各年级生字量呈缓慢下降趋势,五至七年级稳定在每学年 200 字左右,最后下降至九年级的 139 字。这样的生字量安排既符合学生识字的规律,又表现出不同阶段语文教学的不同侧重点。因为第一册主要教授汉语拼音,而第二册学生刚接触汉字,所以这两册的生字量不宜安排过多。二年级的学生处在识字的初期阶段,尚未掌握如何辨识汉字字形的规律,对字形、字音、字义的联系不稳固,所以生字量安排也相对较少。三年级以后,学生基本掌握了汉字分析的基本方法和识字的技巧,识字的速度和准确度都有了较大的提升,所以三至七年级教材安排的生字量最大。到了八九年级,学生的识字量达到 1500 个左右,能够顺畅阅读一般课文,所以此阶段语文教学的重点已经从生字学习转向阅读理解和写作教学了,生字量随即降低。

(二) 生字表的字种及其分布

“字种是指不同汉字的数量”。[①] “培智学校生字表总字种是指在生字表总量的基础上,剔除同形字和多音字,得到的字种数。”[②]《全日制培智学校语文教科书》生字表的总字种数及各学段、各年级字种数统计分析结果如下:

表 2-1

	低学段	中学段	高学段	总计
字种	623	697	501	1 821

教材各学段生字表总用字种数的分布统计

① 费锦昌:《常用字的性质、特点及选取标准》,载《语文学习》1988 年第 9 期。

② 马占刚:《培智学校语文教材用字的字量、字种分析》,华东师范大学学前教育与特殊教育学院 2013 年论文,第 17 页。

通过上表统计发现，该套培智学校语文教材生字表总字种数为 1 821 个。从各学段用字种数上看，生字表中字种数随着学段的升高而变化。

进一步分析《全日制培智学校语文教科书》教材在各年级生字表中字种数的分布情况（见下图）发现，低学段各年级生字表的字种数随着年级的上升而不断上升，而从中学段开始则随着年级的上升呈现下降的趋势。从图 2－2，可以发现低学段各年级间字种数的增加幅度较大，中、高学段各年级间字种数的下降幅度较小。

图 2－2

教材各年级生字表用字种数的分布情况

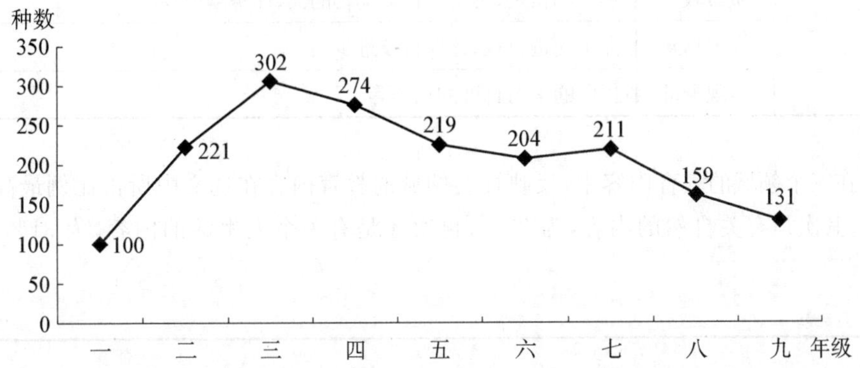

二、选文的内容

按照文章表达的中心对《全日制培智学校语文教科书》选文进行分析，可见教材中的选文主要涉及个人、社会和自然三个领域的内容。具体内容见下表。

表 2－2

选文的内容

选文		
第一类目	第二类目	具体描述
有关个人	个人常识	基本的认知、生活常识、个人生活技能、自我保护意识及基本自我保护能力等
	精神信念	个人的信念，但不包括社会性的品质，主要有珍爱生命、追求理想、勤俭节约、勤奋努力、惜时守信、俭朴节约、机智勇敢、顽强拼搏等
有关社会	社会常识	与社会生活有关的基本知识，如社会上约定俗成的某些知识、公共设施的使用方法等
	公共道德	有关社会领域的各种行为规范、礼仪道德、情绪情感等，具体如下： 品质：礼貌谦虚，坦诚相见，助人为乐 感情：敬老尊师，亲孝体贴，热爱祖国，热爱家乡，热爱学校及家庭 规范：遵守秩序，爱护公物，遵法守纪，保护环境
	集体生活	学校生活，同伴交往
	政治素养	坚守革命精神、坚信革命必将成功、爱党爱团

续 表

选文		
第一类目	第二类目	具体描述
有关自然	自然常识	有关自然界的基本知识,如四季变迁、打雷下雨等自然现象的成因等
	风景游记	描写某自然景观、某风景名胜,或记录一次游玩经历
	静物审美	对于没有生命的艺术品的欣赏,如欣赏名家雕塑、同伴画作等
	生命教育	热爱动植物,感受大自然动物的美,保护动植物
	探求真知	介绍先进科技,体现科技进步
	客观辩证	哲理的学习真理的论证等

在三个领域的教育内容中,反映社会领域的教育内容在选文中所占比例最高,为36%;其次是有关自然的内容,为33%;再次才是有关个人生活的内容,为31%。见下图。

图 2-3

教材选文分析

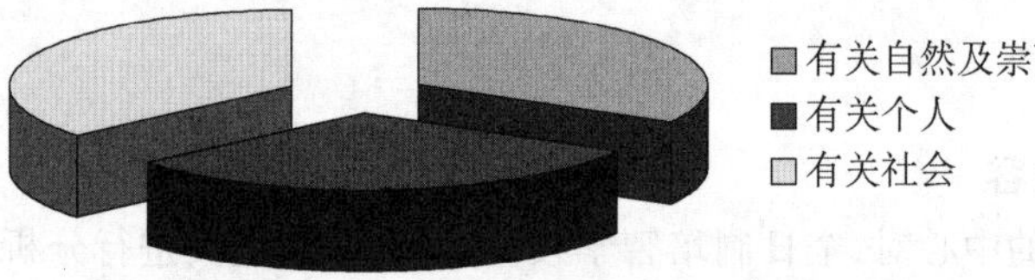

但是,在有关个人、社会和自然三部分内容的选文在总量上并没有特别大的差异。可见《全日制培智学校语文教科书》意图通过语文课程培养学生良好的个人品质,提高学生对社会、自然的认识水平。

(一) 选文中有关个人素养的教育

有关个人素养的教育内容主要包括生活常识和精神信念(追求理想、勤奋努力、惜时守信、俭朴节约、机智勇敢、顽强拼搏等)两部分内容。《全日制培智学校语文教科书》有关个人素养教育内容的选文共计114篇,占所有选文篇目总数的31%。

图 2-4

有关个人素养教育的选文分析

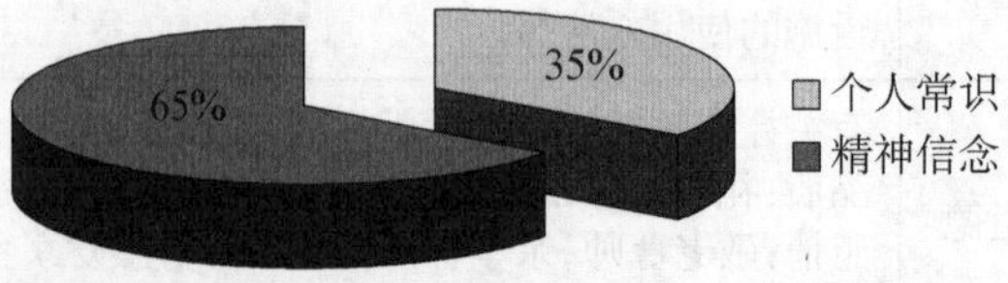

从上图可以看出,《全日制培智学校语文教科书》在有关个人素养的教育主要安排了个人常识和精神信念两部分内容。其中个人常识的选文有40篇,而有关精神信念方面的选文75篇。

这说明《全日制培智学校语文教科书》在借助文本培养学生参与生活能力的同时更为重视利用选文培养学生的精神信念。在有关精神信念的选文中有树立勤奋努力、惜时守信、顽强拼搏等精神信念的内容，如《铁棒磨成针》、《王冕学画》、《白头翁的故事》等。特别值得注意的是，教材中还安排了《海伦·凯勒》、《身残志坚的华海》等篇目，用身残志坚、顽强拼搏的人物鼓励特殊儿童树立不放弃、不灰心的精神和意志。因为选文内容贴近学生，故更易引起学生的共鸣，达到信念教育的效果。

有关个人素养的教育的内容在各个学段的分布情况见下图。

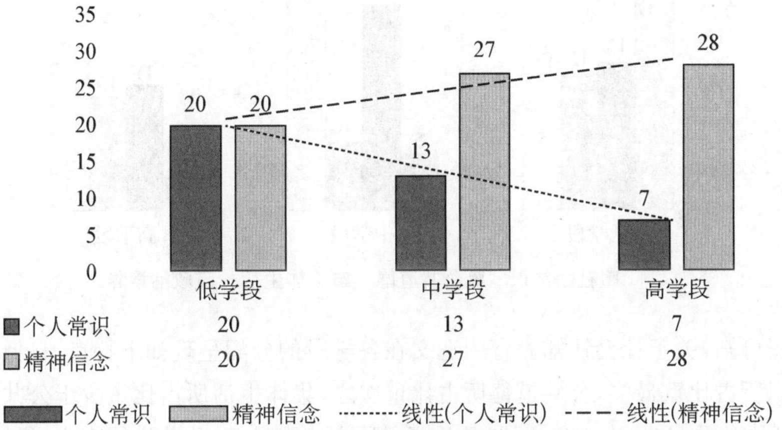

图 2-5

有关个人素养教育内容在各学段的安排情况

从上图我们可以看出，从低学段到高学段，相关个人常识的内容呈减少趋势，而有关精神信念的内容却不断增加。这种安排顺序比较符合教育对象的学习规律。我国古代教育家朱熹也有小学学“事”，大学学“理”的教育思想。因为低年级学生的抽象理解和思维能力有限，如果在低年级段的教材中安排太多抽象说“理”精神的选文，学生很可能无法完全理解，故在低年级阶段多安排一些关于个人常识的学习内容符合学生的理解力。

（二）选文中有关社会认知的教育

有关社会认知教育的选文，主要包括社会常识、公共道德（关怀他人、助人为乐、亲孝体贴、尊老爱幼、团结协作、文明礼貌）、集体生活、政治素养（爱党、爱国、革命精神）等四部分的内容。《全日制培智学校语文教科书》中关于社会认知的教育的课文共 135 篇，占整套教材选文的 36%，所占比重最高。具体情况如图 2-6。

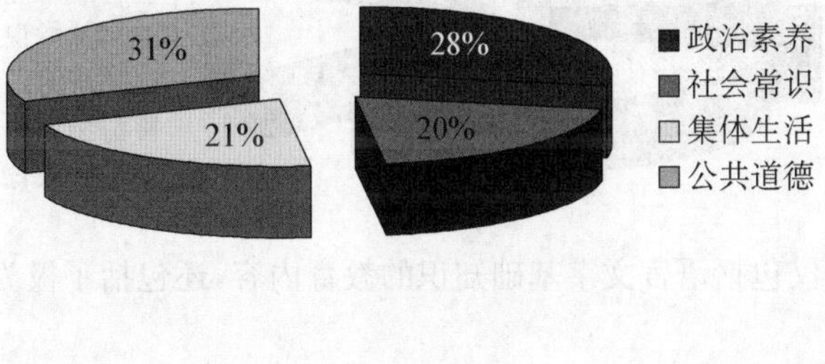

图 2-6

有关社会认知的选文分析

从上图可以看出,《全日制培智学校语文教科书》在社会认知的教育层面上主要安排了社会常识、公共道德、集体生活和政治素养等内容。其中反映社会常识类的选文27篇,公共道德类的选文42篇,集体生活类的选文28篇,政治素养类选文38篇。这四部分内容涵盖了从基本认知到社会交际规范、崇高社会品质教育的各个层面。

有关社会认知方面的选文在各学段的安排、分布情况如图2-7。

图2-7

有关社会认识的选文在各学段的安排情况

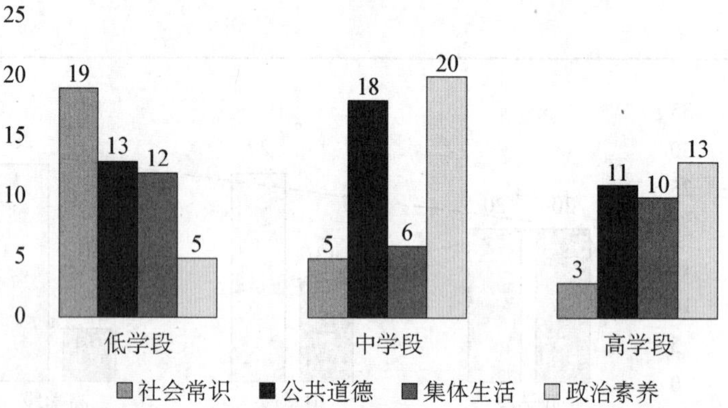

上图可知,关于社会认知教育的选文在各学段的分配呈现如下特点:在低年级段,社会常识所占比重最多,公共道德所占比重次之,集体生活所占比重少于公共道德,政治素养所占比重最少;在中年级段,政治素养所占比重最多,公共道德次之,集体生活小于公共道德,社会常识比重最低;而到了高年级段,政治素养所占比重最多,公共道德次之,集体生活所占比重少于公共道德,社会常识所占比重最低。由此可以看出,在低年级段,选文更注重对儿童社会常识的教育,而到中、高年级段,教材的选文开始注重培养学生的政治素养、公共道德。

(三) 有关自然及崇高事物的教育

有关自然及崇高事物的教育主要包括自然常识、风景游记、静物审美、生命教育、探求真知、客观辩证等内容。《全日制培智学校语文教科书》有关自然及崇高事物方面的课文123篇,占课文总体的33%。

分析图2-8可知,本套教材主要是通过风景游记、自然常识和生命教育等内容来在表现自然的主题,这符合语文学科的审美和价值观的教育。

图2-8

教材中有关自然及崇高事物的选文分析

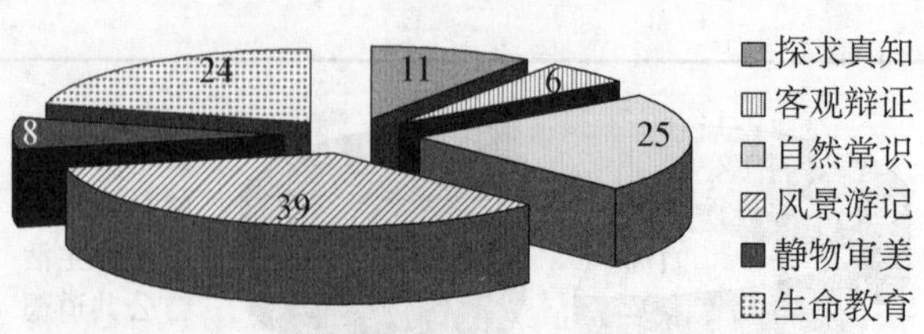

语文课程,不仅包括语言文字基础知识的教育内容,还包括了极为广泛的自然科学

常识的教育内容。从培养学生的审美角度来看，歌颂自然界美的事物的篇目在教材中所占比重较大。通过美的形象、美的生活，给人以赏心悦目之感，从而激发学生发现美、欣赏美的情感。

三、文体构成

无论是轻度智力障碍学生学习的语文课本，还是中度智力障碍学生学习的语文课本，主要由记叙文、说明文、散文、应用文、童话、寓言、诗歌等文体构成。而诗歌中又包括少量的古诗和童谣。

因为学生的表象贫乏，所以培智学校的教材大多采用了看图学文的方式。在本教材第1—18册教材中，看图学话、看图学拼音、看图学字、看图学词、看图学句的课文，共计99篇，占总篇目的25%。除去看图学文外，记叙文150篇，占课文总篇目的50%；说明文31篇，占课文总篇目的11%；应用文10篇，占课文总篇目的3%；古诗、儿歌62篇，占课文总篇目的22%；寓言、故事42篇，占课文总篇目的14%。在18册教材中，不同文体体裁的篇目所占比例如下图所示：

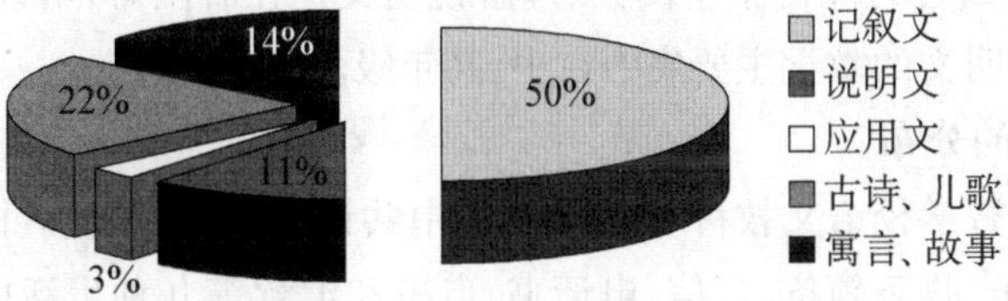

图2-9 全日制培智学校语文教科书课文文体的构成

(一) 记叙文的分布

《全日制培智学校语文教科书》从第三册到第18册均有记叙文。记叙文在各册的具体分布情况如图2-10。

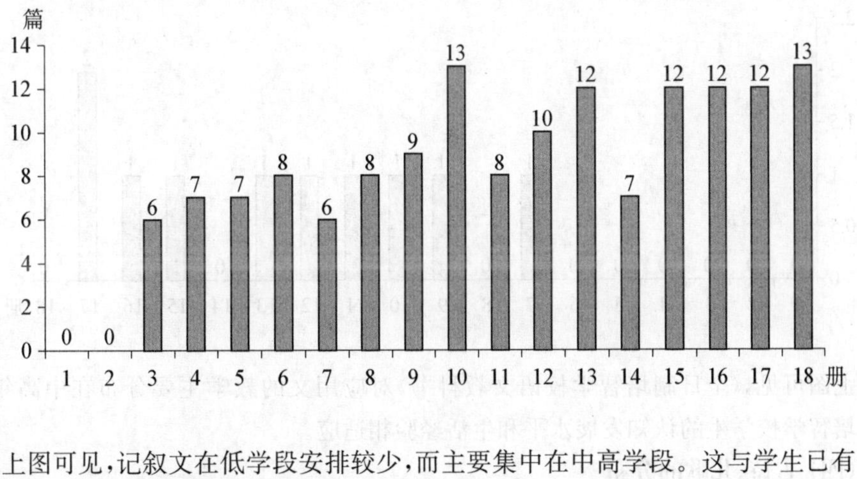

图2-10 《全日制培智学校语文教科书》记叙文的分布情况

上图可见，记叙文在低学段安排较少，而主要集中在中高学段。这与学生已有一定的识字量以及认知发展水平匹配。

(二) 说明文的分布

本套教材第三四五册各有一篇说明文，第八九十册说明文篇目数量分别为一篇、三篇和一篇，第12—18册说明文篇目数量为一至八篇不等。具体分布情况如图2-11。

图2-11

《全日制培智学校语文教科书》说明文的分布情况

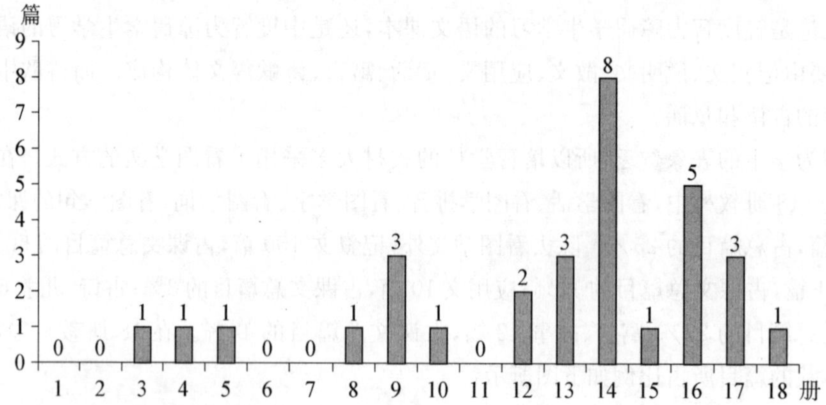

由上图可见，因智力障碍学生阅读、理解说明文存在着困难，所以低年级的选文中很少有说明文，说明文的教学主要集中在中、高年级。

(三) 应用文的分布

在《全日制培智学校语文教科书》1—18册中共计10篇应用文。内容包括请假条、留言条、日记、借条、收条领条、写信、申请书、启事和汇款等九种生活中常用的应用文。其中第七册是请假条，第九册是留言条，第10册是日记，第11册是借条，第12册是收条、领条，第13册是写信，第15册是申请书，第16册是启事，第17册是汇款和招工启事，其篇目具体分布情况如下图。

图2-12

《全日制培智学校语文教科书》应用文的分布情况

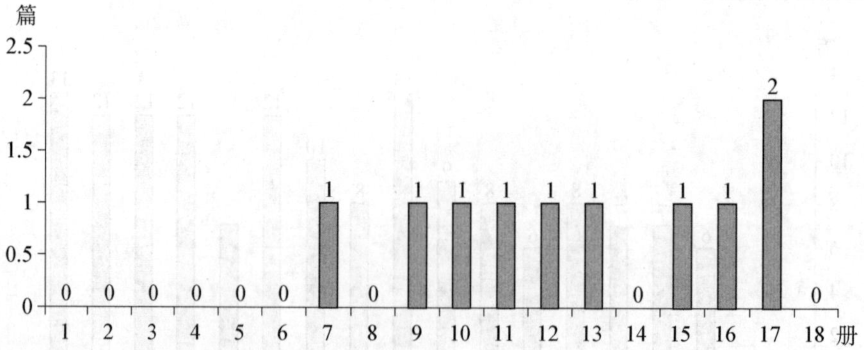

上图可见，《全日制培智学校语文教科书》对应用文的教学主要分布在中高年级。这与培智学校学生的认知发展水平和生活经验相适应。

(四) 古诗、儿歌的分布

古诗与儿歌都具有篇幅短小，结构单一、语言活泼、节奏感强、易于颂唱等特点，所以很受儿童喜爱，也是小学生语文选文中必选的文体之一。因古诗承载着中华民族对世界的认知和审美，同时古诗最能够表现汉语韵律美的特征，所以每个中国小学生都或多或少地会背几首古诗；而儿歌因其表达内容浅显、用字集中、韵律反复，容易理解和记忆，所以也很容易激发小学生学习的兴趣。《全日制培智学校语文教科书》也不例外地选择了一些古诗、儿歌作为学生赏读的课文。第一二册因为主要是教授汉语拼音和看图识字、看图学词语，所以没有安排古诗的学习，从第三册开始安排古诗教学。在第3—18册中，古诗与儿歌的选文数量从二篇到六篇不等，具体分布情况见图2-13。

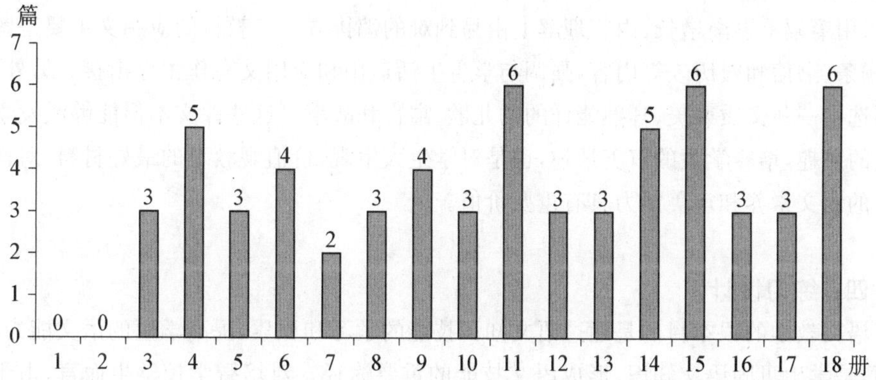

图2-13

《全日制培智学校语文教科书》中古诗、儿歌类的分布情况

可见，从低年级到中年级再到高年级，古诗和诗歌的安排有多有少，但多安排为三至四篇。学生还是以阅读理解散文和应用文为主。

（五）寓言故事的分布

寓言故事因其具有思想性、故事性强，所以学生都喜欢阅读。实际上寓言是将深刻的道理用虚构的故事讲出来，所以寓言还有具有很强的说教性。但是，因为寓言故事不是讲抽象的大道理，而是通过故事中具体的人物和事件引导学生自己悟出道理。根据培智学校学生的认识水平和理解力，《全日制培智学校语文教科书》共选了42篇寓言故事，分布在第3—18册中。具体分布情况如下图。

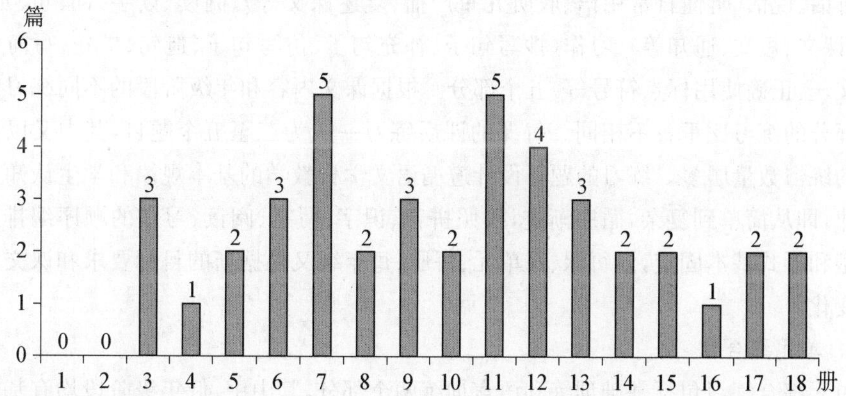

图2-14

《全日制培智学校语文教科书》寓言故事的分布情况

通过图 2－14 可见，寓言故事除第一二册外，在其他各册中均有分布，每册少则一篇，多则五篇。

总体来看，《全日制培智学校语文教科书》中的阅读教学遵从了字、词、句、篇的教学顺序和听、说、读、写能力的训练。从词汇、句子、段落到篇章，循序渐进、逐步提高，符合语文教育的基本规律和智力障碍学生学习语文的特点。在选文上，以记叙文为主和说明文为主，配以儿歌、古诗、寓言故事和应用文等。记叙文的选文又以写人、写事为多，写物较少。在记叙文的篇幅和内容深度的选择上，教材基本遵循了随年级升高课文逐渐增长、难度逐渐加深的规律。教材中的说明文主要是以说明日常生活物品、小动物、自然现象、建筑景观等内容为主，说明文的长度和内容的难度考虑到了学生认知发展水平，采用篇幅上逐渐增长、内容理解上由易到难的编排方式。教材的应用文主要是留言条、领条、书信和履历表等内容，强调与学生生活运用和应用文写作主导衔接。另外，教材还选了一些文质兼美、耳熟能详的的儿歌、寓言和故事。这些课文不但能够激发学生阅读的兴趣，培养学生的审美情趣，也是对学生人生观、价值观教育的最好材料，对提高学生的语文素养和审美能力具有重要价值。

四、练习设计

语文教学的根本目的是通过语文知识技能的学习和积累，提高学生的语文能力，而练习，是学生巩固语文知识、形成语文技能的重要途径。对培智学校学生而言，由于其知识的迁移能力较弱，因此科学有效的练习设计对其巩固所学、形成语文能力具有十分重要的意义。

本书将对《全日制培智学校语文教科书》课后练习进行简要分析，重点介绍练习设计的题量、题型、内容安排等，力图将本套教材练习的概貌呈现给读者。

(一) 课后练习与单元综合练习分析

本套教材课后练习包括课后练习和单元综合练习两个部分。其中除一年级没有课后练习外，其他各个年级段的练习系统均由课后练习和单元综合练习两个部分构成。

1. 课后练习

课后练习的内容均紧密结合课文中涉及的知识点，包括拼音(声母、韵母、声调、整体认读音节等)、识字(笔画、笔顺、字形结构、偏旁部首等)、写字(临摹、仿写、抄写、听写等)、听话、说话(听懂日常用语、收听儿童广播、复述课文等)、阅读(读字、词、句、儿歌、诗歌、课文、短文、通知等)、习作(抄写句子、补充句子、仿写句子、造句、扩句、写简单的应用文、会正确使用标点符号等)五个部分。根据课文内容和年级阶段的不同练习内容五个部分的练习比重各不相同。每课的课后练习一般为三至五个题目，其中又以五个题目的练习数量居多。练习的题目设计遵循语文学科教学的基本规律和学生认知发展的规律，即从简单到复杂，循序渐进，按照拼音、识字、写字、阅读、习作的顺序编排。题目类型和形式基本固定，但每课、每单元、每册、每年级又根据新的目标要求和课文内容略有变化。

2. 单元综合练习

单元综合练习包括基础训练和语言训练两个部分，其中中、低年级阶段均有基础训练和语言训练两个单元综合练习，高年级阶段只有基础训练一个单元综合练习。单元综合练习一般编排在三至五课之后（一年级单元综合练习是每两课之后），作为一个阶段的总练习既能够引导学生回顾本单元的课文内容，又能够通过练习巩固本单元的知识和技能。本套教材的基础练习无固定格式，题型是根据所需练习的具体内容而定。综合练习题的题量各年级也略有不同，每个综合练习的题量从五至九道题不等，其中以六到七道题居多。练习内容主要是本单元的知识点，但也有既往、不易掌握的知识点。通过各种各样形式的练习，对学生巩固、内化所学这是，提高迁移应用能力具有非常好的作用。

语言训练主要是针对中、低年级阶段的学生开展的口语交际训练。其中除一年级的语言训练为九个练习之外，二至六年级的语言训练均为六个练习（二三年级每个语言训练均有三个主题，其他各年级均是两个主题）。语言训练的主题多样，低年级阶段主要是贴近学生的日常生活，通过语言训练的形式教给学生简单的日常生活用语。例如，一年级的训练内容为“你叫什么名字？你今年几岁？”“你家住在哪里？你家有哪些人？”等；而中年级阶段的内容则有介绍简单的社会规则、语言常识、生活常识和技能等，使学生了解本民族交际文化，培养学生遵守社会交际规则，以适应社会交际。例如，训练主题“天气预报、值日生、我们的教师、快乐的爱生节”等。语言训练主要以看图说话的形式呈现训练内容，图画形象具体、色彩鲜明、问题简单明了，符合智力障碍学生的认知特点和语言发展需求。

（二）练习数量的分析

对习题数量统计后发现，中年级阶段的练习数量最多，高年级阶段次之，低年级阶段最低，但后两个年级段总体差异不大。具体来说，不同年级和不同册之间的差异如下图。

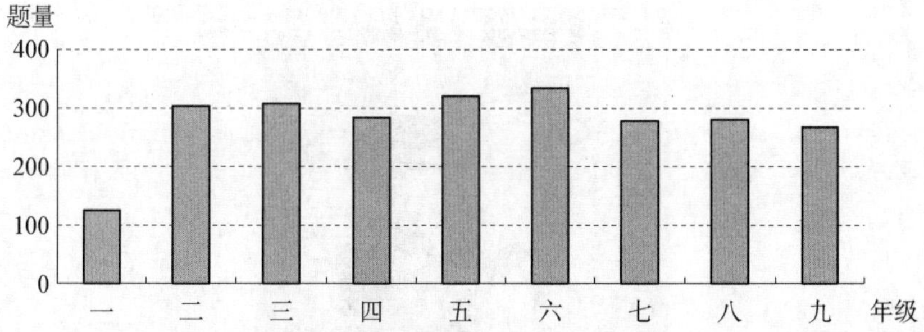

图 2-15

不同年级习题数量比较

上图显示，除一年级的练习题总量在 100 个左右，其他各年级段的练习总量都在 300 个左右。从二到六年级，除四年级略有下降外，其他年级的练习题总量均呈现逐渐上升趋势，到六年级达到顶峰，七年级到九年级的练习数量均比六年级有所下降，但三个年级的练习总量基本持平。

分析一年级练习题量较少的原因：一是因智力障碍学生刚入学，对学习、作业等尚不适应，所以练习题的数量不宜太多；二是因为一年级教学内容本身较单一，主要是拼音、识字、写字的学习，对阅读和习作的要求较低，学科内容的综合性不高，所以练习的题型和范围较窄，因此总题量也就比较少。

(三) 练习内容与题型的分析

课后练习的题型和内容主要依据《全日制弱智学校(班)语文教学大纲(征求意见稿)》编排。内容包括：拼音、识字写字、阅读、习作、听话说话和实践活动。

1. 拼音练习

拼音是矫正语言和识字检字的基础，其练习主要集中在低年级阶段。在题型编排上主要有：看图找拼音、换韵母，读音节(配有图画)、读读拼拼、看图，读一读(如图 2-16)、比一比，拼读儿歌(根据字母的特点，配以形象的儿歌或图片，如图 2-17)、猜谜语等多种形式。

图 2-16

拼音练习 例一

图 2-17

拼音练习 例二

总体而言，拼音练习的难度不高，练习设计形象生动，题型多样，贴近学生的日常生活，便于学生的理解和应用，为将来独立学习字词，提高语文综合能力奠定良好的基础。

2. 识字写字练习

识字、写字是阅读和习作的基础。识字、写字的练习主要集中在一年级到四年级。识字、写字练习形式主要有：照样子，找朋友、读读写写、读拼音，写汉字、写出带有下面部首的字、写出下列字的部首等。书写练习的安排，低年级阶段主要在田字格中练习书写，高年级阶段主要是仿写和抄写。

识字练习的题型设计多样，基本上是按照从易到难的逻辑顺序。练习总体可以分为笔顺、笔画的练习（例如，第四册 24 页数笔画，填空，彩——共（ ）画，第八画是（ ），偏旁部首的练习（包括直接临摹抄写、写出带有下列部首的字、重新组字等，如图 2 - 18），查字典的练习（如图 2 - 19），认读的练习以及抄写、仿写的练习（中低年级主要以在田字格中临摹、仿写为主，且练习字的笔画和结构也较为简单，多为独体字；高年级主要以抄写为主，无田字格规范，且练习的字笔画和结构也较为复杂，多为合体字）。

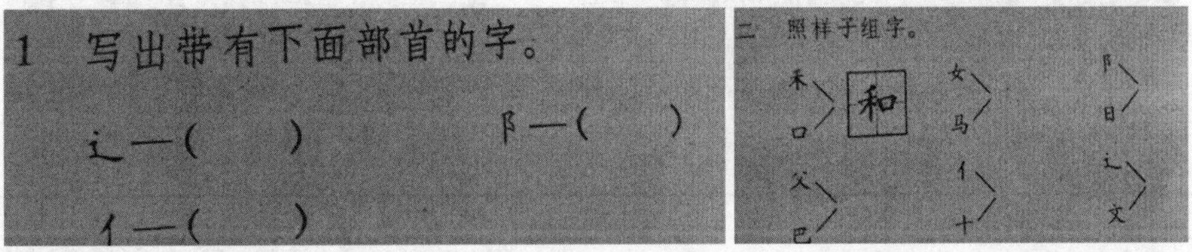
1 写出带有下面部首的字。

辶—（ ） 阝—（ ）

亻—（ ）

二 照样子组字。

图 2 - 18

偏旁部首练习例一

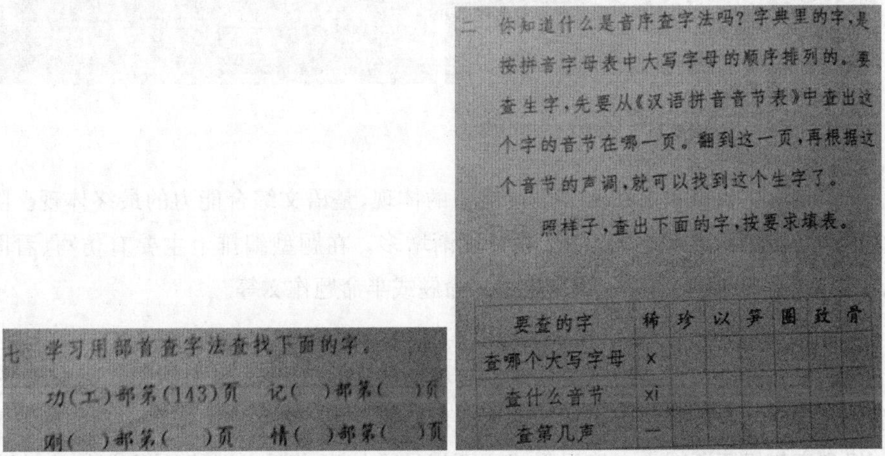
七 学习用部首查字法查找下面的字。

功（工）部第（143）页 记（ ）部第（ ）页

附（ ）部第（ ）页 情（ ）部第（ ）页

二 你知道什么是音序查字法吗？字典里的字，是按拼音字母表中大写字母的顺序排列的。要查生字，先要从《汉语拼音音节表》中查出这个字的音节在哪一页。翻到这一页，再根据这个音节的声调，就可以找到这个生字了。

照样子，查出下面的字，按要求填表。

要查的字	稀	珍	以	笋	圈	致	骨
查哪个大写字母	X						
查什么音节	xi						
查第几声	一						

图 2 - 19

查字典练习例一

以上各种练习，为学生识字写字打下了良好的基础，让学生更好地辨认和书写汉字，并且能够运用工具去获得自主学习生字的能力，有机会不断扩充自己的识字量，获得更多知识和信息。

3. 阅读练习

阅读是语文教学中的主体部分。阅读能力要从一年级开始培养，循序渐进，逐步提高，阅读练习的量在五个练习中是最多的。阅读练习包括词的练习，句的练习以及课文（或段落）阅读理解（或阅读思考）的练习。

词的练习有组词、叠词的练习（如图 2－20），近、反义词的练习，词义理解和词组辨析的练习（如图 2－21），选词填空的练习，词语搭配、分类的练习，抄写、仿写的练习以及量词的使用等。句子的练习主要集中在高年级阶段，包括句子结构练习（例如，第三册第五页：照样子用“是”练习说话。我们是爱劳动的好孩子。/我们是……/……是……）、句义理解练习（包括正确使用标点符号，注意句子的情感语气等）、句子应用练习（包括正确朗读句子，背诵句子，听写句子，书写句子等）。阅读理解练习包括课文内容理解例如理解课文主要内容（根据课文内容回答问题），课文内容复现（选词填空、排序等）、读课文（朗读、默读）、背诵、复述/转述（课文、段落）等。

图 2－20

词语练习
例一

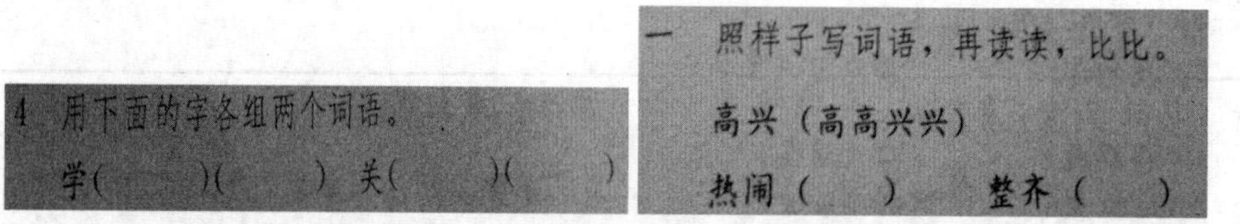
4 用下面的字各组两个词语。

学（ ）（ ） 关（ ）（ ）

一 照样子写词语，再读读，比比。

高兴（高高兴兴）

热闹（ ） 整齐（ ）

图 2－21

词语练习
例二

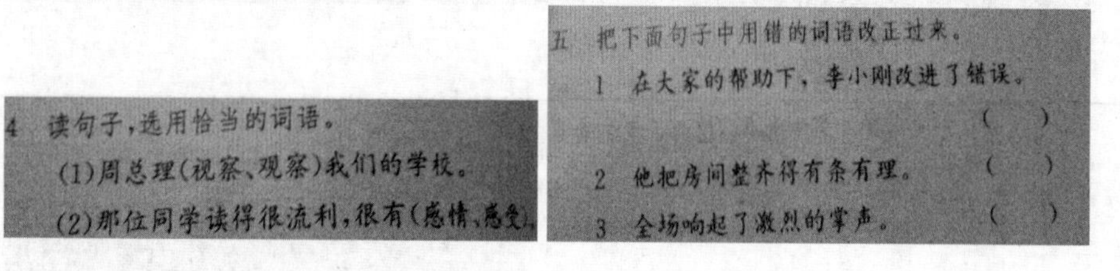
4 读句子，选用恰当的词语。

（1）周总理（视察、观察）我们的学校。

（2）那位同学读得很流利，很有（感情、感受）。

五 把下面句子中用错的词语改正过来。

1 在大家的帮助下，李小刚改进了错误。（ ）

2 他把房间整齐得有条有理。（ ）

3 全场响起了激烈的掌声。（ ）

4. 习作练习

习作是学生认识水平和文字表达能力的体现，是语文综合能力的最终体现。随着年级的增高习作的难度逐渐增大，题量逐渐增多。在题型编排上主要有仿写、看图作文、应用文（借条、收条、假条、履历表等）、命题或半命题作文等。

5. 听话说话练习

听话说话是语文教学的重要任务。对培智学校的学生而言，能够耐心听别人讲话，听懂别人讲话的内容并用合适的方式表达自己的想法十分重要。听话说话的练习量从低年级到高年级逐渐减少。练习形式主要以综合练习中语言训练的形式出现，在课后练习中也有看图说话、口语练习等，但练习量较少。

6. 实践活动

综合实践是帮助学生将所学知识转化为技能的一种训练。由于轻度智力障碍学生具有比较好的社会活动能力，所以，《全日制培智学校语文教科书》在综合实践的练习设计上比较简单，主要是通过游戏方式，引导学生将知识主动运用于实践中，促进知识向能力的主动转化。例如，教科书第五册有“商店购物”游戏；第七册有给家人“寄一封信”和“打电话”的游戏等。

综上所述，《全日制培智学校语文教科书》的练习设计遵循了语文学科的学习规律和智力障碍学生的认知规律。在知识点的编排顺序上体现了从简单到复杂、循序渐进、螺旋上升的编排思路，有利于学生形成连续的、渐进的知识结构。另外，本教材在每单元的综合练习中都能及时不断地重现前面教学的知识，促进了学生对具体知识技能的巩固和提高。教材练习题的题型设计关注到了学生的认知和学业发展水平。例如，低年级题型的变化较小，且配有多幅图画以帮助学生理解题意，而高年级阶段的题型则变化多，且以文字表述为主。

五、版式设计

版式设计是指在出版物的版面内容上将字体、色彩等视觉元素在版面上进行艺术化的排列组合，将作者及编辑的信息、思维与审美观念等有效地传递给读者，其主要目的是给读者传达信息，同时给读者以审美享受。它属于现代设计艺术的范畴，是视觉传达的重要形式。①

书籍的版式设计是书籍最重要的组成部分，它是通过对字号、字体、图片、图形的选用及其编排和栏行的划分等进行统一构想、设计的。教材是向学生传授知识的主要媒体，规整的版面秩序，会给读者舒适、良好的视觉环境。② 因此，经济、实用、美观是教材装帧设计所始终坚持的基本原则。

对《全日制轻度培智学校语文教科书》在版式设计的分析方面包括开本、封面、字体与字号、书眉、颜色、生字、练习、插图、教材编排设计等。

（一）开本

开本指书刊幅面的规格大小。我国原来书刊的开本是由787×1 092(mm)纸张来开的。由于787×1 092(mm)是我国自行定义的，与国际标准不一致。现在国家规定的开本尺寸是采用的国际标准系列，规定以A0、A1、A2、B1、B2等标记来表示纸张的幅面规格。2009年《中小学教材幅面尺寸及版面通用标准》明确规定：“小学教材的幅面尺寸应采用A5和B5，对图、表等有特殊要求的小学教材可采用A4。”《全日制培智学校语文教科书》第一次出版发行是1992年12月，所以《全日制培智学校语文教科书》所采用的仍然是我国原来的以多少“开”来表示纸张的大小。此教材是32开本，尺寸是850×1 168(mm)。每册教材平均70页，整体较薄。

（二）封面

教材的封面设计是运用色彩、形象、图案、标志等多个元素，突出主题、丰富情感的画面。《全日制培智学校语文教科书》的封面色彩多样，而且每册教材封面都有单独的

---

① 吴小春：《全日制培智学校语文教科书九年义务教育语文新教材版式设计研究》，载《教育实践与研究》2011年第10期。

② 傅明珠：《谈中小学教材版式设计加工的几项基本要求》，上海市编辑学会，“中国编辑学会第四届年会”，1998年7月。

主色调，全套教材以拱形框为标志，内容以游玩为主题，且人物以女孩居多，如下图。

图 2-22

封面设计实例

(三) 字体与字号

楷体和宋体两种字体的笔法、笔形、笔画组合关系上均有差异，笔法指满足一定效果的用笔方法，不影响学习写字；笔形指在汉字结构中每一个笔画的具体形状。在教材中，同样字体大小的宋体字往往比楷体字大一些，笔画也更粗一些，更便于视觉搜索，宫殿坤等(2000)在研究中也表明学生对宋体字反应时极其显著地快于楷体字。

儿童的识字写字应该严格要求，书写汉字一要正确，二要美观。《全日制培智学校语文教科书》课文第 1—10 册采用的是楷体，第 11—18 册采用的是宋体，对于字号来说，低年级正文和生字中的字号最大，随年级的升高，字号逐渐减小(如下图)，这不仅体现了低中年级对学生识字写字的要求，而且体现了字体、字号的编排与学生的知识积累以及视觉认知发展的相关性。

表 2-3

字体与字号

	字体	字号
正文	1—10 册楷体 11—18 册宋体	1—4 册小二；5—12 册、14 册小三； 13 册、15—18 册四号
生字	楷体	1—8 册、10 册小一；9、11—18 册小二

(四) 书眉

书眉利用书心外的空间，用小字在天头、地脚或书口处设计. 给读者在翻页时，带来方便，同时美化版面、平衡视线，给读者以轻松、愉快的感觉的功能。书眉是版心上方的内容，包括页码、文字和书眉线三部分。在全日制轻度培智教材中，书眉内容(包括“语言训练”、“看图×××”、“课文”)均排在偏外侧，以箭头式形状对标题“突出显示”，醒目直观，便于查询使用。页码在每一页页脚中的固定位置出现，在整体翻动时会产生秩序的视觉感受，同时页码的字体与正文不同，方便与正文内容分开，详见下图。

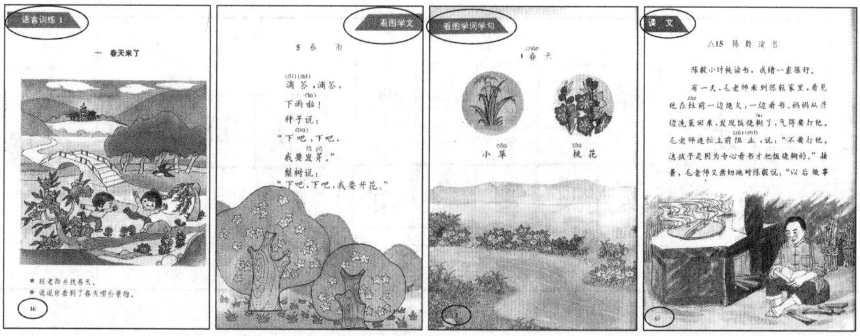

图 2-23

书眉内容实例

(五) 颜色

语文教材版式设计中的色彩运用对学生感知和记忆学习内容也是非常重要的,颜色涉及页面底色及插图的色彩、文字字体的色彩和纸张的色彩。《全日制培智学校语文教科书》的插图颜色变化较大,1—12 册为彩色;13—18 册则由橘色和黑色组成,橘色成为主色调,如下图所示。

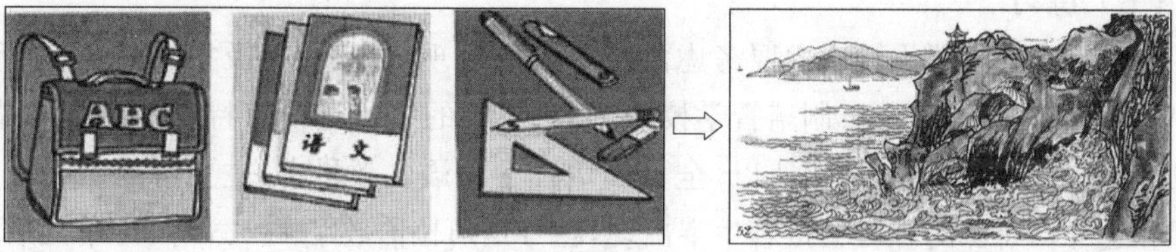

图 2-24

颜色变化实例

随着年级的升高,《全日制培智学校语文教科书》的色彩由多彩逐渐变得单一。因高年级学生已经基本形成了文字阅读的能力,所以高年级学生在阅读时不再着迷于教材的色彩,所以此时插图的作用主要是形象的刻画,而非色彩的刺激。

(六) 生字

生字是教材中要求学生学习的汉字,生字在教材版式中主要涉及的是呈现位置和呈现形式。《全日制培智学校语文教科书》的生字紧接课文呈现(见图 2-25)。在不同

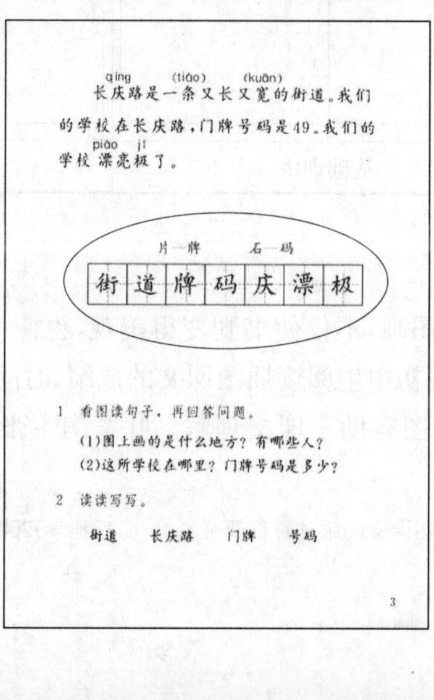

qìng (tiáo) (kuān)
长庆路是一条又长又宽的街道。我们
的学校在长庆路,门牌号码是49。我们的
piào jì
学校漂亮极了。

片—牌 石—码

街 道 牌 码 庆 漂 极

1 看图读句子,再回答问题。

(1)图上画的是什么地方?有哪些人?

(2)这所学校在哪里?门牌号码是多少?

2 读读写写。

街道 长庆路 门牌 号码

3

图 2-25

不同年级生字的呈现形式

图 2-26 不同年级生字的呈现形式

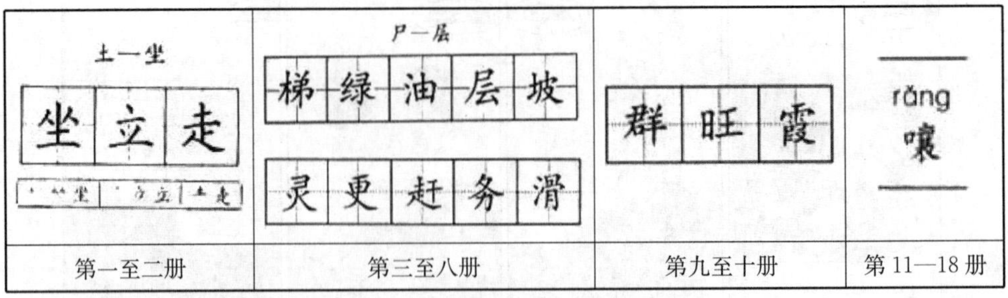

年级生字的呈现形式具体如图 2-26。

上图显示，在第一二册教材中，生字分为上、中、下三部分，第一行是部首—汉字，第二行是汉字呈现在田字格内，第三行是部分汉字的笔顺。在第三至八册教材中，生字呈现分两种形式，一种分为上下两部分，上部分为部首—汉字，下部分为汉字呈现在田字格内；另一种是没有部首—汉字部分，只有田字格里的汉字。在第九至十册中，生字呈现为田字格里的汉字。第 11—18 册教材中，在两条固定线条之间呈现拼音和汉字。

（七）练习

教材练习在版式设计中主要考虑的是练习的呈现位置、题标及指令、题号，以及练习中的颜色搭配等。《全日制培智学校语文教科书》的练习题没有特定的题标和指令，也没有出现相应的背景颜色，所以《全日制培智学校语文教科书》主要考虑练习的呈现位置和题号。每课的练习紧接着生字出现，题号是阿拉伯数字 1、2、3 等，每单元后面的基础训练和语言训练是单独起页，题号是简体中文一、二、三等，具体见图 2-27。

图 2-27 练习呈现位置及题号实例

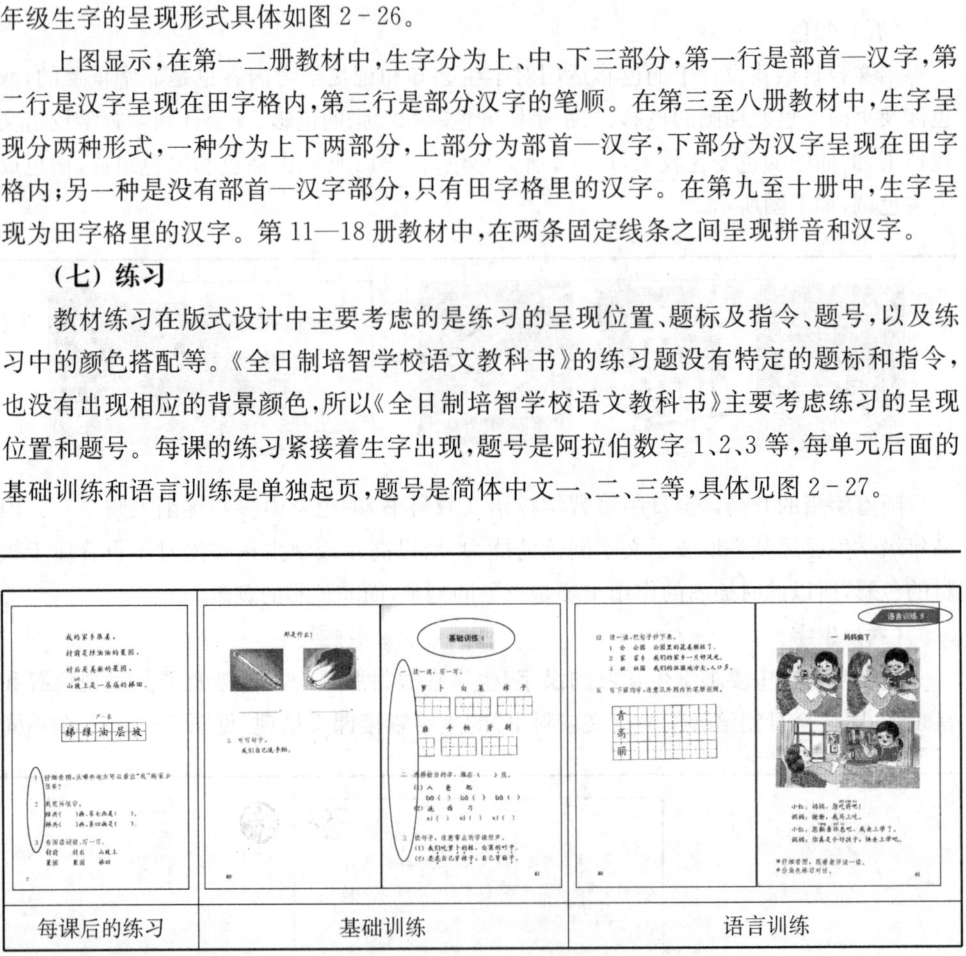

（八）插图

插图指插在书刊中的图画，不仅使书刊变得美观，也使得书刊的内容形象，易于理解。沈德立、陶云研究表明初中生阅读插图课文的成绩、时间和速度等阅读理解指标显著优于无图课文①，说明插图有助于课文理解。叶圣陶主张中小学教材的编排一定要

① 沈德立、陶云：《初中生有无插图课文的眼动过程研究》，载《心理科学》2001 年第 4 期。

图文并茂，插图和教材内容要相辅相成、相得益彰。他对人教社的编辑说："书籍里有些图画，决不是装饰和点缀，虽然每一幅画都要求它美，图画跟写在书里的书面语言有同等的重要意义。"因此，教材的绘图工作尤其要认真，在编排上尤其要做到插图和书面语言的有机配合。

课文中的插图是静止的、无声的，是课文内容的体现。正因为它静止、无声，留有很多空白点，为学生在观察时提供了想象的空间，同时也帮助学生对课文内容的理解。本书对该套教材的插图呈现形式、颜色、图版率、图文布局四个方面进行介绍。

1. 呈现形式

《全日制培智学校语文教科书》在低年阶段，大多以图为主，借助图的形象开展识字教学；高年级阶段，插图数量有所减少，以文为主、图为辅。教材插图的形式多样，但主要有浅绛山水画、简笔画、照片等三类，简笔画又有卡通和非卡通两类。课文很少使用照片，18 册教材中只有第八册第 18 课《尊敬革命领袖》出现了一张照片四位领袖在一起的照片；浅绛山水画和非卡通简笔画较少，而卡通简笔画最多。具体见图 2-28。

图 2-28

插图分类实例

插图类型	照片	浅绛山水画	简笔画	
			卡通简笔画	非卡通简笔画
实例		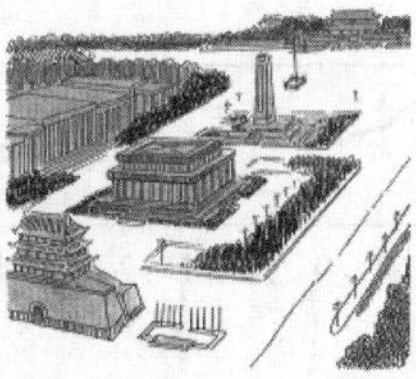		

《全日制培智学校语文教科书》在 13、15、17、18 册的教材中有扉页彩图，包括水彩画、写实油画和浅绛山水画等插图，教师可以指导学生通过找出文章中描述插图的文字理解课文，见图 2-29：扉页彩图实例。

图 2-29

扉页彩图实例

2. 颜色

本套教材的插图用色丰富、协调，能给人清新、亮丽之感。整本教材是以彩色和橘黄色为主，兼有少量黑色插图。其中1—12册为彩色插图，13—18册为橘黄色和黑色插图。纵观整套教材的插图用色，多元而丰富的色彩能够刺激低年级学生的视觉注意，对其观察和理解图片内容有很好的作用。另外，教材用色充分考虑了课文的文义，所有彩图都忠实地反映了课文中的颜色，这对培智学校学生理解和记忆课文内容具有非常重要的作用。

3. 图版率和均图数

“插图的图版率是指图像、图表、符号占版面的比率，单位：副/页。”[①]《全日制培智学校语文教科书》的图版率随年级的不断升高而逐渐降低。第一册的图版率最高，共有373幅图，平均每页3.66副，第二册的图版率已经大大下降，仅有168幅图，平均每页只有1.71幅，而到第18册全册仅有53幅图，平均每页的插图率不足一幅，仅有0.62幅图。

图 2-30

《全日制培智学校语文教科书》图版率的变化

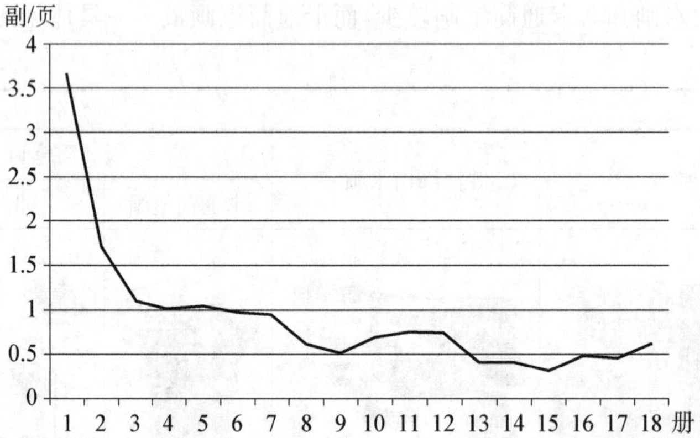

图版率逐渐下降，表明编写者希望学生改变仅靠图片理解课文的阅读方式。通过教育，轻度智力障碍学生的表象日益丰富；而通过多年持续科学的语言文字教育，智力障碍学生已经能够通过文字建立表象、理解文本内容，而不再需要借助图片进行具体形象的思维了。最终获得阅读日常生活中常见的报纸杂志、通知、广告的能力。

“插图的均图数是指除了图表插外，平均每课所含的插图的数量，单位：副/课。”[②]《全日制培智学校语文教科书》的均图数从1到18册是逐渐减少；但从单独描写景、物、季节等课文的插图来看，均图数没有明显变化，以《全日制培智学校语文教科书》中描写春季和秋季课文的均图数为例，每课均图数变化没有规律。

表 2-4

描写季节课文的均图数

季节	册数	课文	均图数
春季	第4册	第1课《春天》	3副/课
	第8册	第6课《春天来了》	1副/课
	第10册	第1课《春天的颜色》	5副/课

① 李庆红:《小学华文教材插图及版式研究》，暨南大学2011年硕士论文，第6页。
② 同上注。

续 表

季节	册数	课文	均图数
春季	第 12 册	第 4 课《春姑娘的日记》	3 副/课
	第 18 册	第 1 课《春天的秘密》	3 副/课
秋季	第 3 册	第 7 课《秋天到了》	1 副/课
	第 5 册	第 11 课《秋收》	3 副/课
	第 11 册	第 4 课《金色的秋天》	2 副/课
	第 15 册	第 9 课《秋天》	1 副/课

4. 图文布局

图文布局指书刊中文字和图片相互间的位置，间接地影响到读者的阅读效果。按照 Miscosoft Word 的“文字环绕”选项中对文字和图片的位置的布局类型进行图文布局的概括整理，统计发现《全日制培智学校语文教科书》图文布局形式分为上下型、四周环绕型、衬于文字下方型和紧密环绕型四种，如下表所示。

表 2-5 图文布局

<table>
<tr><td>版式类型</td><td colspan="2">上下型</td><td>四周环绕型</td></tr>
<tr><td>与文字的关系</td><td colspan="2">文字放置在图片上下位置</td><td>文字围绕着图片四周</td></tr>
<tr><td>实例</td><td>
</td><td>
</td><td>
</td></tr>
<tr><td>版式类型</td><td>整面型</td><td>紧密环绕型</td><td>衬于文字下方型</td></tr>
<tr><td>与文字的关系</td><td>整个页面均为插图，无文字</td><td>文字围绕着图片四周</td><td>图片放置在文字的底下</td></tr>
<tr><td>实例</td><td>
</td><td>
</td><td>
</td></tr>
</table>

图文布局中文字和图片的安排比例不同，其中主要考虑的是学生的认知发展，以及课文的内容要求。对于与人物相关的插图，可以让学生先观察插图，使学生产生了解人物具体情况的愿望，激发对学习课文的兴趣，例如《全日制培智学校语文教科书》第11册第15课《陈毅读书》，文章的插图很大，不仅可以突出陈毅读书的艰苦和不易，而且通过直接构建陈毅刻苦读书的表象，促进学生努力学习。对与景物有关的插图都很美，无论是从形式、内容还是意境等方面都给读者营造了审美氛围，唤起学生对美的感受，培养他们健康、积极的思想感情。例如《全日制培智学校语文教科书》第17册第18课《海上日出》的插图较多，首先是因为学生对文章内容描写没有相关的经验，不能直接构建表象，必须通过文图结合帮助学生理解；其次教材在前面安排了著名的《海上日出》的油画插图，帮助学生更好地理解课文描写的景物特征。对于故事性较强、情节完整的文章，插图以连环画的形式出现，能较形象地表现出文章的情节发展，有利于学生把握文章的完整性。

（九）教材编排设计

教材的编排设计主要考虑的是教材的结构与内容，《全日制培智学校语文教科书》的结构包括封面、编者、说明、目录、教材主体部分、生字表、其他附表和选读课文。内容主要包括看图学××、练习、基础训练、语言训练、习作例文。《全日制培智学校语文教科书》的内容还包括选读课文、弹性课文，以及习作例文和语言训练。

第11—18册增加了选读课文。《全日制培智学校语文教科书》安排选读课文的意图主要是为了增加学生的阅读量，培养学生的阅读兴趣，训练学生的朗读能力，为学生阅读自我检测提供材料等。由此看出《全日制培智学校语文教科书》编排选读课文可以为学有余力的学生提供阅读材料，积累词句，同时教师可以配合单元教学，以及期末总复习使用。

第4、5、6、9册以及第11—18册增加了两篇弹性课文。《全日制弱智学校（班）语文教学大纲（征求意见稿）》在教材的编排原则和方法中建议：选编教材要适当安排弹性课文，课文的数量要留有余地，以便各地选用补充教材和乡土教材。由于培智学校学生间的差异较大，为了充分考虑教材使用者的需要，给予使用者以弹性调整、选择教学内容的空间。该套教材在原课文容量的基础上扩大了课文的容量，弹性课文确实给语文学业水平较高的班级、学生提供了拓展学习的空间，满足了培智学校中阅读能力较好那部分学生的语文教育的需求。

第1—12册每册设有四个语言训练单元。语言训练是根据智力障碍学生听理解和口语表达能力不足而开展的听话与说话训练。听话说话训练旨在提高学生的口语交际水平，并为学生阅读理解和写作奠定基础。针对口语交际训练，教材在编排内容时，强调了语言输入与语言输出并重的原则。在编排内容和编排形式上关注到了不同年龄段学生的生活经验和听理解水平，同时很好地兼顾到了儿童语言发展的顺序。教材在编排上，一方面，结合汉语拼音进行口腔功能训练，结合学生的生活现状和儿童词句发展的顺序进行词汇积累和特定句式的训练；另一方面，根据智力障碍学生的认知发展水平，教材充分利用插图进行词句训练，既提升了学生的词汇水平和模仿表达的能力，又提高了学生学习的兴趣。到中年级段，学生有一定的词汇量，其句式比较丰富之后，语言训练则采用了看图说话的形式，让学生根据图片内容，组织语言表达。因为图片给定一个话题，图片中有场景、人物和事件，所以学生能够运用已有说话基础进行表达训练。语言训练不但发展了学生的口语交际能力，还为阅读、写作教学的开展提供了基础。

第二节　中度智力障碍学生语文教材分析

“我国大陆目前尚无针对中重度智力障碍学生统一的语文课程标准和教科书，培智学校大多使用地方统编教材或自编校本教材。”①目前影响较大的有上海教育出版社2004年出版的培智学校语文教材——《实用语文》(以下简称《实用语文》)和浙江教育出版社2004年出版的《全日制培智学校义务教育生活化实验教科书(中度)语文》(以下简称《生活语文》)。

这两套教材与《全日制培智学校语文教科书》的编写思路、编排体系和使用对象皆不相同。由于《实用语文》和《生活语文》的使用对象主要是中重度智力障碍学生、脑瘫学生和自闭症学生，所以学生的认知风格、学习能力、语文教育需求差异更大，教材编写的难度也更高。与《全日制培智学校语文教科书》相比，《实用语文》、《生活语文》更强调利用学生的生活经验组织教学，教学内容也更注重实用性。

一、教材用字分析

《实用语文》和《生活语文》两套教材是由不同的人员编写而成，但两套教材的字量、字种非常接近。以上海教育出版社出版的《实用语文》教材的字量、字种选取、确定和使用情况为例，作一分析。

(一)《实用语文》生字表总字量及年级分布

《实用语文》在一至三年级生字表中的生字量共245个，四至六年级生字表中的生字量共420个，七至九年级生字量共443个，共计生字1 108个。这与《上海市辅读学校实用语文课程指导纲要》所要求的识字总量和各阶段识字量大致接近。各年级生字量的分布情况见图2-31。

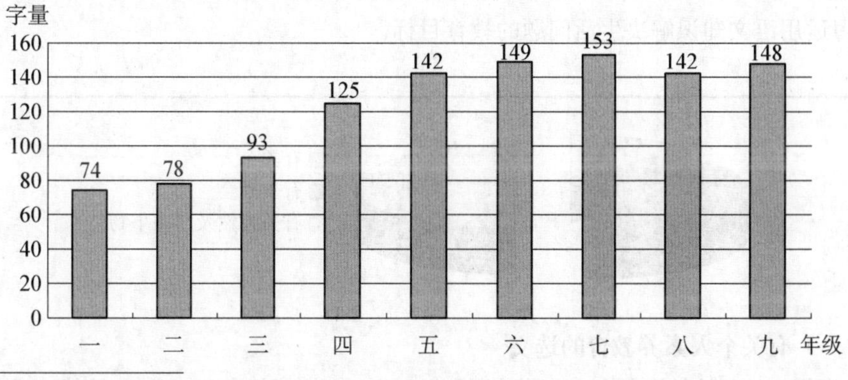

图2-31

教材各年级生字表用字的字量分布情况

① 马占刚:《培智学校语文教材用字的字量、字种研究》，第13页。

从上图可见,《实用语文》教材各年级课文用字量是随着年级的升高而逐渐增加,符合《上海市辅读学校实用语文课程指导纲要》对培智学校学生识字教学的基本要求。

(二)《实用语文》生字表字种总数及年级分布

分析《实用语文》教材的生字表总字种数及各学段、各年级字种数统计分析发现,在一至三年级生字表的字种数为 221 个,四至六年级生字表的字种数为 409 个,七至九年级生字表的字种数为 407 个,共计字种 1 137 个。这与《上海市辅读学校实用语文课程指导纲要》所要求的字种数 1 100 个极为接近。

在对各学段字种数的统计基础上,进一步对《实用语文》教材各个年级(1—9 年级)生字表字种数的字量进行统计分析,结果见图 2-32。

图 2-32

教材各年级生字表字种数的分布情况

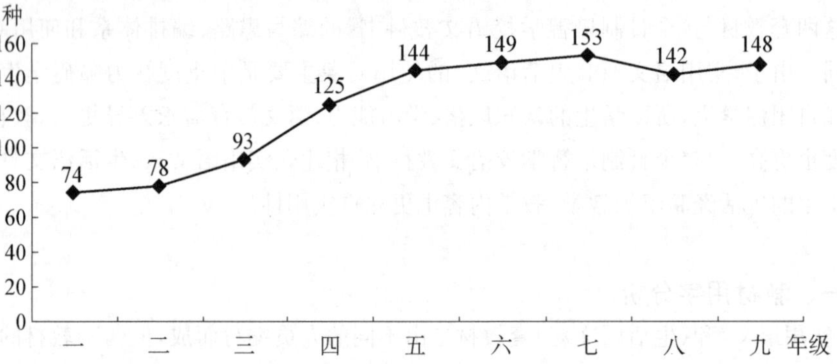

上图显示,该套教材识字量最高的是七年级,最低的是一年级。从图中折线起伏走向可见,《实用语文》在生字表字种的安排上,从一年级到五年级对新字种的安排增幅较大,从五年级到九年级对新字种的安排大致相同。

二、选文内容

对《实用语文》选文内容从有关个人、有关社会、有关自然三个角度进行分析可见,选文中有 50%的内容涉及个人生活、37%是反映社会生活,而涉及自然及崇高事物的内容仅占 13%。可见该教材更重视培养个人独立生活的能力,符合中重度智力障碍学生学习运用语文知识解决生活问题的教育目标。

图 2-33

《实用语文》选文分析

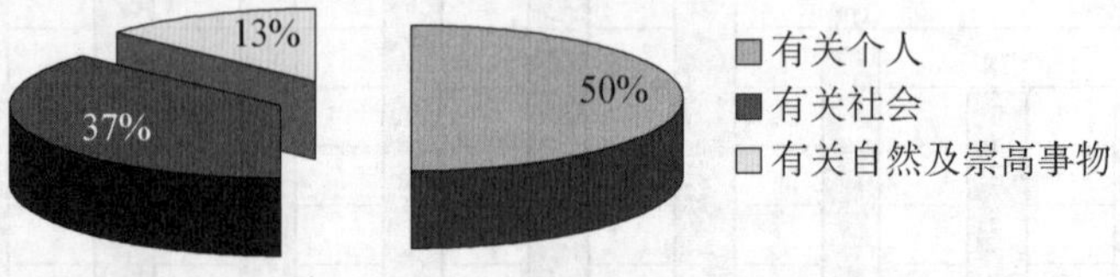

(一) 有关个人素养教育的选文

《实用语文》中有关个人方面总共有 149 篇,占总体比重 50.1%。具体而言,“个人常识”及“精神信念”篇数分别为129篇和20篇，分占“有关个人素养教育主题”总数的87%和13%。表明《实用语文》更看重学生个人日常生活中最基本的知识与能力，而对更高级的精神信念品质的教育所占比重较低。选文在不同年级段的分布情况如下表。

表2-6 《实用语文》有关个人选文在各年级段的分布情况

第一主题	第二主题	总频次	各年级段频次			合计
			低年级段	中年级段	高年级段	
有关个人	个人常识	129	84	34	11	149
	精神信念	20	1	2	17	
合计		149	85	36	28	

由上表可以看出，低年级段教材中对个人生活中运用语文能力的教育内容较多。随着年级的升高，有关个人“精神信念”教育的内容所占比重有所增加，并在高年级段中超过了“个人常识”所占的比重。

（二）有关社会认知的教育的选文

在反映社会生活的选文中，表现公共道德教育的选文所占比重最高，为38%，其后依次是反映社会常识（33%）、集体生活（21%），政治素养（8%）的选文。可以看出，《实用语文》在认识社会的选文上更看重对学生道德品质的建设与培养，其次是培养学生适应集体生活，而对政治素养等高级社会情感的培养要求较低。对社会性教育在各学段的具体分布情况见下表。

表2-7 有关社会方面选文在各年级段的分布情况

第一主题	第二主题	总频次	各年级段频次			合计
			低年级段	中年级段	高年级段	
有关社会	社会常识	36	8	14	14	72
	公共道德	42	10	20	12	84
	集体生活	23	3	9	11	46
	政治素养	9	0	0	9	18
合计		110	21	43	46	/

由上表可知，有关社会教育的二级主题在各个学段分布呈现如下特点：在低、中学段，有关公共道德教育的选文最多，其次是社会常识、集体生活教育的选文。高学段后，教材在社会教育主题中增加了有关政治素养养成教育的主题，以培养学生基本的道德素养。

（三）有关自然及崇高事物教育的选文

在有关自然及崇高事物的选文上，有关风景游记与自然常识的选文所占比重最大，而反映生命教育的选文只占一成，而反映静物审美与探求真知两个主题的选文总和还不到一成。说明《实用语文》教材的编写者十分看重学生对自然的真实感知，并要求学生掌握一定的常识与生活技能技巧。另外，编写者考虑到中重度智力障碍学生对生命、审美等抽象思维建立的必要性和学习这些内容的困难，选择了少量反映生命教育、审美养成的选文。相关选文在各学段的分布情况见表 2-8。

表 2-8

各学段有关自然及崇高事物的选文分析

第一主题	第二主题	总频次	各年级段频次			合计
			低年级段	中年级段	高年级段	
有关自然	自然常识	15	0	8	7	30
	风景游记	17	0	7	10	34
	静物审美	1	0	0	1	2
	生命教育	4	0	2	2	8
	探求真知	2	0	0	2	4
合计		39	0	17	22	78

由上表可知，《实用语文》教材在低年级段对于学生关于自然及崇高事物方面基本不作要求，而中、高年级段提出要求，且逐步增加反映自然及崇高事物的选文。这符合《上海市辅读学校实用语文课程指导纲要》提出的语文课程要重视情感、态度、价值观的正确导向，培养学生高尚的道德情操和健康的审美情趣的要求。符合学生对高级情感发展的需求。

三、文体构成

《实用语文》教材主要是以单元为主题，每册共有八个学习单元，18 册共计有 297 篇课文，其中第一册和 18 册各有 15 篇，第二册有 20 篇，第三册有 17 篇，第四册有 19 篇，第 6—17 册各有 16 篇。在低年级阶段，教材中以看图学字、词句为主，共有 93 篇，这部分内容不计入文体分析。所以，除去看图学字、词句的课文，对其余的 204 篇文章进行体裁的分析，得到《实用语文》中各文体的分布情况如下图。

图 2-34

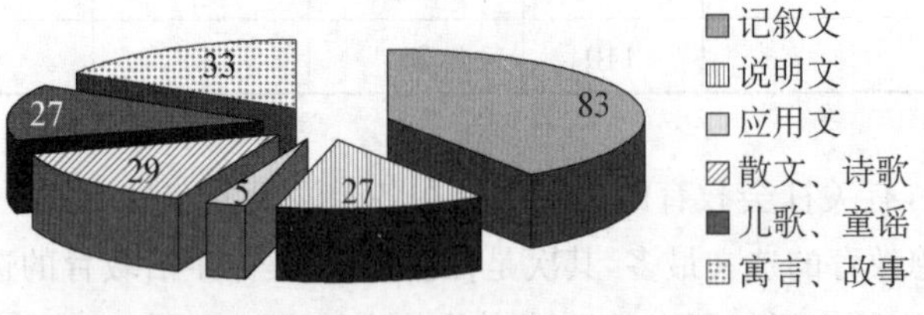

《实用语文》中各文体的分布情况

上图显示，在第 1—18 册教材中，记叙文共计 83 篇，占总篇目的 41%；说明文共计 27 篇，占总篇目的 13%；应用文共计 5 篇，占总篇目的 2%；散文诗歌共计 29 篇，占总篇目的 14%；儿歌童谣共计 27 篇，占总篇目的 13%；寓言、故事共计 33 篇，占总篇目的 17%。

《实用语文》教材选文的体裁具体分析如下：

(一) 记叙文

在《实用语文》中，记叙文共有 83 篇，从第五册开始出现，每册约为三到八篇，在中高年级阶段记叙文所占比重相当大。记叙文多以叙事、描物、写人为主，课文的难度随着年级的增高而逐渐加大，具体表现为文章的长度、理解难度、词语的使用难度等均有所增加。其中，在中、低年级段，以叙事为主，而在高年级段则以写人、抒情为主，要求学生在老师的指导下体会并领悟作者的思想感情、或讲述一个事件的过程，对学生的理解与表达能力提出了较高的要求。

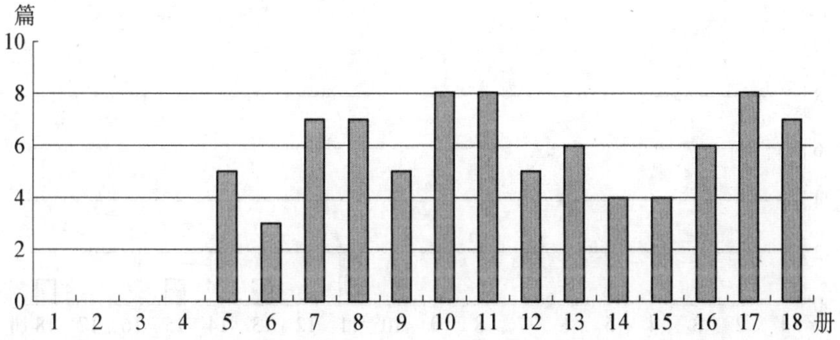

图 2-35

《实用语文》记叙文在教材中的分布情况

(二) 说明文

在《实用语文》中，说明文共 27 篇，大致分布在中高年级段，尤以第 12 册最多。其中，低年级段第五册有四篇说明文，内容主要是介绍与学生日常生活、学习紧密相关的机构、场所（如学校、教室）和事物（如土豆、黄瓜）等。通过对具体场所和事物的介绍说明，一方面能够提高学生对相关机构、场所和事物性质、功能的了解，另一方面也能够促进学生学会观察、分辨事物的不同特征。在中高年级段的说明文主要选取了反映具体事理课文，如“胃的自述”、“从婴儿到青年”等。说明文在《实用语文》教材中的具体分布情况见下图。

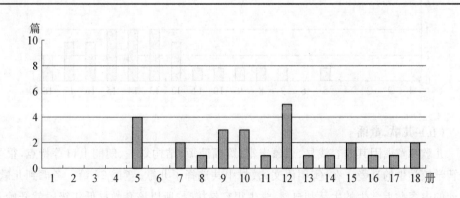

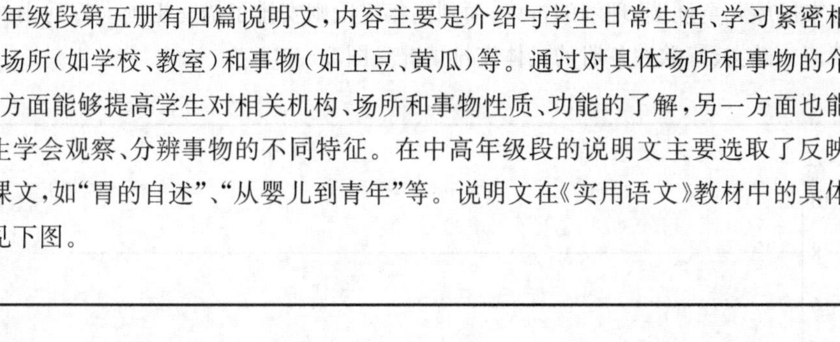

图 2-36

《实用语文》说明文在教材中的分布情况

(三) 应用文

应用文在日常生活中使用频率最高，也是培智学校学生语文教育中最重要的学习内容。在《实用语文》教材中共有五篇应用文，内容包括“通知”和一些“安全标志”的阅读；以及学习写“请假条”、“信件”及填写“履历表”等。根据学生的认知理解水平和学科能力，应用文被安排在教材的第11、13、15、18册中。其中，第11册安排有阅读理解“通知”和常见“安全标志”，而第13册则安排有“请假条”、“写信”和填写“履历表”等。应用文在《实用语文》教材中的具体安排情况见图2-37。

图 2-37

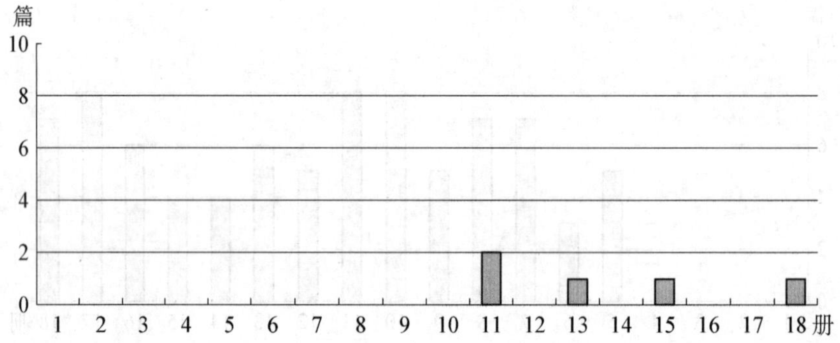

《实用语文》应用文在教材中的分布情况

(四) 散文、诗歌

在《实用语文》中，散文、诗歌共有29篇，主要分布在中高年级段。在中年级段安排有事宜本民族儿童诵读、理解的古诗；而到高年级段则安排了描写祖国大好河山的散文和抒情诗。散文、诗歌在各册的具体安排情况见图2-38。

图 2-38

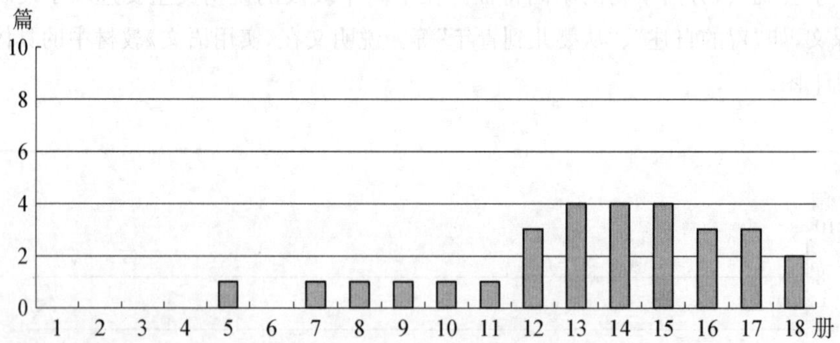

《实用语文》散文、诗歌在教材中的分布情况

(五) 儿歌、童谣

儿歌和童谣因其内容浅显、想象丰富、篇幅简短、结构划一、朗朗上口等特点，很受培智学校学生的喜爱。在《实用语文》教材中共选择了儿歌、童谣27篇。考虑到儿歌、童谣的内容贴近学生的生活和自然、学生很容易接受，所以该套教材低年级段就开始安排有儿歌和童谣。

图 2－39

《实用语文》儿歌、童谣在教材中的分布情况

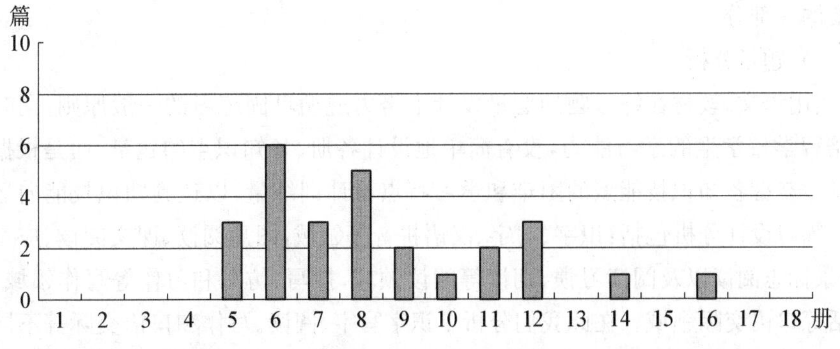

(六) 寓言、故事

该教材中共有寓言、故事 33 篇，分布在中、高年级段。其中，高年级段中分布最多。中年级段，以童话故事为主，而在高年级阶段，共有 13 篇童话故事、12 篇寓言故事、一篇民间故事。童话故事主要是通过丰富的想象、幻想和夸张来塑造形象、反映生活来对儿童进行思想教育，对自然物往往作拟人化的描写，适合儿童的接受能力。教材中所选故事的主旨是教人勇敢、热情、善良、乐观、慈爱，反对卑鄙、怯懦、邪恶、虚伪的主题。

图 2－40

《实用语文》寓言、故事在教材中的分布情况

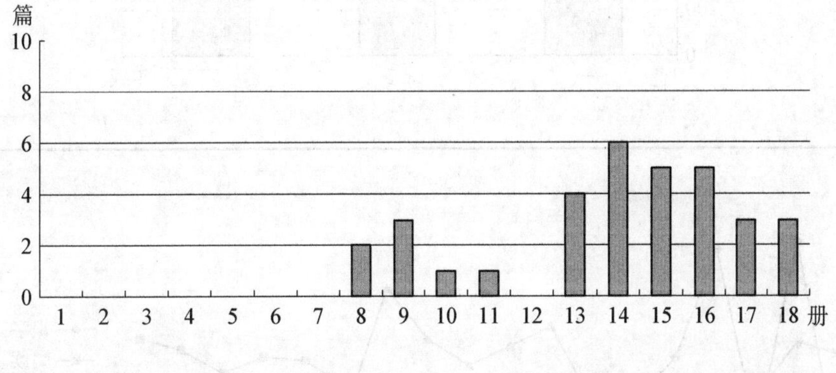

尽管《实用语文》教材在文体和内容选择上尽量考虑到中重度智力障碍的学习基础和语文能力的发展需求，但是《实用语文》依然有值得我们进一步思考、完善的地方。在未来培智学校语文教材编写中，可以适当增加应用文和儿歌等文体的比例；建议在选文中适当增加描写、介绍自然等相关内容的课文；建议改变教材内容偏重城市倾向，应关注农村学生发展[①]；最后建议所选的文本要密切联系学生的经验世界和想象世界，促进学生对所学内容的理解和运用。

四、练习设计

一套完整的教材一般是由范文系统、知识系统、助读系统和作业系统四个系统共同

① 史玲玲：《人教版与北师大版小学语文教材的比较研究》，华东师范大学教育学院 2008 年硕士论文，第 10 页。

组成①。作业系统起着巩固知识，促进知识迁移，向能力转化的作用，是语文教材中十分重要的一部分。

（一）题量分析

《实用语文》教材在练习题的题量设计上努力遵循巩固练习的一般原则，同时充分考虑培智学校学生的学习能力，没有简单地设计各册、各知识点的题量，而是根据培智学校学生掌握各知识技能点的困难和学习特点设计训练量，以达到知识技能向运用的转化。练习设计分析包括：识字、写字、汉语拼音等领域，图片阅读、课文阅读、应用文阅读、场景标志阅读以及阅读习惯、朗读等阅读领域，抄写、仿写和习作等写作领域，聆听与说话等口语交际领域。在此我们分析了识字写字、阅读、写作和口语交际等不同领域在18册教材中不同学段量题量的比较和识字写字、阅读、写作和口语交际各领域在不同册中的题量变化情况。具体内容见图2-42和图2-43。

图2-41

不同年级段总题量比较

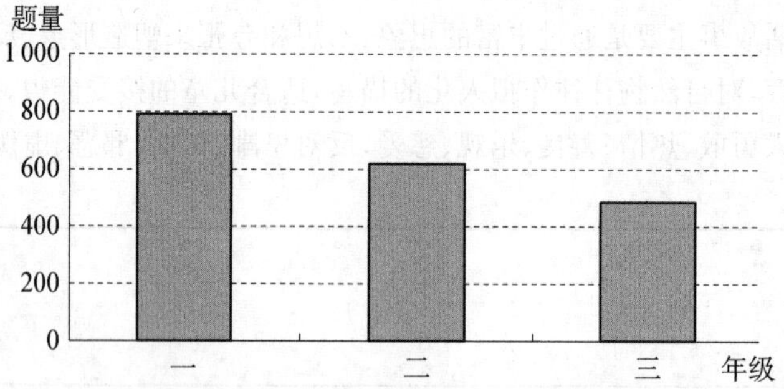

图2-42

不同册在四个领域练习设计的题量变化

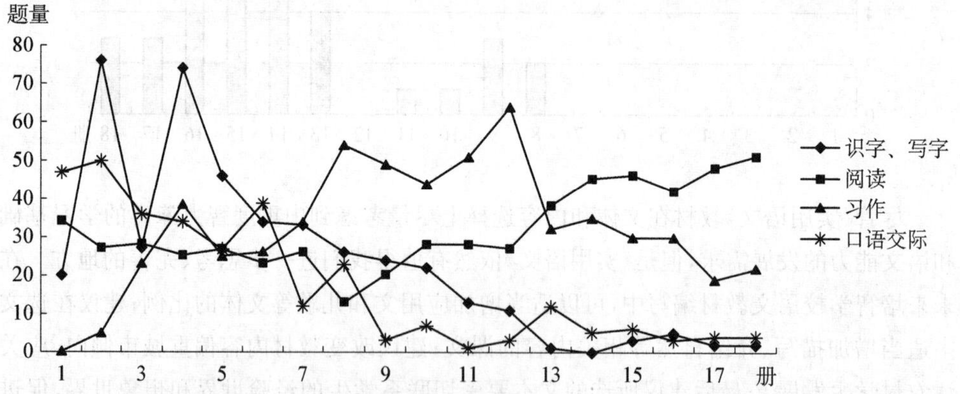

图2-41显示，教材中的总习题量随着年级段的提升而逐渐减少。图2-42显示，识字与写字部分的练习量随着年级的升高而不断减少；阅读部分的题量起点较高，但是依然呈现缓慢上升的趋势；习作在一年级第一册中未出现，之后呈上升趋势，到高年级

① 刘迎莲：《人教版小学语文教科书作业系统的设计特点和教学策略研究——以小学高年级为例》，天津师范大学教育学院2012年硕士论文，第16页。

又有所下降，这是因为高年级的题目多为考查学生的理解、运用能力，题目从小题变成大题，由易变难；口语交际部分的题量与识字、写字部分一样，也是随着年级的升高题量在不断减少，而到五年级以后题量便非常少了。

综上所述，从题量及其变化趋势上看，识字、写字以及口语交际是中低年级练习的重点，阅读和习作则是中、高年级练习的重点。这样的安排，一方面符合语文学科的体系，另一方面，更多安排口语交际练习，符合语文课程要着重发展学生口语运用能力的要求。

（二）题型分析

由于拼音、识字写字、阅读、写作、口语交际等练习的内容不同，而相同的内容因为练习的知识点或技能点不同练习形式也不同，所以语文练习的题型非常复杂。

1. 拼音

《实用语文》中的拼音教学被安排从三年级开始，而且教学没有采用先学声母、韵母，再学整体认读音节和拼读的传统教学系统，而是先以习题的形式出现在“综合练习”里，并从四年级开始出现用拼音为课文生字注音的内容。12 册以后的课后练习、单元练习中不再出现拼音，但在课文中依然保留拼音注音。

关于拼音练习的题型主要有以下几类：一是简单的拼读（如图 2-43）；二是拼音与汉字配对题，这种题型要求学生连线、打钩，同时存在多个音节、多个字，有一定干扰（如图 2-44）；三是根据拼音写汉字。

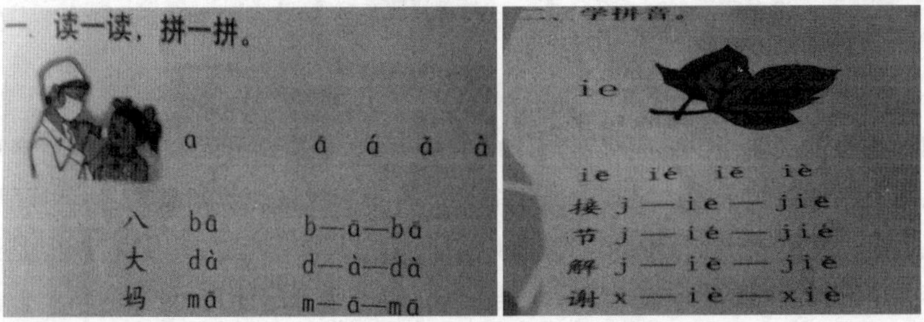

图 2-43

拼读例题

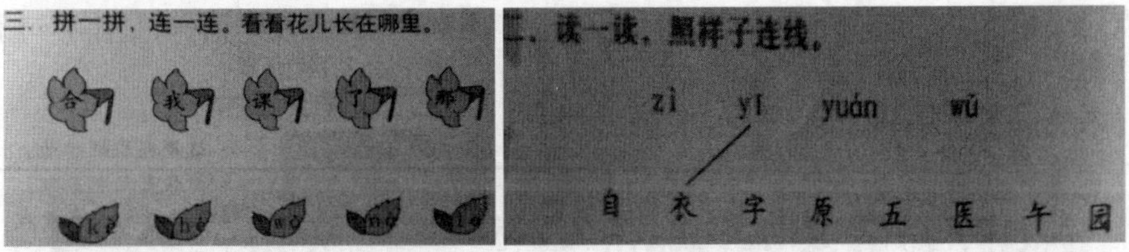

图 2-44

配对例题

2. 字词

字与词的练习在整套教材的作业系统中占相当大的比例，而且题型种类繁多。低年级字与词的练习比听与读的练习量要多，而且习题中常配有图片（如图 2-45），以帮助学生更好地理解字词的含义。而中、高年级练习中抄写、理解、记忆与积累的题型逐渐增多，同时题目中的文字量增加，而图片数量减少。譬如，第 15 册某“语文天地”中的第一题“认一认，读一读”与第二题“抄一抄，记一记”中词组的数量分别为 21 和 48 个，而且没有任何图片。具体题型示例如图 2 - 46。

图 2 - 45

低年级字词练习例题

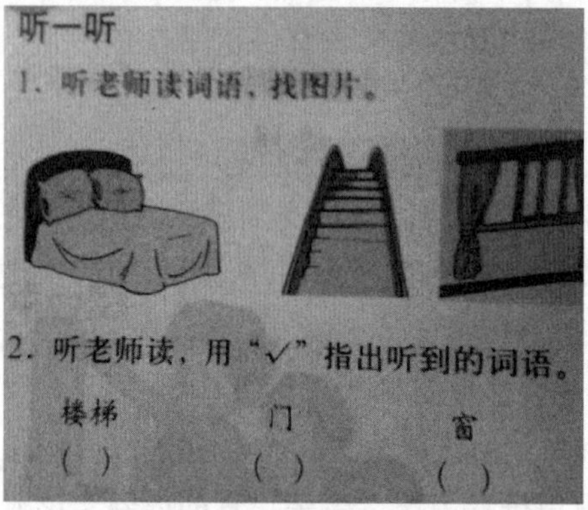

图 2 - 46

高年级字词练习例题

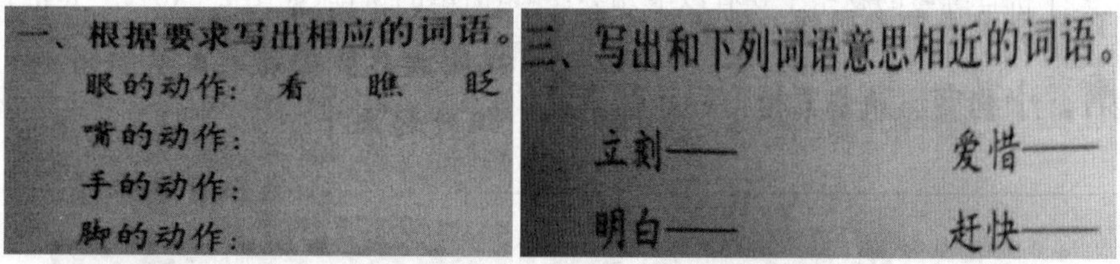

3. 句子

句子练习是从训练学生能听对句子的训练开始，如有些题目要求学生将老师说的句子从两个相似的句子中选出。中高年级逐渐将重心放在理解句意、表达句子、体会句子语气上。高年级则出现了病句的修改以及把字句与被字句等练习内容，但是这些练习安排并不多。练习的具体题型为：一是听句子，如“听老师读句子，从两句类似的句子中选出听到的句子”；二是读（说）句子，包括看图读句子、直接读句子，以及照样子说句子，如图 2 - 47；三是写句子，有补充句子、抄写句子、造句子（如用“赶快”造句）；四是加标点，如图 2 - 48；五是缩句；六是排序，将一组打乱的词语排成一句话；七是体会句子语气；八是判断句子结构、句意是否正确，如图 4 - 49；九是句式练习。

图 2 - 47

读（说）句子练习例题

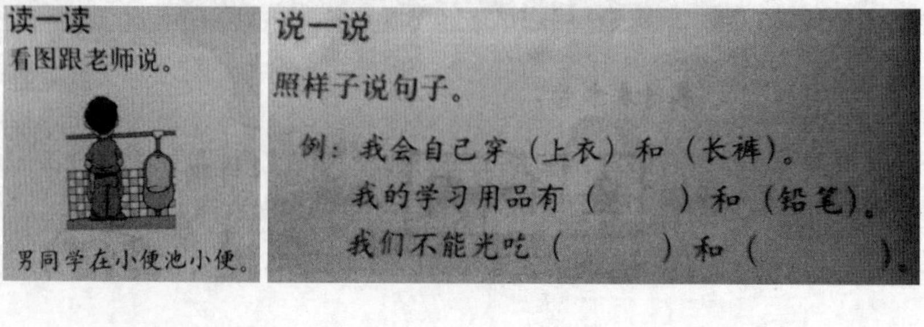

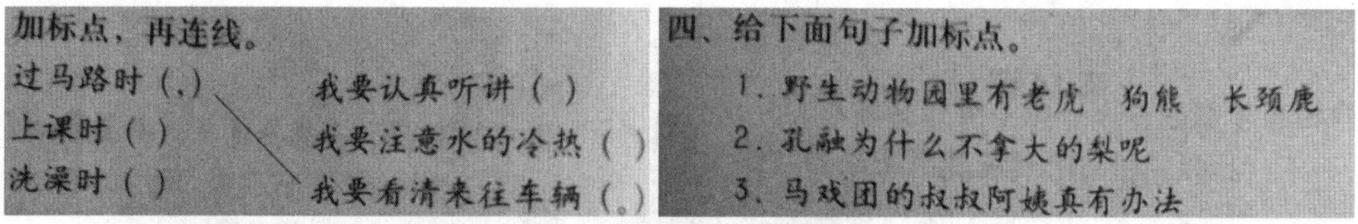

加标点，再连线。

过马路时（，）　　我要认真听讲（ ）

上课时（ ）　　我要注意水的冷热（ ）

洗澡时（ ）　　我要看清来往车辆（。）

四、给下面句子加标点。

1. 野生动物园里有老虎 狗熊 长颈鹿

2. 孔融为什么不拿大的梨呢

3. 马戏团的叔叔阿姨真有办法

图 2-48

标点练习例题

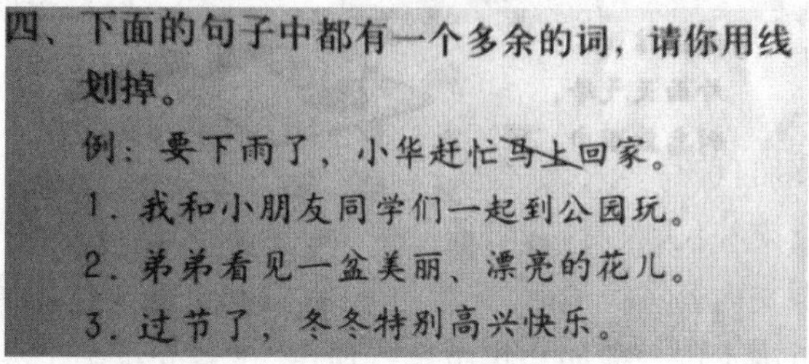

四、下面的句子中都有一个多余的词，请你用线划掉。

例：要下雨了，小华赶忙马上回家。

1. 我和小朋友同学们一起到公园玩。

2. 弟弟看见一盆美丽、漂亮的花儿。

3. 过节了，冬冬特别高兴快乐。

图 2-49

判断句子结构练习例题

4. 练习中的短文

这里的短文主要包括课文、短文、小故事、儿歌、谜语、作文等。低年级段的课文字数很少，所对应的练习主要是字词，单元练习中出现的大多是儿歌及少量谜语，并且只要求学生跟读或自读。中高年级段课文的篇幅不断增长，对应的课后习题更多注重对课文的理解、对其中知识的应用以及相关词句的积累，在单元练习中也常出现短文的阅读理解训练。

总体而言，使用短文进行练习主要有以下几类题型：一是念儿歌，这种题型在低年级为多，几乎每篇课文及单元练习后都有，儿歌内容课文紧密相关，如第一册中儿歌《小勺》"小小手，真灵巧/三个指头捏小勺/慢慢送，轻轻舀/我的本领真不小"，其对应的课文是《碗勺筷》；二是朗读古诗、背诵古诗，从四年级开始每册都有一篇课文为古诗的学习，如第七册的《咏鹅》、第 10 册的《早发白帝城》；三是读课文，有朗读、分角色朗读；四是理解文章内容，有按照课文内容填空、根据课文回答问题等，如第 10 册中《胃的自述》后的习题"读课文，说一说：人的胃有什么作用？我们该怎样保护好它？"五是应用实践，如第 15 册中"与家人或同学一起写封信"。

5. 口语交际

低年级段的口语练习主要是句式练习、自我介绍等。例如，一年级的训练主要是句式训练要求学生把句子说完整，从简单句式"这是……"练习说句开始。但是，到了中高年级段句式训练的练习逐渐减少。而重点在于训练学生围绕一个中心句说几句话。此时的句子训练主要有三种题型：一是看图说话，如四年级第二册中"仔细看图，选用'认真'、'专心'、'安静'词语说一两句话"；二是句式练习说话，如：用"先……然后……最后"说一件事；三是交流与表达，如"说一说，你是男孩还是女孩"。

图 2-50

口语练习题型示例

6. 综合实践

依据《纲要》中的目标与要求，综合实践涉及去公园、影院、超市等场所，自我表达与分享，文明礼貌的社交礼仪，收看新闻、通知等等。在该套教材中综合实践没有固定的板块，主要是联系课文内容进行说话、交流的训练，其间也隐含对某些物品、场所的认识与了解，但是涉及范围不广。譬如八年级第二册中“试着介绍某个人或某样物品”、“根据你自己的情况，试着填写一下你的履历表”等。

综上所述，《实用语文》习题设计随着年级的上升呈现以下两个特点：一是题目的综合程度逐渐提高，二是题目提供的支架逐渐减少。并且同样的知识点在多个年级重复出现，保持了一定的复现率。习题多以图片辅助，弥补了学生表象贫乏、理解题意困难的障碍。

五、版式设计

教材编写的最基本原则是应在各方面符合使用该教材学生的认知特点。中度智力障碍学生的视觉敏锐性及知觉恒常性较低，思维多停留在具体的形象思维阶段且思维刻板，注意力容易分散且无意注意在注意中占优势，识记速度缓慢且记忆容量小①，中度智力障碍学生的认知特点，决定了中度智力障碍学生不易把注意力长时间集中在学习内容上，且需要结合写实型图片进行对文字的信息加工，因此，中度智力障碍学生语文教材的版式设计需遵循学生的认知特点，方便学生阅读、使用，其中教材的版式设计尤为重要。

下面依据版式设计的要素对《实用语文》进行呈现。

（一）开本

《实用语文》的开本为 16 开，每册教材平均为 50 页，整体较薄。

开本的大小影响教材内容的布局，由于中度智力障碍学生认知特点的局限性，需要较多插图帮助学生进行认知，所以开本选择 16 开，版面较大，能够提供足够的空间进行插图和教学内容的布局，方便轻度智力障碍学生进行阅读。

（二）封面

《实用语文》总共 18 册教材，每册教材的封面的版式相似，但封面主题色和画面的

① 方俊明等：《特殊教育学》，人民教育出版社 2011 版，第 217—220 页。

主题内涵呈现不同的变化(如下图)。

图 2-51

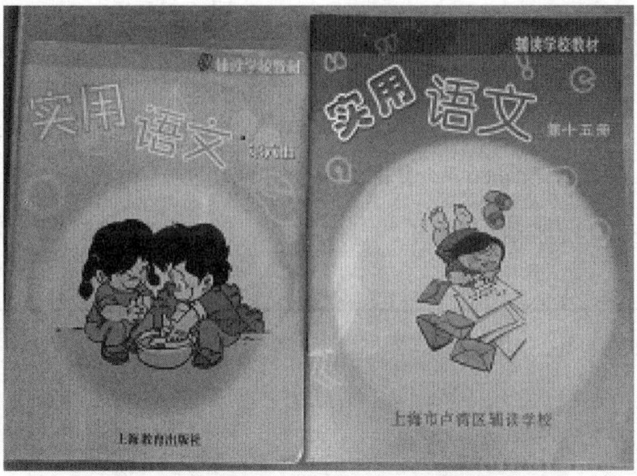

教材封面示例

封面版式的高度一致有利于智力障碍学生通过封面辨识语文教材,而丰富的主题色有利于提高学生的学习兴趣。画面主题内容的不断深化,又能直观地向学生表明他们的成长了。

(三) 字体和字号

字体选用上,《实用语文》中课文正文和生字都为楷体。人们基本用楷体进行书写,出版物中的字体大部分为宋体,而《实用语文》教材的正文则是以楷体呈现。字号方面,正文和生字的字号有所不同,生字的字号为一号和小初,正文的字号为三号和小三。

(四) 书眉

《实用语文》教材的书眉分为单双页,单数页的书眉右上方为科目名称(实用语文),字的背景是倾斜的整册书主题色的椭圆形图案。双数页的书眉左上方为册数,如"第一册"(如下图)。

图 2-52

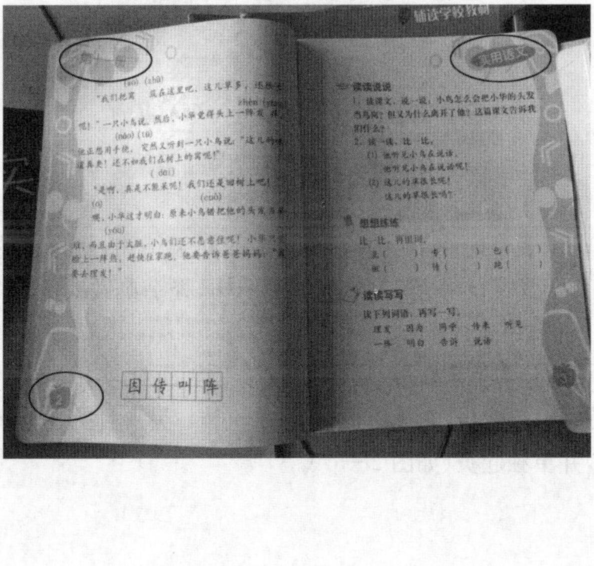

《实用语文》
页眉

（五）颜色

教材“颜色”又分主题色和插图颜色。《实用语文》每册教材均有自己的主题色，这些主题色表现在封面及每页的边框色上；另外，教材的颜色丰富，每页的边框色不仅增加了教材编排的美观度，还有利于吸引学生的学习兴趣。

（六）生字

《实用语文》教材的生字安排与普通学校语文教材相似，即每课生字、新的偏旁部首都被安排在课文之后。为了便于学生规范书写，其生字一般被置于田字格内，而将偏旁部首列在田字格上方，具体情况见图 2－53、图 2－54、图 2－55。

图 2－53

生字呈现位置

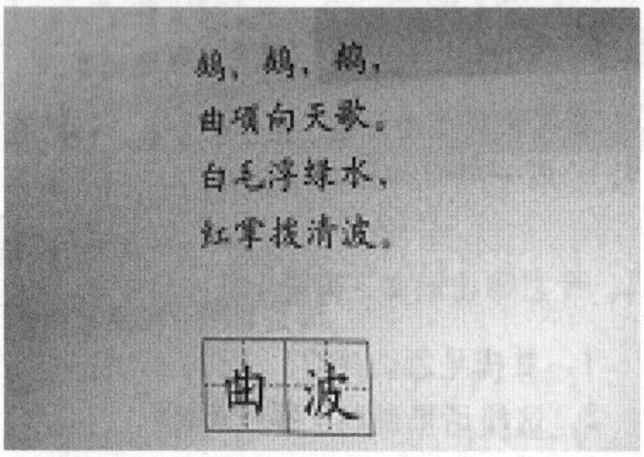

图 2－54

生字练习例一

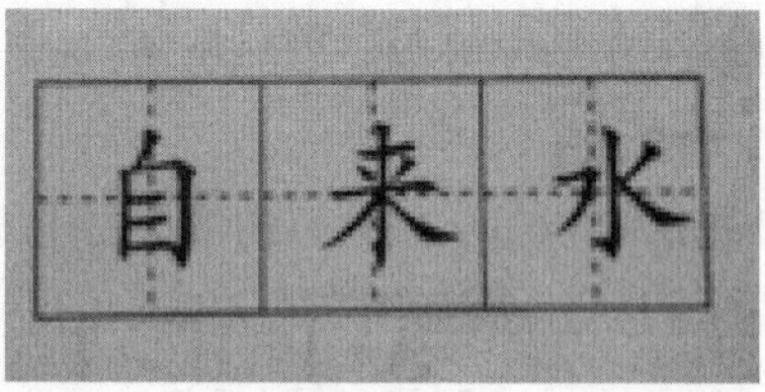

图 2－55

生字练习例二

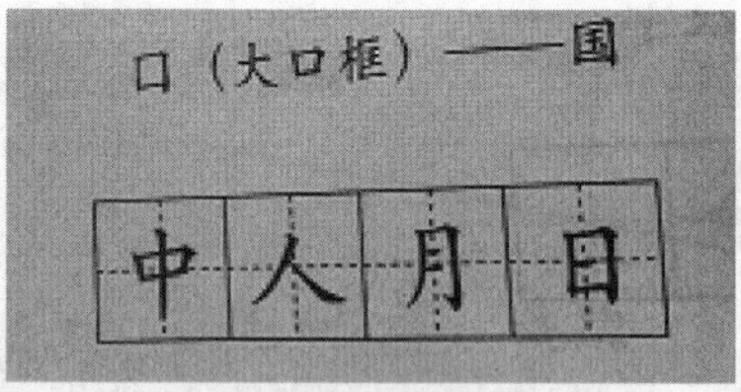

将生字置于在田字格内便于学生掌握汉字的间架结构，将部首的呈现出来，帮助学生理解偏旁部首与汉字的关系，为分析汉字结构、查字典做准备。

（七）练习

练习的版式设计分为呈现位置、题号和题标三方面。《实用语文》教材中的练习有两种，一为课后练习，直接呈现在生字后（如图 2－56）；另一种为单元练习，练习被安排在每两个单元后，并单独起页（如图 2－57）。

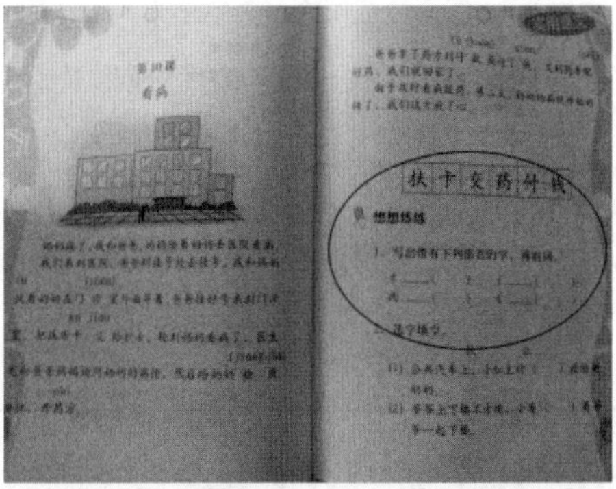

图 2-56

课后练习示例

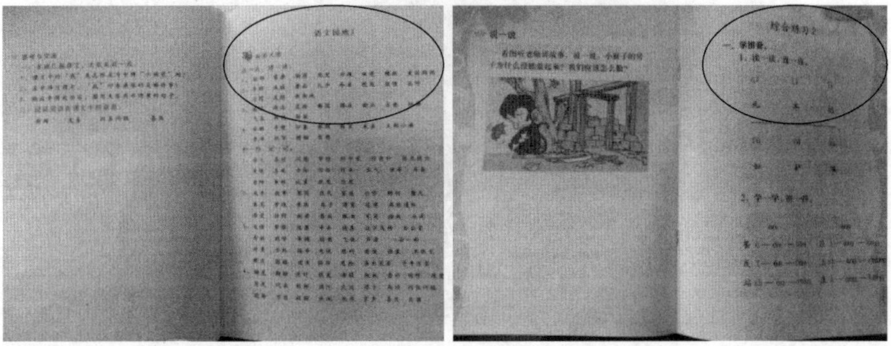

图 2-57

单元练习示例

在题号和题标运用上,《实用语文》教材的课后练习没有题号,即题目前没有用数字“1、2、3”或者汉字“一、二、三”表明题号,而是用题标的方式代替题号。题标的图案多样,一般为简笔卡通画,包括“耳朵”、“嘴”“铅笔”、“书本”、“写字板”五种(如下图)。

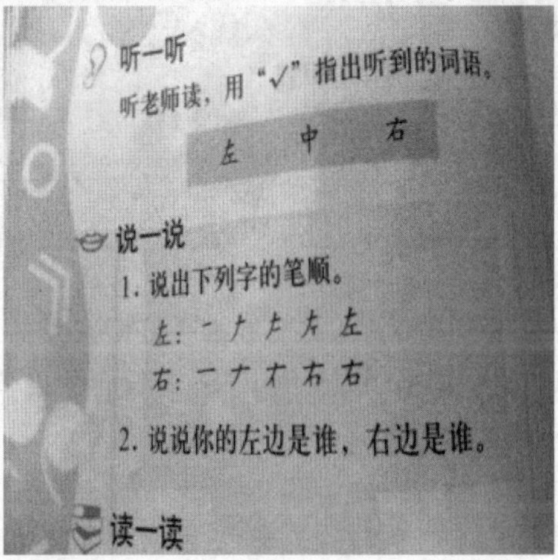

图 2-58

题号示例

中度智力障碍学生掌握的汉字有限,而具象的图案可以帮助学生理解练习题的确切含义，从而更好地自主做题。练习板块的提示语清晰，有利于学生分清课文和练习部分。

（八）插图

对于《实用语文》教材的插图设计的分析，包括呈现形式、颜色、图版率和图文布局等四个方面。

1. 呈现形式

在呈现形式上，《实用语文》教材主要以照片（图 2－59）和卡通简笔画（图 2－60）的形式呈现。

图 2－59

插图呈现形式例一

图 2－60

插图呈现形式例二

由于大部分中度智力障碍学生的认知发展水平停留在具体形象思维阶段，抽象思维尚未完全发展。所以教材中的插图是照片为主，这符合中度智力障碍学生的认知特点，便于学生理解学习内容的含义。

2. 颜色

从色彩方面分析，《实用语文》教材均为彩色，而且色彩丰富、明亮。丰富的色彩一方面能够吸引学生的阅读兴趣，另一方面能够增加中度智力障碍学生的视觉刺激，在一定程度上提高学生的学习效率，比如学生在学习水果时可以将水果的形状和颜色结合在一起记忆与理解。

3. 图版率

《实用语文》教材的图版率从低到高年级呈逐渐降低的趋势。第一册为160幅图，共58页，图版率为2.76幅/页，第18册为32幅图，共45页，图版率为0.71幅/页，具体情况见下图。

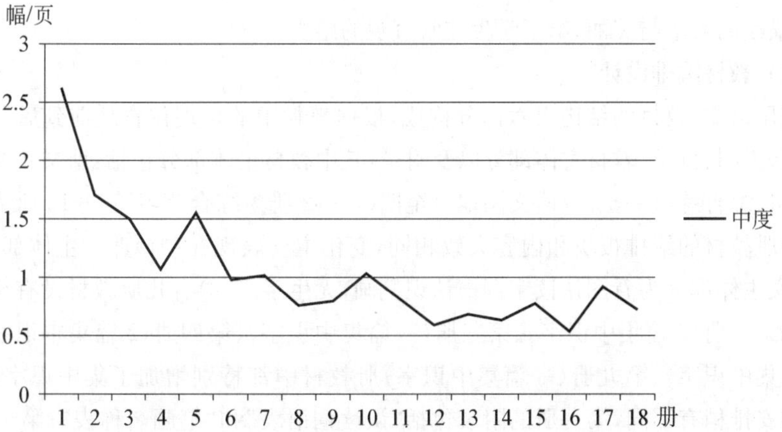

图 2-61

《实用语文》教材图版率的变化

如上图所示，图版率呈现逐渐下降的趋势表明了中度智障学生在掌握一定汉字量之后，他们的文字阅读能力有所提高，可以逐渐减少对图片的依赖，能够通过阅读文字构建表象。图文布局主要以上下型、左右型和四周环绕型为主，衬于文字下方型较少出现。

4. 图文布局

《实用语文》教材的图文布局形式分为上下型、四周环绕型、左右型三种，详见下表。

表 2-9

图文布局类型

版式类型	四周环绕型	左右型	上下型
与文字的关系	文字围绕着图片四周	文字放置在图片左右位置	文字放置在图片上下位置
实例		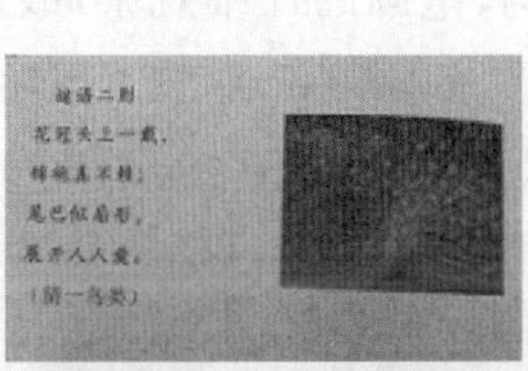 	 

从图文布局的形式上看,《实用语文》教材具有如下两个特点:首先,教材的图文布局形式单一,且画面简单明了,便于中度智力障碍学生结合文字和图片进行阅读。其次,根据学生的认知特点,插图是和课文小节一一对应,一般成左右型或咬合型安排;从课文主体来看,插图画面和课文内容是相对应的,每幅插图是课文内容的形象展示,帮助学生对文本的理解。例如第 10 册第 13 课《孔融让梨》通过直接构建孔融让梨的美好品德,促进学生更好的学习与成长。第 12 册第 11 课《美丽的陆家嘴》上海的标志建筑东方明珠作为插图,首先让学生感受到的是现代化的大都市——上海,其次插图表现了文中所描绘的繁华与美丽,给了学生非常直观的感受。

(九) 教材编排设计

《实用语文》教材的结构由六部分构成,根据教材中的呈现位置从前到后分别是封面、扉页、说明、目录、教材主体部分以及附录,其中教材主体部分包括:课文正文、生字、课后练习、综合练习一至四/语文园地一至四(1—12 册为综合练习,13—18 册为语文园地)。每册教材的编排板块和内容大致相同,变化主要表现在:(1)课文主体部分,第一册的课文主体部分为看图认读字词+认识笔画,无生字。(2)有几册教材设有集中识字方面,如第二册(3 篇集中识字)、第三册(一篇集中识字)、第四册(2 篇集中识字)、第七册(两篇集中识字)、第九册(一篇集中识字)册教材中都特别增加了集中识字的部分。(3)附录安排稍有不同,第一册的附录包括"认读词语表"和"笔画名称表";第 2、4、5、7、9—11 册附录为"生字表"和"部首名称表";第八册附录为"生字表"、"部首名称表"和"拼音表";第三和第六册附录为"生字表"、"部首名称表"和"笔画名称表";第 13—18 册附录仅有"生字表"。

《实用语文》教材的编排设计类似于普通学校的教材编排方式,整体编排简单易懂,基本符合中度智力障碍学生学习语文的特点。

总之,由于中度智力障碍学生的认知水平和感知觉特点,《实用语文》教材采用了大开本印制。大开本既便于多幅图的摆放,又便于学生观察、感知所学习的事物。《实用语文》采用统一封面。而封面统一则便于学生准确、快速地找出语文教材,并逐渐形成学习文本的概念。《实用语文》统一采用楷体字。统一字体有助于学生学习、复习,特别是楷体便于学生模仿书写;《实用语文》教材的字号随着年级的增长而不断减小。大号字,有利于学生对汉字结构、笔画的仔细观察,故对低学段学生分辨汉字非常重要;而中、高年级学生因为掌握了基本汉字、熟悉了汉字的结构类型,形成了基本的汉字的辨认、理解和记忆能力,所以字号减小不会对学生分辨汉字形成太大的影响;再加上课文逐渐增长,字号过大影响排版,所以中高学段的教材用字字号逐渐缩小。

第三节 培智学校语文教材的编写与选编

编写培智学校的语文教材非常困难。因为编写语文教材除了要具备语文学科教育教学基础理论之外,还必须研究学生的学习基础、学习能力,研究社会对学生应该具有的语文素养和语文能力的基本要求。培智学校的学生是一个异质性很高的群体,在同一语文课堂里学生差异非常大。因为学生的障碍类别、障碍程度、学习风格、学习基础、生活经验和语文教育需要各不相同,所以用任何一本语文教材都很难适应培智学校课堂里的所有学生。有鉴于此,培智学校的教师应该比普通学校的教师更关注教材的发展,并掌握一些编写或选编语文教材的基本知识和技能,以便科学、有针对性地编写或选用语文教材。

一、教材编写或选编的目的

在教材编写或选编之前,应该充分考虑,慎重确定编写的目的,这是开展此项工作的基础和出发点。教材编写或选编的目的很多,但关键目的是:有效地呈现课程内容,使学生达到预期教学目标;引发学生的学习动机,充实其生活经验,并提高其适应能力;利用适当的教材,以便学生充分练习及引发其思考能力;方便教师教学需要,使教学工作顺利完成①;便于评价,只有教材教学内容得到确定,评价才有了依据。

二、培智学校语文教材的组织形式

虽然在中小学语文教育界已经形成了鲜明的学科特点和固有的教材编写模式,但是针对培智学校语文教材的编写,尚处在摸索阶段。在设计培智学校语文教材的编排体系时,编制者既要考虑学生的认知基础、口语发展基础、学习语文的特点,还要考虑培智学校语文课程的目标,并遵循语文教育规律编写出符合智力障碍学生学习特点和语文教育需求的教材。其中,最重要的是教材编写中要解决好教材的展开顺序与学科内容教学的逻辑顺序相一致、与学生的心理发展的顺序一致的问题。但是,因学生的认知处在不断成长变化中,所以有学者提出,因为儿童的思维和所形成的认知结构是在不断发展的,所以教材组织的逻辑系统性的水平也要随之逐步改变和提高。一般地说,在低年级要较多地考虑儿童的认知发展特点,同时适当注意教学内容的逻辑性、系统性;在高年级可以较多地注意学科知识的逻辑性、系统性,但是也要注意根据内容的抽象程度和学生的认知特点,对学科知识的逻辑系统作适当的调整,以设计出最佳的学习顺序②。

目前,培智学校针对的是智力损伤严重,或同时伴有视觉、听觉、运动觉等障碍的学生,因此他们的学习基础、认识方式和语文教育需求普遍较低且各有不同,如果培智学校的语文教材要符合多样化的学生,就更要注意语文教材编排的科学性。培智学校的语文教材在组织形式上目前主要有三种情况:

(一) 以认知发展线索为纲的教材编写

如果从儿童认知发展线索来考虑语文教材的编写框架,那么课程目标的制定、课程内容的选择和教材的展开顺序主要参考的是学生的身心发展结果,而不太看重语文学科内容教学的逻辑顺序了。另外,语文课程内容并没有关注语文学科的内容,而是将教材看成是一个载体,课程更重视借助这个载体发展学生的知觉、语言、生活技能和社会

---

① 台湾启智协会:《如何编撰教材》、《如何选编教材》,重庆江津市向阳儿童发展中心 1998 年印行本。
② 曹飞羽:《小学数学教育改革文集》,人民教育出版社 1996 年版,第 47—48 页。

性等认知能力。在以儿童认知发展线索为纲组织的语文教材中,语文知识技能的选择和安排主要考虑儿童认知的发展线索,而较少考虑语文学科的教育规律。这种教材编写的优点在于充分考虑培智学校学生的认知基础和发展序列,同时能够照顾到每一个学生的认知发展阶段。但这样的教材无法兼顾语文教学的逻辑线索,对学生掌握语文知识、形成语文技能比较困难,而且也不利于教师组织教学,学生很难进行较为深入的探究性学习。但是,如果针对初入学校或尚未建立起口语系统且认知水平非常低的学生,可以使用该类教材,先发展学生的基本认知能力。经过一段时间,学生有了一定的抽象思维和概括归纳能力,而且形成了比较稳定的认知结构后,再使用以语文知识、技能为纲编写的教材。另外,以儿童认知发展线索为纲组织教材比较适合于针对智力障碍儿童的个别化教育训练。

(二) 以功能为纲组织教材

以功能为纲组织语文教材是编制者首先分析学生的生活环境和生活领域,然后进一步分析学生的生活领域,包括学生的生活场所、交际对象和可能参与的生活事件。编制者在分析学生的生活基础上,梳理学生在生活领域中所需具备的语文知识和技能,并形成"语文功能大纲"。最后根据"语文功能大纲"编写语文教材。这种教材的结构通常是由若干个"主题"(单元)构成。有的主题之间有一定的逻辑联系,但也有一些主题间没有联系。但各册间主题大致相同,同一主题的内容随着年级的升高,内容逐渐加深。例如,围绕一年级"上学"的主题,可以安排"我的学校"、"我的老师"、"我的同学"、"学校活动"等;但二年级同一主题"上学",但是其内容就不再是像一年级那样简单地介绍学校的场所、教师、同学,而是去描写校园生活、赞美老师和集体生活等等。总之,其主题思想逐渐加深了。

在以功能为纲的教材中虽然有口语交际训练、有书面语的学习,但是"功能"训练是核心,而语文知识教学必须服从于"主题",只能穿插在主题教育当中,因而很难顾及语文学科知识的逻辑性。而且因为教材内容过于强调"功能"、"实用",也很容易使教材内容过于偏狭,造成学生所学知识的简单、贫乏,致使学校的教育与丰富、万变的社会生活脱节,同时很难给予学生继续学习的基础。

(三) 以语文学习顺序组织教材

传统中小学语文教材是以语文学习顺序来组织教材的,即遵循着从字、词、句、篇(记叙、说明、议论文体的学习)的学习顺序。教材是以语文知识技能的传授为纲,强调语文学科知识系统、均衡的传授,特别注意教材的"阶段性"和"连续性"。《全日制培智学校语文教科书》基本遵循该编写方式,但针对培智学校学生口语发展缓慢的特点在一至六年级教材中设计了专门的语言训练单元。这种教材编写的优点在于学科知识的系统性、连续性得到了比较好的保障,能够给予学生比较系统的语文知识,便于学生进一步学习。但是,如果编制者忽略了智力障碍学生的生活经验和语文教育需求,盲目追求知识的系统和完整性,那么该教材可能会陷入不适用的境地。

按照学生学习语文的顺序由浅入深、由易到难、由知识学习到实用训练来组织教材是好的。如果教材组织得科学合理,既能够保证学科内容的逻辑体系,又符合学生的学习规律,提高智力障碍学生运用语文知识解决生活问题的能力。具体而言,在知识、技能教学的顺序上遵循语文教学的一般规律，即先发展口语、后学习书面语；先字词，后篇章；先以看图学习为主，后逐渐过渡到以阅读文字理解为主。这种编写思路强调学科知识的结构和语文教育的系统性，但需要设置整合实践练习的环节，以帮助学生将语文知识转化为语文技能。例如，在低、中年级段以语文学科知识和语言交际技能的教学为主；高年级段则在继续学习知识的同时，加强学科技能在生活情景中的运用。这种思路编写的教材，其学科的系统性、连贯性、均衡性能得到较好的保障，有助于学生掌握语文知识，形成语文技能。

编写语文教材不仅要确定教材的呈现形式、结构等宏观内容，还要考虑字量、识字教学的顺序、识字与阅读的关系、选文的文体、练习设计和色彩等。这是一项很庞大、琐碎的工作。以下是一个培智学校语文教材编写的工作方案，从中可见语文教材编写的一些重要问题。

一、确定教材结构

1. 教材构成模块。包括：课文—练习、语言训练、综合练习……这些内容的安排顺序。

2. 教材各模块的安排。包括：一册共计几篇课文、几个语言训练？几个综合练习？

3. 生字表、部首表的安排。

二、依据《课程标准》确定教学的文体

1. 18册共安排几种文体。

2. 文学性选文与实用性选文的总量与比例。

3. 各种文体在各册教材中的分布与占比。

三、确定教材总字量与各册教材字量

1. 列出学生必须掌握的汉字，并制成“生字表”。

2. 列出学生必须掌握的部首，并制成“部首表”。

3. 确定“生字表”中各“字”的教学顺序与各册生字分布情况。

4. 确定“部首表”中各“部首”的教学顺序与各册部首分布情况。

四、确定教材的“选文”

1. 确定选文的基本原则。

2. 确定全册教材选文数量和各册教材选文的数量。

3. 确定选文所反映的生活领域、生活内容。

4. 确定选文所反映的思想倾向：爱祖国、爱集体、民族文化、地域文化、道德观、价值观、生命教育……

五、确定“练习”的内容与形式

1. 确定每知识模块核心内容，并将之作为练习的主要内容。

2. 确定每知识模块的练习形式。
六、确定教材版式
1. 全套教材的版式。包括:封面、课文、生字、练习、生字表、部首表……
2. 图文如何安排。
3. 教材的色彩。
4. 教材的绘画设计。
七、整体设计教材的知识点和每课主题(课题)
1. 确定每册教材的知识、技能教学点。
2. 确定每册教材的全部主题(课题)。

事实上,由于语言文字既是学习的内容,又是承载认知世界的载体。所以在聆听感悟、口语表达,在识字、组词和理解字义、词义,在理解段义、感受美文的时候,在学习如何写作的时候,我们传授给学生的是语文知识,培养的是运用语言文字的能力,目的是让学生学会吸收信息,学会表达自我。但是课文不是文字的随意堆砌,每一篇课文都有其思想、都在向学生传授民族文化、世界文化,进行世界观、人生观的教育。所以语文学科的内容非常广泛,综合性很强。这也决定了语文教材既不可能像数学学科那样能够建立严谨的教材体系,也不可能像生活、社会等课程那样能够按照生活领域建立教材组织结构。因此语文教材只要是按照智力障碍学生的语文学习规律,做到由易到难、循序渐进安排教学内容,关注语文知识教学与语文能力训练同步进行,就是符合培智学校语文教育需求的好教材。

三、教材编写或选编的原则

真正做到有针对性地、科学地编写任何一门学科的教材都不是易事。而针对智力障碍学生,依据他们的认知能力、发展上限和社会生活的要求编写语文学科的教材就更难了。在编写过程中,我们一方面要充分考虑到学生的发展能力;另一方面必须在不破坏学科知识的系统性、完整性和科学性的前提下,选取合适于教学需要的知识内容,编写知识均衡、连贯、准确的学科教材;再一方面,我们所选择进入教材的内容必须是学生未来真正需要的。具体地说,语文教材的编写和选编应该遵循以下几项基本原则。

(一) 体系性原则

体系性是包含于科学性原则之中的,而科学性是任何一本教材编写的基本原则。语文教材编写的科学性含义较为宽泛。既指教材呈现的语文知识是科学而准确的,又指教材所排列的语文知识和训练项目是科学而合理的,是符合语文教学基本规律,符合学习者的学习规律的。在此,我们着重强调的是教材编写或选编中应特别重视知识的体系性,知识的体系性表现在两个方面:一是在编写或选编中,重视语文知识呈现的体系性,即将庞杂的语文知识系统化并科学地予以呈现;二是在语文技能学习和训练中注意编排的体系性,即充分体现技能学习和训练本身的系统性。此外,在编写或选编教材时,应掌握“外紧内松”的编排策略。在我们选择生动、灵活和实用的语言材料进入教材时,这对体系的把握有一定的冲击,但如果因为顾及实用与灵活而打破了学科知识和技能学习的系统性,完全陷于零打碎敲的教学之中,那么我们的教学与训练就不可能成功。

(二) 实用性原则

实用性主要是指教学内容的确定和安排必须符合智力障碍学生的发展需要。这是在充分考虑教学对象培养目标的基础上提出的,是教材编写、选编中的一条重要原则。

语文课的教学目标究其根本应是语文知识的教学和语文技能的训练,并培养学生运用语言思维和参与社会交往的能力。因此在教材编写或选编时,所选教学知识和技能必须是学生日常生活中需要并经常使用的,内容应尽量贴近他们的生活实际,紧扣当下和未来生活所涉足的领域,以确保提高学习的效率。

(三) 滚动复现原则

滚动复现是指语文知识和技能教学要点的反复滚动出现。这是从智力障碍学生的认知特点和语文学习的特点出发提出的原则。教材内容的组织应遵循循序渐进、由简而繁的原则,在对知识点的选择、编排上要注意反复出现,使学生在多次接触、感知、理解的基础上掌握学习内容。高复现率对智力障碍学生理解和记忆所学内容非常必要,但高复现并非简单的重复。同一知识点在不同教学阶段出现时,要注意层次,注意知识内容的深化并注意提出新的要求。知识、技能教学与训练的高复现率可避免教学时知识传授与技能训练不均衡的现象。

(四) 趣味性原则

趣味性是指语言材料的呈示(包括材料的内容和形式)和语文知识、技能的练习都尽可能具有趣味性。语文知识的学习有时是相当乏味的,而乏味的学习必然影响学习效果。为激发智力障碍学生的学习兴趣,在语文教材编写时,应特别注意语言材料呈示的趣味性,以吸引他们的注意力。如果语文教材版面设计新颖独特,色彩丰富艳丽,插图生动有趣,就容易引起学生观图求意的愿望。如果在语言材料的选择上尽可能生动有趣,文字简洁,字体大小适宜,符合学生的理解能力与欣赏水平,就能够让学生在兴趣中学习,学得扎实些,记忆得牢固些,理解得深刻些。但是需要注意的是,趣味性不能太含蓄,不能超出学生的理解水平。另外,在复习课或练习课上更应注意设计些难度不大,但对所学知识和技能具有巩固作用的游戏或比赛等教学形式,以提高其学与练的兴趣。

(五) 操作性原则

操作性是指教材内容的编写或选编以及教材体系的排列既要便于教师教,又要便于学生学,即教材具有较好的操作性。教材是为教学服务的,教材是否容易操作将直接影响教学任务的完成与否以及完成的质量如何。因此教材的可操作性在教材编写或选编过程中是必须遵守的原则之一。具体说,在编写中应注意以下三点:第一,教材内容的组织既要符合教师对语文知识点讲授的一般规律,又要符合学生的学习规律。知识点与训练要点的衔接要紧密,尽量不跳跃。第二,编写或选编课文时,应尽量做到生字、词和知识点的分布均匀合理，尽量避免在同一课文内同时出现若干新知识点，对生词、生字的出现率也应有所控制(但可随年级增高，学习能力增强而及时调整对新的字词量的控制)。第三，可以在教材编写或选编的同时，配合教材制作一些利于教学的教具与学具，以更好地完成教与学的任务。

(六) 知识与情感教育相结合的原则

由于语文教学的内容是通过语言材料表现出来的，因此在编写或选编语文教材时，必然要对各种语言材料进行选择。从思想倾向来说，所遇到的材料必然会有高下、文野之分。在选择过程中，除了考虑知识和技能训练的分布与排列之外，除了照顾学生的实际需要之外，更应考虑到思想与情感的具体表现。具体地说，应选择健康向上的，真正体现中华民族人文精神的材料供学生学习。以使学生获得美的享受和正确的人生观教育，充分发挥语文学科的优势，促进学生认知、语言和个性的全面发展。但值得说明的是，语文学科教学的主要目标是语文知识的学习，是为了提高学习者交往能力的发展，因此教材编写或选编的体系应以语文学习的规律、语言获得的规律为主线，在此前提下兼顾语言材料的思想性和审美功能。

(七) 补偿性原则

智力障碍学生都伴有某些缺陷，因此针对该类学生的教育训练都包含有缺陷补偿的任务，甚至是语文教学中的主要任务。例如，我们通过语音的听辨训练，补偿学生听辨、识别语音的缺陷；通过发音、正音的训练，矫正他们错误的发音习惯，以获得正确的发音习惯；通过语文知识和语言能力的教学与训练，补偿其运用语言理解与表达的缺陷；通过语用教学与训练，使其不得体的话语习惯得到矫正；通过写字训练，补偿其精细动作控制、手眼协调的缺陷等等。如果在教材编写或选编时，我们能按照学生的缺陷特点，总体功能损失程度和功能补偿需要，适当增加教学内容，扩大训练范围，增加训练密度，使教学提供多层次、多角度的训练机会，那么这种教材将更符合智力障碍学生的需要。

(八) 弹性化原则

弹性化原则是指在语文教材编写或选编中应充分考虑使用者和受教育者的需要，尽量扩大教材容量，给予使用者以弹性调整、选择教学内容的空间。针对智力障碍学生的教材应该具有灵活和弹性使用的可能性。智力障碍学生认知、个性和生理特征的差异十分大，同样一个学习内容对不同学生具有不同的学习特点和过程，即使是智商基本相同的两个学生，学习的特点和过程不一定一样。因此，我们不能单以智商结果来确定教学手段和教学过程。因而在编写教材时必须充分考虑到智力障碍学生的不同特点和需要，教材所涉及的知识点与技能训练不要过深，但涉及面要广，并将所学知识、技能尽量作细化处理，这样便于不同教师针对不同学生对教材进行弹性的筛选与使用。

“按照现代教材论的观点看，衡量教材体系优劣的标准主要有两条：一是看它在促进学生的发展方面提供了多少可能性；二是根据师生的实际看它有多少实施的可能性。”[①]事实上，教材的编写或选编应以学生的需要和课堂教学的需要为本，所编教材是

---

① 阎立钦主编：《语文教育学引论》，高等教育出版社 1996 年版，第 114 页。

符合学生身心发展特点和发展目标需要的，是符合教学规律的，此教材教材就是成功的、可行的。

四、教材编写或选编准备工作与流程

（一）编写或选编准备工作

在编写语文教材之前，应先做好如下几项工作：

（1）制定教育目标；

（2）制定语文学科目标（总目标、分目标）；

（3）制定学科标准/教学大纲（总的标准、年级标准/字纲、词纲、句法大纲、语用大纲等）；

（4）设定功能大纲（各领域大纲、各项目大纲等）；

（5）确定课题与内容（九年的循环目标或单一目标等）；

（6）确定教材结构和教学内容的呈现方式（教材结构，字体、字号、颜色，图片）；

（7）确定课程及教学的评价方式（书面的、口头的/自然语料的收集分析、考试结果分析/访谈、标准测量等）

（二）教材编写或选编流程

教材编写或选编是项十分艰巨的工作，也是项庞大的工程。为保证工作能顺利开展，在编写或选编教材之前，应该对整个工作作一个大致的规划。参照台湾启智协会编撰的《启智教育机构工作手册第 2—14 册：如何选编教材》提出具体工作流程：

（1）组织有关人员共同商讨编写或选编计划；（语文、多媒体、美术等教师，校长，家长，特殊教育专家，学科专家，医生或康复专家，社区工作者等）

（2）研讨教学目标、教学计划和教学内容；

（3）确定编写原则、编写体例和编写细节；

（4）负责人提出编写纲要；

（5）确定编写组人员，并进行分工；

（6）寻找、筛选参考资料（理论层面和操作层面）；

（7）试编部分教材并制成样本；

（8）对教材样本提出讨论，确定教材体例；

（9）分工编写或选编；

（10）讨论所编之教材；

（11）投入试用，记录反馈；

（12）再行修改；

（13）请教师、专家对教材进行评议与鉴定；

（14）印行；

（15）投入使用。

[示例]

启智班国语教材（摘自台湾启智协会《启智教育工作手册·如何编撰教材》，1998

年重庆江津市向阳儿童发展中心印行本)。

一、于1985年1月成立编写小组,召开课程发展研习会,所有编撰人员一并集中于高雄师范学院特教中心。

二、教材参照启智学校(班)课程纲要国语科之教学纲要。

三、教材编撰过程:

1. 首先由编撰小组共同设计六种图表,包括

(1) 一至十二册各单元课文一览表;

(2) 各册各单元生字一览表;

(3) 各册各单元语词一览表;

(4) 各册各单元课文内容分析;

(5) 各册各单元句型练习一览表;

(6) 生字登录簿。

2. 编撰小组成员分别撰写课文内容,并分析各大单元体裁、课文大意、教学重点及目标。

3. 记录及分析生字,包括"必需"认识和"常用"之字。

4. 检查生字的注音及部首。

5. 提示课文中之主要语词。

6. 撰写课文中之主要语词。

7. 撰写习作。

8. 设计教学评价表,包括单元名称、单元行为目标、教学时间及评价记录等。

9. 由美工设计人员负责绘制课文之彩色及黑白插图。

10. 出版。

➢本章小结

语文教材是培智学校学生学习语文的主要载体。由于教材资源较少,而智力障碍学生的差异较大,因而让语文教师了解教材的基本架构和内容有利于他们更好地实施教学,甚至设计补充教材。为此,本章对轻度和中度培智学校语文教材进行了分析,分析的角度为教材用字、选文、文体构成、练习设计、版式设计这五个部分,较全面地呈现了培智学校语文教材的现状。并在此基础上,提出了培智学校语文教材选编的原则和方法。

虽然本章对培智学校语文教材的基本内容、架构和教材选编方法等进行了介绍,但编写教材是一个工作量巨大,并且涉及多方面知识、经验的工作,这些内容和方法并不能覆盖全部。作为新时代合格的培智学校语文教师,在实际教学活动中应当会在专业书籍和网络资讯中寻找需要的教育资源,尝试设计补充教材并分析教材的优劣。

➢讨论与探究

1. 轻度和中度培智学校语文教材在生字表用字的安排上有何区别?

2. 中度培智学校语文教材的文体构成有哪些可以改善之处？

3. 教材选编的原则有哪些？

4. 请结合本章内容完成下列任务。

小马是江苏某培智学校九年级的一名语文教师，该校以前使用的语文教材是《全日制培智学校教科书》(语文)。今年来随着随班就读政策的大力开展，越来越多轻度智力障碍学生选择去普通学校就读，培智学校中的学生智力障碍程度越来越重。考虑到实际需要，小马所在学校领导一致认为应该使用适合于中重度智力障碍学生的语文教材，但目前这类教材资源较少，学校最终确定选择使用上海教育出版社出版的《实用语文》作为教学用书。在使用时小马发现，这套教材中涉及一些表现上海地方特征的课文，不太适合本校学生学习。为此，小马打算自己补充一些反映本土文化、建筑的教材，以适应本校学生的学习需求，帮助他们更好地适应当地文化，融入当地社会生活。

由于缺乏编写教材的知识和经验，小马老师无从下手。请你根据本章学习相关内容，为小马老师设计一份"补充教材编写实施方案"。该"方案"应包括选文主题、文体结构、练习设计以及版式设计等内容。

➢阅读拓展资料

1. 方俊明:《特殊教育概论》，人民教育出版社 2005 年版。

2. 傅明珠:《谈中小学教材版式设计加工的几项基本要求》，中国编辑学会，"中国编辑学会第四届年会论文选"，2009 年 10 月。

3. 高凌飚:《教材分析评估的模型和层次》，载《课程・教材・教法》2001 年第 3 期。

4. 黄光硕:《语文教材论》，人民教育出版社 1996 年版。

5. 李立群:《对外汉语教学中的汉字教材设计问题研究》，南京师范大学 2011 年硕士论文。

6. 刘迎莲:人教版小学语文教科书作业系统的设计特点和教学策略研究——以小学高年级为例》，天津师范大学 2012 年硕士论文。

7. 刘全利:《智力落后儿童的特点与教育纲要》，天津教育出版社 2008 年版。刘海娜:《初级汉语综合课教材插图研究与设计》，暨南大学 2011 年硕士论文。

8. 马占刚:《培智学校语文教材用字的字量、字种研究》，华东师范大学 2013 年硕士论文。

9. 吴小春:《人教版九年义务教育语文新教材版式设计探究》，载《教育实践与研究》2011 年第 10 期。

10. 沈德立、陶云:《初中生有无插图课文的眼动过程研究》，载《心理科学》2001 年第 4 期。

11. 上海市教育委员会:《上海市辅读学校实用语文课程指导纲要》，上海教育出版社 2009 年版。

12. 赵娜:《初级汉语综合课教材插图研究》，北京语言大学 2009 年硕士论文。

13. 詹海玲:《新课程小学语文教材练习系统研究——以北师大版小学〈语文〉为例》，广西师范大学 2008 年硕士论文。

14. 张鸿苓:《语文教育学》,北京师范大学出版社 1993 年版。

15. 网址:http://content.edu.tw/primary/sp_edu/ty_dm/main.htm

http://www1.kmsmr.kh.edu.tw/

http://content.edu.tw/primary/sp_edu/ph_hs/main.htm

http://nerc2.ckjhs.tyc.edu.tw/

第三章

智力障碍学生学习语文的特点

语文学习是一个复杂的动脑、动嘴、动手的过程，所以学习者只有具备了完善的生理条件、良好的认知基础、丰富的语言文字环境和足够的生活体验才能顺利地学习。智力障碍学生是一个特殊的学习群体，他们不仅存在生理和认知障碍，而且语言发展迟缓、生活经验少、表象贫乏都给语文学习带来困难。认识到“学习者的特征是影响语文教学设计的一个重要因素”[①]。因此，语文教师和学生家长都应了解智力障碍学生在语文学习中的生理障碍和认知缺陷，了解哪些非智力因素会影响学生的语文学习，以便提供科学的语文教育。本章将为你详细介绍智力障碍学生学习语文的身心特点和具体表现。

① 何更生、吴红耘等:《语文学习与教学设计》(中学卷)，上海教育出版社 2004 年版，第 64 页。

通过本章学习,你将了解到:

1. 影响智力障碍学生学习语文的生理因素。
2. 影响智力障碍学生学习语文的智力因素。
3. 智力障碍学生学习语文的特征和表现。

第一节 生理缺陷对智力障碍学生学习语文的影响

学习"听"、"说"必然涉及听觉系统和发音系统,而学习"读"、"写"则涉及视觉、手部动作和手眼协调的控制。对智力障碍学生而言,因其精细动作控制困难,所以影响了其说话和书写;又因为智力障碍学生部分存在"视"、"听"障碍,所以听不清、看不明也给其语文学习带来了困扰。

一、听力或视力障碍导致学生语文学习困难

听力和视力损伤是影响智力障碍学生学习语文的一个重要因素。由于语文的核心能力是听、说、读、写的能力,所以学习语文必须具备完善的听觉和视觉系统。但是,根据徐方对北京六所培智学校学生语言发展的调查结果,在培智学校学生中有语言障碍的学生占32.9%,而在说话吐字不清的学生中仅有2.2%是发音器官问题所致,而14.8%是听觉障碍所致,且他们的听力损失一般在40—60分贝之间。[①] 而何华国的研究也有相同的结论:智力障碍儿童中有近15%的人有听力障碍,还有近27%的学生有视力障碍。[②] 因看不清字形和图片,听不清教师讲授的内容,影响了他们对语言文字的有效学习。因此,语文教师在教学前要尽可能详尽地了解智力障碍学生的听觉、视觉发展水平,并仔细观察和分析学生运用听觉、视觉学习语言文字的具体表现,以求能够提供科学有效的视听材料,支持教学。

二、敏感度低影响学生对事物的准确感知

语文课文所表现的领域非常广泛,因此要求学习者对外界有较高的敏感度,即能够快速感知并注意到正在发生的事情、人物和环境的变化。智力障碍学生相对普通学生对外界的反应不太敏感,体验的水平也比较低,这使他们在语文学习时处理信息困难,而且表现得比较迟钝。例如,智力障碍学生分辨形近字非常困难,尽管教师反复讲解、比较两个字之间的区别,但是他们中的有些学生依然注意不到两个字的不同,故还是常常错写、错用。只有在教师反复示范、比较,不断说明、提醒之下,智力障碍学生才能注

① 徐方:《智力障碍学生言语障碍问题的调查报告》,载《教育研究》1991第5期。
② 何华国:《特殊儿童心理与教育》,五南图书出版公司1997年版,第121—122页。

意到所学汉字的不同字形。再如，语文课的课文中有大量描写景物、人物，叙述事件的内容。每当阅读这类课文时，学生常常因为不具备想象、联想等能力不知道课文在说什么。

三、神经系统的损伤影响学生对语言文字的学习

赫姆堡(Hammarbery)对智力障碍儿童大脑研究发现：重度以下的智力障碍儿童神经系统的发展，停滞于胎儿的第六至第九个月之间，中度智力障碍儿童则停滞于胎儿后期与生后第一年之间。[①] 智力障碍学生神经系统障碍给语文学习带来了很大影响。

首先，在说话时很多智力障碍学生存在构音障碍，但这些障碍极少是由发音器官病变造成。由于智力障碍学生的神经系统发育不完全，所以导致他们在说话时发音器官协同运动困难，使其说话时无法灵活、自由地支配唇舌腭运动，在发音时便会丢失或错发某些音素，形成错误的发音。例如，学生将“黄瓜”说成“án gā”，影响了他们的准确表达。

其次，由于书写涉及臂膀、手腕、手指等多个部位，所以相关部位的协调运动尤为重要。智力障碍学生的手腕、手指运动功能相对较差，所以出现握笔、运笔等困难或握笔姿势错误(如下图)。另外，有些智力障碍学生因手眼协调困难，故无法把字写到“田”字格里，或把“漂”写成“票丶；而有些学生则因不易控制手指和手腕运动，故把“八”写成“乂”，把“再”写成“再”；而更有甚者，因手指弯曲困难，故连笔也握不住，更不要说执笔书写了。

图 3－1

学生书写姿势错误示例

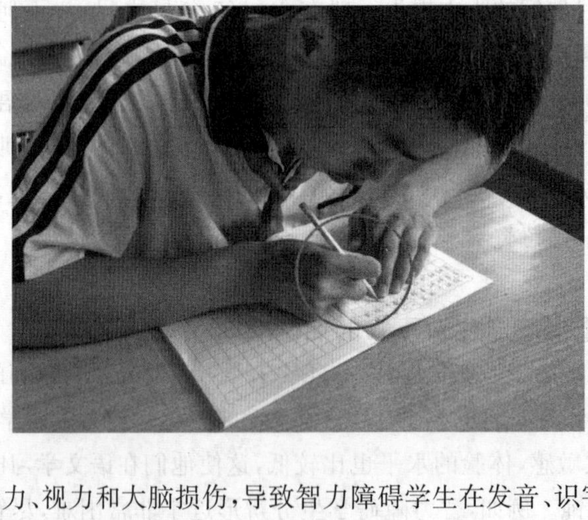

的确，由于听力、视力和大脑损伤，导致智力障碍学生在发音、识字写字、阅读、写作等内容的学习过程中出现更多困难。作为语文教师必须深入了解这些障碍，并根据学生的生理条件制定切实可行的语文教育目标、教学顺序，研发有效的训练手段帮助学生克服生理障碍，更好地学习语文课程。因此，在教学中教师要特别重视对学生进行补偿

① 何华国:《特殊儿童心理与教育》，五南图书出版公司 1997 年版，第 121—122 页。

训练，以弥补智力障碍学生学习语文的困难，促进其语文能力的整体提升。

第二节 认知障碍对智力障碍学生学习语文的影响

智力障碍学生在感知觉、注意、记忆、思维、语言等方面存在问题，导致其在语文学科的学习能力和学习方式上与普通学生有很大的不同。除此之外，一些非智力因素也在很大程度上影响了智力障碍学生对语文课程的学习。了解智力障碍学生在语文学习中的认知特征和学习方式，对科学地开展语文教育非常重要。

一、感知觉障碍对语文学习的影响

与正常儿童相比较，智力障碍学生在感知觉上具有感知速度慢、容量小，感知的分化程度差，知觉恒常性和整体性差等特点。

（一）感知速度慢、容量小，影响抄写、阅读

因智力障碍学生感知速度慢、容量小，故对其识字、抄写、朗读、阅读理解等方面都有影响。例如，他们学习一个生字往往要"看"很长时间才能感知该生字，而普通学生则看一遍，就能记住生字的"形"和"音"，并理解其"义"。所以，在培智学校一节课只能教3—5个生字，而在普校同一年级一节语文课可随文教授20个左右的生字。另外，智力障碍学生感知的容量小，例如他们不能在一个单位时间同时感知多个汉字，所以在朗读时他们常常是一个字一个字地读，而不是以词或以句为单位朗读，故经常读破句；同样在抄写时，他们也不是按词或按句抄写，而是看一个、写一个字，所以经常抄错字，或所抄句子不完整。另外，因感知速度慢、容量小也大大影响了他们阅读理解的速度。比如在普通学校用一节课就能讲完的短文，而在培智学校往往要用五节课的时间才能完成。

（二）感知分化程度差影响学生对语音、字形的辨别

智力障碍学生的感觉阈限较高，不能精确地感知事物，所以很难觉察到语音、文字等符号的细微差别；同时又因为智力障碍学生空间知觉发展水平低，所以给字形学习带来了非常大的困难。例如，他们分不清拼音字母"b"和"d"、"f"和"t"的书写形式，有时也分不清"由"和"甲"、"杏"和"呆"、"毛"和"手"、"陪"和"部"等字的字形。另外，因其感知分化程度差，所以在写"难"、"喝"、"燕"等结构复杂、笔画较多、通透性差的汉字时经常写错。

二、注意障碍对语文学习的影响

研究认为，智力障碍学生在语文学习中的很多问题与之注意缺陷有关。其注意的缺陷主要表现在随意注意发展较差，而不随意注意占优，注意范围狭窄，注意的稳定性差，注意的转换不灵活、注意分配差等。这些注意缺陷对语文教学产生了一定的影响。

（一）随意注意发展水平低对语文学习的影响

智力障碍学生的随意注意发展水平较低，而不随意注意占优，他们不能专心于当前的学习和活动，而很容易被生动、新异的事物所刺激，并引发注意，这给语文学习带来一些影响。例如，汉语拼音、识字写字、应用文等学习内容相对枯燥，所以智力障碍学生在

学习这些内容时很难保持注意。例如，在生字学习时，他们经常因为没有集中注意听教师对字义的讲解、看老师示范书写，结果不理解生字的字义，不会写生字或写错生字。所以，教师要注意观察学生是否注意倾听、注意看，并变换教学方式吸引学生对学习内容的注意。

（二）注意范围狭窄对识字、阅读的影响

在单位时间内智力障碍学生注意的广度比正常儿童要小得多。例如，看图学文时，他们经常只关注图片的局部，而忽略图片的主体内容，所以影响了对图片整个意思的理解。在学习生字时，也因为他们只注意到字的某个或某些部件，所以出现书写错误。在阅读时由于注意范围狭窄，所以经常出现漏字、跳行等情况，影响了其阅读理解。

（三）注意转换不灵活对看图学文的影响

因智力障碍学生注意转换存在问题、注意分配不合理，影响了看图学句、看图学文（如图 3-2）的学习。例如，在“看图学文”教学时，因为学习材料既有图片，又有文字，所以学生的视觉必须快速、准确地在“图片”和“文字”中游移、切换，这个转换技巧普通学生在一年级时就能够掌握，但对智力障碍学生来说就非常不容易了（如图 3-3），他们经常会出现图、文错位的阅读，所以出现“读不懂”的情况。

图 3-2

看图学文课文示例

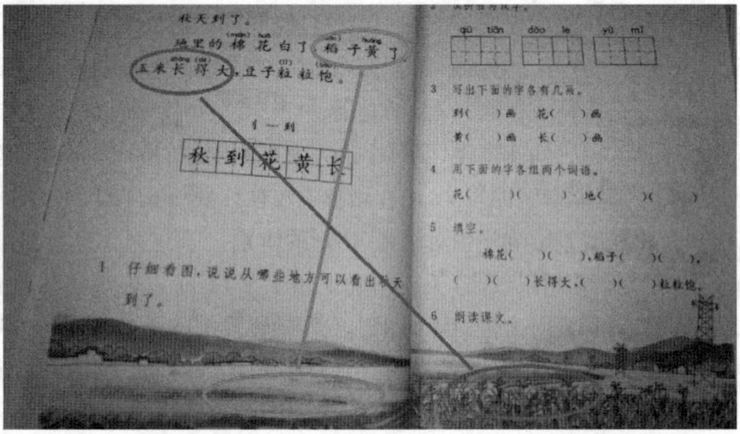

图 3-3

学生注意转换问题示例

三、记忆障碍对语文学习的影响

语文学习所涉及的记忆大多为语义记忆,又称"语词逻辑"记忆。语义记忆是以语词所概括的对事物的关系以及事物本身的意义和性质为内容的记忆,例如对概念、规则等的记忆。由于语言发展迟缓、智力障碍学生的语义记忆更为困难,这对语文学习非常不利。具体而言,智力障碍学生学习新知识时,识记速度较慢。例如,在生字学习中,有些智力障碍学生一节课只能学习两个字(甚至有的学生一周只能记住两个字),教师不得不反复呈现生字、反复讲解、反复练习。另外,智力障碍学生保持学习过的内容也很困难。有些教师反映,好不容易教会学生认识了一定量的汉字,但只要过一个假期学生就基本忘光,还得重新学习,所以学习的进度异常缓慢。再有就是智力障碍学生不能准确回忆学习的内容。例如,他们虽然能够记住一些学过的汉字,但在使用这些汉字时常常出现别字;又如,在复述课文时,智力障碍学生常出现遗漏主要情节、增加臆想无关内容或搬用其他课文的现象。

四、思维障碍对语文学习的影响

思维障碍是智力障碍学生的典型特征,也是最一般而稳定的特征,智力障碍学生的思维障碍对语文学习影响很大。

(一) 形象思维不足对识字、阅读的影响

汉字是表意文字。虽然汉字已经演变为纯粹的"符号",但一些独体字依然保留着形象特征,例如"山、水、火、田、雨、木、门"等字都能从字形中看出字义,如果学习者有一定的形象思维能力,加上教师的讲解、演示,应该说理解、记忆这些汉字并不困难。但是,有些智力障碍学生因形象思维能力不足,所以他们在理解、记忆这些汉字时依然困难。再比如,培智学校课文中也有描写自然景物、社会生活的内容,而学习这些课文时需要学生借助生活经验、通过想象去想象课文中的人、物,感受课文中的场景、气氛。但是,因智力障碍学生形象思维不足,所以不能想象课文中的人、景、物,故不能用自己的语言描述课文中景物和人物。

(二) 逻辑思维不足对语文学习的影响

研究表明,智力障碍学生缺乏对事物进行观察、比较、分析、综合、抽象、概括、判断、推理的能力,而这些能力的缺乏对语文学习影响非常大。例如,学习汉字必须具有观察、比较汉字特点,分析、综合汉字结构规律,抽象、概括汉字"字理"等能力。但是,因智力障碍学生因为逻辑思维发展水平低,所以观察、比较、分析、综合汉字的能力相对普通学生要差得多,学习汉字比较吃力。另外,智力障碍学生不会挖掘阅读材料中的相关内容作合理的判断和推理。例如,在培智学校语文教材第六册"刻苦学习的孩子"中,文章的结束使用了"老师和同学都夸她是个刻苦学习的好学生"这样一个多重因果关系句,智力障碍学生不能完整理解这个句子。这个看似简单的句子包含了"老师夸","同学夸","她是个好学生","因为她刻苦学习,所以她是个好学生","因为她刻苦学习,所以老师同学都夸她"等多个命题,要准确理解这个句子,需首先理解前述相关句子,并从相关句子中推导出为什么大家夸"她是个刻苦学习的好学生"。

(三) 思维刻板、缺乏独立思维能力影响语文学习

思维刻板在语文学习中主要表现在智力障碍学生形成的心理定势不容易改变，习惯了的行为方式难以进行修正。例如，书写汉字时会因思维定势而写错字(如图 3-4)，学习课文时也只能理解课文中的词句，如果同样的意思换一个词语或换一种表述方式，学生就不太能理解了。另外，智力障碍学生的思维缺乏独立性和批判性。例如，在回答老师的提问时，绝大部分学生都是重复第一个学生的回答，而并不知道该答案是否正确。而在造句训练时，他们同样喜欢重复别人造的句子，而不是经过思考，尝试造出与他人不同的句子。

图 3-4

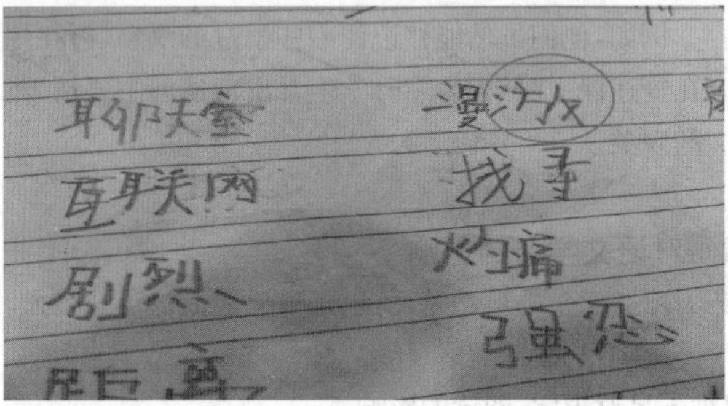

错别字
(思维定势)
示例

五、语言障碍对语文学习的影响

由于大脑损伤，智力障碍学生语言发展迟缓，影响语文课程的学习。与普通儿童相比，大部分智力障碍学生在进入学校时其口语发展水平尚处在婴幼儿期水平，最极端的情况是，有些学生既听不懂指令，也不会说话，这使他们很难快速进入系统的语文学习。但是，普通儿童生长到六岁时已经能够掌握 2 500—3 000 个词，并且能够较灵活地使用各种句式来表达需求和感受。他们不但能够听懂老师讲解的“要”字的结构(“‘要’字的上面是一个‘西’，东西南北的‘西’；下面是一个‘女’字”)，还能理解“古时候有个孩子叫司马光”的确切意思。但是，智力障碍学生在进校有的学生仍保持着情景性语言，或表达尚处在以词代句阶段，即便有些学生已经会说话了，但其说出来的“话”构音缺陷明显、词汇贫乏、用词缺乏色彩、句式简单、缺乏逻辑性；在听理解上，听不懂最简单的课文“我是小学生”、“欢迎新同学”。

面对语言发展严重落后的学生，培智学校不得不将语文教育的内容前移至“学前期”。有些学校不得不在低年级阶段将语文课程的重心放在帮助学生建立口语系统、教授基本的听话、说话技能上，这样一来，书面语的教学只能推迟到二年级，甚至三年级才开始，这使原本并不宽松的语文教育时间更加不足了。另外，语言发展迟缓，也影响了智力障碍学生的阅读理解。例如，他们对课文中口语中不常用的词语、对表示逻辑关系的词语不易理解，对修饰成分较多的句式、复句不容易理解等。

六、其他个性特征对语文学习的影响

除了认知障碍对智力障碍学生学习语文有影响外，一些非智力因素及智力障碍学生的个性特征也在一定程度上影响了他们对语文课程的有效学习。例如，智力障碍学生的高级情感发展较差，所以对课文中所描写的美的事物不易感受到，更不会欣赏；对高尚的情操他们往往不以为然，对让人感动的情感很难产生共情，甚至无法理解。由于智力障碍学生高级情感发展不完全，所以导致对课文中一些优秀诗文的理解大打折扣。又如，智力障碍学生因大脑损伤，因而其比普通学生更容易产生疲劳，这使其意志力相对薄弱。我们看到，在培智学校语文课堂上，无论学生在教学环节还是在练习环节，一旦遇到挫折他们很轻而易举地就放弃了正在操作的学习内容，要么转而去做别的事情，要么就等待老师的帮助。再如，智力障碍学生对语文学习缺乏应有的兴趣。这是因为一方面他们在日常生活中缺少主动观察和参与体验，所以对课文中所描述的生活缺乏理解的基础；另一方面他们对阅读活动的本身缺乏兴趣，这两方面的原因致使他们对所学习的内容，无论是故事、诗歌，还是记叙文、应用文，甚至是影视剧均缺乏学习的兴趣。即使这些课文讲述的是他们熟悉的生活、事件、人物和景物，他们通常也不愿意听，更不能真正理解课文所表现的思想情感和价值观。

总之，生理缺陷与认知障碍是相互关联的。智力障碍学生的生理缺陷是导致其认知障碍的一个重要因素，而生理缺陷和认知障碍又进一步影响了他们高级情感和意志力的发展水平。所以，在语文教学设计时，需要合并分析哪些因素将影响智力障碍学生参与本次教学内容的学习，包括智力障碍学生的生理缺陷对学习本教学内容的影响和其认知水平、学习特征对本次教学内容学习的影响等。

第三节　智力障碍学生学习语文的特征与表现

综合智力障碍学生的生理和认知特点，总结培智学校语文教师对该群体教育的经验，教师们认为，智力障碍学生在语文学习中主要存在以下几个特点。

一、语言和认知发展迟缓，理解、表达困难

在与智力障碍学生的接触中，你很快就能意识到与这些学生沟通非常不畅。语文学科是学习语音、词汇、句法、文字、修辞、逻辑等知识的学科，是讲述历史、文化、自然、科学、生活以及人生观、价值观的学科，是描述现代生活中的人、景、物、事的学科，所以课程涉及的面非常广，知识点非常多，应用性非常强。要学好语文，理解和表达是基本条件。如果听不懂，又不能表达，必定影响语文课程的学习。例如，学习完课文《会动脑筋的小马》，老师立刻问大家：“小山羊触电了，为什么小牛推小羊，小牛也触电了？小马又是怎么做的呢？”听了这个问题，没有一个学生回答。因为要理解并回答这个问题，学生首先必须有关于“安全用电”的知识，其次要掌握回答问题的关键词句。回顾教学过程我们看到，老师在讲解课文时已经重点对安全用电的问题进行了讲述，甚至还用课件展示了触电时正确的救人的方法。那么为什么学生还是不能回答这个简单的问题？老师进一步引导发现，有些学生根本没有听懂老师所讲的内容，所以无法回答；但也有个

别学生听懂了老师所讲的内容，但是因没有掌握回答问题所需的关键词（“触电”、“电闸”、“拉开”）和关键句（“看到小山羊触电，小牛连忙去推小山羊，想让小山羊离开电线，没想到自己也触电了。”“小马飞快地向电闸跑去，让牛妈妈拉开了电闸。”）所以不知道怎样回答问题。另外，因为思维障碍和认知的局限，也影响到他们对文学作品的理解。例如，在学习童话、寓言等课文时，他们很难理解文本中的动物、植物的情感、行为和对话都是由人赋予的，这是人们借助动物和植物来表现人的情感、人的价值观。因为这些内容与我们日常生活相去甚远，致使缺乏想象的智力障碍学生很难理解。例如，学习课文《坐井观天》，有个别学生问老师：“小鸟和青蛙说的话，为什么和我们一样？”

与理解水平相比，智力障碍学生的表达水平更低，其语言障碍的主要特征是：表达形式错误率高、表达内容较贫乏。表达形式的错误主要表现在：说话时口齿不清，词汇贫乏、句式单一、叙述缺乏逻辑性、表达不生动等；而表达内容贫乏则表现为：主动性语言少，被动回应多、不会把握沟通环境、缺乏交际的技巧等。例如，智力障碍学生在沟通时很少主动发起话题，更多的是回答他人的提问。而回答问题，也只能回答“是什么”一类的封闭性问题，而不能回答“为什么”等开放式的问题。在学习课文时，智力障碍学生只能是用课文中的语言表述课文的意思，即读课文；而不能用自己的话去讲述课文的内容；在回答课文中的问题时，也只能用读课文的方式回应问题，而不能归纳课文主旨，然后用自己的话回应问题。另外，有很多学生，到二年级时也只能用词语交际，而很少能够说一个完整句。例如这份培智学校的语文老师和一名中度智力障碍学生的对话。

事件缘起：小明是×培智学校二年级的一名学生。有一天，他看到教室后边墙上“学习角”的一幅画就要掉下来了。他走过去想把这幅画重新贴紧，但因用力过猛，不小心把这幅画扯下来了。虽然老师和同学都没有看到他把画扯下来的行为，但小明是个诚实的学生，他立刻走到王老师面前，向她说明情况。

小明：（扯了扯王老师的衣服角）撕掉了。

王老师：什么东西撕掉了？

小明：画。

王老师：什么画呀？

小明：墙。

王老师：哪里的墙？

小明（指了指墙，又拿出扯下来的画给老师看）

王老师：（看看了小明手上的画，又看看学习角）谁撕掉的？

小明：小明！

王老师：你为什么要撕掉这张画？

小明：快掉了！

王老师：你想把它贴好是吗？

小明（看看老师，又低下头看手中的画）

王老师：你想把画贴好，怎么会撕下来呢？

小明：不知道！（眼里流露出害怕、表情尴尬）

王老师：你是不是想重新贴贴紧，但不小心撕下来了？

小明：是！

王老师：没关系！下次再看见画要掉下来了，告诉老师，让老师贴好吗？

小明（点头。此时情绪好了许多）

从上述案例中可以看出几点：其一，这个学生的语言发展水平尚处在电报句阶段，其全部的语言都是一个个词或词组，而没有一个句子；其二，因为语言发展的限制，这个学生没有办法讲清楚事件的发生和结果；其三，这个学生到二年级时还没有发展出人称代词，故依然用自己的名字来自我称呼。

语言和认知发展的障碍对他们学习语文课程带来很大的困难。有些学生因为构音障碍，无法读稍长一些的句子；有些学生则因听不懂或不会组织自己的语言表达思想和需求，所以经常重复他人话语，结果难以评价语文教学的有效性。

二、思维水平低，容易产生理解偏差

由于智力障碍学生形象思维和逻辑思维的水平都相对较差，所以在语文学习时他们很容易产生理解上的偏差。思维水平低对语文学习理解上的偏差主要表现在阅读理解学习中。

智力障碍学生在理解词义时常常出现词义理解的窄化。例如，有的智力障碍学生认为只有有叶片的青菜、菠菜、白菜、芹菜才是蔬菜，而无叶片的黄瓜、辣椒、西红柿、土豆、萝卜、南瓜等都不是蔬菜；有的学生认为，只有"树"才是植物，而花、草、蔬菜则都不是植物。除了将词义窄化之外，词义的泛化情况也非常严重。例如，智力障碍学生认为只要能在天上飞的都是鸟，只要能在水里游的都是鱼。所以很难理解"蝙蝠、蜜蜂"能飞，但不是鸟；鸭子、企鹅能游水，但不是鱼，而属于鸟类。最糟糕的情况是，有些重度智力障碍学生误认为"妈妈"泛指所有的成年女性，而"爷爷"则泛指所有的老年人。因此，只要见到成年女性一律喊"妈妈"，只要看见老年人（而不论男女）统统叫"爷爷"。如果学生是以这样的思维水平学习语文，如何理解具有广泛生活场景、众多人物、事件和复杂的思想情感的语文课文？正是因为他们的思维水平低，所以在语文教学中才会经常出现"文不对题"的理解结果。另外，由于智力障碍学生的词汇量较小，所以对词语的分辨和理解力相对较低，特别是对词义间的细微差别不容易觉察和理解。比如，学习课文"我不是弱小的"，看短文"微小的幸福"，其中"弱小"、"微小"两个词的词义虽有交叉，但在表达意义上却各不相同。如果没有丰富的情感体验、词汇系统和良好的智力条件，确实很难区分"弱小"和"微小"的差别，更无法理解其确切的表达含义；图 3-5 中，学生不能区分"仔细"和"认真"、"发现"和"看见"，从而导致误用。再如，在句子学习中，智力障碍学生理解复句尤为困难，这与其不理解虚词的意义有关。因为对虚词所表现出的逻辑关系不理解，所以便不能准确理解复句中各个分句之间的逻辑关系。再有，因为智力障碍学生缺乏形象思维能力，所以对"顽皮的雨滴最爱在雨伞上尽情地跳舞"、"云彩像一朵朵洁白的羽毛，轻轻的飘浮在空中"这一类带有修辞手法的句子也容易产生理解偏差，误以为小雨能够跳舞，而羽毛飘飞在空中就形成了云彩。理解篇章就更加困难了，在篇章阅读时，智力障碍学生对课文中所反映的远离其生活的场景、事件、人就更不容易理解了，例如理解课文"麻雀"的主题，因为缺少相关生活基础和情感体验，所以不能理解课文所弘扬的主题——母爱的伟大，而误以为是麻雀凄厉的叫声吓退了猎狗。总之，正是因为智力障碍学生在阅读理解上的偏差，所以他们的阅读水平只能达到复述性水平，而达不到解释性水平。

图 3-5

词语误用示例

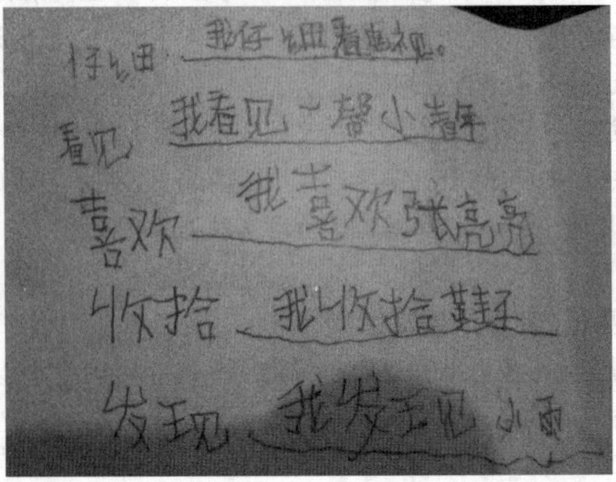

三、表象贫乏，字词与概念形成困难

语言是建立在听觉形象基础上的符号系统，语言以两种事物的联系为前提：概念和听觉形象。[①] 在口语交际过程中，交际双方是靠听觉形象（声音形象）实现信息的交换。此时，声音形象联结的不是无意义的物质声音，而是能够唤起我们大脑中具体的物质表象，即概念。为了交际，我们的大脑中会储存一定的表象，以供交际选用。所以，表象是儿童言语发展过程中不可或缺的。正常儿童随年龄的增长和见识的增广，表象日益丰富，他们能够逐渐正确地理解与其生活经验相符的事物及其关系，为语文学习打下了基础。但是，由于智力障碍学生不善于主动观察和思考，因此他们很难获得丰富、完整的表象，对事物的认识也往往零散而片面，这给语文学习带来困难。例如，为了丰富学生动物的知识，有一名二年级的教师给学生讲了一个有关动物的故事。之后，学校刚好组织学生春游，经过申请，该教师带领全班学生来到×动物园参观。为了将教师故事中的语音形象与动物的外在形象进行联系，该老师专门带领全班学生特别参观了昨日故事中讲到的各种动物。老师的讲解很认真、很到位，学生参观得也很认真、很愉快。第二天上语文课时，教师要求学生用"××在动物园里我看见了×××"说一句话。本以为前天老师讲了有关动物园里的故事，昨天又花半天时间参观了动物园，经过故事和参观强化，学生一定会说出很多动物。结果却是：当老师的话音一落，教室里先是一阵沉默，在老师的不断引导下（老师一边做大象甩鼻子的动作，一边做"da"的嘴型），才有一名能力最强的学生说"我在动物园里看到了大象"。老师很高兴，又进一步用动作和语言引导，几遍后才有学生陆续说出"我在动物园里看到了老虎"、"我在动物园里看到了斑马"

① ［瑞士］菲尔迪南·德·索绪尔：《普通语言学教程》，张绍杰译，湖南教育出版社 2001 年版，第 78 页。

(猴子、长颈鹿、蛇……)。

从上述这个简单的事例可以看出,由于表象贫乏,所以学生理解课文困难。而且在学习句子、篇章时这个问题就更加突出了。因为除了表象贫乏之外,学生的认知结构还缺乏组织与层次性,所以他们在理解课文所描述的具体事件时弄不清事件发生、发展的顺序和结果。造成这个结果的主要原因与他们生活范围狭小,接触事物有限,故缺乏事物的表象或对表象的印象不深刻有关。所以培智学校的语文教育非常强调借助直观教学具开展教学,否则他们很可能出现理解偏差。

四、精细动作障碍明显

精细动作的发展在儿童发展的某些阶段往往被视为智力发展的标志之一。因为精细动作发展障碍,所以智力障碍学生在发音、书写和阅读理解等学习中出现了比较严重的障碍。

首先,因为大脑损伤导致智力障碍学生声带功能障碍,减弱了其声带运动的能力,因而造成构音障碍;同样是因为脑损伤,使智力障碍学生控制发音器官运动的整体能力下降,所以在发音时他们很难控制舌头运动的方向和速度,或不能控制唇的圆或展,因此造成发音的清晰度低。例如,部分智力障碍学生发音时舌头很少运动,所以把/ai/、/an/、/ang/全部发成单元音/A/或/ε/;还有些智力障碍学生,会发“伯”、“爸”、“百”等音,但是发“帮”、“蹦”等音感到困难。因为发 bo 音时舌头和唇部的运动动程较小;而发 ba 音时,舌位要下移,口腔打开,相对比较容易控制;而发 bai 音时虽然舌位比前两个音要稍微复杂一些,但是因为发音时舌头不需要前后运动,只需上下运动,所以也相对比较好伐。而发 bang、beng 等音时,舌头既要上下运动,还要前后运动,所以对舌头的灵活度要求更高,故对患有发音器官运动障碍的智力障碍学生而言,发 bang、beng 等音也就相对困难些。

其次,脑部损伤也会造成智力障碍学生手部精细动作的障碍,影响他们握笔的姿势、力度和运笔的流畅性,造成汉字书写的困难(如下图)。比如,他们写字时很难做到横平竖直、对汉字笔画的长短控制不好,对应该相离的笔画“八”写成了相接的笔画“人”;

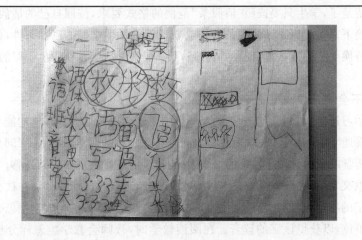

图 3－6

字形结构失调示例

把不出头的笔画“田”写成了出头的笔画“由”;再有,因为智力障碍学生书写时手眼不协调,也导致他们写出来的字出现结构错误或缺少/添加笔画等。另外,手部精细动作的障碍也影响到学生翻书的准确性和速度,进而影响阅读。

再次,大脑损伤还可能导致学生眼部运动障碍,影响阅读的速度。因为阅读时智力障碍学生的眼部视动速度相对慢、回视也比较多,所以影响了他们阅读的速度,进而导致思维不连贯,最终影响对阅读内容的理解。

五、不会运用有效的学习策略

所谓学习策略主要是指在学习活动中,为达到一定的学习目标而学会学习的规则、方法和技巧;它是一种在学习活动中思考问题的操作过程,是认知策略在学习中的一种表现形式。学习策略既是一种学习的规则系统,也是一种学习的过程或步骤,还是一种学习活动。学习策略与元认知相关,即元认知水平的高低关系着学生是否具有较多的关于学习及学习策略方面的知识,并是否能够监控自己的学习过程,灵活地应用各种策略,去达到特定的目标。

由于智力障碍学生元认知水平低下,所以他们在语文学习过程中不善于使用正确的学习策略。例如,普通学生在掌握了一定的汉字量,并由教师讲解了汉字构字的基本规律后,大部分学生有了认识“生字”的基本策略,这大大提高了学生学习生字的速度。但智力障碍学生尽管也学习了同等数量的汉字,由于他们分析、归纳汉字结构、推导字音、字义的能力较差,所以他们不能用“字理”学习生字,这使汉字学习的效率大大降低。比如,智力障碍学生学习生字“抄”、和“炒”。虽然他们已经掌握了偏旁“扌”和独体字“火”、“少”,而且教师也反复讲授了形声字的构字规律,甚至学生已经学会分析“吵”就是用“口”和“少”构成的一个形声字,知道“少”表示该字的读音,而“口”表示“用嘴说话”的意思。按道理会分析“吵”,也就应该会分析“抄”和“炒”,大约知道“抄”、“炒”的读音、意思。但是,事实上有些智力障碍学生在学习“抄”和“炒”时,并不能运用分析“吵”的原理来分析和理解“抄”、“炒”,还需要教师再讲解这两个字的读音和意思。再如,在阅读和写作学习中,他们不善于组织已知的学习材料,并从已知的学习材料入手去思考和解决学习中的问题。例如,学习写“请假条”,教师在阅读教学中已经将请假条的几个要素全部讲解清楚了,学生只要按照“请假条”范例的格式要求,按照自己的请假需求,将相关要素替换下来就可以了。请假条的构成要素就是学生掌握的已知条件,如果学生知道可以用替换要素的方法写自己的请假条,那么就能够大大加快学生学习的速度。

六、不会将语文知识迁移运用

所谓学习迁移即是利用已学得的经验以解决新问题或适应新环境的能力。智力障碍学生与普通学生相比较,在学习迁移方面也显现更多的困难(Denny, 1964)。他们往往只能将所学的东西运用于特定的情境中,而很少能发生有益的正向迁移。例如,因为汉字是表意文字,而且形声字又占绝大多数,所以在识字教学时,教师往往会教学生怎样分析汉字的字形,以帮助学生理解生字的意思、记忆字形;也会教学生怎么提取形声字的表音单位,以获得该字的读音。在阅读教学时,教师会教学生怎样分析文章的中心。例如，教师告诉学生，一般在文章的开头或结束的自然段是文章的中心所在。尽管教师讲授了一些常用的、具有迁移运用价值的语文知识，但是智力障碍学生很难将这些知识迁移运用到其他的课文学习中。相反，智力障碍学生在语文学习中常常出现负迁移的现象。例如，经常将字形、字音相近的字搞混、乱用，造成错误。

这种迁移困难与其语言能力的低下有关。因为智力障碍学生往往不会有效运用语言符号来概括学习经验，以作为解决新问题的佐助。而从现代迁移理论来看，学习迁移之所以能产生是因为学习知识或技能之间存在着共同的产生式，即共同的规则，而不是表面的相似。智力障碍学生概括能力的低下又使得他们无法概括出两个不同学习之间的共同规则。

总之，由于智力障碍学生的身心发展特点对语文学习产生了诸多不利影响，所以培智学校的语文教师必须在借鉴普通语文教育和充分了解障碍学生学习特点的基础上寻找语文教育规律，创造性地开展语文教育活动。

➢本章小结

语文学科内容广泛，既有语音、词汇、句法、文字、修辞、逻辑等知识的学习，又有人类文化、自然、科学、生活、人生观、价值观等人文内容的教育。无论是知识学习还是人文教育，都需要有良好的听说基础，并具备基本的认知能力、一定的生活经验以及与人共情的高级情感。除此之外，学习语文的兴趣、动机、意志力等非智力因素也在很大程度上影响语文学习的有效性。

智力障碍学生是一个特殊的学习群体。学习语文比普通学生要困难一些。首先，他们中的部分学生存在视觉、听觉、中枢神经等障碍，故导致他们在语文学习时经常出现听不清、看不清、写不好、说不出的困难。其次，他们全部存在着感知觉、注意、思维、记忆等认知困难，所以对生字、新词感知的速度慢、容量小、记忆力差，所以学习的速度慢；因为形象思维不足，表象又贫乏，再加上逻辑思维发展水平低，所以影响了阅读理解的学习。再次，因为智力障碍学生日常生活的局限性和认知上的障碍，导致他们缺乏对生活、环境、人物、事件的观察和体验，而观察不到位、体验不深刻使他们在语文学科的学习中困难重重。

了解智力障碍学生学习语文的生理、认知等障碍，对教师设计教学计划、选择教学方法有很重要的意义。

➢讨论与探究

1. 语言障碍是否是影响智力障碍学生学习语文的核心障碍？为什么？

2. 表象贫乏、生活体验不足对智力障碍学生阅读理解会产生哪些影响？

3. 智力障碍学生的观察力和分辨力很差，提醒教师在教学时应该注意些什么问题？

4. 案例分析：结合本章内容，分析案例。

这是《全日制培智学校教科书(试用本)语文》第 9 册中的一篇课文，根据本章所讲授的内容，你尝试着分析一下：哪些因素会影响智力障碍学生学习这篇课文？

看图学文

7 日月潭(tán)

28

日月潭是我国台湾(wān)省(shěng)的一个大湖(hú)。

日月潭里有一个小岛(dǎo)，把潭分成两半，一边像圆圆的太阳，叫日潭，一边像弯弯的月亮，叫月潭。两潭湖水相连，像碧绿的大玉盘，小岛就像玉盘中的明珠。

日月潭在台湾中部，水很深，四周是山，山上是茂(mào)密(mì)的树林。山林倒映(yìng)在潭里，湖光山色，非常美丽。

我爱美丽的日月潭。我爱祖国的台湾岛。

湾	湖	岛	密	映

29

➢**拓展阅读资料**

1. 刘春玲、马红英主编：《智力障碍儿童的发展与教育》，北京大学出版社 2011 年版。

2. 教育部师范教育司组编：《智力落后儿童教育学》，人民教育出版社 2000 年版。

3. 叶立群主编：《特殊教育学》，福建教育出版社 2000 年版。

4. 刘春玲、马红英：《弱智儿童对词汇理解的研究》，载《心理科学》2000 年第 6 期。

5. 郑静、马红英：《弱智儿童语言障碍相关因素》，载《中国临床康复》2003 年第 10 期。

6. 马红英、刘春玲：《中度智力障碍学生语文学科能力调查综述》，载《中国特殊教育》2004 年第 5 期。

7. 网站：http://www.pep.com.cn/xgjy/tsjy/jxlw/tsjyjxlw/201111/t20111110_1082195.htm

http://disable.yam.com/

http://www.aamr.org/

第四章

培智学校语文教学的原则与方法

在第三章中，我们介绍了智力障碍学生学习语文的生理和认知特点。如何针对学生特点组织语文教学活动、落实语文课程目标和教学要求、加速学生听、说、读、写能力的形成、提高教学的科学性和有效性，是教育管理者、特殊教育专家和培智学校语文教师共同关心的问题，也是培智学校近些年语文教学研究的重点。在教师、专家们的共同努力之下，总结出了一些行之有效的培智学校语文教学的原则和方法。了解并掌握这些教学原则和方法，能够大大加快新教师专业成长的步伐，能够为你科学地设计语文教学方案、组织教学活动、落实教学目标提供基本保障。本章将依据语文课程目标以及智力障碍学生学习语文的生理和认知特点，为你讲述在培智学校语文教学活动中应该遵循的一些教学原则和教学方法。

通过本章学习,你将知道:

1. 培智学校语文教学的基本原则。
2. 培智学校常用的语文教学方法。
3. 不同教学方法使用时的一些注意事项。

第一节 培智学校语文教学的基本原则

“教学原则是教学工作必须遵循的基本要求,是根据教育目的和教学过程的规律制定的,也是教学工作实践经验的总结和概括。正确贯彻教学原则,是实现教学任务的重要保证。”①教学原则并不是具体的教学方法,教学原则所阐明的是教师应如何依据学科的性质和课程目标、学生学习本学科的基础条件和认知方式开展教学活动的一些指导性原则。因此,教学原则反映的是学生学习和教师教授具体一门学科的教学规律,是教师在教学活动中必须遵守的基本规则。另外,由于教学活动是由教师和学生共同创造的,所以教学原则并不仅仅反映教师“教”的规律,同时还必须反映学生“学”的规律。

因为普通学校和培智学校都是针对以汉语为母语的学生进行汉语言文字教学,所以有一些能够共同遵循的教学原则。但是,由于智力障碍学生学习语文的基础条件和学习方式与普通学生有所差异,因而在培智学校语文教学中还有一些特殊的原则应该遵守。

一、语文教学与思想教育相结合原则

语文教学与思想教育相结合的原则,也就是“文道统一”的原则。语言文字不仅是重要的交际工具,也是民族文化的重要载体;语文教育不仅担负着让学生学会运用祖国的语言文字的任务,还具有培养智力障碍学生热爱祖国、遵纪守法、健全人格的教化功能。智力障碍学生对社会的认识有限、生活经验匮乏,对民族文化和先进的思想文化了解甚少,所以他们缺乏对高尚情感的理解和认同,也缺乏对是非的基本判断能力。在语文教学中,教师应该将国家意识、民族文化认同的教育,将正确的价值取向和是非观的教育渗透到语文教学的整个过程中,借助课文中的具体事例对学生进行思想品德的教育,使学生获得具体、形象的思想道德教育,帮助学生树立正确的人生观和价值观,形成基本的是非判断能力。因此,教学时教师一方面要科学地分解课堂教学目标,明确每节课教授的具体知识和技能,加强对语言文字知识的讲授和训练;另一方面要努力挖掘课文的思想内涵,找出课文中能够打动学生心灵的词句和段落,结合学生的生活经验,用符合学生理解力的语言分析、讲述课文中的人和事,让学生接受高尚情感的感染和熏

① 邵宗杰、裴文敏主编:《教育学》(修订版),华东师范大学出版社 1996 年版,第 302 页。

陶，体验美好的情感和意境，在阅读中知美丑、辨善恶，提升思想道德水平，养成健全的人格品质。

二、语文教学的科学性原则

培智学校语文教学的科学性表现在：如何将语言文字教育与思想品德教育有机结合；如何在遵循语言文字知识学习的认知规律的同时，做好各领域知识间的衔接和支撑；如何在尊重智力障碍学生的学习基础和教育需求的前提下，保证语文课程目标的有效落实。

其一，由于培智学校语文课程既要教授学生语文知识、培养语文运用的能力，又要借助文本进行民族文化、思想道德的教育。所以语文教育必然涉及语言文字符号及思想品德教育等多个领域。面对语文教学的多重功能，教师要协调好语文学科知识技能的教学与思想教育之间的联系，注意文本分析的科学性、表达的逻辑性，不要牵强附会、顾此失彼。其二，在语文学习中，汉语拼音、识字写字、阅读、写作、口语交际、非言语交际等知识模块具有不同的知识体系和学习顺序，教师如何既兼顾不同知识模块的学习顺序，又做好各模块间的相互联系，促进学生语文知识技能的整体获得也是语文教学科学性的具体体现。为此，教师应努力做到：既要宏观地把握学科体系，又要处理好宏观体系与微观知识教学、知识与知识衔接、知识与能力转化等各种关系，以保证语文教学的科学、有效。其三，智力障碍学生学习语文的能力和语文教育需求，使教师对培智学校语文教育的内容、方法产生了影响，甚至对语文课程的性质产生了模糊的认识。在没有真正搞清楚培智学校语文课程目标的情况下，有些教师将语文课等同于思想品德课、生活课、社会课，把语文课上成了认知训练、生活技能训练和思想品德教育的课程。由于教师不清楚语文课程性质和课程目标，那么教学的科学性也就无从谈起。语文教学的科学性原则就是要求教师弄清语文课程的任务和目标，根据智力障碍学生学习语言文字的身心特点开展语文教学，使其掌握简单、实用的语文知识和技能。

三、语言文字训练与思维发展相结合的原则

智力障碍学生具有直观、具体、刻板等思维特点，而学习语言文字的过程也是思维发展的过程。学习语文不但能够促进学生逻辑思维的发展，也能够促进学生联想和想象能力等形象思维的发展，所以语文教育应该与思维训练相结合。这种结合表现在如下几个方面。

(一) 学习语文知识的同时认识具体事物

语言文字是反映客观事物的符号。虽然语文课程目标是教授学生形成运用语言文字的基本能力，但是语言文字记录的是具体事物，因此学习语言文字的过程也是认识客观事物的过程。所以，教学中教师应该注重联系学生的经验世界和想象世界组织教学活动，在讲授语文知识的同时，引导学生认识事物、建立表象、形成概念，提高学生的认识水平，为进一步阅读和写作学习提供支持。

(二) 结合语文知识学习进行思维训练

语文教育能够促进学生思维的全面发展。例如，学习任一汉字，学生都要同时分辨

该字的读音、字形和字义。这个过程需要学生同时做到耳听、眼观、脑想,这本身就是一个复杂的动脑过程,也是一次综合思维训练的过程。另外,认识汉字,要掌握"字理",能够根据汉字的构成特点学习汉字,包括会分析汉字的结构,能够根据汉字的造字原理推断汉字的读音和字义。这个训练过程的本身也就是逻辑思维和形象思维(从字形联想字义)训练的过程。再有,文字是信息的载体,阅读和写作教学正是教授学生如何运用文字获取和传递信息。具体而言,学生阅读的是汉字,但在脑中形成的是生动的画面;相反,学生写出来的是汉字,但其表达的是现实生活中的人、景、物,以及即时的生活和学习需求。这种根据接收和表达需要转换文字和形象的过程必定是思维的过程,故阅读和写作教学的过程正是形象思维和逻辑思维训练的过程。

由于语文教学与思维训练密不可分,所以教师应充分利用语文学习材料和各个教学环节,对学生进行形象思维和逻辑思维的训练。

四、知识学习与能力培养结合的原则

学习语文不仅仅是学习语言文字的过程,也是学生认识世界、了解社会的过程。因此,在培智学校的语文教学中,除了教授必要的语文知识和听、说、读、写训练外,还要帮助学生认识社会,获得更多生活经验。

(一) 知识学习与生活适应充分结合

美国教育家华特提出:语文的外延与生活的外延相等。这说明语言文字在人类生活中无处不在,同时也提醒语文教育应该服务于社会生活。培智学校的语文教学应该充分反映学生的生活领域和生活场景,特别是在选文中要坚持选取具有典型意义的社会内容和生活场景,以便于学生借助生活经验理解课文内容,同时又要适当选取反映自然、反映民族文化和世界优秀文化的课文,扩展学生的视野,为其适应社会生活打下基础。

(二) 传递知识与培养能力结合

培智学校的语文教学绝不能仅仅关注语文知识教学的系统性和完整性,因为这些学生无法掌握系统的语文知识。培智学校语文教育的目的,是让学生掌握必要的语文知识,并学会运用这些知识解决生活问题。《上海市辅读学校语文课程指导纲要》不但给出了培智学校应该学习的具体语文知识,还明确提出了学生应该学会的语文技能。此处以"阅读"课程中的能力指标为例。

低年级:(1)认识邮局、医院、斑马线等图形标志;(2)能认读自己和家长的姓名;(3)能认读学校、班级、小区以及学校周围的路名和公交站名。

中年级:(1)能阅读课程表;(2)能阅读生活中常见的站牌、招牌、物品名称、机构名称和警示标志等。

高年级:(1)能阅读标语、信封、账单、存取款单、商品说明书等;(2)能阅读通知、广告、留言条、导购、导医图等。

除阅读外,《上海市辅读学校语文课程指导纲要》还在口语交际、写作、综合实践等模块设定了学生融入社会生活的能力指标。所以,培智学校的语文教育要体现语文知识的学习与能力培养结合的原则。要创造各种条件,将学生的知识转化为生存的技能,体现语文学科的生活化、实用性。

总之，能力培养的原则符合国家对智力障碍学生语文教学的总体要求，体现了学生适应社会生活的需要。

五、因材施教的原则

因材施教原则是根据智力障碍学生个体之间和个体内部存在着差异而提出的一项重要的教学原则。虽然，教材的编写者已经充分注意到培智学校学生的个体差异，并对教学内容、教学材料进行过严格的筛选，而且在教学内容的组织和编排上也已经考虑到学生的学业基础、认知方式和生活经验。但是，由于培智学校学生的障碍程度不同、认知风格不一、生活经验差异太大，所以教学中很难做到统一要求、统一进度，因此教师必须做到因材施教、分层教学。努力达成“同内容、同活动、异要求”，即教师利用同一个学习材料，分层设置不同学生的教学目标，在同一个教学活动中为不同学生安排不同的学习任务，并允许学生按照自己的学习速度和学习方式学习，使每个学生都能学有所得。

六、直观性原则

直观性原则是根据智力障碍学生表象贫乏、形象思维和抽象思维能力不足等学习特点提出的。直观性原则是指，教学中教师借助实物、模型、图表、视听技术等直观教具和生动形象的语言手段来帮助学生加深对教学内容的感受和理解，该原则符合智力障碍学生的认知特点和思维过程（先直观感受具体事物，再抽象成能够用语言表述的具体概念）。例如，课文中涉及地震、沙尘暴、彩虹、冰雪等各种自然现象，涉及电波、宇宙飞船等具体事物，说到了发芽、弹奏等事物的发展变化。如果学习相关内容时，没有前期的知识铺垫，没有生活的经验积累，没有良好的联想能力、想象能力和推理能力，就无法搞清楚所学的内容“是什么”或“为什么”。为了让学生明白“是什么”和“为什么”，教师有必要根据学生的知识基础和生活经验选择直观教具，通过让学生接触、观察教具或学具，丰富其表象，建立经验体系，为学习新的知识、形成概念、发展智力创造条件。

七、启发性原则

启发性原则又称“教师主导作用原则”。启发性原则是指：教师在教学过程中依据课程标准和教材引导学生学习，并通过课堂反馈调整教学内容改变教学方法，控制教学进程的教学原则。培智学校的学生因为感知觉障碍、生活经验不足，不会运用有效的学习策略，缺乏自主学习的能力。在语文教学中，教师通过直观的教具、生动的语言、有效的提问、丰富的练习手段引发学生对所学内容的注意，维持他们学习的兴趣，启发他们的思维，并通过学生的反馈不断调整教学的内容，改变教学的方式，控制教学的进程。所以，培智学校的语文教师一定是教学的主导者，那么启发性原则也就必然成为培智学校语文教学的一个重要原则。教学中教师要运用引导学生提问、观察、想象、讨论等多种方式启发学生思维，调动学生借助生活经验理解、感悟所学习的内容。

八、巩固性原则

巩固性原则，又称“充分练习的原则”，这是根据智力障碍学生识记慢、遗忘快、不善运用有效记忆策略的特点提出来的一项教学原则。研究表明，智力障碍学生的记忆较正常学生要差得多，如果教师加强巩固练习的环节，就能够在一定程度上减少他们遗忘的发生。所以，如果教师能够重视对练习的设计、加强对巩固练习环节的指导，就能够大大提高智力障碍学生的记忆水平和学习的效率。例如，当学生学习了一个生字后，教师应该设计各种字词环境，让所学习的生字反复出现在不同的词语环境中，通过学生和该字的不断“见面”，能够使学生从对该字“朦胧的感觉”逐渐发展到“清晰的认识”，最终达到“会写或会用”的目标。

九、小步子原则

小步子教学原则是根据智力障碍学生注意力不集中、理解力和记忆力差等学习特点提出的。小步子教学原则是指，在语文教学中，教师应根据学生的语文学习基础和学习能力提供相应的教学量，并设计科学的教学活动。例如，有些教师在一节课中既要学生学会五个生字，又要学生能够正确朗读课文，还要学生能够用一到两个词语造句。这个学习量对绝大部分智力障碍学生显然不合适。一节课要学习五个生字对很多智力障碍学生来说已经相当困难，如果再加上朗读和用生词造句，中重度智力障碍学生在一节课中几乎不可能完成这些学习任务。如果在一节语文课中安排了过多的教学内容，必然导致教师为完成教学任务而赶进度，影响学生对所学内容的理解和掌握；如果教师在没有考虑到智力障碍学生个体间的差异，必然导致部分学生无法参与学习活动。所以，尽管语文教学的点很多，但教师还是要坚持根据不同学生的接受能力和学习进度安排教学量。另外，在教授相对复杂的知识和技能时，教师应该分解难以学习的部分，以方便学生的观察、模仿、学习。最后，教学中对难点、重点要坚持低起点、迈小步、多循环的原则。

十、补偿性原则

缺陷补偿原则是基于培智学校学生因视觉、听觉、口腔功能和手部精细动作障碍，而导致其在听、说、读、写方面困难而提出的一个特殊的语文教学原则。该原则是指，在语文教学中利用汉语拼音、识字写字、听话说话、阅读、写作等教学活动对学生的听觉、视觉、构音、书写等缺陷进行补偿，促进其语文能力的发展。例如，可利用拼音教学矫正学生的发音缺陷，在看图识字、看图学文和生字教学中训练学生的视觉功能，在写字教学中对学生的手部精细运动功能和手眼协调能力进行训练，在听说教学中发展学生的听能和说话时控制气流、音量等能力。由于缺陷补偿的教学原则是专门针对特殊学生的缺陷补偿需要而提出的，因此语文教师教学设计前就应该充分考虑学生的缺陷障碍和补偿需求，并结合教学活动为学生提供补偿训练。

第二节　培智学校语文教学的常用方法

培智学校学生的身心缺陷对他们掌握语文知识，理解课文内容、书写和写作等都造成了比较大的困难，为了保证课程目标的实现，教师必须选择能够促进学生参与学习的教学方法,引导学生的学习。

一、模仿法

模仿法是指在语文教学中通过让学生模仿教师的语言(语音、词语、句子、语气、语调)、动作、表情、手势等,调整学生的语言和书写动作行为,使之逐步达到动作协调的教学方法。模仿学习的原则是:由易到难、由简到繁,循序渐进。

培智学校语文教学常用模仿法。这是因为虽然智力障碍学生理解力较低,但大部分学生具有一定的模仿能力,所以学生能够通过模仿来学习;而且相对于其他学习方法,学生也更容易接受模仿学习的方法。如果教师在讲授动作技能的同时提供模仿的范例,并鼓励、引导学生模仿学习,就能够减少学生学习的恐惧和困难,并且有助于他们掌握动作技能。例如,构音障碍学生发“装”音相对困难,教师可以一边示范发 zhuāng 音,一边讲解发音要领;然后指导学生模仿发 zhuāng 音,最终使学生掌握发 zhuāng 音的要领,学会发 zhuāng 音。目前,模仿教学法在语文教学的发音、写字、说话、朗读、情景对话等教学中普遍使用;而在抄写、阅读分析、仿写作文时,也会偶尔使用模仿法。该方法符合语文教学中因材施教、直观性等教学原则。为了更有效地运用模仿法,教师要注意几点:

(1) 教师的示范要准确、清晰、富有感染力,以促进学生参与模仿学习。

(2) 教师在示范的同时,要为学生讲解模仿的步骤、要点和注意事项,并指导学生模仿。

(3) 如果遇到比较复杂的动作技能,教师应根据学生的模仿水平将动作分解为若干个可供模仿学习的步骤,引导学生按照步骤模仿。

(4) 模仿学习的过程要给学生体会动作、模仿动作的时间,并要求学生尽量模仿准确。

(5) 模仿学习仅仅是一种教学方法,教师还要引导学生将模仿形成的技能迁移运用到新的学习和生活中去。如果在日常学习中学生出现模仿的行为,教师应及时强化,使学生的模仿行为逐渐成为学习的习惯。

二、演示法

演示法是指,上课时教师配合讲授或谈话,把直观教具展示给学生看或做示范表演,使学生通过观察获得感性认识、理解课文内容的一种方法。因为智力障碍学生表象贫乏,所以很多概念无法与其脑中的表象形成正确联结,影响学习的结果。而运用演示法不但能够激发学生学习的兴趣、吸引学生的注意、获得感性的认识、形成正确的表象、加深对所学事物的认识和印象、促进认知发展,而且还能够使学生将语言文字与具体事物联系、学会运用语言文字保存认识成果、促进语言发展。因为演示法能够弥补智力障碍学生学习语文的诸多困难,所以是培智学校语文教学中使用频率最高、最能吸引学生参与学习活动的一种方法。演示法符合直观性语文教学原则,它对智力障碍学生建立表象、形成概念具有特殊的意义。常用的演示方法有四种:

（一）实物标本或模型演示

向学生展示实物标本或模型是一个很有效的教学方法。例如，学习《全日制培智学校语文教科书》第17册第六课《爬山虎的脚》，课文的重点描写了爬山虎那神奇的“脚”是如何一步步向上攀爬的。虽然，课文对爬山虎“脚”的形状、功能进行了细致入微的描写，而且还用“蛟龙的爪子”来比喻“爬山虎脚”的外形特征，但是对培智学校的学生而言，单凭课文的描写和插图依然无法在脑中对“爬山虎脚”形成清晰、完整的表象。这是因为学生既没有见过实物，理解语言的能力又比较差，所以无法仅通过文字描写就对爬山虎“脚”的形状、姿态形成表象。另外，对课文说比喻的“蛟龙的爪子”的样子更不清楚，故“蛟龙的爪子”的比喻对他们理解爬山虎“脚”的外形并没有帮助。为了让学生理解文中描写“爬山虎脚”的语言，教师可以向学生出示爬山虎“脚”的实物标本。通过引导学生观察实物，对爬山虎的“脚”形成清晰的表象，然后再阅读课文，就很容易理解课文描写的语言，并进而理解整篇课文的含义。

（二）插图或挂图演示

运用插图或挂图演示教学的内容也是培智学校语文教学中最常用的教学方法。例如，在讲授《全日制培智学校语文教科书》第13册“锯是怎样发明的”时，学生最难理解的就是鲁班怎样模仿小草的外形发明出锯子。要理解这篇课文，首先学生的大脑中应该有“边缘有齿的小草”和“锯子”的表象，然后借助课文插图才能理解课文：“鲁班仔细一看，发现小草的叶子边上有很多小齿。……这可提醒了鲁班。他想，如果照小草叶子那样，用铁打一把有齿的工具，在树上来回拉，不是比用斧子砍强得多吗？他马上回去打了一把，拿到山上去试，果然比斧子又快又省力。鲁班就是这样发明了锯。”但是，目前培智学校学生不但没有使用过锯子，甚至没有看见过锯子；而有些学生对边缘有齿的“小草”也没有看见过，或印象不深刻。由于脑中没有相关事物的表象，所以要准确理解这篇课文有困难。在讲解这篇课文时，教师都会重点讲解“锯子”与“小草”的相似性，讲解鲁班是怎样按照小草的外形打造锯子的过程。为了让学生理解这两点，教师除了讲解关键词、关键句外，还经常通过引导学生观察课文插图理解文意。但是，目前教科书中的两幅插图在文意上有比较大的跳跃。由于插图中没有将“小草”和“锯子”的特征放大，所以还是有不少学生不理解“小草”和“锯子”的关系，更不理解鲁班发明锯子的思维过程。如果教师在教学中根据学生的生活基础经验在两幅插图中再加上一幅凸显“小草”和“锯子”外形特征的插图，就能够将“锯子”的齿和“小草”的齿表现得更加清楚，学生能够从直观上感受两者的相似点，也才能真正理解课文。

（三）动作和表情演示

动作表情的演示，是指教师在讲授抽象概念时，运用动作、表情演示给学生看，让学生理解课文的一种方法。用动作、表情演示的方法区分近义词很有作用。例如，《全日制培智学校语文教科书》第13册的课文《秘密学习》中，学生对课文“我马上跑到屋后，在一棵大树下，拨开枯叶，扒去浮土，掀开砖，把课本放进事先挖好的小坑里，然后盖上砖，铺上浮土和枯叶，看上去像没有动过一样”中“拨”、“扒”、“盖”、“铺”这些动词的确切动作形式不能完全理解，所以，导致在课文复述环节经常错用。因此，在教学中如果教师结合课文一边朗读课文，一边用动作演示给学生看，学生通常是能够区分“拨”、“扒”

与“盖”、“铺”的动作；如果要进一步区分“拨”、“扒”、“盖”、“铺”，那么教师还需要做更为精细的动作示范。另外，因为智力障碍学生对外界的感受力、观察力较差，所以对课文中描写人物表情的句子不容易理解或理解不深刻。以《全日制培智学校语文教科书》第七册为例：看图学文《爱华长大了》中有“爸爸惊喜地说”；课文《坐井观天》中有“笑了笑说”；看图学文《妈妈的爱》中有“泪水流在她的脸上”和“妈妈的批评叫我脸红”；课文《要下雨了》中有“好奇地问”和“一只大蚂蚁笑着说”；看图学文《不冷了》中有“小明兴奋地对小青说”……这些表现人物感情的表情描写有些学生能够理解，而有些表情则不太能够理解。所以在讲解人物的表情时，单凭语言讲述可能不能让学生想象人物形象、理解这个表情的含义，此时如果教师为学生演示一下表情，就能够加深学生对课文的理解。

(四) 多媒体演示

运用幻灯、录像等多媒体课件组织教学，能够给予智力障碍学生视听感官的刺激，引起学生的注意和学习兴趣、增强他们对学习内容的理解和记忆，提高教学效率。例如，《全日制培智学校语文教科书》第17册课文《富饶的西沙群岛》是一篇赞美祖国西沙群岛的散文。文中用夹叙夹议的手法和极富色彩的笔墨描述了西沙群岛美丽的水色、丰富的物产和驻守祖国南大门的英雄。阅读后给人最深印象的是西沙群岛中形态、颜色各异的鱼、虾、海参，海滩上的贝壳和乌龟、树林里的鸟。作者通过对西沙群岛自然景色的描写点题：富饶、美丽的西沙群岛。由于这篇课文所描写的鱼、虾、海参、贝壳、乌龟和鸟都非常奇特，学生很难想象课文中的那些景物，所以如果只是阅读、讲授，也只能停留在字面意义的解释上，而学生无法真实地感受文中的色彩、景致和物产，也就很难完全体会“富饶的西沙群岛”的含义。如果教师结合课文阅读播放影视资料，通过讲、看结合的方式学习课文，就能使学生对西沙群岛的风光、物产有感性的认识，不但使学生更容易理解课文中的词句，还能够激发其热爱祖国的感情。

虽然演示法在培智学校语文教学中有其特殊的应用价值，但是在教学实施中，演示教学法的一些问题也是显而易见的。首先，教师需要花费大量时间去准备演示用教学具，导致教师没有更多的时间去分析学情；其次，因教师没有结合学情和本节课的重难点选用演示物，结果演示法不但没有解决学生理解上的困难，相反干扰了学生对课文的理解；再次，因为教师在课堂上又要讲解课文、又要操作课件，因而导致教师在教学过程中手忙脚乱，甚至因课件出现故障而影响了教学的正常进行。另外，如果学生常常被各种演示物所包围，他们的视听疲劳会影响他们对演示内容的吸收，甚至产生厌倦演示物。所以使用演示法要坚持适时、适度的原则，并且使用演示教学法时还要注意以下几个问题：

(1) 要根据学生抽象思维发展的水平选择演示物。在使用演示教学法、选取演示物时一定要考虑学生抽象发展的水平。如果针对认知水平很低，而且是低年级的学生，最好多用实物、影视等直观教具演示；如果要用图片最好是照片，尽量不用卡通图片，因为智力障碍学生很难将夸张、抽象的图片与具体实物联系；如果选用模型，也一定要将模型与实物的比例作简要说明，以免引起学生的误解。

(2) 直观教具与直观语言结合使用。建议教师结合课文语言演示直观的教具。这样便于学生把抽象的语言与具体、可见的事物联系。有助于学生建立表象，逐步达到从具体的认知到抽象的认知的过渡,最终形成概念。

(3) 课前准备要充分。因为演示法要选用直观教具,这必然加重备课的负担。为此,教师的前期准备工作一定要充分,包括确定演示用教学具的大小、颜色、数量,出示演示物的时间、顺序、演示的方法等。

三、谈话法

谈话法又称为"问答法",是最传统的教学方法之一。所谓"谈话法"是"教师按一定的教学要求向学生提出问题,要求学生回答,并通过问答的形式来引导学生获取或巩固知识的方法"①。在培智学校语文教学中"谈话法"是最基本的一种教学方法。谈话法有较大的适应性和灵活性,所以它既适于培智学校语文教学中新课的讲授,又适于复习、巩固旧知识。谈话法符合语言文字训练与思维发展相结合的语文教学原则。使用该法有几点值得注意:

(1) 备课时教师要有充分的准备。一方面教师要熟悉教学内容,找出教学的重难点;另一方面要熟悉学生,并通过有针对性的提问和讨论等谈话教学环节,引导学生学习,帮助学生把握学习材料的重点,解决学生不容易理解的内容。

(2) 谈话的内容必须建立在学生已经掌握相关知识的基础之上。教师对学生的知识结构和学习风格应该事先了解充分,并在此基础上通过谈话教学方式引导学生思考、启发他们回答。

(3) 谈话对象要普遍。教学中设计的问题不但要针对教学内容和学习目标,还要针对不同的学生。所以,谈话的内容和对象要有层次,要通过让不同层次的学生回应不同难度的问题,引发学生的思考、促进各层次学生的学业发展。另外,对学生回答的结果应该有明确的评价,以使学生清晰地知道他的思考方向和回应是否正确。

(4) 教师要善于提问并鼓励学生积极参与谈话,对说得好的学生应及时给予肯定和表扬。

四、参观法

为了促进培智学校学生将语文知识转化为听、说、读、写的技能,或为了让学生更深刻地理解学习内容,教师将学生带到真实的生活场景中,通过引导学生实地观察、比较、体验等方法加深学生对所学内容的认识和理解、获得感性认识。这种教学方法就是参观法。参观教学法在培智学校语文教学中使用较普遍,效果也较好。参观法符合语文知识学习与能力培养相结合的语文教学原则。

由于智力障碍学生感知觉、注意等方面存在明显缺陷,所以他们较少接触社会,生活范围受到一定的限制,故社会认知水平自然较低。这一切影响了他们的语文学习。而参观法正是针对学生生活经验匮乏、认知落后、实物与概念联系困难等特点提出的一种教学法。运用该教学法可以使教学与生活紧密联系,充分调动学生的生活经验参与学习。尽管参观教学法对增进学生的理解、促进知识向技能转化具有非常好的作用,但

---

① 黄甫全、王本陆主编:《现代教学论学程》(修订版),教育科学出版社 2003 年版,第 305 页。

是参观教学法也有其局限性。例如，学习课文《看病》，如果学生不认识挂号、内科、外科、补液（输液）室、透视、化验、取药等字词，不理解这些词语的确切含义，不了解看病的基本流程，不会自述病史，那么就算把学生带到医院参观学习，学生并不会因为看到了医院的环境和就医的流程就学会看病的技能。相反，如果学生在课堂上先掌握了相关知识，再去医院参观体验，他们就能调动相关知识学习，并且通过参观再反过来阅读课文时，他们对课文的理解就更加深透。所以参观法必须在学生具备了一定的知识基础之后才能使用，如果学生没有必要的知识作铺垫，参观教学法不会起到应有的效果，相反造成教学资源的浪费。目前在培智学校语文教学中采用参观教学法还是有一定的困难。比如，培智学校的语文课程教学时间和教师都有限，由于经费和人员的配备不足，无法满足所有的外出教学需要。为更好地运用参观法，教师应该注意以下几个问题：

（1）参观前，教师的准备要充分。在熟悉教学目标和内容的基础上，明确参观目的，选择好参观的时间与地点，确定好参观顺序。

（2）参观时，教师的指导要到位。由于生活环境中的无关刺激多，学生容易产生兴奋而影响对所学内容的注意。所以，在参观教学时教师除了要引导学生观察和讲解教学内，同时还要控制好学生的情绪，引导学生按照事先确定的参观目标、路线和内容进行参观，一定要努力将其注意力纳入到规定的教学内容中去。

（3）参观后，教师的总结要及时、清晰、完整。参观后教师要及时总结，并引导学生回到课文中，即用课文中的语言描述参观中的所见所闻，帮助学生将课文与生活场景自然联系，加深学生对学习内容的理解与记忆。当然在总结时，最好请学生参与，让学生回忆参观的过程与情景，叙述参观内容，而教师帮助他们整理好参观的重点，同时帮助其将课文内容与现实生活相联系。

五、巩固练习法

研究表明，智力障碍学生有两个记忆的问题：一是智力障碍学生不善于有目的地回忆记忆材料，而仅仅关注材料中的某些词语；二是智力障碍学生不会借助较集中的言语、语境、交际对象等线索进行记忆。智力障碍学生因记忆力差，所以学习效率较低。采用巩固练习的方法就是要帮助学生牢固地掌握所学的知识和技能。巩固练习法符合培智学校语文教学的巩固性教学原则。根据智力障碍学生的记忆特点和学习特点，使用巩固练习法要注意如下几点：

（1）巩固必须在学生清晰地感知所学内容的基础上进行。学生只有对所学的内容有了清晰的感知，才能有效地记忆。所以，教师在设计练习项目之前一定要评价学生对学习内容的感知情况。如果教师盲目地设计练习，训练学生并不清楚的内容，就算形式上完成了，但学生依然不会迁移运用。

（2）练习要有计划性，并按照步骤进行。因智力障碍学生的学习能力有限，如果一次安排的练习量太大，会导致学生倦怠，影响练习的质量；如果教师对练习的时间安排缺乏计划性，可能达不到应有的练习效果。

（3）掌握正确的训练要求，遵循开始慢、逐渐加快，有速度、有质量地进行。另外，练习设计也要尊重差异，无论是练习的速度、练习的量，还是练习的要求都要因人而设。

避免大一统的练习设计。

(4) 练习的方式要多样化，注意提高学生兴趣。如，学生会讲的内容让学生说，学生不会讲的内容，教师启发、引导学生说，必要时教师补充。

(5) 督促学生养成自我检查的习惯和能力。

六、情景教学法

"情景教学法是指教师依据教学内容在课堂上设置教育场景，并将学生置于该场景之中，通过组织学生完成情景中的具体任务来帮助学生掌握知识和技能的一种教学方法。"[①]因为培智学校学生的学习动机、生活经验不足，所以有些课文单靠教师讲授效果并不好。对此，教师便将课文中的场景、事件、人物搬到课堂上，通过引导学生在模拟的场景中扮演文本中的角色和对话来学习课文。例如，学习《全日制培智学校语文教科书》第12册看图学文《美丽的公鸡》一文时，教师在学生熟悉了课文、并能够简单复述公鸡、啄木鸟、蜜蜂和老马的对话之后，通常会在巩固练习环节中模拟课文中的场景、并请四名学生分别扮演公鸡、啄木鸟、蜜蜂和老马。通过让学生在模拟的场景中模仿动物的表情、动作和对话的学习加深对课文的理解和记忆，为接下来归纳课文的主要内容提供知识基础。另外，针对中重度智力障碍学生的生活语文教学，教师同样会结合课文在课堂上设置模拟场景开展教学训练。例如，学习课文《一次愉快的购物经历》，教师在学生掌握了课文中的购物流程，以及"我"和"超市营业员"的对话之后，会在课堂上布置一个简易的"模拟超市"，通过让学生扮演不同的角色加强对话训练、加深对课文的理解。由于情景教学法既能够活跃课堂学习气氛、提高学生学习的兴趣，又能够促进学生更深入地体会课文中人物的思想感情，理顺课文中事件发生、发展的原因和脉络，促进对课文的理解，所以情景教学法的教学效果相对较好，教师也更喜欢使用这种方法。情境教学法符合语文教学中知识学习与能力培养相结合的原则以及直观性、补偿性等教学原则。但是，情景教学法也有其局限，例如有些学生学会在教师给定的模拟"超市"中购物了，但因为学生迁移运用知识和技能的能力普遍较差，所以他们还是不会在真实的"超市"中购物。为避免情境教学法的局限，在使用该方法时教师应注意以下几点：

(1) 情景教学法不适合在新授环节中使用。因为学生如果不熟悉课文、不理解课文中角色之间的关系、不会使用课文中的语言，就无法准确地体会人物的思想感情，不能进行有效的对话训练。所以建议将情景教学法用在巩固练习环节中。

(2) 课堂教学中所设计的情景必须与学生的生活、认知水平相适应。如果设置的模拟情景是学生有一定的生活体验的，学生就比较能够快速进入角色；如果教师所设置的情景远离学生的生活，学生便无法借助生活经验学习，也达不到理想的教学效果。

(3) 由于教学情景与现实生活尚有距离，因此教师在模拟场景教学后，还要带学生到真实的生活场景中去学习，帮助学生将书本的知识和模拟场景中学习的技能迁移运用到现实生活中去。

---

① 刘春玲、马红英:《智力障碍儿童的发展与教育》，北京大学出版社2011年版，第200页。

七、任务分析法(工作分析法)

所谓任务分析法是“对特定的、复杂的学习行为或技能进行分析、评定的一种方法。其宗旨在于使学生能逐步、有效地掌握该行为或技能”①。任务分析法的使用过程为：在教学设计阶段，教师根据学生的技能动作水平对将要学习的动作技能进行评价，如果将学习的动作技能大大超出学生的动作技能水平，且会严重阻碍学生对该动作技能的形成时，教师就需根据该动作技能的构成要素对动作技能进行分解，形成若干个容易观察、模仿、操练的小步骤。在教学实施过程中，通过教师指导学生观察、模仿学习这些动作技能，然后逐步掌握复杂的动作技能。该方法符合培智学校语文教学中的启发性和迈小步的教学原则。

在培智学校语文课程中教师采用任务分析法能够降低学生对复杂学习任务的难度，鼓励学生的学习。例如，在写字教学中，由于智力障碍学生手部精细动作和手眼协调障碍，致使学生执笔、运笔困难，所以笔画和结构复杂的字学生很容易出现书写错误。因此，在汉字教学中，教师应该根据学生的障碍情况和书写基础进行技能分解训练，而非一上来就教授笔画多、结构复杂的字。比如，教师在对学生的手部运动水平和手眼协调控制能力做出初步的评价后，可以在评价基础上将“写字技能”进一步分解成为执笔、运笔、手眼协调运用等几个训练项目。通过一段时间训练，让学生先具备握笔和运笔能力后，再让学生用铅笔在纸上画出长短不一、横竖不同的线段，继而再教学生写出笔画、结构相对简单的汉字“一、二、三、十、土、干、王”，直至学生能够自如用硬笔写出要求书写的汉字为止。口语交际、阅读、写作等教学都可以采用这种教学方法。另外，在任务分析中，教师要特别注意对哪些是底层技能，哪些高一级别技能的确定，形成科学的技能训练体系。使用任务分析法要注意以下几点：

(1) 选用该教学法时要充分分析学生已有的技能水平，并根据学生的基础水平和学习训练需求科学地设计训练步骤。

(2) 在依工作步骤训练时，要密切注意学生动作技能的变化情况，并及时调整训练步骤。

(3) 当学生掌握了分解技能后，还要将分解的技能整合在一起，帮助学生形成完整技能。

(4) 使用该方法时，还需配合教师的示范、讲解。

八、个别教学法

个别教学法是指教学形式的个别化，即是教师针对个别学生的学习现状和发展需求实施有针对性的一对一教学。培智学校学生的语文学习基础差异比较大。例如，有些学生具有较好的识字能力，毕业时能够认识2 200多个常用汉字，而有些学生直至九年毕业也不认识一个字；有些学生经过九年系统的语文教育能够阅读常见应用文、散文、儿歌、古诗等，而有些学生却连一般的亲属关系都搞不清楚。面对培智学校学生学习基础和学习能力的差异性，统一的语文教学要求显然不符合语文教育的现实情况。

---

① 赵树铎主编：《特殊教学课程与教学法》，华夏出版社1994年版，第153页。

所以，在语文教学中教师必须将集体教学与个别教学结合运用，并通过个别教学的方法满足不同学习基础学生的语文发展需求。个别教学法的实施形态非常灵活，可以是课堂上的个别指导，也可以是课后有针对性的个别教学训练。个别教学法符合培智学校语文教学中的因材施教和缺陷补偿等教学原则。

由于个别教学的实施成本高、难度大，所以科学教学非常重要。为了提高个别教学的效率，教师在运用个别教学法应注意几点：

(1) 教师必须在教学前对将接受个别教学的学生的语文学习基础、学习风格进行评价，并在此基础上确定个别教学的内容和方法，把握好个别教学与集体教学的关系。

(2) 语文课程的个别教学可以是语文集体教学的补充或加深。为此，教师可以根据学生的学习能力和学习需要选用自编教材，也可借用其他教材。

(3) 无论是集体教学还是个别教学，教师都要考虑学生的共性和个性，并处理好全体需要与个体发展之间的关系。

(4) 教师要定期检查个别教学的效果，并及时调整教学计划、内容和方法。

九、过度练习法

过度练习法是在学生大致学会了所学知识技能的基础上，适当增加训练量，以使学生牢固地掌握所学知识和技能的一种教学方法。由于智力障碍学生的记忆力差，所以给学生提供一定的过度学习量可以增进他们对学习结果的保留，并有助于迁移这些知识技能。例如，学完一篇课文，教师通常会让学生朗读课文五遍，或抄写词语五遍等。通过一定遍数的朗读和抄写能够促进学生对词语、课文的记忆和体验，有利于掌握课文和词语。过度学习法符合培智学校语文教学中的巩固性原则。采用过度学习法有三点值得注意：

(1) 对生理障碍不同、学习能力不同、生活经验不同的学生要提供不同的练习量。过多的练习量或不足的练习量都无助于学生对学习内容的理解和记忆。

(2) 对学生掌握较好的学习内容过度练习量不宜太大，而对难以掌握的知识、技能则应适当增加训练量。

(3) 一次训练量不宜太大，特别是对重度智力障碍学生、伴有情绪障碍的智力障碍学生和脑瘫学生等，教师一定要控制好训练的量，避免学生因过量训练导致疲劳，而产生新的错误。例如，当一位学生一次性连续抄写了十遍"苹果"时，最后三遍均把"苹果"写成了"平菓"；而另一位学生则在连续抄写八遍"威武"后，最后一遍则将"威武"写成"威武"。因为这两个词语的错误写法是最后看见的，所以学生的印象比较深刻，如果形成长期的记忆，便很难得到纠正。

十、游戏教学法

游戏教学法是指"利用游戏来向智力落后儿童传授知识、培训技能、矫正缺陷的一种教学方法"。[①] 游戏教学作为一种特殊的教学组织形式，在培智学校的语文教学中有

① 肖非、刘全礼：《智力落后教育的理论与实践》，华夏出版社 1996 年版，第 212 页。

其特殊的价值，特别在复习课中运用游戏的方法，既能够提高学生参与学习的主动性、维持学习的注意力，培养与人合作的意识；又能够在轻松的气氛中检验学生对所学知识、技能的掌握程度，还能够通过游戏活动获得操练，最终掌握知识。游戏教学法符合语文教学中因材施教、巩固性、直观性、启发性等原则。

例如，在汉语拼音或识字教学的复习课中，教师经常带领学生一同玩“摘果子”的游戏。即教师将生字或拼音卡片写在果子形状的纸上，再将这些纸挂在“大树”上，通过让学生摘老师要找的“果子”（老师报拼音或汉字，学生按照教师报出来的拼音或汉字去“大树”上摘下相应的果子），来检验学生对知识掌握的牢固程度；再如，在生字教完后，老师会请小朋友以小组为单位比赛写生字，要求学生排成队，每人写一笔。而评价指标则是哪个小组写得既快又好（“好”的概念包括笔顺、笔画正确，每一笔均搭配得当），哪个小组便胜出。这些游戏不但能够充分调动学生参与活动的兴趣，而且对培养学生的集体意识、合作共事都大有益处。尽管游戏教学法很受培智学校学生的欢迎，但是在语文教学中使用游戏教学法有以下几点值得注意：

（1）游戏教学法适用于巩固练习环节，在新授环节不建议使用游戏教学的方法（复习导入的游戏不在此列）。

（2）游戏前教师应讲清楚游戏的规则，使学生清晰地知道游戏的方式、过程、注意点等。如果是新游戏，教师除了要做好必要的解释和示范外，还要通过提问、试做游戏等方法检查学生是否学会“游戏”了。只有当学生了解游戏的规则和游戏的方法后再开始游戏，以保证学生能够接收到有针对性的训练。

（3）对游戏中所用的术语，如果是第一次使用必须作出充分的说明，解释术语的具体行为方式；如果是经多次使用学生已明其义的术语，可以不再作专门说明。

（4）采用游戏形式组织教学，是为了促进学生对语文知识或技能的理解、吸收。所以教师始终要清楚，课堂中的游戏只是学生学习语文知识的手段而非教学的目标，教师切忌只为了游戏而设计教学活动。

上述所谈十种教学方法并没有涵盖培智学校语文教学的全部教学方法。在现实教学中教师们会根据教材、学情和教学资源等创造其他的教学方法。另外，在培智学校语文教学中并不是某一种教学方法的孤立运用，而是一组教学方法的综合运用。总之，“教无定法”，无论使用哪种教学方法只要符合教学规律、符合学情、能够为完成教学目标服务，都应该认为是好的教学方法。

➤本章小结

语文课程是培智学校学生必须修习的基础性课程。但是由于培智学校学生的语文学习基础、学习方式和语文教育需求有所不同，所以如何科学、有效地开展语文教学是课程实施和推广的关键。为此，本章在总结培智学校语文教师已有教学经验的基础上，提出了在培智学校语文教学中应该遵守的语文教学与思想教育相结合、语文教学的科学性、知识学习与能力培养结合、因材施教、直观性、小步子、补偿性等十个教学原则。同时，本章在十个教学原则指导下，结合培智学校教学实例又进一步介绍了模仿、演示、谈话、参观、巩固练习、情景教学、任务分析、游戏等目前培智学校语文课程中经常使用的十种教学方法。

尽管本章对培智学校语文教学中的基本教学原则和常用教学方法作了介绍，但这些原则和方法并不能涵盖目前培智学校所有语文教学活动。培智学校的语文教师在实际教学活动中创新运用了很多非常好的教学方法，值得新教师学习。

➢讨论与探究

1. 结合智力障碍学生的身心特征谈谈直观性教学原则在培智学校语文教学的意义。

2. 以培智学校某一节语文课为例，谈谈演示教学法在语文教学中运用的情况（优势与问题）。

3. 以培智学校语文教学的分层教学为例，谈谈因材施教原则的理论价值。

4. 案例分析：结合本章内容，分析以下案例。

李云是特殊教育专业一名大四的学生，通过近一个学期在培智学校的实习，她将自己的职业目标定位为：培智学校的语文老师。为了适应职业需求，在实习结束后，她又找了一所培智学校继续教育实习。为了胜任新的语文教学工作，李云在开学前就所教班级的情况向前任语文教师进行咨询，并与前任教师一起对班级学生的语文学习习惯、学习基础和下一阶段的学习目标进行了分析。

她即将任教的是四年级，共计9名学生。根据前任教师反映，这个班的学生多为中度或重度智力障碍学生，有1名自闭症学生。学生们的认知水平普遍较低（包括注意力、观察力、记忆力均比较差），生活经验相对匮乏。就学生现有的语文基础看：在听说能力上，学生的听理解的水平普遍高于表达水平，其中有5名学生存在比较严重的表达障碍（3人为程度不同的构音障碍，2人为以词代句表达）。学生们喜欢听老师讲故事，喜欢看动画片。学生们的识字量约在200—300个之间，均为课文中常见的字词；但会写的字仅有100多个，包括学生自己和家长的姓名、学校的校名，以及常用且简单的汉字。学生们的阅读理解水平较低，喜欢借助图片、插图阅读；能够理解与生活经验相关的课文，因为构音障碍或理解障碍，朗读课文的能力整体偏低。在阅读理解中，教师只能提些简单的问题，而学生大多是用课文中的词语或句子回答，很少有创造性的语言。写作是学生学习的难点，由于会写的字词很少，所以训练依然停留在抄写词句的水平上。

目前学校使用的是人民教育出版社出版的《全日制培智学校语文教科书》。经过几年的积累，学校已经建立起了丰富的多媒体教学资源。

此外，学校要求老师充分发挥主动性，根据学生的基础和教育需要对教材进行调整，并鼓励教师创新教学形式。

在这种情况下，李云决定就学生的现有语文学习基础和学习特点，参考学校的教学资源计划教学。请结合本章内容，思考：如果你是李云，你在语文教学中将采用怎样的教学方法？

➢拓展阅读资料

1. 曹明海主编:《追问与发现——语文学习心理论》,青岛海洋大学出版社 1998 年版。

2. 岑运强主编:《语言学基础理论》,北京师范大学出版社 1994 年版。

3.《全日制智力障碍学校(班)语文教学大纲》(征求意见稿),教初字(1987)015 号。

4. 胡克英著:《教学论研究》,教育科学出版社 1981 年版。

5. 李福灼、钟宏桃著:《小学语文课堂教学论》,江西教育出版社 1997 年版。

6. 柳思俭、钱富祥主编:《实用小学课堂教学模式》,山东教育出版社 1999 年版。

7. 毛连塭著:《特殊儿童教学法》,台湾心理出版社 1999 年版。

8. 朴永馨主编:《特殊教育学》,福建教育出版社 1995 年版。

9. 人民教育出版社小学语文室编著:《小学语文教学法》,人民教育出版社 1995 年版。

10. 邵宗杰、裴文敏主编:《教育学》(修订版),华东师范大学出版社 1996 年版。

11. 吴发珩主编:《当代语文教法学法辞典》(修订版),广西教育出版社 1998 年版。

12. 余应源主编:《语文教育学》,江西教育出版社 1998 年版。

13. 赵树铎主编:《特殊教育课程与教学法》,华夏出版社 1994 年版。

14. 张鸿苓主编:《语文教育学》,北京师范大学出版社 1993 年版。

15. 网址:http://www.spe-edu.net/Html/peizhijiaoxue/201204/29817.html

http://www.wsbedu.com/jia/keyu.asp

http://eprints.ioe.ac.uk/1453/

http://wenku.baidu.com/link?url=YtCXs_Ti5jYyMrCB1Rftmh1ajXkl4zZt_HZ-FUkojDDQBR8K5V6elpbl0_WtOYFeNSk5yhazRjYsIImQ6nYmzr87rnq5Zraa9E8KnFVqE5C

第五章

培智学校的口语交际教学

口语交际是人类生活中最主要的一种交际方式，“一个人不能听懂别人的话，也不能用言语和别人交流思想，生存就会遇到很大困难，发展也会受到极大的限制”。[①] 可见口语交际能力的优劣也是衡量一个人是否能够适应社会的一项重要指标。培智学校学生的口语交际能力普遍存在障碍，学校科学、系统的教育训练，能够提高学生倾听和表达的能力，促进学生文明交际、有效交际能力的发展。由于口语交际的教学内容、教学形式与阅读、写作大不相同，所以了解培智学校学生的口语交际障碍、掌握针对智力障碍学生口语交际教学的内容、要求与方法，对提高培智学校口语交际的有效性非常重要。根据培智学校口语交际教学的目标、内容和要求，本章将为你重点介绍培智学校学生口语交际的特点、教学的难点，并在此基础上讲授听说教学的难点、原则和教学方法等。

① 张鸿苓:《中国当代听说理论与听说教学》，四川教育出版社 2000 年版，第 3 页。

通过本章学习,你将了解到:

1. 听话与说话的过程与构成要素。
2. 智力障碍学生听话与说话特点。
3. 培智学校口语交际的原则。
4. 培智学校口语交际教学建议。
5. 培智学校口语交际常用教学方法。

第一节 口语交际教学的意义

培智学校学生的口语交际能力普遍较低,并且因为交际障碍加重了他们适应社会的困难。训练智力障碍学生口语交际能力,不仅是他们沟通的需要和发展思维的需要,更是他们协调人际关系的需要、是学业发展的需要。因此,培智学校始终将发展学生的口语交际能力作为语文课程一项重要的教育目标。

一、提高听话、说话的水平

智力障碍学生的口语交际障碍已经成为制约其认知、学业、情感发展的关键因素。因此科学、有效的口语交际教学对提高培智学校学生的语言运用能力,发展学生的认知、学业和情感水平具有积极的作用。例如,在口语交际教学中,语音教学能够发展学生听辨语音和协同构音的能力;通过对生活中常用词语的积累,能够丰富学生的内部词库,提高用词准确性;结合生活交际的句式训练,能规范学生的句法、发展学生句式运用的能力。再如,通过观看影视、聆听故事,能使学生理解交际环境、掌握交际策略。

二、促进智力的发展

运用语言符号是人类特有的智力活动。培养学生的听说能力其实质就是发展学生的智力。通过口语交际教学,可以发展学生听说的注意力、听觉辨识、听觉注意、听理解和听觉联想等逐项能力。例如,智力障碍学生在沟通过程中很难将注意长时间的保持在交际活动中。通过口语交际课程的交际专注力训练,能够提高学生对交际过程中有用信息的选择、加工和正确反应的能力。再如,智力障碍学生的理解能力和联想能力非常差,通过听理解策略的训练和听觉联想的训练,不但能够发展学生的听觉理解力,还能引导学生在交际过程中如果利用生活经验将听觉信息转化为有形的视觉形象,并逐渐养成边听边思考的习惯。

三、为阅读和写作提供基础

尽管语音和文字同为语言符号,但是语音是第一性的语言,而文字是记录语音的符号，所以文字是第二性的语言。要使培智学校的学生能够阅读通知、账单、广告、说明书以及报纸杂志，就要首先发展学生听理解的能力；要使学生能够书写信件、请假条、留言条等应用文，就必须先使学生说清楚一件事或其需求。鉴于“听”与“说”是“读”和“写”的基础和源泉，学校在开展阅读、写作教学之前，应该先发展学生的口语能力。智力障碍学生大多存在着口语交际障碍，听说能力低下必然造成阅读写作困难。口语交际教学的目标就是要训练学生的听理解能力和口语表达能力。通过口语理解和表达的教学训练，发展学生对信息的选择、记忆和整合能力，为发展阅读、写作能力提供必要的基础。

四、促进社会性发展

人是社会性动物，每个人都属于一个特定的社团，是“社会人”。人不但需要满足其生存所需的物质需求，更重要的是要满足其进入社会、与人分享的需求。沟通是协调人际关系的关键，而语言是沟通的工具。因此，掌握语言就等于掌握了协调人际关系的钥匙，才能够满足其社会性发展的需求。由于智力障碍学生口语发展水平低，所以协调人际关系困难、社会性发展障碍。通过口语交际的教学与训练，不但能够矫正学生的言语障碍，还能够促进其听说能力的发展，为其进入社会、与人沟通提供基础。

总之，口语交际教学在培智学校的语文教学中具有特殊的价值。通过听话与说话的教学，不但能够促进智力障碍学生整体语言能力的发展，提升学生交际的效率和质量；还能够训练和提高学生的思维品质、发展学生的智力。更为重要的是，学生只有掌握了口语交际工具，才能够帮助学生运用语言协调好人际关系，增强社会交往，更好地融入社会生活。因此，培智学校必须重视口语交际的教学。

第二节　听话与说话的过程与构成要素

培智学校学生的听话与说话能力与普通学生相去甚远，他们的语言障碍不仅表现在构音上，还表现在词语贫乏、句式简单和语用失调等各个方面。

一、听话与说话的过程

由于语言具有物理、生理和社会三重属性，所以理解话语与组织语言表达必然涉及生理、心理的过程。

(一) 听话与说话的生理过程

从生理过程看，听话与说话都涉及生理的协调运动。说话时的生理运动过程首先涉及肺、气管、支气管等呼吸器官。呼吸器官产生人说话时所需的空气压和气流。说话时，肺部通过运动挤压出气流，通过支气管汇入气管→气流运动，通过喉头时撞击声带形成语音声→语音声再经过口腔(喉、唇、舌、腭)或鼻腔通过声音造型、放大，形成语音。而听话时的生理运动过程则相反。听话时，先是由人的外耳接受音波→然后有选择地过滤音波→再经过对所选音波的层层传递，最后到达内耳，感受语音。

(二) 听话与说话的心理过程

从心理过程看,说话首先是说者整理思想,将所想表达的语义转换成说者和听者共同使用的语码。当语码确定后→由大脑发出指令→发音器官协同运动发音。因此,就说话的本质来看,说话是人们根据所想要表达的内容、按照语言的构成规则利用发音器官发布出去的过程。当声音发出后,声音以空气振动的方式(声波)传至听者的耳朵,并经听觉神经传进听者大脑→听话者则将所听到的语音与其大脑中的语码进行匹配、解码(包括:语音系统、词汇系统和语法系统)→如果在此过程中一切顺利,解码者应该解出与说话者相同的语言;如果解码不成功,则无法理解语音所传递的意义。因此,就听话的本质来看,听理解"是人们利用听觉器官对言语信号接收、解码的过程"。①

由于"说话"与"听话"是将无法触摸到的思想转化为有形的语音符号传递给他人的,所以接受者是按照所听到的语音码理解说话者的思想。

二、听话与说话的能力构成

语言是符号,有其独立的符号系统。使用语言涉及生理、心理、社会、文化等不同的层面,要进行科学的口语交际教学,就有必要了解听话与说话的能力构成,以便教师能够有目的、科学地开展教学训练。

(一) 听话能力的构成要素

在听话过程中,听力正常是基本条件。但是,除听力正常外,智力水平也是影响听理解的一个重要条件。因此,辨识语音符号、理解语音符号、听觉记忆和品评言语等能力是听理解活动中最重要、最基本的能力构成要素。

1. 辨识语音的能力

语音符号是通过对立的区别来承载不同的语义,因此听理解首先是能够准确辨识所听到的各个语音码。如果听力存在问题,对语音符号无法辨识,那么当然无法获得语义;如果听力正常,但没有能力辨别不同的语音符号,那么同样不能准确获得语言意义。因为不同音节表达不同语义,不同语气、语调传递不同的情绪和思想倾向,在特定交际环境中不同嗓音也可能传递不同的感情和思想,所以听辨教学应该包括对不同音素、不同音节、不同语气语调和不同嗓音的听辨训练。

2. 理解语音的能力

语音符号是按照一定的规则排列组合而成为一个词语或句子的。因此,在听理解过程中不仅仅要能够辨识每一个语音符号,还要熟悉语音符号的组合条件和组合规则,才能正确地解码。比如"粉笔"一词,两个音皆为上声(第三调),但实际听到的却是"fén bǐ"。因为按照普通话音系的上声音变规律,当两个上声连读时,前一个上声通常变成阳平调。根据这样的条件和规则,听话人就能把"fén bǐ"理解为"粉笔"。理解语音符号包括,理解话语中所有由语音构成的词(单音节或双音节、多音节)与句子(语音串)的意思。

① 杨惠元著:《汉语听力说话教学法》,北京语言文化大学出版社 1996 年版,第 25 页。

3. 听说的思维能力

听说的思维能力主要指在听说过程中思维的敏捷性、逻辑性和批判性。信息交换需要较高的心智条件,因为听说过程是一个边说边思考的过程,听话者既要快速、准确地理解他人每句话的意思,又要迅速联系上下句义,把握说话者整体表达的意义;而对说话者而言,说话者既要整理出由所听引发的思想,又要迅速选择恰当的词语和句子作出反应。在这个过程中,交际者敏捷而富有逻辑的思维,以及具有批判性的反应特征等智力要素都将影响交际的效果。

4. 理解语义的能力

准确理解语义的能力是听话中最重要的能力。听话者在理解所听到的语音之后,并不等于就理解了所听的内容。因为在我们所听到的所有语音中,有些语音所传递的信息是真实、可靠的,而有些信息则是多余,甚至是虚假的。要准确地理解话语的意思,还需听话者对所听到的语音按照语言规则作语义上的加工处理,即听话者要结合沟通环境和上下文,对所听的语音信息进行加工,以理解说者的意思。另外,因为在沟通中,有些言语是真实的,而有些言语信息是虚假的或多余的,所以听话者还需要对言语的真实性和信息的价值进行判断、筛选,淘汰无价值的语音信息,以保证语义理解的准确性。

5. 听记忆的能力

听的记忆能力在整个听话过程中也是非常重要的。因为语音一发即失,听话者只有在听辨、理解语音符号之后,迅速将所听瞬时的语音信息储存至短时记忆之中,才能将这些信息保存下来,并对所听的话语作出反应,而且将有用信息保存至长时记忆中。因此,听的记忆是使话语得以延续的基础,如果交际双方都记不住对方的话,那么交际将无法进行。

6. 听的想象和联想能力

这主要是指听话者能迅速将所听到的语音符号转化为具体生动形象或场景的能力。语音符号本身没有形象和现场感,但是听话人能够通过联想和想象的方式获得现场感、得到栩栩如生的形象。这是因为听话人一方面熟悉生活场景、生活事件、生活中的人物,在“听话”过程中能够运用想象和联想的方式去理解语音符号,即将听觉的信息转化为视觉的感受,故与说话者形成共鸣。听“相声”、听“说书”就是听者运用联想和想象去感受语音背后的内容的。在交际过程中,参与交际者只有具备了将语音通过想象、联想等思维活动还原为情景、场景的能力,才能正真理解所听到的内容。

7. 话语品评的能力

能够听辨、理解话语并能够记住所听内容是听话的基本能力。在日常生活中,我们所接触的言语信息非常丰富,但并非我们所听到的所有话语都是有用或有益的。因此,对听者来说还必须有品评所听话语的能力。所谓的品评话语是指,在我们理解所听话语的基础之上对话语的语义内容进行听赏品味、听鉴评析。即通过听的活动,使听话者对所听话语产生感情上的反应后,根据一定的标准作出理智上的评判的能力。[①] 说话者的表达是否清晰,所说话语是否符合事实,这些话语能否给予了“我”启示等等。品评

① 余应源主编:《语文教育学》,江西教育出版社 1998 年版,第 165 页。

话语的能力是听理解中最高能力，它往往与听者的生活背景、文化修养、智力水平、性格特点，以及话语场景等因素相关。

（二）说话能力的构成要素

就说话的本质看，说话“是人在受到外界刺激后，通过大脑的思维形成内部言语，再利用发音器官变成有声语言向外界传播，即编码和传递的过程”。[①] 因而说话能力主要由快速组织内部语言、准确发码等能力构成。

1. 组织内部语言的能力

当一个人有了表达需要时，他必须首先整理思想，并将所想要表达的语义转换成说者和听者共同使用的语码。这是说话者将所要表达的思想通过内部语言组成可供表达的外部言语形式（语音）的过程。这个过程大致为：表达需要——大脑的运动性语言中枢在说者大脑中已贮备的语言系统中选取恰当的词——按照规则排列组合成句子。这个过程就是我们常说的“编码”。组织内部言语包括根据交际场景、交际对象、交际事件、交际中的上下文和个人的思想表达需要等选择恰当的词语、最佳的句式的能力。由于交际中说话是边听、边想、边说的，所以要求说者对语言刺激的反应要快，组织内部语言的速度也要快，否则就难以维持交际活动。

2. 准确发码的能力

准确发码，就是说话者利用发音器官将已组织好的内部语言迅速、准确地转换成有声的语音传播出去。当内部语言组织好之后，大脑和相关发音器官便积极行动起来，通过协同运动发音，并同时对所发语音进行监控与修订。由于发码主要是靠发音器官的运动和听觉器官的控制来实现，因此要准确发码，说话者的智力水平、言语中枢神经的传导功能、发音器官协同运动的能力，以及听觉器官的监控能力都会起重要作用。

一般而言，一个人只要有灵活的发音器官、正常的听力水平、发达的大脑和正确的认知方式、健康的身体和情绪水平，以及充分的语言环境，就能够自然习得其所在语言社团的语言。如果其中一个条件出了问题，就很可能造成语言发展的障碍。

当然，表达是一项非常复杂的过程，当交际双方接收到外界的信息刺激时就会产生表达的愿望。但是，表达什么、怎样表达除了与组织内部语言、准确发码等能力相关外，还与表达者的智力水平、文化素养、见识、职业和个性特征等因素有关。

第三节　智力障碍学生口语交际特点与教学建议

对照听话与说话的能力构成，考查并分析智力障碍学生听话语说话的特点与障碍特征，能够为科学地开展口语交际教学提供基础。

一、智力障碍学生口语交际的特点

了解智力障碍学生在口语交际的特点与影响其口语交际发展的相关因素，有助于我们提供科学的口语交际训练。

① 杨惠元著：《汉语听力说话教学法》，北京语言文化大学出版社 1996 版，第 195 页。

（一）智力障碍学生听话的特点

智力障碍学生的交际障碍在很大程度上是由于他们的听话能力差造成的。研究发现，智力障碍学生在聆听过程中具有以下特点。

1. 听话时注意力不集中

听话的注意力主要指听说过程中对双方话语有意注意的能力。因为听说交际一方面具有"时间同一性"的特点，即交际双方是在同一时间内通过"听"和"说"交互活动的；另一方面口语交际中语音又具有"瞬时性"的特征，即语音不可能长时间停留在空气中，鉴于口语交际的这两个特征，交际活动中交际双方必须保持高度的注意，以确保双方对有效信息的选择、保持和正确的反应，保持对交际过程的有效调节。如果在听说过程中听话者稍不留心就有可能因听不到、听不清某些重要信息而导致"听不懂"或"理解错误"。因此，"注意"不但是掌握知识的条件，也是维持沟通的重要条件。智力障碍学生在听话过程中很难长久地保持注意，所以在"听"的过程中经常出现跳跃式聆听，即"听了前半句、没听后半句"或"没有听到前面的内容，只听到了后面几句话"的情况。由于智力障碍学生的听觉注意缺陷比较突出，故部分信息被遗漏，所以也就无法完整地理解说话者的意思，难免出现"断章取义"或"鸡头鸭脚"的情况，造成沟通困难。因此，在口语交际教学中要为学生提供专门的听觉专注力训练，培养学生在交际活动中保持听觉注意，提高学生交际过程中对有用信息的选择、加工和正确反应的能力。

2. 准确感知语音困难

由于智力障碍学生中有一部分学生同时伴有听力障碍，所以影响了他们对语音的正确感知，获取信息有一定的困难，故出现沟通障碍。但有更多的智力障碍学生并没有听力障碍，但是因为他们的智力水平低、感知觉发展不完善，感知语音的速度慢、对相近语音不容易分辨，所以在沟通过程中经常出现错听或因为他们没有听到全部信息，因而造成理解上的困难或谬误。例如，送气音与不送气音在听感上比较接近，所以有些智力障碍学生分不清这两组音，故将"兔子"听成了"肚子"，将"拍球"听成了"掰球"。因为没有听辨清楚这两组音，故在发音时也常常混淆两组音，例如学生将"跑步"发成"bǎo pù"。

3. 听觉记忆力较差

在沟通过程中，听得清、记得住是准确理解信息、维持沟通的基本条件。听觉记忆主要指在听说过程中听者对说者所说的"话语"快速记忆的能力。由于听、说具有"声尽语失"的特点，所以要求听话人一边听、一边整理所听到的内容，并将重要的信息储存起来。听记忆的过程非常复杂，包括：感受语音信息→初次筛选有用信息→将筛选出来的信息放入短时储存器，形成短时记忆→此时听话者一边要处理所听到的新信息，同时还要对已经进入短时储存器中的信息进行二次筛选→并将二次筛选出来的重要信息放入长期储存器，才能形成长时记忆。因为智力障碍学生在"听"的过程中不擅于将所听到的话语信息进行快速、有序的编码和贮存，再加上他们感知语音、分辨语音的速度慢，听觉记忆的容量又比较小，所以要其记住所听到的全部内容非常困难。教学实践中，我们经常看到智力障碍学生往往只能记住沟通获得刚开始的一些内容，或只能记住最后听到的一些话语信息，而对沟通过程中的一些信息很容易遗漏、遗忘。因此，口语交际教学就是要通过专门设计的听记忆训练，来培养学生听觉记忆的能力。

4. 品评话语能力差

品评话语的能力是交际中最高的能力体现，这一能力的发展既需要良好的智力，又需要较丰富的交际经验，只有这样听话者才能对所听到的话语进行品质高低的判断。因为智力障碍学生智力水平低、社会阅历贫乏、交际经验不足，尤其缺乏文化和语文的素养，所以他们无法对所听到的话语作出“优”或“劣”的评价。

5. 准确理解语义困难

理解言语意义包括对语音符号的理解，也包括对其语义的理解。一般人能够做到边听、边想，即在听的同时迅速而准确地对所听到的语音进行解码，并作出恰当的反应。

(1) 词语理解障碍导致语义理解困难。在表达生活事件时，有些词语与学生的生活紧密相关或学生已经取得了相关经验，对于这类词智力障碍学生通常是能够理解的。但是，在表达中还有很多词语他们不能理解。例如表示抽象概念的名词或科学术语，形容事物性质或发展变化的形容词、动词，表示模糊概念的概数词，用以修饰、限定名词、动词、形容词的副词、介词，仅仅起连接作用的连词等。研究发现，学生通常因为不能准确理解构成句子的某些词语而导致整个句子理解的错误。除此之外，生活中还有大量的惯用语(例如，瞎折腾、吹牛皮、敲竹杠、钻空子、走后门、胡说八道、豆腐渣工程……)、简称(六院、居委会、附小……)、外来语(卡拉OK、拷贝……)、成语(三心二意、千方百计、争先恐后……)、警示语(小心烫伤、不要乱跑、不要闯红灯、危险……)和修辞用法(借代:那个红衣服是谁？夸张:那个楼高得快顶到天了!)等。由于智力障碍学生在听的过程中不能把握这些词语的确切内涵，所以也影响了他们对话语的正确理解。

(2) 汉语的表达句式本已非常丰富，再加上汉民族特有的交际文化，使表达的方式更加多样。而多样化的表达方式对智力障碍学生理解话语产生了一定的影响。智力障碍学生在理解紧缩复句“她一进来就大吵大闹”时，有时弄不清楚“大吵大闹”的主体是谁；因为逻辑思维能力差，学生在理解选择、递进、条件、假设、转折等关系的复句时更为困难；再有，智力障碍学生对民族文化理解不足，理解和利用语言环境沟通的能力较低，所以对委婉的表达方式不易理解。例如，教师对××同学说:“××同学你能够像小明那样说话吗?”(教师意为:你说话的声音太大了，应该说话声音“轻”一些)，学生听了这句话有时会不知所措，因为他们不能准确理解老师说这句话的确切意思是什么。

理解语音意义的困难，与智力障碍学生社会认知度低、生活经验匮乏、语言发展缓慢、听觉记忆不良等多种因素有关。

(3) 非言语交际理解障碍。因为智力障碍学生的社会认知度低、观察力差，所以对生活中他人运用表情、手势、肢体语言、特定的语言环境等认知度也比较低。有些智力障碍学生在交际中因为看不懂他人的表情语、不理解他人的手势和肢体语言的确切含义而影响了交际活动。

(二) 智力障碍学生说话的特点

智力障碍学生的说话能力普遍较低，这与他们的智力水平低有很大的关系，但也有些学生的说话障碍与其发音器官协同运动功能障碍有关。总体上看，智力障碍学生的说话能力比正常学生要差，而且智力损伤愈严重、说话障碍也就愈加明显。智力障碍学生的说话障碍主要表现在构音障碍、词语运用贫乏、句法运用简单和编码困难等几个方面。

1. 构音障碍

中度或重度智力障碍学生普遍存在构音障碍。由于构音障碍，智力障碍学生在交际过程中总是处在被误解、被要求重复的地位上，这大大影响了他们与人交际的兴趣。研究发现：智力障碍学生的声母错误主要集中在如下几个方面。

（1）学生容易将送气音发成不送气音。例如，有学生将“拍球”发成 bāi jiú，将“吹气”发成 zhuī jì。

（2）喜欢用会发的音素替代多个不会发的音素。例如，有学生用 ji 替代 zi；即将“袜子”发成 wà ji；或用音素 z 替代多个因素，例如将“吃饭”发成 zī fàn 或 zī pàn；将“自己”发成 dì jǐ。

（3）以舌尖中音 d 替代多个音的发音，例如有不少学生将“哥哥”发成 dē de；将“咳嗽”发成 dé sòu 或 dé dòu；将“球”发成 diú。

（4）平舌音与翘舌音使用混乱，但大多是用平舌音替代翘舌音。

（5）n、l、r 三个音经常混淆。

（6）舌根音 g、k、h 的发音最不容易掌握。

尽管智力障碍学生构音障碍问题突出，但是研究显示，智力障碍学生语音发展的顺序、各阶段特点均与普通学生基本相同。以汉语为母语学生元音发展的顺序为：低元音→高元音、不圆唇元音→圆唇元音→央元音；以汉语为母语学生辅音的发展顺序为：双唇辅音→舌面音→舌根音→舌尖前音→鼻音→舌尖后音。所以，在针对智力障碍学生的语音教学训练时，教师可以参照正常学生语音发展的顺序来安排智力障碍学生语音训练的顺序。

2. 词汇贫乏

（1）理解词语的能力：从词汇获得看，智力障碍学生词类获得的顺序与正常学生一样，总体遵循着从实词→虚词，从具体名词/动词→抽象名词/动词→形容词→其他词类的发展轨迹。在词义的获得顺序上，首先掌握的是表示亲属关系、五官、手足、动物以及常见生活用品的名词，表示走、来、抱、吃、玩等动作行为的动词，表示“大小”、“好坏”、“多少”等容易观察、分辨的形容词；其次，他们才逐渐掌握表示身体器官、抽象概念的名词，表示心理活动、判断等抽象意义的动词，以及表示“干净”、“可爱”、“对错”等抽象义的形容词，表示称代、指示、疑问等意义的代词，表示频率和否定意义的副词，表示时间、处所、方向的介词，表示时态、结构、语气的助词，以及表示联合意义的连词等；再次，才发展出表示抽象事物、方位、时间、处所的抽象名词，表示趋向的动词，表示状态的形容词，表示数量概念的数词和物量词，表示程度、范围、时间、语气等副词，以及表示对象的介词等；最次，发展出的是表示科学概念的名词，表示发展变化、存现/消失的动词，表示序列的序数词、表示约束的概数词，表示动作频率的动量词等等。

另外，从认知层面上看，学生感兴趣的词、与其生活紧密相关的词、复现率高的词一般先掌握，而在其生活经验中不曾出现或很少使用的词、复现率低的词一般不容易掌握。[①] 这

① 刘春玲等：《智力障碍学生对词汇理解的研究》，载《心理科学》2000 年第 6 期。

个发展的顺序也与正常学生基本一致。

（2）运用词语的能力：虽然智力障碍学生的词语获得顺序与正常学生大致相同，但其运用词语的能力却较一般学生落后。词语运用的障碍主要表现在以下几方面。①“群”的概念较抽象，因此不容易理解“群”概念。轻度和部分思维能力较好的中度智力障碍学生能够理解诸如“你们”、“大家”、“同学们”等“群”的概念，可是在使用这些概念时偶然会出现错用。但是，中度或重度智力障碍学生理解“群”的范畴很困难。在会话中他们除了会使用“我们”以外，很少使用诸如“他们”、“同学们”等表现“群”概念的词语。②人称指示和时间指示词因高度抽象和概括，对正常学生而言学习使用这些词语也比较困难，而对智力障碍学生而言掌握并正确使用这些词语就更加困难。③中度智力障碍学生对汉语中的量词掌握起来非常困难。例如，他们有将“六个铅笔盒”说成“六本铅笔盒”，将“吃一块肉”说成“吃一个肉”，将“买一张纸”说成是“买一个纸”的情况。④在整个词的获得过程中，智力障碍学生对形容词、副词、拟声词等理解起来都有一定的困难，而使用这些词语表达就更加困难。因为他们不能准确使用形容词、副词和拟声词等，所以他们的表达往往不准确、不生动，缺乏色彩。⑤学生因不理解连词、介词等虚词的含义和使用方法，因此说出的句子往往逻辑关系不明，让人费解。[①]

3. 句法简单

尽管智力障碍学生对句子的运用能力差，但是研究表明，以汉语为母语的智力障碍学生句法获得的顺序与正常学生大致相同，即从简单单句→复杂单句→复句。单句发展的一般顺序为：主谓句/非主谓句→特殊句/紧缩复句；而复句的发展的一般顺序为：并列复句/因果复句→条件复句/假设复句→递进复句/转折复句→承接复句→选择复句。轻度和部分中度智力障碍学生能够使用汉语的单句和复句，甚至能够使用像兼语句、连动句、把字句、被动句、省略句、紧缩复句这样一些语义和结构都比较复杂的句型，只是有些句型的使用稳定性比较差。但重度智力障碍学生基本不能运用像复句、特殊句等结构复杂、语义逻辑性强的句子。句法发展的顺序在一定程度上反映了智力障碍学生的交际地位和交际心理。如果从句长角度分析，其结果与学生掌握句型的结果非常一致。对接受二至三年语言教育的中度智力障碍学生句子使用频率分析，其使用最高的为 2—10 个音节的句子，自发语句中的平均句子长度为 6.1 个音节。使用最多的是由 3—8 个词构成的句子，而句子的平均用词量为 4.3 个。如果从此结果看，他们的句子运用能力已相当于 4—5 岁的正常学生。[②]

4. 主动性言语少

由于在交际活动过程中大部分智力障碍学生经常处于“被动回应”的位置上，因此智力障碍学生主动性言语相对较少。智力障碍学生主动性言语少，固然与其认知贫乏、思维水平低、观察能力差、缺乏好奇心、语言发展落后等因素有关，但也与普通人在与之交际时经常使用“提问”交际方式有关。由于在交际中学生常常处在“被动回应”的状态下，所以他们在交际过程中基本不会开启话题、不能主导话题，只能在他人的反复“追

① 马红英等：《中度智力障碍学生语言能力的初步分析》，载《中国特殊教育》2001 年第 1 期。
② 马红英等：《中度智力障碍学生句法状况的考查》，载《中国特殊教育》2001 年第 2 期。

问”下回应“问题”。口语交际教学训练要关注学生主动性言语的发展。

5. 听说思维能力较差

信息交换需要较高的心智条件，因为听说过程是一个边听、边说、边思考的过程。在交际过程中，听话者既要快速、准确地理解他人每句话的意思，又要迅速联系上下句义，把握说话者整体表达的意义；而说话者既要整理出由听引发的思考和观点，又要迅速选择恰当的词句对交际主题作出新的反应。在这个过程中，交际者敏捷而富有逻辑的思维，以及具有批判性的反应特征是维持交际的基本能力。智力障碍学生因认知限制、听觉记忆不足、思维刻板，以及思维的逻辑性、批判性较差，使其无法在听的过程中及时抽取有效信息、并对他人的观点作出合乎逻辑的评判。在与之交际中，说出的话要么是“文不对题”、让人难以理解，要么是重复他人话语、毫无新意。因为这样的交际没有新的信息进入、没有促进交际双方思维的进程，结果影响了交际对方持续交际的兴趣，造成交际失败。口语交际教学不仅要关注学生的选词用句能力的发展，还要注重培养学生边听、边想、边说的思维习惯。

6. 语用水平低

语用是指人在一定环境中对语言的运用。在日常交际中，绝大部分智力障碍学生的交际障碍并不是源于语音、词语或句法的障碍，而是语用障碍。这是因为智力障碍学生对本民族的交际文化、交际规则不够了解的缘故。智力障碍学生的语用错误主要表现在以下几方面。

(1) 语境与话题不完全匹配

所有的交际行为都是发生在具体的语言环境(交际的场合、对象、上下句等)中，如果言语使用者忽略语境，那么就很可能造成语用失当，引起交际障碍。根据语用的原则，语境所能提供的信息一般优先于话语本身的信息。所以在交际中，人们会通过语境获得话语之外的信息，并据此调整交际方式、话题和态度。但是，智力障碍学生在交际中往往不能把握、利用语境信息，所以使交际对方感到“与他说话太费劲，他什么也听不懂”。另外一种情况是，智力障碍学生干脆忽略语境进行交际，这更使交际对方感到难以接受，甚至无法理解。例如，在厕所里谈饭菜的味道；不顾场合、身份去随意评价他人；在课堂上说一些与课堂内容毫无关系的话题等。

(2) 不会把握信息传送的量

在交际中，交际双方都在探索对方对本次谈话的知识储备如何，并预设“我”的话将获得怎样的“回应”。在这个过程中，说话者除了要考虑“我说什么”和“我用什么方式说话”外，还要对信息传送的“量”进行控制，既不要给听话者以“这个人好啰嗦”也不能让听话者感觉“他的话毫无信息量”。因此，为了维持交际活动正常进行下去，交际双方都要给予对方适量的信息，以维持交际活动。但是，因智力障碍学生不会判断交际对方交际知识的储备情况，也不能给予交际对方适量的信息，因而很难维持交际活动。例如，与智力障碍学生“聊天”，有时学生会说一些交际对方完全不了解的事情，而且不作任何解释，导致交际对方莫名其妙，影响交际；但有时在交际中学生所给的信息量又非常少，导致交际对方无法理解学生话语的确切含义，同样影响了交际的正常进行。

（3）说话缺乏对象意识

交际是双方或多方共同创造的活动，因此说者在说的过程中必须考虑听话者的实际需要和心理因素。一般人在交际中总是要考虑交际的对象，即根据交际对象确定交际态度，选择交际话题和交际用语。例如，对与之有交际愿望的人，交际者往往态度积极、用语讲究、礼貌，尽量创造好的交际氛围，以保证交际活动愉快地进行下去；而对不希望再继续交际的人，交际者的态度相对冷淡，话语相对简单。再如，对熟悉的人，说者的态度和用语常常亲昵、简单；而对不熟悉的人，说话人的态度和话语往往谨慎、多观察，并依据交际效果调整交际的方向。但是，智力障碍学生在交际中经常忽略交际对方的身份和需要。例如，他们对长辈会用“哎”来称呼，对不熟悉的长者问话，会说“我不告诉你”，给人没礼貌、没教养的感觉，严重影响了交际对象的交际愿望。

（4）不理解“言外之意”

用“言外之意”委婉表达是汉民族的一种常用表达方式。说话者不是直接表达观点和要求，而是在语境中通过其他语言形式表达需要和情感。理解“言外之意”要求听话者能够根据上下句和现场语境，从所听到的话语中推出“他人话语”的真实意思。例如，在开着电扇的房子里交谈，甲看看电风扇说：“我有点冷！”那么聪明的乙就会根据甲的“话语”推出：“他是希望关掉电风扇。”但是，因为智力障碍学生的思维方式刻板，对理解话语的水平低，所以理解“言外之意”非常困难。

（5）沟通的合作性差

要想维持交际活动并产生理想的效果，会话双方必须充分利用语境、紧密围绕话题，集中注意对“话题”中的关键信息作出反应。因为只有交际双方积极合作才能维持交际。但是，因为智力障碍学生的生活经验和交际技巧相对匮乏、认知不足，所以他们的交际愿望不强。在交际中，他们经常因“无话可说”而不作回应，或简单回应。因为学生在交际中合作性差，所以与智力障碍学生交谈起来比较困难。

（三）影响智力障碍学生听说能力发展的因素

1. 固有的生理障碍

有部分智力障碍学生因脑损伤导致语言中枢系统障碍，故发音时发音器官协同运动困难影响发音的准确度；还有部分智力障碍学生因伴有听力障碍，既听不清楚目标音，监控自我发音的能力也不足，所以发音含混。

2. 过分依赖语境

智力障碍学生的智力缺陷影响了他们对句法规则的理解和运用。为弥补表达能力的不足，他们经常依赖语境信息的提示进行交际。由于他们对语境的依赖严重超出了语境本身所能够提供的信息，反倒影响了他人对其话语的理解。例如，他们常常将语义相关的几个句子简单、松散而不合规则地组织在一起，企图表达一连串复杂的意义。由于这组句子遗漏了很多不可缺少的信息，而且其形式又不符合语法规则，故导致听者理解困难。另外，由于他们在交际过程中过分依赖语境，一旦语境变化他们便无法表述在原语境中发生的事件了。例如，学生在超市里看见的事件，等其回到教室里重述超市里的事件时，因缺乏现场环境的支持便无法复述了。

3. 社会认知程度低

从认知层面考查智力障碍学生词汇获得状况可见，智力障碍学生因社会活动少、人际交往贫乏，而导致其认知水平低；而认知水平的限制又进而影响了他们的词语积累和准确运用。例如，在交际过程中因为词汇量少，表达时用词准确性相对较低，而且表达缺乏个性，影响了表达的有效性。

4. 交际经验不足

智力障碍学生与正常学生相比，他们的交际经验明显不足。对智力障碍学生的言语错误分析表明，其错误较少表现在句法结构上，而更多表现在言语能力和言语交际的能力上，也就是说其语用水平相对其词句的发展水平更低。这与其语言活动贫乏、缺少交际经验有关。

5. 情绪混乱影响有效表达

平稳而愉悦的情绪也是有效交际的保证。因为情绪混乱、情绪不良很容易导致思维混乱，并进而导致言语混乱，在表达时很可能出现随意添加或减少句子成分、致使表达障碍的情况。例如，要表达“小杰，等一会你不要让他拿餐巾纸，(因为)他总是浪费”这样一个表示因果关系的句子时，因为学生说话时情绪紧张，结果说成了“小杰，他不要带餐巾纸，等一会浪费”。由于学生在激动、焦虑、急于表达时，没有想好表达的内容、顺序和词句而强行表达，结果导致所出来的“话”零乱而不完整，听者“听不懂”、“听不清”。

二、口语交际教学建议

口语交际涉及“听话”和“说话”两个部分。智力障碍学生的口语交际困难有些表现在听话障碍，而有些则表现为说话障碍。针对智力障碍学生的听说障碍，在此提出培智学校口语交际的教学训练建议。

(一) 听话教学建议

1. 端正学生的倾听态度

智力障碍学生在听话过程中，听话态度往往不够积极。表现为听话时注意力不集中、东张西望或做小动作。由于漏听重要信息，所以造成理解错误或根本不理解所听内容。为此，建议教师在口语交际过程中要培养学生正确的听话态度和良好的倾听习惯，通过故事接龙、讨论等训练，使学生养成认真听、仔细想的倾听态度。

2. 训练准确听辨语音

由于智力障碍学生听辨语音的能力比较差，所以在构音训练时，不仅要矫正他人的构音缺陷，更要训练他们听辨目标音、监控自我发音的能力。在听话教学时对伴有听力问题的智力障碍学生，建议督促家长为学生及时佩戴合适的助听设备；而对听辨语音差的学生，建议教师采用对比发音方式或自然界各种声音等游戏方式，引导学生分辨音素、音节，提高学生对分辨语音的能力。

3. 提高学生听觉记忆

针对学生听觉记忆不足的问题，建议教师在听话教学中结合学生的生活设计一些听觉训练。例如，可以让学生先听一段话，然后让学生说出这一段话的关键数据、关键信息或重要细节；还可以让学生模仿说一个长句，或玩“传话”的游戏，通过该训练提高学生听觉记忆的能力。

4. 准确理解话语内容

在日常生活交际中，有些内容因为与智力障碍学生的生活、学习联系紧密，所以学生就比较容易听懂，而有些内容因为远离学生生活，或所用词句在日常交际中使用频率不高，所以他们往往听不懂。针对此，建议听话教学中，教师除了要教给学生一些听理解的技巧外，还应扩展学生的生活，增加其对社会的认知和理解，促进学生听理解能力的发展。

5. 准确理解“话外音”

理解“言外之意”是听理解的一项重要训练内容。建议教师在听话教学中结合具体语境在引导学生理解句子表面意义的同时，通过分析交际内容、现场语境和上下句，引导学生理解他人表达的“话外音”，使学生能够准确理解说者的真实意思。

6. 倾听时不随意插话

智力障碍学生在倾听时缺少交际的规则意识，常常是想到哪说到哪。在别人说话时随意插话，而从不顾说话者的感受。建议教师在听话训练时要注意训练学生交际的规则意识，即交际是轮候进行的，要想有效交际必须学会轮候说话。教师可以利用集体讨论来训练学生轮候发言，而对随意插话的行为教师要给予严厉批评。

7. 特别关注选择问句的训练

面对纷繁的社会生活，人的一生要不断地综合各种条件进行判断和选择。只有能够分析各种条件、进行判断和选择的人才能更好地立足于社会。可见，选择能力是一个人融入社会生活所必须的能力。智力障碍学生因为分析综合能力差，所以判断和选择水平很低，甚至中重度智力障碍学生不会选择。鉴于选择能力对其社会融入的重要性，教师应该在听话教学中特别关注对学生选择问句的训练。通过训练，让学生听懂选择项，并根据需要挑选与其适应或正确的选项。

(二) 说话教学建议

与“听理解”的水平相比，智力障碍学生“说话”障碍更为明显，而且说话障碍几乎表现在其口语表达的各个层面上。所以，教师在说话教学时不仅要关注学生的构音问题，还要关注学生“说”的其他障碍。

1. 矫正发音障碍

由于部分智力障碍学生存在着比较严重的构音障碍，难以与人进行有效交际，所以有必要对严重构音障碍的学生实施构音训练。但是，由于构音训练有一定的年龄限制，所以建议将构音训练尽量安排在低年龄段，并结合拼音教学进行训练。由于清晰构音的前提是准确感知和分辨语音，所以建议将感音、辨音与发音等训练整合，形成一个训练系列。例如，教师可以设计一些声音(语音)的感知、听辨练习，同时要求学生模仿发出所听到的声音(语音)通过将感知、听辨和发音进行整合训练，提高学生辨音与监控发音的能力。另外，还可以对确有发音器官协同运动障碍的学生进行发音器官的协同运动训练、对说话时呼吸控制障碍的学生进行说话时的呼吸控制训练，以提高学生自主控制发音的能力。

2. 提高交际兴趣

由于智力障碍学生交际的成功率相对比较低，挫伤了他们与人交流的兴趣。他们往往更愿意选择其他形式与人交际、表达需求。因此，建议在教师在说话教学中针对学生的认知和表达能力选择学生能够理解的、与其生活密切相关的，或有趣的事件、话题，引导学生关注话题内容，并通过师生互动、讨论，引发其表达个人思想的兴趣。

3. 丰富和规范表达的词句

因为智力障碍学生在交际过程中用词贫乏、句式单调、表达缺乏准确性，毫无色彩。为此，建议在说话教学中教师要关注学生选词组句的训练。教学训练不仅要教给学生在特定环境下使用的问候语、寒暄语，还要结合阅读教学引导学生积累好词好句，结合日常交流积累生活中常用的熟语（警示语、成语、惯用语、简称词等）和特殊句、反语、修辞句（比喻、夸张、借代等）。扩大学生的交际领域和交际范围，丰富学生表达中的词语和句式。

4. 学习续接话题的技巧

由于智力障碍学生认知水平低、思维能力差，所以在交际时很难把握话题，引导话题。如果碰到话题的转换，他们更难以及时调整新的思路去应对，因而造成交际阻断。为此，建议教师在说话教学中提供一些与学生日常生活、学习相关的话题，组织学生讨论，学习如何把握交谈的线索、如何接续话题。

5. 教授必要的语用规则

由于智力障碍学生不了解交际中的基本规则，因而导致交际失败是非常普遍的。为此，建议在说话教学中一方面要分析学生的生活范围、生活领域、交际场景和交际对象，另一方面要教授一定的交际规则和交际策略，使学生能够初步的把握交际环境，理解他人的交际意图，通过模拟生活场景学会使用必要的交际用语。

6. 教授提问的技巧

"提问"能力是学习的基本能力，也是协调人际关系的基本能力。智力障碍学生不会提问，导致他们丧失了很多学习的机会。建议教师要特别训练学生如何提问，包括对提问意识、提问用语和提问技巧等多个方面进行训练。

7. 学习目光交流

自闭症学生是和部分智力障碍学生说话时很少有目光交流。因为他们说话时不愿意或无法看着交际对象的脸，这不但不能从他人的表情中获得信息，而且给人以极不礼貌的感觉，所以建议教师结合说话教学进行目光对视的训练。

8. 学会恰当的交际体距

有些智力障碍学生与人说话时紧贴着交际对象，而还有一些学生则尽量远离交际对象。因为体距不符合交际场景，导致交际对象感到交际的压力。建议教师结合说话教学训练学生与交际对象保持适当的体距，有礼貌地与人交际。

9. 音量控制

因为智力障碍学生的认知缺陷以及对外界感受力弱，所以在交际时不会依据交际内容和交际场景控制音量。由于日常交际环境有很多，我们交际的内容也各不相同，所以要教会学生根据交际内容和交际场景选择说话声音的大和小。例如，在公共场所（尤其在医院)不能大喊大叫,也不能大声说笑,以免影响他人。除此之外,在谈论不能为外人知道的内容时也要轻声说,以免泄露个人的隐私。但是,在回应别人的问话时则要大方一些,说话声音响亮一些,以保证对方能够听清楚。

第四节 口语交际教学的原则

国家教委1987年颁布的《全日制弱智学校(班)语文教学大纲》(征求意见稿)已经提出了口语交际的基本原则:"听说训练要在学生的语言实践中进行,要给学生创设各种听话、说话的环境,指导他们怎样听、怎样说,激发他们听说的兴趣;要重视在阅读教学中加强听说训练,通过听讲、朗读、复述、问答、讨论等多种途径,培养学生的语言能力、思维能力和表达能力;对语言缺陷明显的学生,要有针对性地进行语言功能训练。"根据智力障碍学生的口语交际特点和口语交际教学实践,在培智学校口语交际教学训练中应该遵守如下一些原则。

一、基本训练原则

(一) 坚持以评价为基础

"为保证言语沟通训练的有效性,教师应该在对学生言语沟通能力准确评价和分析的基础上确定训练的领域、项目和顺序,并据此制定训练计划。"①

(二) 遵从语言发展规律

语言的获得有其自身的规律。口语交际训练要遵从语言输入早于、大于语言输出的基本规律。坚持在每次口语交际训练时教师应先提供一定的语言输入量,然后再根据学生的能力水平引导其表达。为此,教师应该尽量了解学生语言发展的规律和语言获得的基本顺序,并参考语言发展的顺序制订口语交际训练项目的顺序。

(三) 优先训练容易矫正的障碍

优先训练容易矫正的障碍、优先发展基础语言能力。当学生出现多领域甚至全面的言语沟通障碍时,教师需确定训练的顺序,并筛选优先训练的内容和目标。确定训练内容的顺序应重点考虑:①学生优先发展的语音、词语和句式为优先训练的目标;②学生生活中出现频率较高的音节、词语、句式为优先训练的目标;③学生已具备一定基础但尚未稳定的技能为优先训练的目标;④生活中典型的沟通场景及该场景中的套话为优先训练的目标。②

(四) 创设最佳的语言环境

部分智力障碍学生的语言障碍与其语言发展期内缺乏良好的语言发展环境有关。例如,智力障碍学生在学语期里由于交际范围小、交际领域狭窄、交际对象有限,使其运用语言的机会少于普通学生。因此,在口语交际教学中,教师应该为学生创设最佳的语

① 上海市中小学(幼儿园)课程改革委员会办公室:《上海市辅读学校言语沟通训练课程指南(征求意见稿)》,上海教育出版社2014年版,第21页。

② 同上,第22页。

言环境，促进学生听说技能的发展，并使学生在不断的语言运用中获得沟通技巧，增强与人交际的愿望。

（五）与学生平等对话

智力障碍学生的语言障碍非常复杂，再加上他们的认知水平低，所以与之谈话非常困难。所以，在教学过程中，教师不但要耐心倾听，善意、平等地应答，而且还要给予学生不断的鼓励，鼓励学生表达自己的观点，发展其交际的兴趣。

（六）避免见错就纠

学习语言是一个逐渐积累的过程，在口语训练过程中学生表达错误在所难免。教师不应凡错必纠，因为有些学生开口必错、开口多错。如果教师不断提醒、矫正，不但打断学生的表达思路，而且还会影响学生表达的兴趣，甚至导致学生恐惧交际，不愿再开口说话。面对学生的错误，教师应该记录、分析，找出错误的原因，然后根据学生语言发展的规律，有选择、有顺序地逐一进行矫正。在若干错误中，需要教师矫正的错误应该是本次训练目标或与本阶段训练目标高度相关的错误。

（七）话题符合学生理解水平

口语交际教学所运用的交际主题、交际内容应该符合学生的年龄和智力。为此，教师应该在训练前对学生的交际习惯、感兴趣的话题等进行深入的了解。在确定一个交际训练的主题前，教师应该先对学生谈论该问题的背景知识进行梳理，然后确定谈论该主题的深度和广度。为了使学生能够较自如地交际，口语交际训练应以现实生活中的人、物、事件为主，尽量少谈论抽象的话题。

（八）结合日常生活开展口语训练

培智学校口语交际教学的根本目标就是发展学生日常沟通的技能。因此，教师应该结合日常生活的交际环境和交际主题开展交际训练。因为日常生活中的交际场景是学生熟悉的，而交际主题是学生急需解决的一些问题，所以学生容易理解交际主题，乐意参与交际活动。因为学生的参与度高，所获得的交际技巧容易被迁移运用，这样的教学训练效率往往较高。因此，口语交际教学“要加强训练场景与生活场景的自然衔接；提倡从学生的语言生活中提取训练素材、形成沟通任务，为学生创造更多接触、体验和使用语言的机会。通过让学生运用语言解决生活中的真实任务学习沟通技巧、发展沟通能力”。①

（九）扩大学生生活

要真正提高智力障碍学生的口语交际水平，必须扩大学生的生活范围和生活领域。人的交际是以我们的生活过程和生活需要为内容的，如果没有生活就没有了交际的内容。智力障碍学生的交际之所以贫乏，很大程度上是因为他们没有可供交际的内容。因此，在智力障碍学生的听说教学中，教育者要注重扩大学生的生活，使其有话可说。

① 上海市中小学（幼儿园）课程改革委员会办公室：《上海市辅读学校言语沟通训练课程指南（征求意见稿）》，第2页。

二、特殊训练原则

（一）鼓励家人介入训练

对低年龄段无法配合训练的学生，可以允许家人一起参与训练。但训练前，教师应与家长做好沟通和分工，并将训练中的任务向家长交代清楚，以便家长在家里配合训练。

（二）谨慎选择学生的交际方式

口语交际训练的目标是使学生获得口语交际的能力。但是，培智学校中除自闭症学生外，还有一些语言发展水平非常低、甚至是无语的学生。如果训练这些学生，可能需要教师为他们选择一种伴随其终身的非言语交际方式。为学生选择非言语的交际方式，教师应慎之又慎。在选择之前必须经过充分的评价，并与专家、家长进行反复沟通，并共同选择该学生的交际方式。当然，对确实无法用口语沟通的学生，教师可以选用图片兑换沟通技术，或选用手势、表情等其他非言语的交际手段进行训练。但是，在未对学生口语发展能力作出充分评价和分析之前，教师应该谨慎使用非言语训练材料，以免对学生运用非言语沟通产生强化作用。

（三）关注训练材料的安全性

刺激物应该是无毒、无害，安全、稳定的物品或食品。如果采用食品为奖励物，也应该在使用前取得监护人的同意，并且一次不宜奖励太多。另外，刺激物也可由家长准备、提供。

总之，口语交际教学中教师应谨记，教师只是口语交际的引导者，教学训练中要多听少说，要把表达的机会尽量留给学生；训练中应多鼓励、少批评，鼓励学生认知听、仔细想，并用正确的语言表达自己的情绪、需求和愿望。

第五节　口语交际教学的常用方法

由于智力障碍学生口语交际困难，不仅影响了他们的交际，还影响了其他学科的学习。所以在语文课程的低、中、高三个阶段都会将口语交际教学作为教学的重点。听说教学与训练的方法很多，但不一定适用于所以学生，这就要求教师要善于观察、创造。观察什么方法适合于哪个学生，怎样利用现有的教育资源为每一个学生创设最好的训练方式。另外，教师在教学训练的同时，还应及时总结教学训练的成败原因，不断调整教学内容和教学方法，提高教学的效率。

一、听说教学的常用方法

对轻度智力障碍学生来说，进行日常交际并无大碍。所以，针对轻度智力障碍学生的口语交际教学的目标主要是提高学生听话的品位，使学生更深入地了解本民族的交际文化和交际习惯，并学会遵守教学文化、尊重交际对象、养成良好的交际习惯。

但是，中度和重度智力障碍学生的口语交际障碍比较明显，不仅有构音上的障碍，还有词句运用障碍和语用障碍。由于中重度智力障碍学生的类型复杂、障碍程度高，所以针对该群体的口语交际教学应将重点放在结合语境听清、听懂他人的话语，并作恰当反应的能力培养上。这包括培养学生良好的交际态度、准确地理解他人话语、矫正发音缺陷、扩大词汇量,规范句法结构和准确表达等若干方面。鉴于此,听说教学必须分区分对象、找出难点,制订科学的教学计划,进行干预训练。

(一) 听话教学法

1. 集中注意倾听

认真听、仔细想,准确而快速地反应,这既反映了交际者的交际能力,也反映了交际者的交际态度。因此,教师应该设计一些专门训练,帮助学生养成良好的倾听习惯和交际态度。例如,以下几项训练,能够培养学生对话语的注意及回应的能力。

(1) 动作回应

"动作回应"训练主要用于低年级段学生的倾听训练。训练方式:教师说出指令"请你照我这样做"("叫名字反应"或"听口令、做动作"),学生眼睛看着教师的多种,模仿教师动作。例如,教师说"起立",学生立即站起来。教师说"请拿笔",学生立即拿起桌子上的笔)等游戏训练学生注意倾听的意识以及听指令的习惯。只要学生能够按照指令做恰当的动作回应就算正确。"动作回应"中教师所用句子的结构和语义内容应尽量简单、易于学生回应。

(2) 话语回应

在中年级段可以结合学生的学习内容做具有简单推理意义的语言回应训练,以培养学生注意倾听的良好习惯。例如,教师说"我说 2 和 3",学生则说"2＋3 是 5"、"3＋2 是 5"或"2×3 ＝ 6"、"3×2 ＝ 6"等。又如,教师说:"今天的太阳非常好!"学生可以结合当地的气候、季节回应说:"今天是晴天。""今天非常热!""今天不下雨。"等。教师可以就学生回应语中用词的准确性、推理的合理性、句式的丰富性等方方面面进行点评。此训练,教师主要是引导学生根据他人的话题做简单的回应性练习。

(3) 故事接龙

随着智力障碍学生认知水平的提高和词句运用能力的增强,到了高年级段教师可以尝试进行词语接龙或故事接龙的游戏,以训练学生边听边想的习惯。训练方式:先由教师或同伴讲述一件事情的开始,然后请同学每人讲一句话,将事情的发展和结果叙述完整。故事接龙训练难度高,故仅适合于轻度智力障碍学生。训练前,教师要讲清规则并提供示范。等学生都理解游规则后再开始游戏。故事接龙应该以大家熟悉的或共同经历的事件为训练材料。另外,该训练的重点不是引导学生怎样说,而是培养学生边听边想的能力。故学生的接龙表达只要符合逻辑即可,不必在词句的运用上太过苛刻。

(4) 补充与评价

训练方式:先由教师或学生叙述大家共同刚经历过的一件事(按照事件发生、发展的顺序说),要求学生认真听,不许插话或做小动作;等讲述者讲完后,引导学生对刚才讲述者所叙述的事情进行补充(补充包括:时间发生的场景、过程、细节、人物、关键语、动作、表情等)或评价讲述者叙述事件是否完整、真实。

2. 正确感知语音

在听话教学中要将培养学生正确感知语音作为重要内容训练。感知语音有多种教学方法，根据智力障碍学生的学习特点，如果单纯采用模仿或讲授教学法恐怕难引起学生的兴趣，因而建议多采用游戏的教学方法。

（1）听辨声音、语音和语调

训练方式：教师提供一组自然界的声音（雷声、风声、雨声、车鸣声、敲门声、儿童哭声、笑声、洗漱声……）和各种动物的叫声。先让学生熟悉各种声音的特点，然后打乱声音的排序，进行听辨练习。等学生能够分辨各种声音后，教师再提供一组语音（音素→音节）按照同样的顺序进行听辨练习。练习时，建议从听辨差异大的声音、语音到听辨差异小的声音、语音；从听辨熟悉人的声音到听辨不熟悉人的说话声；从听辨没有情感色彩的话语到听辨表示喜悦、生气等不同情绪色彩的话语等。

（2）指认图片

即让学生根据读音指认图片。训练方式：老师提供一组图片，并让学生看着图片听老师读的是哪一张图片（实物）。学生听到老师所读图片后就指出那张图片（实物）。例如：教师提供了"兔子"、"被子"、"肚子"、"炉子"4张图片。学生看着图片后，教师读出"肚子"，学生听到教师所读的读音后便指出图片"肚子"。此练习旨在训练学生对发音相近的元音或辅音的分辨能力。

（3）辨别正误词语

训练方式：教师手拿图片或实物，并读该图片或实物的名称，由学生听辨教师的读音正确与否。例如，教师拿"猪"的图片，读"zhū"或"dū"，由学生判断教师读得对不对。

（4）听词辨义

训练方式：教师提供一组图片，并按照顺序连续读出一组图片的词语。学生则一边看图片、一边听老师读的词语。教师读完后让学生根据教师的读词顺序依次指出各张图片，或依次排列各张图片。例如：图片上有"衣"、"鱼"、"驴"、"橘"等。教师可以依次读"衣"、"鱼"、"驴"、"橘"或"驴"、"鱼"、"橘"、"衣"。教师读完后，学生按照教师所听到的图片顺序依次指出各张图片或将图片重新排序。这项训练不仅仅训练了学生的听辨能力，还训练了学生的听觉记忆能力，故难度较高。教师应该按照学生的能力调整和确定图片的个数、图片的内容，以适应训练的需求。

（5）听辨目标音

训练方式：教师在一个嘈杂的环境中出示目标音让学生听辨。例如，教师在背景声较为嘈杂的教室里与学生对话，或在音乐声较响的教室里让学生听故事、看电视。此训练可以使智力障碍学生集中注意地倾听，加强听觉的定向性和辨别力。

3. 准确理解词义

听辨词语强调的是理解词义的训练。由于汉语的词语缺少形式标记，因此有些词的具体含义必须结合语境（上下文语境和现场环境信息）而定。

（1）听词辨义

听词辨义的目的在于训练学生正确理解词义，提高学生运用词语的能力。训练方式为：①教师出示一组实物或图片，教师说实物或图片上的词语，学生指出教师所说的实物和图片。②教师出示一组动词，教师说一个词语，同学做出相应的动作。③教师出示一组表现情绪色彩的词，教师说词语，学生用表情或其他姿态语表现词义。

（2）听词素组词

听语素组词可以训练学生的构词能力和词语积累。训练方式：老师出示以个词素，学生根据该词素组词。所组词语不许重复，看谁说得又多又好。例如，教师给出词素“老”，学生根据该词素组成“老人、老师、老太太、老人家、老大爷、老人院”等词语。

（3）听词—说词

该训练能够训练学生边听边思考和根据语义定位词义的能力。训练方式：教师给出一个词，学生说出与该词义有联系的相关词语。例如，教师说“笔”，学生说出“铅笔、钢笔，铅笔刀、尺子、铅笔盒、纸；削铅笔，写字，文具、学习用品；学生、老师；路牌、指示语”等词语。其中，词语“文具、学习用品”是笔的上位概念，而“铅笔、钢笔”是“笔”的下位概念，“铅笔刀、尺子、纸和铅笔盒”是与“笔”意义相关的物品，而“写字”描述的是“笔”的功用，而“老师、学生”是“笔”的使用者，是与“笔”更远概念的联想。在此训练时，教师要尽量引导学生去联想，但对错误的联想，如“红绿灯、电脑”等与“笔”意义不相干的词语，或联系太远的词语要作出更正，并说明原由。

（4）听句—说词

该训练也是在于培养学生联想能力和选词用词的能力。该训练与“听词语联想说词”有相似之处，但不同点在于教师说出的是句子的主体部分，而非词素。学生是在理解教师话语关键信息基础上，经过联想说词语。训练方式：教师说一个句子的主体部分，学生则根据教师说出的句子内容进一步联想说出关键词语。例如，教师：“背着书包去学校”——学生：“上学”、“背着书包去学校的小孩儿是”——学生：“学生”。教师：“专门用来装学习用具的盒子是”—学生：“铅笔盒”。教师：“给人看病的人是”——学生“医生”。教师：“清早起床妈妈让你赶快”——“刷牙（洗脸、吃早饭）”。该练习可以在集体或个别教学中进行。如果在集体教学中训练，还可以对不同学生的回答进行比较，看看谁的联想最合乎情景，谁说的最准确。

4. 听句辨义

由于句子是交际的单位，所以准确理解句子是正确交际的基础。所以，“听句辨义”是准确理解信息的核心能力。

（1）听话比赛

训练重点是听理解能力。训练方式：教师说句子一到二遍，让学生复述，看谁听得准、记得牢。此训练在不同的年级段均可使用该训练方式，训练形式应该是从听一句话，到听一段话。在设计练习内容时，教师要把握三点：其一，训练内容不能偏离学生的认知能力和听理解能力；其二，训练内容要注意层次，先选择一些结合语境的材料训练，以帮助学生利用语境理解所听的内容，逐渐过渡到脱离语境的听话训练；其三，听话要和听觉记忆训练结合起来，训练材料要有明确的听训练习点，只要学生能说出训练的要点内容就算正确。

（2）听句行动

该训练与“动作回应训练”的原理相同。但是，“动作回应”训练是听口令做动作，口令的句法结构和语义内涵相对简单；而“听句行动”训练的句子结构和语义内涵相对复杂。训练方式：教师说一个比较复杂的句子，学生则依据教师的话语行动。例如，教师说:“请你站到黑板的左面去!”学生即按照老师的话站到指定的地点。教师说:“请你将最后一排同学的作业本收起来,交给老师。”学生便按照老师的话去做。

(3) 理解言外之意

听者要想明白“言外之意”,就必须留意说者暗设的一些推理因素,并依据相关理据(例如,语境、文化、知识、习俗等)推导话语意思。训练方式:教师利用现场语境,给学生一定的提示,然后进行“言东说西”的训练。但训练时要充分考虑学生理解话语的知识背景,注意引导学生利用现场环境推导话语真实的意思。

(4) 实践中训练

利用生活进行听理解训练,在实践中提高学生听理解的能力。例如,教师可以利用学生的各种实践活动进行听理解训练,鼓励学生与人对话,提高学生听理解的能力。

5. 听段训练

听段训练要使学生在听完一段话后,弄清他人话语的主要意思,正确回应。因此,听段训练主要是听理解技巧的训练。

(1) 听答训练

训练方式:教师说一段与学生生活密切相关的话,然后通过问答检查学生听的效果。该训练在教师讲述前应将问题先提出,讲完后再次复述问题,然后引导学生回答。一般来说,讲述时的话语顺序应该相对固定;在讲述前应将听的重点提出来,让学生有目的、有选择地听;讲述过程中教师应对讲述的重要信息用加重语气、放慢语速的方式提醒学生倾听,加深学生听的印象。

(2) 听述训练

训练方式:先让学生听,然后让学生叙述所听到的内容。同样,训练前教师应将听的要点提出来,指导学生如何听;听后,要及时帮助学生整理“说”的顺序和“关键词句”;然后让学生复述,教师可适当提醒、补充。

(3) 听对话—答问题训练

训练方式:教师选一段学生能够听懂的对话,通过现场的说话表演(主要是对话,而尽量减少动作)或听一段对话录音,引导学生分析对话者的身份、对话的内容,并回答相关问题。例如,教师可以提出如下问题:交际双方大概是什么关系?他们在说什么事情?他们为什么要这样说?他们提出了什么解决办法(他们后来怎样了?)等。通过让学生边听、边思考促进学生听理解和听记忆的技巧。但在学生“听话”前,教师要将问题先提出来,让学生带着问题“听话”。

(4) 听广播训练

教师可以选取一些与学生日常生活相关,与其认知能力相适应的广播内容,放给学生听,然后通过讨论的形式训练学生听的技巧:这一段广播说了一件什么事(有数据的还需记住数据)?怎么解决?结果怎么样?

(二) 说话教学法

1. 发音训练

因为智力障碍学生的构音障碍比较普遍,且障碍程度和障碍特征复杂,所以有必要在低年级段开展构音矫正的训练。

(1) 呼吸训练

均匀呼吸，是控制好说话节奏的基础。有些智力障碍学生的言语呼吸控制不良，因此影响了说话的节奏，有必要对言语呼吸控制不良的学生进行呼吸控制的训练。训练方式：①呼气训练：用吹纸蛙、蜡烛、气球、泡泡等游戏，训练学生对气流呼出的控制；还可通过发送气与不送气对比音的训练，使学生练习气流量呼出的大小的控制。②吸气训练：引导学生闻味道，用深呼吸的方法引导学生深吸气，在配合呼气训练逐步呼气。③呼吸节奏训练：通过让学生仿说有意义的词语或句子(如，三个音节的句子、五个音节的句子、七个或八个音节的句子)，提高学生说话时对呼出气流节奏的控制力。

(2) 口腔机能的控制训练

训练口腔机能的协调控制，能够提升发音的清晰度，但是该训练仅对有口部功能障碍的学生有效。口部运动训练包括唇、舌、腭、小舌(悬雍垂)的训练。①唇部训练：按照节拍依次做展唇、敛唇、努唇、唇齿咬合等动作。②舌的训练：按照节律依次做舔唇、伸舌、绕舌、刮舌、翘舌、舌抵齿背(上下齿背)、舌抵齿龈、舌抵硬腭等训练。③声带训练：用咳嗽、清嗓等活动方式感受声带的运动与控制。④软腭与小舌训练：发声母 g、k、h 体会软腭和悬雍垂的上升，发 m、n 来体会软腭和悬雍垂的下降；或让学生读含有鼻音、口音词语的方法，体会口、鼻音发音时软腭与悬雍垂的不同运动过程。例如，可以带领学生读“努力”、“哪里”、“朋友”、“中国”、“老牛”、“冷暖”、“拉门儿”等词语体会鼻、口音交替发音时软腭与小舌的运动。

(3) 模仿发音训练

语音教学本就是口耳之学，听与模仿是语音学习最为重要的两个环节，因而教师特别注意让学生听清楚，模仿准确。在模仿学习中，教师的口型和发音可适当夸张，以使学生看得更清楚；另外，还可利用镜子的反馈进行精确的模仿练习。

(4) 外力干预训练

指当学生因口舌障碍无法主动控制发音器官时，教师可稍借外力，给学生以辅助训练。训练方式：对无法主动完成合口发音(不会发“u”音或不会发以“u”音为韵母、韵头的音)的学生，教师可以帮助学生将上下唇合拢发音；对舌头僵硬、无法自如发翘舌音的学生，教师可以用压舌板等工具帮助其将舌头抬起发音等。

2. 音量控制训练

因智力障碍学生对嗓音的控制比较困难，或不会把握交际环境、缺少自主控制气流的能力，因而说话时音量控制有障碍，影响交际效果。教师应加强用嗓指导与训练。训练方式：让学生大声说话、朗读，加大学生用嗓的力度；或与学生耳语迫使其压低声音说话。

3. 声调语调训练

声调、语调错误同样会造成交际上的障碍，故需要纠正。

(1) 声调训练

训练方式：①声带松紧训练：用气泡音的方法，使声带充分放松；用发元音/a/的方法，使声带收紧。②声调训练：按第一、二、三、四调的序列学发四声；也可按照第一、四、二、三的序列学发四声。③词语训练：将声调搭配一致的词语放在一起，让学生反复念。

如“一二”、“三四”都是第一十第四调的词语；“大海”、“电脑”都是第四＋第三调的词语；“电话”、“电视”都是两个第四调连读的词语；而“冰箱”、“天空”则都是两个第一调连读的词语。词语训练因为有词义，比单独地模仿发音节的声调有意思，所以学生普遍喜欢。而且由于声调常受前后音节的影响而产生连读变调，所以声调的学习最终还是应该在词语中进行。

（2）语调训练

语调不同于声调，它是根据语境和表达需要对语音组合的运用。同一个句子在不同的语境、不同的人、不同的心情之下可能会采用不同的语调表达不同的意思。语调的训练主要采用听与模仿相结合的方法。

语音训练除了可以采用个别训练形式外，还可以通过朗读、演课本剧、角色扮演、讨论等方式进行训练。

4. 看图说话

看图说话是融视、想、说为一体的训练。在这一过程中，可以训练学生的观察、分析、想像、联想、选词、造句、谋篇等多种能力。看图说话的过程细分五步①：“听”看图前的启发谈话；“视”教师引导学生仔细观察图片；“想”说的前奏，是看图后的思考阶段；“说”教学的核心环节，是观察、思考的延伸；“评”老师启发学生品评同伴“说话”的内容。由于“看图说话”的图片具有形象，学生可以反复观察，所以智力障碍学生容易接受这种训练方法，故训练效果也较好。

5. 交际策略训练

（1）开启话题训练

智力障碍学生在与人交际时往往处于话题的被动接收状态。教师要注意观察学生的交际内容和交流兴趣，交给他们一些开启话题的策略。例如，当与某人说话时，①学生可以用言语开启话题：“你好！你去过东方明珠吗？东方明珠可漂亮了！”“请问，你能告诉我去××路怎么走吗？”或者“我是×××，我想请你帮我做一件事情。”②学生可以用非言语的方式开启话题：学生对着希望交际的某个人笑一笑，等别人看着你时，你可以说：“你好！你去过东方明珠吗？东方明珠可漂亮了！”③学生可以轻轻拍一拍要沟通的人，等别人看着学生时可以说：“你好！你去过东方明珠吗？东方明珠可漂亮了！”

（2）维持话题训练

训练方法包括：①训练学生集中注意的倾听，边听、边想；②等对方说话停顿时或听到诸如“你认为呢？”“你觉得这样行吗？”“你同意不同意？”等转折词语时，学生说话，但所说内容必须与对方所说内容相关联；③注意话题转换，交际中如果听到“那天××人跟我说”、“我那天看一个节目说”、“你最近见过××没有？”等话语时，通常就会有话语的转换。要训练学生仔细听他人说了什么，并根据新的话题思考“我”的认识、“我”的想法。训练时，教师可以选择近期学生比较关注的话题与之交谈，不能够有意识地运用转折语。交谈可以先采用问答的形式，然后逐步引导学生对某一事件表达看法，学习维持话题的技巧。

---

① 柳思俭、钱富祥主编，《实用小学学科课堂教学模式》，山东教育出版社，1998，88—90

(3) 结束话题训练

在交际中除了要学会如何开启话题、维持话题外，还要学会怎样结束话题。结束话题的训练，一要让学生掌握结束话题的技巧；二要教学生如何通过观察，判断对方有结束话题的意图。①学习结束话题的策略。交际活动中当希望结束话题时，可以用动作结束话题——看手表(钟表)；可以用言语结束话题："对不起，我还有事情，我先走了!""对不起，那边还有人等我，我得走了!""现在我有点事，等空时咱们再聊!"等方式结束话题。②如果交谈时，看到对方不断地看手表，心不在焉、左顾右盼，说明对方有事，希望结束话题；如果听对方说道"对不起，我还有事情，我先走了!""对不起，那边还有人等我，我得走了!""现在我有点事，等空时咱们再聊!""上课了，咱们下课再说好吗?"等话语时也说明对方要结束话题。当对方提出结束话题后，交际对方应该礼貌地回应："好的，你先忙!""等有空再聊!""好，那再见!"

(4) 表达的预示力训练

"表达的预示力"是指说话人在"说"之前对听话人能否接受"我的话"作出的预设性判断。包括对方是否能够听懂"我的话"；"我的话"是否会影响交际对方的交际情绪等。智力障碍学生因认知水平低、理解力和判断力不足，所以对说出来的"话"会在对方那里得到怎样的结果缺乏预判。因为不能判断"我的话"会给对方怎样的感受，所以随便"说话"引发了语用问题。教师有必要对智力障碍学生进行简单的说话预示力训练。即让学生知道要为自己的话"负责"，在具体语境中，什么话可以说，什么话不能说。训练方式：①让学生听对话录音，在听到关键词后将录音停止下来，然后让学生回顾所听到的内容，并推断"听"的人会怎样回应。说完后，再接着听，看学生的回答与实际情况是否相符。②情景表演：甲踩了乙的脚。乙叫了一声。甲说："叫什么叫，又不疼。"乙很生气，便与甲吵了起来。或甲踩了乙的脚。乙叫了一声。甲扶着乙说："对不起！要不要去医院看看。"乙说："没关系！不用去医院。"

6. 表演课本剧

教师将课文改编成适合学生对白的短句，指导学生通过课本剧的表演，知道在怎样的交际环境中使用哪些具体的话语。例如，将探视病人的过程改编成课本剧让学生表演。通过表演，学生不仅学会了一些探视病人时的问候语，而且还知道了这些句子的具体使用场景，对提高智力障碍学生的语用能力非常有利。

7. 讲述训练

讲述是将所看、所闻、所想用自己的话说出来，是现实生活中非常普遍的一项交际活动。讲述包括对所要表达内容的筛选、话语结构的组织、交际策略的运用等诸项技巧。因此教师应该鼓励学生将每日的见闻讲出来。先是单纯地讲述，在此基础上，教师再引导学生谈自己的感想或观点。训练要注意两点：其一，在讲述训练的开始阶段，教师可以设置一些活动的环节，通过让学生活动，再讲述活动；其二，在讲述训练时，教师有必要对学生无法描述的内容做提示或补充(关键性的词、句)，帮助他们完成讲述训练。

8. 转述训练

转述也是社会日常生活中不可或缺的一项基本交际技能。但准确地转述对智力障碍学生来说有一定的难度。因为转述所需的技能太复杂，包括准确的语音听辨、语音符号的理解，转述要点的筛选和记忆；选择恰当的词句、转述中的人称如何转换，以及组织表达的顺序等。此技能实际还包含正确选择转述的对象和适时地表达等语用技巧。该训练实际上以上各单项训练的延续和具体应用。训练时教师可以从简单的内容、简单的句义、单一的对象等内容开始训练，因为信息量小、转述内容简单，学生容易记忆和转述；在学生掌握了转述的基本要领后，逐步扩大到转述内容复杂的训练。在训练之初，教师要特别将转述的要点帮助学生提出来，并整理转述线索，特别要提醒人称的转换。

9. 讨论训练

检验语言能力的好坏，最重要的是看语言使用者的语言运用能力。教师可以在集体训练中设计一些大家感兴趣而且有一定思考的问题引导学生讨论。讨论的专题可以围绕学生的学习生活设计，也可以围绕一次活动设计讨论专题，还可以围绕一个故事设计讨论专题等。

总之，口语交际训练可以在课堂上进行，也可以在日常谈话中进行。训练的重点应该放在如何使学生理解、应答的交际策略上。

二、口语交际教学中应注意的几点

因为口语交际活动涉及人的生理、心理、认知、情绪等多个因素，所以教师在训练时应该特别注意以下几点。

(一) 目标明确

口语交际训练的内容很多，我们不可能指望在一次或几次训练中完成所有的训练项目，因此在设定听说训练目标时，应尽量做到目标明确而单一，以便教师训练和评价。

(二) 讲清要求

由于口语交际训练的目标多，教师如若控制不好，很容易造成一次训练多目标、杂要求的情况，导致训练时目标不明、要求不清，影响训练效果。因此好的口语交际训练应该是目标单纯、要求明确的，使学生清楚每一次训练要求，并努力向目标靠拢。

(三) 步骤清晰

听说能力是若干具体的听话能力和说话能力的组合。在训练时，教师应该按照听说能力的构成特点和语言获得规律进行分步骤、分阶段的训练。比如，按照语言的输入要大于、并早于语言输出的语言发展规律，在为低年级学生制订听说训练项目时，可以语言的输入为主，多做“听”的训练；而为高年级学生制订训练计划时，可以语言的输出为重点，多为学生创设“说”的机会，也可将输入与输出同时训练，即先听后评说。

(四) 注重评价

教师要注重对训练结果的评价。包括：训练前的评价、训练过程中的评价和训练结束的评价。在撰写训练计划时结合训练内容同时确定评价内容、设计评价标准，并采用观察、晤谈、现场测评等多种评价方式对学生的训练结果适时给予评价，并根据评价结果及时调整训练计划。

(五) 坚持训练

针对智力障碍学生的口语交际教学是一项长期的工作。智力障碍学生的听说能力虽然普遍较差，但通过科学、有效的训练，他们的听话和说话能力会有一定的提高。建议教师参考《上海市辅读学校言语沟通训练课程指南》为不同年级段、不同语言障碍的学生设计不同的教学训练计划,并坚持训练。

(六) 训练对教师的其他要求

1. 表达准确、清晰

教师说话时要做到语音清楚,音量适当,语速、语气适当,信息量恰当。无论是解释性的语言,还是描写性的语言都要符合学生的理解水平,而且句子要简洁、指令要清楚,尽量避免使用学术性语言以及冗长、晦涩的句子。

2. 语音具有示范性

教师的语音应具有示范性,即提供学生优质的模仿范本。要避免因教师语音问题带给学生更为复杂的语音障碍。

3. 语速稍慢

在帮助儿童建立语言的初期或对感受性慢、注意力不集中的儿童进行训练时,语速要尽量慢一些,以保证儿童对语音有足够的感知时间和充分的感受;另外,句与句之间应有足够的停顿或重复,以便让学生有时间理解话语。但对有一定语言能力的学生则应采用正常语速,使其适应社会的交际习惯。

4. 语气夸张些

对不愿意与人交际的学生,训练时教授的语气要夸张一些,以便给予学生较强的情感冲击力,激发学生参与交际的兴趣;而对已经有一定交际经验的学生则可以用一般的语气,不需要过分夸张表达。

5. 信息适量、适时

对听理解能力较差的学生,训练时教师传递的信息要适量、适时,以保证对话训练的展开和维持。

6. 话题集中

训练时,教师要注意引导学生表达,交际的话题要尽量集中些,不要东拉西扯,以免增加学生听理解的负担,失去听、说兴趣。

7. 训练时间不宜太长

教师应根据儿童的年龄、身体状况、情绪状况以及训练内容确定一次训练的时间。如果遇到学生身体不适、疲劳或情绪不稳定时,可适当停顿或转至其他训练项目(非言语训练、书写、绘画)上,或变换训练形式,用看电视、讨论等方式缓解学生的情绪压力和疲劳感,提升训练的质量。

总之,智力障碍学生在自然状况下习得语言的能力相对比较差,但是科学的口语交际训练能够改善或发展他们的交际能力。因此,在培智学校开展口语交际教学与训练对于发展智力障碍学生的智力、促进其学业发展和社会性发展都具有重要价值。

➢本章小结

口语交际能力的优劣不仅影响智力障碍学生的社会化水平,还影响学生的思维、学业和人际关系的水平。所以培智学校始终将发展学生的口语交际能力放在语文教育最重要的位置上。

听话与说话是一个非常复杂的过程,涉及听说者的生理和心理。听话能力涉及听话者对语音的感知与分辨、对语义的正确理解、听的联想力和想象力、听的记忆力以及对话语的品评能力等。而说话能力涉及组织内部语言、准确发码等能力。

智力障碍学生在听话过程中表现出注意力不集中、准确感知语音困难、听觉记忆力较差、品评话语能力差和准确理解语义困难等特点;而在说话过程中表现出构音障碍、词汇贫乏、句法简单、主动性言语少、听说思维能力较差、语用水平低、说话缺乏对象意识、不会把握信息量、不理解"言外之意"、交际的合作性差等特点。这些听话、说话特点与其生理障碍、过分依赖语境、社会认知度水平低、交际经验不足等因素有关。因此,建议教师重点训练倾听态度、听辨语音、听觉记忆、理解话语能力、倾听时不随意插话,以及矫正发音障碍、提高交际兴趣、丰富表达词句、教授语用规则和提问技巧、讲授恰当的交际体距、音量控制等方面进行训练。

为了提高口语交际教学的科学性和训练效果,训练中应该遵守坚持以评价为基础、遵从语言发展规律、优先训练容易矫正的障碍、创设最佳的语言环境、与学生平等对话、避免见错就纠、话题符合学生理解水平、扩大学生生活和结合日常生活开展口语训练等教学训练的基本原则。另外,还要遵循谨慎选择学生的交际方式和关注训练材料的安全性等特殊原则。

目前,培智学校口语交际教学常用的方法有:动作回应、话语回应、故事接龙、听辨声音/语音和语调、指认图片、辨别正误词语、听词辨义、听辨目标音、听词辨义、听词素组词、听词—说词、听句—说词、听话比赛、听句行动、听答、听述、听对话—答问题、听广播等多种听话训练,以及呼吸、口腔机能控制、模仿发音、音量控制、看图说话、开启话题、表达的预示力等语用训练和讲述、专述讨论等说话训练。

因为口语交际是一项复杂的身心活动,所以教师在训练时要注意目标明确、讲清要求、步骤清晰、注重评价、坚持训练。在训练中教师要努力做到:语音清楚、音量适当、语速、语气适当,信息量恰当;而对不愿意参与交际的学生,训练时教师的语速应该慢一些、语气要夸张一些,以引发学生参与交际的兴趣;再有,训练时话题要集中,并且一次训练时间不宜太长。

➢讨论与探究

1. 根据你去培智学校见习所观察到学生的口语交际情况,你总结一下智力障碍学生具有哪些口语交际障碍? 并将这些障碍一一列出来。

2. 你是否赞同为智力障碍学生提供口语交际训练? 为什么?

3. 讨论:为什么说针对智力障碍学生的语言训练是越早越好?

4. 结合本章内容分析下列案例。

通过学习绕口令,培养智力障碍学生的听、说、读、写能力

智力障碍学生学习语文的目的之一就是培养基本的听、说、读、写的语文能力。在语文教学中,我尝试通过学习绕口令培养学生的听说能力,收到了较好的效果。

一、通过老师正确的范读培养学生倾听的能力

绕口令是使学生口齿清楚、吐字准确、说话流利和矫正口语障碍的一种语言训练形

式。其特点是绕口难读，要求读得快读得准。在教学过程中，为了培养学生良好的倾听能力，我充分发挥教师示范朗读的作用，通过教师的范读，让学生听清楚带翘舌音和后鼻韵母的字词，感受绕口令的字词准确、朗读快速的特点。教师的准确范读为学生倾听能力的培养提供了良好的环境。例如“黄瓜和豆荚”：“张家的黄瓜/在李家的/墙上挂，李家的豆荚/在张家的/篱笆上爬。张家摘了豆荚/还给李家，李家摘了黄瓜/还给张家。”我在范读过程中，先慢读，让学生听清楚绕口令中字词的准确读音及语气特点，在学生充分感知以后再快读，语速由慢到快，除了标点符号的停顿外，还特别在范读中展示长句中间的停顿，并尽可能地缩短停顿时间，一气呵成。让学生在倾听老师的朗读过程中养成良好的倾听习惯，并在倾听中感悟绕口令的朗读特点，为学生自己朗读做好准备。

二、指导学生按要求朗读绕口令，培养学生读的能力

智力障碍学生由于生理、心理特点，在学习语文的过程中，大多以默读为主。为了培养他们的朗读能力，我指导学生在倾听教师示范朗读的前提下，大胆朗读。由于学生在朗读前，已经倾听了教师的正确朗读，对绕口令的正确朗读有了初步感知，无形中树立了朗读的信心。教师抓住时机，正确引导，让学生大胆开口，可以达到较好的效果。在这个过程中，我往往分成四步完成：一是让学生模仿老师刚才的示范去读，使学生在刚刚的倾听过程中培养起来的朗读欲望得到实现。二是适时针对学生朗读过程中出现的问题进行纠正，如字词的正确读音、语速的快慢、句中的合理停顿等等。三是让学生再次按照老师纠正的方式自由朗读，让学生从“读得更好”中坚定朗读信心。四是在学生基本能够完成整篇绕口令的朗读后，老师带领学生跟读。四步教学法树立了学生朗读的自信，让学生的朗读能力得到较大提高，语言障碍也得到有效矫正。

三、通过复述绕口令的主要内容培养学生说的能力

在完成正确朗读绕口令，对绕口令的主要内容有所了解的前提下，我要求学生用自己的话来复述绕口令的主要内容，并且说出学习绕口令后的内心感受和想法。在这个环节中，学生必须把书本上的文字变成自己的话，从而培养了学生动脑思考的能力，有些环节还必须加上自己合理的想象，把书面文字连接成通顺的话。在最后一个环节还得按照老师的要求说出学习绕口令以后的内心感受和想法。为学生提供了有效的说话材料，让学生有材料可以想象，有话可说，并把思维转变为语言，合理地表达出来，有效地培养了学生说的能力。

智力障碍学生的心理、生理特点决定了他们在学习过程中存在一定的困难和障碍，但是只要方法、手段得当，这些障碍和困难是可以克服的，每个孩子都可以在自己的能力范围内得到最大限度的发展。作为教师，我们要做的就是根据这些特殊孩子的身心特点，不断寻求更加科学合理的教育方法，最大限度地弥补他们的身心缺陷，挖掘其潜能，帮助他们实现最大程度的发展。

以上是一位语文老师在培养智力障碍学生听、说、读、写能力上的方法，请仔细阅读以上内容并回答以下问题：

1. 你认为这位老师采用“绕口令”方式进行听说能力的培养是否可行？为什么？
2. 根据本章所学内容讨论该老师教学生的过程体现了听说教学的哪些原则？

➢拓展阅读资料

1. 李胜利主编:《言语治疗学》,华夏出版社 2010 年版。

2. 刘春玲、马红英、杨福义:《智力落后学生对词汇理解的研究》,载《心理科学》2000 年第 6 期。

3. 马红英、刘春玲、翟继红:《中度智力落后学生语言能力的初步分析》,载《中国特殊教育》2001 年第 1 期。

4. 马红英、刘春玲、顾玲琳:《中度智力落后学生句法状况的考查》,载《中国特殊教育》2001 年第 2 期。

5. 马红英、昝飞:《构音障碍儿童的元音偏误分析》,载《中国特殊教育》2004 年第 9 期。

6. 毛世桢、马红英:《构音障碍儿童的辅音偏误分析》,载《中国特殊教育》2005 年第 9 期。

7. 上海市中小学(幼儿园)课程改革委员会办公室:《上海市辅读学校言语沟通训练课程指南(征求意见稿)》,上海教育出版社 2014 年版。

8. 天津师范大学语言研究所:《学龄前儿童语言能力测试》,天津大学出版社 2013 年版。

9. 昝飞、马红英编著:《言语语言病理学》,华东师大出版社 2005 年版。

10. 张鸿苓著:《中国当代听说理论与听说教学》,四川教育出版社 2000 年版。

11. 网址:http://www.skillsyouneed.com/ips/verbal-communication.html

http://www.buzzle.com/articles/oral-communication-skills.html

第六章

培智学校的汉语拼音教学

汉语拼音是重要的学习工具。国家规定“初等教育应当进行汉语拼音教学”①，那么培智学校理应进行汉语拼音教学。但是，培智学校学生学习汉语拼音与普通学校有所不同。汉语拼音的首要功能是用以矫正学生的构音缺陷。另外，智力障碍学生学习汉语拼音的能力较差，教师必须了解智力障碍学生学习汉语拼音的困难所在，然后针对其困难，制定符合学生学习特点的教学方案，运用科学的教学方法组织教学。本章将为你讲述培智学校学生学习汉语拼音的意义、培智学校拼音教学的难点、教学建议、教学方法以及如何设计汉语拼音教学方案等内容。假如你是一名培智学校的语文老师，你将怎样借助汉语拼音矫正构音障碍，怎样设计汉语拼音的教学方案、运用什么样的方法教授汉语拼音呢？

---

① 教育部:《中华人民共和国国家通用语言文字法》,www.moe.edu.cn,2014 年 7 月 12 日访问。

通过本章学习,你能够:

1. 理解为什么要在培智学校开展汉语拼音教学。
2. 了解智力障碍等学生学习汉语拼音的难点和重点。
3. 了解培智学校汉语拼音教学中常用教学方法。
4. 知道汉语拼音教学设计的要素和教学的过程。

第一节 汉语拼音教学的意义

汉语拼音是普通小学语文课程中一项非常重要的教学内容。1990年国家教委颁布的《全日制智力障碍学校(班)语文教学大纲(征求意见稿)》规定“汉语拼音是帮助识字、阅读、学习普通话和矫正语音障碍的有效工具”,点明了在轻度智力障碍学生中要教授汉语拼音。但是,目前的培智学校教育对象是以中重度和脑瘫、自闭症的学生为主,针对这样的教育群体是否还需要教授汉语拼音,目前尚存在争议。事实上,是否需要在培智学校教授汉语拼音,关键在于对汉语拼音功能的基本认识和定位。汉语拼音不仅仅是识字检字的工具,更是矫正学生发音缺陷的工具。因为培智学校学生或多或少都存在构音缺陷,所以矫正构音缺陷本来已经成为语文课程的一项重要任务了。如果我们认识到汉语拼音的正音功能,那么就应该在培智学校开展汉语拼音教学,可以把教学的重点放在矫正发音缺陷上。但值得说明的是,如果有些学生在矫正构音缺陷的同时还有运用拼音识字、检字的教育需求,教师也理应为学生提供相应的拼音识字、检字的教育服务,为学生终身学习奠定基础。

让培智学校学生学会汉语拼音到底有何意义?归纳起来有如下几点。

一、矫正学生的构音缺陷

培智学校中的学生或多或少存在着构音障碍。由于发音不清晰、进而导致沟通困难并影响了学生认知的发展。汉语拼音是一套高效的汉语构音评价和矫正工具,教师可以借助汉语拼音对学生的构音情况进行评价,找到缺陷所在,再通过科学的元音、辅音、声调、音节的训练,使其构音缺陷得到部分或全部的矫正,促进其沟通、认知和学业的发展。

二、学习普通话

我国幅员辽阔,方言和民族语众多,智力障碍学生分布在各方言区或民族地区。如果学生只会用方言或民族语交流,就很难进入更广阔的交流领域。普通话是现代汉民族的共同语,而汉语拼音正是学习普通话的工具。学生如果学会听说普通话,就能够获得更多的信息,扩大生活范围和交流领域。因此,培智学校应该通过汉语拼音教学提升学生听说普通话的能力，促进他们在更大范围内参与社会交流。

三、为进一步学习汉字打下基础

汉字是用于书面交际的工具，生活中处处有汉字，故阅读已经成为现代人生活的一种方式。所以智力障碍学生也必须学习汉字以更好地应对生活。但是汉字数量庞大，学生的学习时间和学习能力有限，学生在校学习的汉字并不能满足其一生发展的需求。如果学生学会汉语拼音，就能够借助拼音学习生字，甚至学会查检字典、词典来解决生活中的阅读需求。因此，掌握汉语拼音就掌握了汉字学习的一个重要方法，就有了终身学习的基础条件。

鉴于汉语拼音在构音矫正、学习普通话、辅助识字和阅读等多方面的功能，教师应该根据不同学生的发展需要科学地制定汉语拼音教学目标、开展拼音教学。但要说明的是，虽然汉语拼音具有矫正构音障碍的功能，但是对听觉障碍、脑瘫、唇腭裂等器质性构音障碍学生的构音训练还需配合医学手段进行。

第二节 汉语拼音教学难点与教学建议

为使汉语拼音教学落到实处，教育主管部门为轻度和中重度智力障碍学生分别提出了教学目标和教学要求。但是，因为培智学校学生的构音缺陷明显、认知水平低，因而学习汉语拼音有其特殊的障碍和学习特点。为了有针对性地开展汉语拼音教学，教师应了解培智学校学生的构音障碍的情况以及学习汉语拼音的困难所在，以便提供科学有效的教学训练。

一、学生构音障碍的表现极其原因

在培智学校学生中有相当一部分人存在构音障碍。构音障碍不仅表现在某些声母、韵母和声调发不好，还有些声母与韵母拼读困难。

(一) 声母发音障碍

(1) 经常发错的声母有：sh、zh、ch、r、c、f、t、s、x、k、h、q、p、j 等。

(2) 学生经常用会发的声母去替代不会发的声母。例如，学生用 z 替代 c，用 b 替代 p，用 c 替代 ch，用 d 替代 t，用 l 替代 n 或 r 等。

(二) 韵母发音障碍

(1) 学生最难发的韵母有：o、e、er、üe、iou、ei、uo、un、üan、uang、eng、ueng 等。

(2) 学生发复韵母和鼻韵母音相对困难，有时用单韵母替代。例如，把韵母 ao 发成了/o/；把 ai 发成了/ɛ/，把 uo 发成了/o/。

(3) 相近发音容易混淆。例如，i 与 ü、en 与 eng、in 与 ing、an 与 ai、uan 与 a、ian 与 a 等发音常常出现混淆或替代。

(三) 声调障碍

与声母和韵母发音相比，学生的声调基本正确，但也有一些细小的缺陷。

(1) 声调的调值普遍偏低。例如，普通话的第一声为高平调，其调值为 55。但培智学校有些学生的声带比较松弛，发音时声带收不紧，故发高平音时调值偏低，通常达不到 55 的调值要求。

（2）声调的时长不够，发音短促。汉语普通话的声调一般比较舒缓、没有急促的声调。但是，培智学校有些学生发音时声调较短促，已经改变了该音节原有的声调。由于声调改变，导致交流障碍。这种情况的出现有些是因为方言中固有声调的影响，而有些则是因为学生对发音时气流的控制不当造成的。

（四）构音障碍的原因

由于语音系统是一个庞大而严密的符号系统，掌握并自如运用这个系统对人的生理、认知都有较高的要求。这在外语学习中我们已经深刻地认识到了这一点。培智学校学生的认知水平低、精细动作控制困难，再加之他们中的一些人患有生理缺陷，所以构音缺陷的人数、构音障碍的复杂度和造成这些障碍的原因非常复杂。梳理培智学校学生构音缺陷，分析造成这些障碍的原因，对教师科学开展汉语拼音教学有很大的帮助。导致培智学校学生构音缺陷的主要原因包括：

（1）听力障碍导致发音障碍。正常的听力是准确构音的基础。如果听力障碍，必然导致学习发音的困难，因为听不到，或听不清造成发音障碍。

（2）口腔功能障碍导致构音障碍。有些智力障碍、脑瘫等学生存在口腔运动障碍，发音时因为他们的发音器官协同运动困难，因此影响发音的清晰度。

（3）气流控制障碍。有些学生在说话时因不会控制气流，所以发音时声带不够紧，出现声调障碍。

（4）认知障碍。构音障碍还与学生的认知障碍密切相关。由于认知障碍，影响了学生的语音听辨、模仿发音和自我发音的监控，故造成发音错误。

（5）方言影响。如果处在方言区，培智学校学生在说普通话时必然存在方音的干扰，影响普通话的准确度。如果学生的方音清晰但说不准普通话说明该生并非构音缺陷者，教师也无需对其进行构音训练，可以将教学重点放在学说普通话、拼音识字和拼音检字上。

教师了解了培智学校学生的构音情况和导致构音障碍的具体原因之后，就能够在汉语拼音教学中实施有针对性的听辨语音和构音的矫正训练。

二、汉语拼音教学的难点与教学建议

（一）声母教学的难点与教学建议

1. 声母教学的难点

（1）有些发音部位不易观察：一些声母的发音部位很容易被观察到，所以学生模仿发音相对容易，发音的准确率也比较高。例如 b、m、f 等发音部位就很容易观察到，所以大部分学生能准确地模仿发音；但是，l、g、k、h、j、x、s、zh、ch、r 等声母的发音位置是在口腔内，学生看不到教师的示范发音，学生只能凭听觉感受这些发音，所以模仿这些音时比较困难，不容易发正确。

（2）发音相近的声母不易区别：有些声母的发音特征明显，学生很容易从听感上分辨出来是什么声母，一般模仿发音的准确率较高；但有些声母的发音在听感上很相似，所以学生常常出现模仿发音的错误。例如，b-p、g-k；z-zh；j-z；l-n、m-n 虽然发音不同，但如果教师不特别夸张地发各目标音，学生有时会听错并模仿，致使模仿发音错误。

(3) 方音干扰：培智学校的学生在学习声母时有些发音可能会受到方音的干扰，导致发音错误。例如，一些方言中声母 z-zh、c-ch、s-sh、n-l、f-h 不分，所以培智学校的学生在读"出租"、"四十"、"努力"、"牛奶"、"凤凰"、"回复"等词语时会出现错误。

(4) 相近字母的字形不易辨别：声母中的 b-d、p-q、t-f、n-h、n-m 等字母的字形比较相像。这些形近的字母对空间知觉和观察能力较低的培智学校学生而言不易区分和记忆，所以区分拼音中相近的字母字形也是学生学习的一个难点。

(5) 尽管汉语拼音字母与汉字相比，其字形简单许多、好写不少，但执笔、运笔涉及手指握笔的力度、松紧度、运笔的速度，笔与纸接触的角度、力度等技巧，对手部精细动作控制和手眼协调困难的培智学校学生而言，写声母时困难依然很大。例如：写 b、d、q、p、g 等声母时，如何将半圆和直线相接；写 m、n 和 h 时，如何将圆弧与直线相接而非相交；如何写好 r 上的小弯头，使其比例与整个字协调；如何将 zh、ch 等声母的两个字母距离控制好，使其成为一个声母而非两个字母，这些都是学生书写时需要注意的一些难点。教师在字母书写之初，要重视对学生的执笔、运笔训练。

2. 声母教学建议

针对培智学校学生声母学习的困难，提出如下教学建议：

(1) 引导学生听清楚所发的目标音：正确发出声母的基础是清晰地感知声母的语音，所以声母教学的第一步是引导学生听辨不同的声母(尤其要注意听辨语音相近声母的发音)，在学生能够清晰感知不同声母的发音的基础上再学习如何正确发出声母。

(2) 讲清声母的发音要领：在学生能够听清所学习语音的基础上，教师再配合示范发音讲清声母发音的动作要领，包括唇、舌、腭的接触部位和运动情况，给学生提供模仿发音的技术支持，使学生能够在教师指导下按照发音要领正确模仿声母的发音。

(3) 分清不送气音与送气音：针对培智学校学生常常混淆 b-p、d-t、g-k、j-q、z-c、zh-ch 等音的问题，教学中教师应特别强调这两组声母的发音区别，并重点指导学生发好声母 p、t、k、q、c、ch 等送气音。

(4) 分辨鼻音 n 与边音 l：n 与 l 发音的不同，主要是发音气流流出时的共鸣腔不同。有些学生可能处在某方言区，会将 n 与 l 相混；而有些学生则因其他原因混淆 n 与 l。教学中教师要关注 n 与 l 声母的教学。练习发 n 音时可以先用闭唇发音法，做一些鼻腔共鸣训练，让学生感知鼻腔共鸣，然后引发 n 音；练习发 l 音时，可先让学生做弹舌练习，使其体会舌头与硬腭的快速接触与分离，进而练习发 l 音。

(5) 分辨平翘舌音：翘舌音在不少方言音系中没有，因此翘舌音学习值得特别关注。由于翘舌音的发音部位不易观察，加之有些学生舌的运动不灵活，所以模仿发翘舌音有一定的困难。因而教师要注意特别训练翘舌音的发音。翘舌音的发音要领是：舌尖上举，抵住硬腭前部发音，而平舌音的发音要领是：舌尖平伸抵住上齿背或下齿背发音。教师可先让学生平伸舌头发 zi 组音，再在此基础上引导学生舌头上卷至硬腭处发 zhi 组音。还可以用对比发音练习发这两组不同的音。例如：z-zh："组织、最终、杂志"；c-ch："尺寸、出差、成才"；s-sh："随时、设施、十三"等。但要说明的是，考虑到翘舌音发音的难度比较大，原则上要求学生能够听辨平舌音和翘舌音，但不强调每个学生要发准翘舌音。

（6）发好舌根音：g、k、h音是最难观察到发音部位和发音动程的，所以主要靠听觉学习发音。但是如果不仔细听辨，很容易将g、k、h与d、t的发音混淆。例如，有学生将“哥哥”发成“de-de”，将“咳嗽”说成“dé-sòu”。因此，教师要特别注意声母g、k、h的听辨训练和发音训练。如何教g、k、h的发音呢？教学中教师可采用让学生漱口、清嗓等方法感受舌根发音时的紧张状态，采用练习舌头后缩、舌前部降低等方式使舌头后部隆起发音；也可以采用让学生模仿鸡鸭等动物叫声练习发舌根音；也可以组织学生做语言游戏，比如让学生仿读“哥哥、咳嗽、喝水、盒子、鸽子”等词语，或说“哥哥爱养和平鸽”、“小红口渴，哥哥给她喝可口可乐”等句子练习发g、k、h等舌根音。

（7）分辨形近字母：在教学中教师要帮助学生分辨声母中字形相近的字母。例如，小写字母b-d、p-q、t-f、n-h、n-m和大写字母D-G-B、M-W等比较接近。建议教师教学时，除了讲清楚字形相近的、容易混淆的字母的外形特征，还要注重引导学生观察相近字母的外形，找出各个字母的外形特征，并采用儿歌、游戏等方法使学生记住各字母的特点，通过对比认读、书写等方式分辨、记住各字母的字形。

（8）对于手部精细动作控制困难的学生，应该先训练学生握笔的能力，而不要急于书写。当学生握笔的手能够稳定、自如地运动后，就应该让学生画直线线段、画弧线、画圆；当学生能够自如地运笔画线段和圆圈后，再让学生试着写字母。如果学生手部精细动作控制严重障碍，先让学生从握粗杆笔开始，当学生能够比较好地控制粗杆的笔后，逐渐换成一般的笔。另外，为配合粗杆笔写字，教师应该提供大格的写字本。

（二）韵母教学的难点与教学建议

1. 韵母教学的难点

韵母在音节中发音最响亮，发音时间也最长，所以发好韵母是准确发音的关键所在，教师应该注重韵母的教学。培智学校韵母教学的主要困难是：

（1）不易分辨单韵母i和ü：i和ü的发音不同，但培智学校的部分学生不能清晰分辨。例如，有的学生将“愿望”发成yànwàng，将“月亮”发成yèliang。这一方面与学生受到方言的影响有关，另一方面是因为这两个音在听感上的确相近，不仔细分辨不易听清，因此教师要特别引导学生听辨和模仿i和ü的发音。

（2）特别韵母er的发音困难：由于er音是一个卷舌音，所以对舌头的运动能力和整个发音器官的协同运动有很高要求。培智学校学生中有些学生的舌头运动有障碍，再加上方言的影响，不易发好卷舌韵母er。而er音发不好，又会影响说话中“二”、“儿”、“耳”、“而”等字的发音，故建议教师要特别加强对er的发音指导和训练。

（3）不容易发准鼻韵母：相对复韵母的发音，鼻韵母发音相对困难，尤其是发uan、ueng、uang等鼻韵母更难。这是因为，发由u构成的鼻韵母，增加了唇和舌头的运动范围，发音时不仅要求舌头运动的速度要快、气流要连贯，而且口腔的开合速度也要快，而这些要求对发音器官协调功能不太好的学生来说比较困难。建议教师在鼻韵母教学中要特别注意加强对wan、weng、wang以及由韵母uan、ueng、uang组合的音节的教学。

（4）会把复韵母、鼻韵母发成单韵母：由于有些脑瘫或智力障碍学生的发音器官

(尤其是舌头)比较僵硬,舌、唇、腭及小舌等协调运动有障碍,所以发复韵母、鼻韵母时发音器官运动缓慢,难以快速形成正确的发音。为了完成发音,学生便会采用简化发音过程的方法,将复韵母或鼻韵母发成单韵母。例如,有些学生将 an、ang、en、uen、uang 等统统发成/A/,而把 in、ing 等发成/i/。因此建议教师在教学中关注复韵母、鼻韵母被发成单韵母的问题。

(5) 复韵母与鼻韵母易混淆:培智学校中有学生会出现复韵母与鼻韵母混淆的情况,或鼻韵母缺乏。这既与学生不能有效地控制软腭、小舌的运动有关,也可能是学生受方音的影响,还可能是因学生存在软腭麻痹(尤其是脑瘫学生)或患有轻微腭裂。因此,韵母教学中,教师要特别注意学生能否发鼻韵母。如果学生鼻韵母和复韵母发音完全不分,或在发鼻韵母时整体感到困难,则要提醒家长带学生去医院接受相关医学检查,然后再有针对性地进行训练。

(6) 有些韵母的书写形式不易辨别:韵母中有些字母的字形十分相似,如 u-ü;有些韵母的组合形式非常接近,例如 ie-ei、ui-iu、un-ün、uan-üan 等。教学中也要有意识地提醒学生注意对相近字母和韵母的区分。

2. 韵母教学的建议

(1) 分清单元音 i 和 ü:分清单韵母 i 和 ü,能够提高由 i 和 ü 组成的很多音节的发音清晰度,所以教师要重视这两个音的发音。i 和 ü 发音的不同主要是发音时唇形圆展的不同。发 i 时唇部向两边展开,唇形是扁的;而发 ü 时唇部撮圆发音,故唇形是圆的。教学时,教师可以让学生先观察两个音发音时唇形的变化,了解这两个音发音的不同唇形;或利用学生已经会发 i 音或 ü 音,然后通过唇形变化发另一个音。例如,某学生已经会发圆唇音 ü,教师则可以通过引导学生在舌位不变的情况下逐渐展开唇形发音,就自然发出了 i 音。当学生能够自如地发准这两个单韵母后,教师再进行 ia、iao、ian、iang 或 üe、üan、ün 等韵母的教学,最后将声母与相关韵母拼合发音。

(2) 对特别元音 er 进行训练:发特别元音 er 时舌头要快速卷起发音。训练发 er 音的重点在于控制好舌体的卷曲度。如果学生的舌头比较僵硬、不容易上卷,或上卷的速度太慢,则可以通过舌操来改善舌头的灵活性(特别是上卷的力度和速度),并在此基础上引导学生听清、发准 er 音。

(3) 分清单韵母与复韵母:针对部分学生将复韵母发成单韵母的情况,教师应强调单韵母和复韵母的不同发音原理。即复韵母发音的难度比单韵母大,因为发复韵母时舌头要从一个发音部位快速地移动到另一个发音部位(如果是发 iao、uai、ui、iu 等音,舌头要移动两次),这对舌头的灵活性要求比较高。教师一方面可以通过做舌操来训练舌头的灵活性和舌肌力,另一方面也可以引导学生观察发单韵母和复韵母时唇形的变化情况,以引导学生分清,发好韵母。就发音机理而言,发单韵母时舌位不需要运动,所以在外表上看唇形也没有任何变化;而发复韵母时舌位会发生改变,所以唇形也会相应地出现变化。教师可以通过让学生听辨韵母、观察教师发音时唇的变化情况来分辨单韵母和复韵母。

(4) 分清前后鼻韵母:发前鼻音时,舌头自然放松,平伸发音,而发后鼻音时,舌头后缩,舌前部降低,使舌根抬起发音;发前鼻音时开口度较小,鼻腔气流较弱;发后鼻音时开口度相对大些，鼻腔气流也较强。另外，因后鼻韵母相对前鼻韵母难发一些，所以教师指导发后鼻韵母时，应强调舌头后缩、舌头前部降低发音的动作。但需要说明的是，拼音教学时，教师可以适当考虑对前后鼻音发音区别的训练，重点在于要求学生正确听辨前后鼻音，但不必要求每个学生都发准后鼻韵母。

(5) 分辨不同韵母的书写形式：在韵母拼写教学时要特别注意对书写形式形相近韵母的区分。建议教师在一开始的教学中就要着重对易混淆韵母特征进行区分讲解和练习，以帮助学生在一开始就形成正确、清晰的印象。再通过拼写练习，强化对相近韵母的分辨和记忆。

(三) 声调教学的难点与教学建议

总体来说，培智学校学生除听力障碍外，大部分学生发音时声调没有太大问题。但是，第三调的发音有时不够准确，而且拼读的同时确定声调对培智学校学生来说也比较困难。

不易把握第三调的发音：由于第三调为曲折调，调值为先降后升，所以不易把握。因此，发好第三调应该是声调教学的难点和重点。建议训练第三调的单字音时，应该强调降、升的完整，即第三调的尾音要扬上去。

另外，对于学生声调上的问题原则上不要过多矫正。如果学生在交流中个别声调没有发准，但并未造成交际障碍，教师不必特别矫正，只有当某一声调被完全替代或该声调严重偏离其原有声调的调值时，教师才予以矫正。

(四) 拼读教学的难点与教学建议

拼读是在熟练掌握声母、韵母和声调基础上，依据一定的规则将声韵调拼合在一起，形成一个有意义的音节的过程。

(1) 在拼读教学中，翘舌音与鼻韵母相拼是拼读教学的难点，尤其是将翘舌音与以 u 打头的鼻韵母相拼时更加困难，如 ch＋ūn→chūn(春)、zh-uāng→zhuāng(装)、sh-uāng→shuāng(双)等。建议在拼读教学中，教师特别注意对翘舌音与鼻韵母拼读过程的指导，尤其要关注用翘舌音声母与以 u 打头的鼻韵母的拼合训练。

(2) 拼读时快速确定声调困难：因拼读时要同时考虑到声韵调三个部分，培智学校学生的注意力分配的能力不足，所以在拼读过程中准确定调比较困难。建议拼读采用韵母带调的方法，这样可以减少拼读定调的难度。具体方法是，先确定韵母的声调，然后将带有声调的韵母与声母相拼，例如，拼读生字“塘”为：t＋áng→táng。这样可以提高拼读的准确性。

(五) 整体认读音节教学难点与建议

整体认读音节有 16 个，这对分辨和记忆能力都较差的智力障碍学生而言困难是显而易见的。在整体认读音节教学时，教师应加强对整体认读音节书写形式和读音的辨别，可结合学习园地、利用教室环境来呈现整体认读音节，以便给学生尽量多的视觉刺激，促进学生对整体认读音节的辨别与记忆。另外，整体认读音节的学习还要靠学生多读、多看、熟记，只有这样才能掌握 16 个整体认读音节。

(六) 拼写教学难点与教学建议

拼写汉语拼音有一定的规则，只有掌握了这些规则才能正确拼写音节。

1. 拼写教学的难点

（1）学生不清楚拼写时什么时候要省略 ü 上的两点。

（2）学生不清楚拼写时什么时候要用隔音符号“'”。例如，把“延安”误写成了 yánān（牙拿）。

（3）学生不清楚声调应该标在哪里：学生有时将声调标在韵母的辅音上，如将“声音”写成 shenǧyiň；或标在非主元音上，例如将“没有”写成 meíyoǔ 等。

（4）培智学校学生书写音节时常出现的错误类型有：①音节内字母的疏密安排失调：如将“花”写成为 h uā，将“汤”写成 tān g。②随意增减字母：将“床”写成 cháng，将“虫”写成 chón，这种情况往往出现在音节由较多字母组合而成时；但又有将“个”写成 geǐ、将“去”写成 qiù 的情况，这类错误主要发生在音节由较少字母组合而成时。③字母颠倒：如将“说”写成 suhō 或 shōu，将“学”写成 xeú。④相似韵母或声母混写：如将“女”写成 nǔ，将“球”写成 puí 等。

图 6-1

培智学校学生书写汉语拼音示例

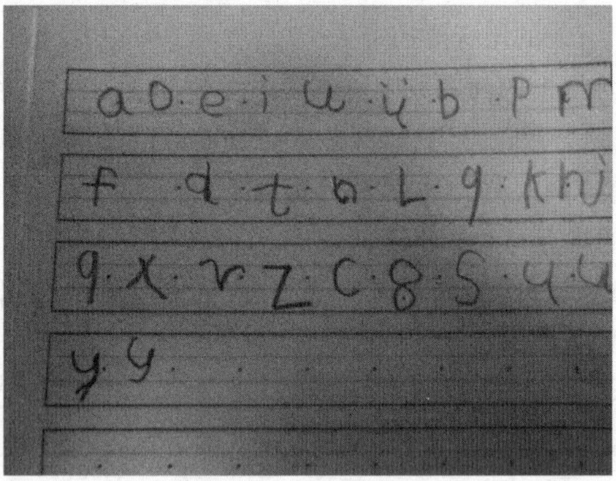

2. 拼写教学的建议

（1）结合精细动作训练开展执笔训练。可以先用粗笔在放大的四线三格中书写，再逐渐过渡到拿一般的笔书写，但笔尖不易削得太细。

（2）结合汉语拼音书写训练，告诉学生基本的拼写规则。教学中，教师不需要一个个讲解拼写的规则，而是在音节拼写的过程中介绍拼写规则，并通过练习使学生熟悉、掌握拼写规则。教师应有针对性地编写一些练习题，指导学生正确拼写。

（3）教学中注意对标调位置的讲解和训练，教师应该讲清楚标调的具体位置，以免学生随意标写声调。

（4）结合拼读教学还要进行书写示范，做到提早预防。另外，教师要引导学生对自己所写的音节进行检查，找到错误，及时纠正。

第三节　汉语拼音教学的常用方法

针对培智学校学生的特点，汉语拼音教学的方法要注重实用，要用丰富的活动来引导学生参与学习。目前在培智学校比较成熟的汉语拼音教学方法有以下几种。

一、声韵母教学常用方法

(一)"示范→讲解→观察→模仿"

学习声母或韵母,教师主要是通过示范发目标音→讲解发目标音的要领→二次示范发目标音→引导学生观察目标音的发音动作→指导学生模仿发目标音等几个环节组织教学活动。教学的基本模式是教师一边讲解发音要领,一边引导学生观察教师的发音动作,期望同时从听觉和视觉上让学生感受所学习的声母或韵母,然后模仿发目标音。当学生练习发音时,教师应做好巡回指导,有针对性地矫正学生的错误发音。以韵母"an"的教学为例:

(1) 教师先示范发三遍"an",要求学生认真听"an"的音,目的是感受韵母"an"的语音形式。

(2) 教师讲解韵母"an"的发音要领:发"an"音时,舌位从下往上升,嘴唇从张开多逐渐合拢,舌头最后靠近上齿背,发音结束。

(3) 教师二次较缓慢地、有节奏地示范发目标音"an"音三遍。学生结合老师的讲解在此感受"an"的发音。

(4) 教师引导学生一边听教师发"an"音,一边观察教师的口腔、唇舌动作。

(5) 要求学生逐一模仿发"an"音,教师听辨、观察学生的发音情况,并即时提供发音指导。要求学生感受发音动作,通过听觉监控调整自己的发音。

(二) 相近音的对比发音训练

由于发音方法相同或发音部位一样,故有些声母或韵母的发音非常接近,导致学生混淆相近的声韵母,出现替代发音的情况。

1. 相近音的听辨训练

(1) 声韵母对比听辨训练

教师可以将发音相近的声母或韵母作即时的对比发音,通过听辨引导学生查知不同声韵母的细微差别。例如,针对区别平翘舌音声母的训练,可采用教师对比发 z-zh(c-ch、s-sh)让学生分辨;针对区别 n、l 的训练,可采用对比发 n-l 音让学生分辨;区别送气音与不送气音,可采用教师依次发 b-p、d-t、g-k、j-q、z-c、zh-ch 等音帮助学生分辨各组音之间的不同。同理,训练 i-ü 的分辨,也可采用教师对比发 i-ü、ian-üan 的方式让学生感知 i-ü 两个音的不同,而对比发 en-eng、in-ing,可以帮助学生区分前后鼻音等。

(2) 词句对比听辨训练

说话是以词和句为单位的,故单纯地分辨声韵母还不够,所以教师在学生能够较好地分辨声韵母后,还要引导学生分辨词语和句子,让学生能够在语流中清晰地分辨不同的词语、句子,正确理解交流的内容。

(1) 分辨 b 与 P 组成的词语:不怕、奔跑、半盘、标牌;跑步、普遍、皮包、瀑布。

(2) 分辨 d 与 t 组成的词语:答题、电梯、地图、代替;特点、态度、太多、替代。

(3) 分辨 g 与 k 组成的词语:概括、顾客、功课、赶快;开关、看过、开工、苦瓜。

(4) 分辨 j 与 q 组成的词语:机器、假期、节气、坚强;全家、情景、清洁、秋季。

(5) 分辨 z 与 c 组成的词语:字词、杂草、再次、组词;存在、操作、词组、错字。

(6) 分辨 zh 与 ch 组成的词语:支持、主持、正常、指出;成长、初中、查找、车站。

句子是表达单位,但在句子中分辨相近的语音难度更大。尽管如此,教师还是应该将区别相近音的练习扩大到句子层面。例如:训练学生听句子"老刘拉牛奶",以分辨 n、l 不同音;听句子"兔子跑了"和"肚子饱了",可以分辨送气与不送气音;听辨"雨夜下雨穿雨衣",可以分辨 i 和 ü 不同音。

为了使学生清晰分辨相近音的不同,教师可以适当夸大某音的发音特征,以显示不同音之间的区别。但是,夸张发音要适度,过分夸张会造成发音失真,失去模仿学习的价值。另外,学生长时间机械模仿,可能导致脸部肌肉紧张、口型失准,故要控制好学生操练的度。

2. 相近音的发音训练

学生能够听辨相近的语音就为其正确发音奠定了基础,但教师不能要求学生仅仅停留在相近音听辨的水平上,还要引导学生发好不同的音。所以,在学生能够听辨相近的声韵母、词语和句子后,教师应该及时训练学生模仿对比发音。

相近音的发音训练顺序为:先听辨相近音,后模仿对比发相近音;先模仿对比发相近的声韵母,再逐渐扩展到发相近的词语、句子。

由于语音听辨的难度小于发音的难度,所以在学生模仿发相近音时一定会出现很多错误,此时教师要鼓励学生模仿发音、说词、说句,并要在学生每次错误时都反复纠正,因为教师纠正过频、要求过高会影响学生模仿发音的兴趣,从而抵触训练。

(三) 演示法

在拼音教学中,对无法直接观察的声母、韵母的发音,教师可以采用手势模仿唇舌运动的动作,或通过视觉形象帮助学生理解发音方法,掌握发音要领。例如,发音时抬起右手,用手掌上腭,以左手演示舌头的运动(如下图),形象地向学生展示了舌头运动的方向和动程,对学生分清并发好平翘舌音、舌根音与舌尖音等都很有帮助;另外,教师用手做成字母形状,对学生分辨字母 b-d、q-p、n-m 的形式也能起到一定的作用。声调教学中的划调也是演示法的具体运用。

图 6-2

手部示范发音舌位

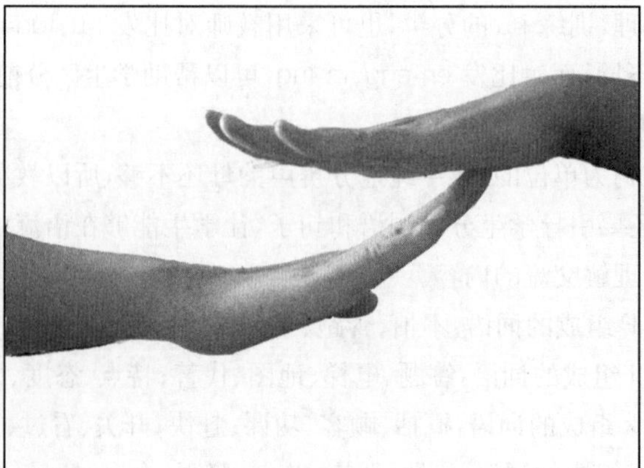

(四) 用“先导音”引出目标音的方法

这是采用“熟导生”或“前导后”的方式帮助学生进行发音训练的方法。

1. “熟导生”的发音训练

当学生发不出某一个或某一类目标音时,教师可以采用学生能够发出的一个与目标音具有共同特征的音作为发目标音的先导音。具体方法为:先让学生发一个熟悉音,然后引导学生改变熟悉音的发音部位或发音方法发出训练的目标音。例如,学生发 e 音困难,但可能已经掌握了 o 的发音,教师可以让学生先发熟悉音“o”,然后在舌位不动的情况下逐渐改变唇形,即将圆唇变为扁平唇,就能发出正确的 e 音了。

2. “前导后”的发音训练

指将会发的某个音作为“先导音”置于不易发的目标音之前,利用“前导音”发音时音器官的运动和气流的惯性带出后一个目标音。例如,有的学生不会发声母 n,但会发前鼻音。教师可以选择一个以 n 为韵尾的音节和一个以 n 为声母的音节组成词语,让学生反复读该词语,就能够利用前一个音节的韵尾 n 带动后一个音节声母 n 的发音。例如,词语困难(kùn-nan)、新年(xīn-nián)、男女(nán-nǚ)、酸奶(suān-nǎi)、电脑(diàn-nǎo)等。

(五) 歌诀法

此方法是将拼音字母编成儿歌、顺口溜等形式,然后将编好的儿歌、顺口溜教给学生,使学生通过熟读儿歌、顺口溜学习拼音。这种教学方法能够用语言指导学生观察所学习的目标音、记忆发音要领,让学生在轻松的气氛下学习。编写拼音字母儿歌或顺口溜一般有三种方法:

1. 根据发音特征编写儿歌

根据发音的特征编写儿歌或顺口溜,目的是帮助学生按照发音的特征发音。例如,“张大嘴巴,ɑ、ɑ、ɑ”,学生一边念儿歌,一边根据儿歌提示张嘴发 ɑ 的音。同样,训练学生发其他音时都可以一边念儿歌,一边发音。例如:“扁扁嘴巴,e、e、e;圆圆嘴巴,o、o、o;双唇相碰,b、p、m;唇舌相碰 f、f、f;舌头平伸,z、c、s;舌头翘起,zh、ch、sh;舌头后缩 g、k、h。”在发音教学时,学生能够根据儿歌或顺口溜的提示做发音动作,便于学生掌握发音要领。

根据发音特征编写儿歌时,要注意突出发音要领,使学生从诵读儿歌中区别不同音的发音特征,理解和记忆发音要领。

2. 根据字形特征编写儿歌

根据字形特征编写儿歌或顺口溜,目的是帮助学生区分和记忆字母的书写形式。例如:“一个门洞,n、n、n;两个门洞,m、m、m;伞柄朝上,f、f、f;伞柄朝下,t、t、t;像个气球,q、q、q;像个 9 字 g、g、g;像个 2 字,z、z、z,像条小蛇,s、s、s;像把椅子,h、h、h,小树发芽 r、r、r。”在学习字母书写形式时,学生能够根据儿歌或顺口溜的提示对所写的字母进行观察,便于学生分辨和记忆不同字母的书写形式。

3. 根据书写方法编写儿歌(顺口溜)

根据书写方法编写儿歌或顺口溜,目的是帮助学生记忆字母的书写形式,指导书写过程。例如:“画个圆圈 o、o、o;画半个圆圈,c、c、c;右上画圈 p、p、p,右下画圈 d、d、d;9

字打钩，g、g、g，半个8字，s、s、s；画个门洞就是n，两扇小门就成m；拐棍加横读成f，倒过拐棍成了t；i下打钩j、j、j，u上加点就成ü。”在学习书写字母时，学生根据儿歌或顺口溜的提示书写，能够规范学生的书写过程，降低字母书写的错误率。但是，以字形特征编写儿歌，一定要注意突出字母的书写特征。

编写汉语拼音的字母儿歌时应注意两点：其一，儿歌和顺口溜的语言应简洁，易读、易记；其二，儿歌和顺口溜应该能够反映字母的发音要领或书写要领，切忌牵强附会。

(六) 游戏法

发音教学中模仿动物叫声、自然界的风雨雷电声、人的说话声，书写教学中的认字游戏、书写比赛、找朋友等游戏方式在培智学校的汉语拼音教学中大量使用，游戏法能够增进学生学习的兴趣，提高训练的效率，故很受教师欢迎。

1. 角色表演

教师发给每一个学生一个字母头饰，然后让学生扮演该字母并就发音或书写方式进行介绍。例如，“我是b，广播的b。写我先写竖，再在右下角写半个圆圈”、“我是p，泼水的P”、“我是a，张大嘴巴a、a、a”或“写我先写半圆圈，然后再写一小竖”等。

2. 找朋友

教师将写有不同声韵母或声调的头饰分发给学生，让每个学生扮演一个声母、韵母或声调的角色，然后老师开始报声母、韵母或声调。学生要根据老师所报出的音节，由头戴不同声韵母、声调的同学一起上台组合（按照组合规律站在一起，声调站在最后）在一起，然后让其他同学检查是否有错误。

3. 猜字母

老师先教会学生一些拼音的儿歌或顺口溜，教师讲上半句，学生说下半句（也可以由学生写下半句）。还可以由老师依据一定的方法，通过自编儿歌或顺口溜，将某一字母说出来，让学生去猜是哪个字母。例如，教师说：“小姑娘，圆嘴巴，一根小辫右边扎。”学生根据儿歌猜出来是“a”。

4. 摘果子

教师将画好的果树图片贴在黑板上，再将所写好的“果子”（果子上写有用以练习的声母、韵母或音节）发给学生。训练时，教师报一个声母、韵母或音节，学生找到手中的声母、韵母或音节，然后拿着贴到“果树”上。也可以由教师事先贴好“果子”，然后老师读一个果子，叫一名学生去“树”上摘一个果子。当学生摘下果子后，就将摘下的果子给同学看，让同学判断摘得是否正确。如果所摘果子正确，该同学则要领全班学生一起读两遍；如果不正确，让该生再去摘一次果子；实在不会时，可请其他学生帮助。

5. 匹配游戏

教师给每个学生发一组训练卡片，学生根据老师所报出的声母、韵母、声调或音节，在自己所持有的一组卡片中找出与教师所报出的发音相同的卡片。

游戏活动中，教师既是主导者，又是参与者，学生是参与者；学生和老师一同游戏，而游戏的结果可以让同学互查，或教师检查指导。因为游戏活动的趣味性较强，学生心态比较放松，所以学生们大多喜欢拼音游戏。

教师在声韵母教学训练时要着重关注三点：其一，通过听辨语音的练习，使学生能够准确感知声韵母;其二,通过发音部位、发音方式的讲解和训练,改善学生的构音状况;其三,通过听辨—模仿练习,提升学生自我监控发音的能力。

二、声调教学法

尽管大部分学生的声调没有明显的错误,但有些伴有听力障碍的智力障碍学生还是会发生声调错误。声调训练可以采用画调、口诀、图示等多种方法。

(一) 画调法

声调学习最困难的就是保持声调绝对调值的统一,即无论何时发出的第一声、第二声、第三声、第四声都能够保持在同一个声高范围内。为了帮助学生稳定所发出的声调能够保持在同一声高范围内,教师可以在声调教学时,让学生一边发音,一边用食指空中画声调。例如,发第一声时,让学生将右手举在胸前,一边发第一声一边在空中画一个平稳的横线,表示该声调在高度上前后一致,没有升降;发第二声时,让学生在发音的同时画一个上升的线段,表示该声调是由低向高发声;发第三声时,让学生在发音的同时画一个先降后升的线"∨",表示该声调是先降后升的声调;发第四声时,让学生由高至低画一个全降的线,表示该声调是快速下降的。为使所画声调起到帮助学生定调的作用,画调时应该注意速度和手势。第一声要画得稳些、慢些;第二、第四声要画得快些、干脆些;第三声画得稳些,转呈部分要清楚些。画调的速度和力度会在一定程度上影响学生声调的正确性,因此教师要用好这个方法。

(二) 口诀法

教师在声调教学中,按照声调的书写形式创造出了非常生动的口诀,以帮助学生分辨和记忆不同的声调。例如,"一声高高一路平,二声由低往上升,三声先降再扬起,四声从高降到低"等。这个口诀非常形象地描述了普通话四声的区别特征,学生容易感知、理解和记忆四声。

(三) 图示法

用图解的方式引导学生区分四声。例如,用汽车爬山的图形再配上儿歌来形象地表现普通话的四声。"一声平地开,二声上山开,三声上山又下山,四声下山开。"

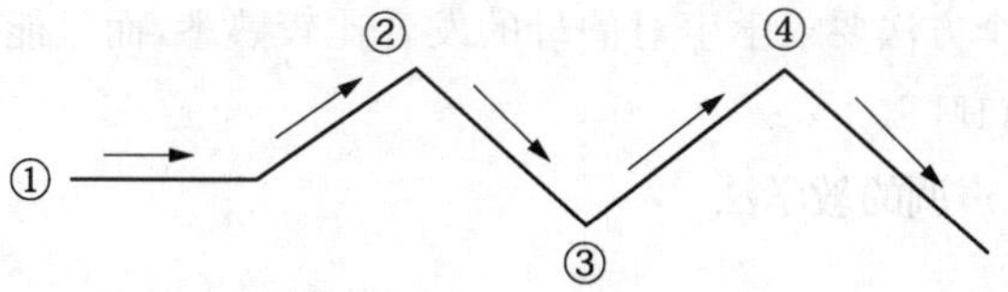

在此,教师将四声比作是汽车,汽车在做着爬山、下山的游戏。汽车平地开时,没有上与下浮动,第一声的发音也应该犹如平地跑的汽车,声调平稳,不能有上下波动;汽车上山时需加足马力,快速爬上山顶,第二声就犹如上山的汽车,声调需要快速上升;汽车上山又下山,有抑扬,有转呈,发第三声时要先降下来再扬上去;汽车下山时因惯性快速下山,因此发第四声时也要快速下降,但要注意收住音。学生随着教师的手部演示和声调示范,很容易理解四声的区别,也容易模仿。

三、拼读教学法

(一) 声韵母的拼读教学法

声母、韵母和声调是从音节中分析出来的一些训练单位。训练声母、韵母和声调是为了降低音节训练的难度、从根本上解决构音问题的一个权宜之计。但是在说话时，人们说出来“话”并不是声母或韵母，而是由声韵调拼合在一起的一个个音节。所以，学习了声母、韵母和声调之后，教师必须尽快让学生将学过的声韵调拼合在一起，形成一个个音节。由于拼读涉及声母、韵母和声调，而且韵母的结构成分又比较复杂，所以教师要选择易于学生接受的拼读方式展开拼读教学训练。

1. 两拼法

两拼法是将声母与韵母直接拼合形成音节的方法，即声母＋韵母→音节。例如，P＋ing→ping。两拼法一般可用于没有介音 i、u、ü 打头的音节拼读。拼读要领：“前音轻短后音重，两音相连猛一碰。”此方法适于初学者和拼读不熟练的人。

2. 三拼法

三拼法是将声母、介音(i、u、ü)、主韵母三部分逐一拼合形成音节的方法，即声母＋介音＋主韵母→音节。例 zh＋u＋ang→zhuang。拼读要领：“声短、介快、韵母响，三拼连读很顺当。”三拼法适合于声母与带有介音韵母的相拼。此方法适于初学者和拼读不熟练的人。

3. 声介合母拼读法

声介合母拼读法是先将声母和介音拼读成一个结构，然后再与主要韵母相拼的方法，即(声母＋介音)＋主韵母→音节的方法。例 zhu＋ang→zhuang。拼读要领：先将声介先拼好，与韵母拼。声介合母拼读法也适合于声母与带有介音韵母的相拼。此方法适于已经具有一定拼读经验的人学习拼读。

4. “支架法”

“支架法”是先做好发声母的口型但不发出声母的音，然后直接发出韵母。“支架法”适合于对舌头运动困难，构音障碍明显的学生的教学训练。其训练要领是：拼读时，先将声母的发音部位找准并摆好舌位，并将气流调整好蓄势待发；紧接着发出韵母，一口气拼读成功。这个方法要求学生对韵母的发音比较熟悉，而且能够在拼读前蓄好气流，做到声韵母“一口呼”。

(二) 拼读确定声调的教学法

1. 音节数调法

先拼出音节，然后按照音节的四声顺序数调，并根据需要确定目标音的确切声调定调。如，拼读“拿”(ná)，先拼出 na 音节，然后按照顺序读出 nā、ná、nǎ、nà 四个带调的音节，再根据“拿”的标调读出其声调 ná。这种教学方法适合于拼读的初学者。

2. 韵母带调法

先将韵母的声调确定好，然后将带调的韵母与声母拼合成音节。如“掉”为：d＋iào→diào。这种教学方法适合于虽然对四声有了基本的掌握，但还不能“一口”读准声调的学生。

3. 音节定调法

在拼合时不考虑声调问题，先将声韵母拼合在一起，然后直接读出音节的声调。如“球”为：q＋iu→qiú。这种拼读方法适合于已熟练掌握四声调值的学生，可用于高年级轻度智力障碍学生的拼读教学。

第四节 汉语拼音教学设计

根据教育部《培智学校义务教育课程设置实验方案》的规定，培智学校“每节课上课时间一般为35分钟，可根据学生的年龄、智力残疾程度和课程的性质进行适当调整”。如果每堂课的有效教学时间为35分钟左右，那么教师就应该安排好30—35分钟的教学。汉语拼音课一般可以由五个连续的教学步骤构成：复习检查、讲授新课、巩固练习、指导书写、小结与作业。

一、复习检查

时间：五分钟左右。内容：①活动发音器官（口腔操与呼吸训练、背儿歌）；②对上节课的新授知识进行检查；③检查与本节课新授内容有直接关系或能起到铺垫作用的知识。上述内容并非都要做，根据需要选择一项或几项活动，目的是评价学生的学习基础，检查学生对上一节课所学内容的保持程度，帮助学生尽快适应新的学习。

二、新授

时间：一般为15分钟。内容：讲述新的教学内容。讲授新课时又可以设计导入和新授两个教学环节。

（一）导入

交代课题名称，集中学生的注意并引起学生的兴趣。此环节需要特别设计，可采用生动有趣的导语、学生喜爱的游戏导入，也可用实物、模型、图片、多媒体等教学媒介导入。

（二）新授

目标：认识新的声母、韵母或音节

（1）感知新授的声母、韵母或音节：出示声母、韵母或音节的卡片，或在黑板上写下将要学习的声母、韵母或音节。强调所学声母、韵母或音节的发音特征或书写特征。

（2）教读音：教师示范朗读，并讲清楚所学声母、韵母、音节的发音要领（发音部位、方法）。强调所学声母、韵母或音节的发音特征。

（3）反复读：采用个别读、集体读、轮读等方法，让学生反复朗读，个别矫正。

（4）拼读：用学生熟悉的声母、韵母与新授的声母或韵母进行拼读。

（5）读词语：将拼读出的音节组成生活中常用的词语引导学生朗读，并出示词语的汉字，使学生在学习拼音的同时认识汉字。

（6）书写：教师示范书写三遍，并交代书写的一般要求，强调所学声母、韵母或音节的书写特征。

在新授过程中要注意几点:①教授新字母时要充分考虑学生信息接收方式,运用学生的听觉、视觉和触觉感知新知识,清楚地知道新的字母与已学字母的不同,将新字母的发音、字形等特征搞清楚、记牢固;②教师要利用学生个别读的环节进行个别矫正;③教师要多鼓励、少批评,耐心纠正,既不能采取放任错误的态度,也不能采用过于严苛的态度,以免造成学生因心理障碍导致更加严重的发音障碍;④教师在教学过程中一定要指着字母朗读,以避免学生盲目跟读,即虽然学生在跟读,但不知道所读字母的音的字形是怎样的。

三、巩固练习

时间:五分钟。内容:通过游戏或操作实践复习新授内容,帮助学生内化所学知识或将新的知识迁移运用。在教授完新知识后,教师要马上组织学生巩固练习新学的内容。因为新授的环节比较多、教师讲授时间比较长,因此学生普遍感到疲劳。新授后的巩固练习在形式上最好采用摘果子、找朋友、竞赛游戏等,以激发学生持续学习的兴趣,使新授内容通过游戏活动得以巩固。在巩固练习的环节中,既可做些巩固性的练习,也可做一些发展性的练习。一般而言,第一或二课时后最好做巩固性练习,而在第三课时后最好做发展性练习,帮助学生运用新的知识技能解决具体问题。

四、书写指导

时间:五分钟;内容:教会学生书写新授的字母或音节。当学生会读新的字母之后,教师就应该指导学生书写所学习的字母,因为书写需要更仔细地观察,更精确地分辨字母间的差异。有些学生在认读字母时,只是将字母的大概轮廓看了一下,并未真正搞清楚不同字母之间的区别,通过书写可以帮助学生仔细分辨新字母与已知某字母的细微差别,找到不同字母的特征,更清晰地记忆字母的外形。书写指导一般有几个步骤:

(1) 出示所学字母:将四线三格小黑板挂在大黑板上(或在大的黑板上绘制好四线三格)。教师将学生的注意力集中后,出示新授字母,并指着字母指导学生观察字形的特征。观察时,教师应特别强调与相近字母的区别。

(2) 示范书写:书写时一定要配指导语。指导语为该字母书写的要领——笔画、笔顺、书写格式,同时还要特别强调起笔与收笔。要求教师一边书写、一边说清楚所写声母、韵母或音节的字形特征、书写规则;并引导学生观察教师示范书写的过程。值得注意的是,教师的书空应是镜面示范,故要求教师用左手进行书空。

(3) 教师复写:教师一边书写,一边引导学生复述新字母的笔顺、笔画、音节的书写格式等。当学生说不清楚时,教师补充讲解要领。

(4) 学生练习:如果是学生初次接触拼音字母,教师应该让学生先做一些写前准备练习,如随意图画、画线条等;如果学生已经对字母的书写有了一些经验,教师就可以直接采用书空、沙写、摹写、书写等方式进行练习,帮助学生掌握书写要领。

对没有握笔书写能力的脑瘫学生,教师可以为学生提供一个"摹写"的模板,让脑瘫学生通过"摹写"所学习的声母、韵母或音节来感知书写过程。为此,教师要提前准备好摹写的材料。

(5) 让学生在本子上描写。为了让学生正确书写,教师应该根据不同学生的书写能力事先为他们打好字样。

五、小结与作业

(1) 小结:两分钟,对本节课的教学内容做简单回顾。教师利用课的结尾,再次强调发音要领和书写要领,但切忌重复讲述。

(2) 布置作业:三分钟,布置读写练习。最好布置完练习后让学生试写。目的是使教师了解学生对被教学内容的掌握情况,什么地方需加以指导,然后针对问题做个别或整体指导。

第五节　拼音卡片使用与音序检字教学

由于使用拼音卡具有准确、方便、灵活等特点,所以无论在普通学校还是特殊学校,拼音卡片都是拼音教学中常见的一种教学具。但是如何制作好、使用好拼音卡片,使其在教学中发挥应有的作用,值得教师们思考。另外,尽管针对中重度智力障碍学生音序检字并不是每个学生必须达成的学习目标,但是也有少部分的脑瘫、自闭症和智力障碍学生具有学习音序检字的能力,考虑到音序检字能力对学生终身学习的价值,教师可以为具有相关学习能力的学生提供音序检字的教学训练。

一、拼音卡片的制作与使用

根据培智学校学生的学习风格和教学进度,教师有时需要自制拼音卡片。但是我们必须清楚怎样的拼音卡片是符合教学规律、符合学生的认知规律的,以使拼音卡片确实起到促进学生学习汉语拼音的目的。

(一) 拼音卡片的制作

拼音卡片的制作能够反映教师的工作能力和工作态度。目前,培智学校配合教学需要制作的拼音卡片有两种主要形式:

1. 拼音卡片

根据教学需要,拼音卡片可以是写有一个声母的声母卡,或只写有韵母的韵母卡,还可以是写有一个完整音节的音节卡片。制作音节卡片时,应先将长方形的纸横着分成 3 份,用 1/3 处的版面写声母,2/3 处的版面写韵母。另外,还需留好声调的标写位置。声韵母应占上下版面的 2/3,而将 1/3 处留给标写声调。

2. 拼音+图画卡

拼音+图画卡与拼音卡片不同,这是一种既有拼音字母,又配有声调形象图画的拼音卡片。由于汉语拼音字母不容易被学生接受和记忆,所以在智力障碍学生一开始接触汉语拼音字母时,最好能够配上便于学生理解记忆的图画,以帮助学生通过图画中的具体物将字母与发音联系,促进学生对字母的理解与记忆。

制作带图的卡片比单纯的拼音卡要麻烦一些,制作者必须清楚,其中的图片是为学习字母服务,故在卡片的版式上,图与字母在版面中所占比例应各半。教学时,学生很容易只看图、不看拼音字母，故教师在使用卡片时，要引导学生看图识拼音，以免学生忽视对字母的观察与辨认，影响教学效果。

为了方便学生分辨声、韵、调，制作卡片时最好将声母、韵母、声调用不同的颜色区分开来。一般来说，声母用红色、韵母用黑色，而声调则可以用黄色或蓝色。

（二）拼音卡片的使用

做好卡片，只是教师为教学做好了物质上的准备，真正要发挥卡片的教学效用，还得视教师如何使用卡片。根据以往教学经验的总结，使用卡片有几点值得教师们注意：

(1) 拿卡片的手势：使用卡片时教师应用右手拿捏在卡片的右下角，手部离字母应有一定的距离，千万不要用手拿在卡片的中部，以免因手捂住字母，影响学生对字母或音节的辨认、朗读。

(2) 避免错误指导的技巧：为避免出现因教师不清楚所展示的卡片内容，而仅凭感觉盲目地纠正学生的读音，扰乱学生的认读，教师应该在卡片的背面写好本卡片的名称（即写上认读的内容），便于教师自己查看，并有的放矢地纠正。

(3) 抽取已读卡片的方法：读完的卡片，应从上部抽掉之，并迅速、准确地放在一沓卡片的最末。这样既能方便教师在走动时抽卡片，又能使卡片的秩序始终保持同一顺序。

(4) 使用带图的拼音卡片，其目的一是为了吸引学生看卡片，二是为了帮助学生将字母与声音建立正确连接。当学生对字母符号有了一定的认知后，应将卡片上的“图”遮掉，逐渐培养学生认识字母的能力。

二、字音检字法

字音检字法也叫音序检字法，这是知道音节，但不知字形、字义时使用的一种查字方法。如果要学习音序检字，就必须先掌握汉语拼音的大写字母，并了解音序查字的顺序。当然，为了快速查检到目标字，读准字音，确定音节的第一个字母也非常重要。培智学校学生是否都必须学习音序检字法并无强制规定，应该视学生的学习基础和语文教育需求而定。国家对轻度智力障碍的语文教学提出了因为“查字典有利于培养学生的语文自学能力。要教会学生部首检字法和音序检字法，养成查字典的习惯”[①]的要求，所以原则上轻度智力障碍学生应该学习音序检字法，但对中重度智力障碍学生并没有统一的要求，如果培智学校中的中度智力障碍、脑瘫等学生有能力且又愿意学习音序检字法，教师应该教授音序检字法。

音序检字法是从让学生认识字典开始。所谓认识字典，就是让学生明白字典的用途和怎样使用字音检字两个方面。

（一）认识字典

认识字典的用途。主要是让学生了解汉语字典是做什么用的，它能够解决我们学习和生活中的哪些问题。这部分内容应该在学生学习如何使用字典之前讲清楚，使学

① 《全日制智力障碍学校（班）语文教学大纲》（征求意见稿），教初字（1987）015 号。

生明白，字典是我们学习的好伙伴。

(二) 教授字音检字的方法

1. 教给音序检字法

当学生了解了字典的用途后，教师就可以教授音序检字的具体方法了。教师首先要讲清楚在什么情况下可以使用音序检字的方法，什么时候不能使用该方法。一般而言，使用音序检字法查检汉字必须知道被查汉字的读音，否则就不能用此方法。同时，教师还应充分了解字典中各个符号的意义，并用生动的语言讲解清楚。

2. 查检汉字实践

当学生理论上了解了如何查检字典之后，就可引导学生练习。练习可分两步进行：

(1) 为引起学生的查检兴趣，教师可以让他们先查一个大家熟悉的字或词语，如“大”、“二年级”等，也可以一起查某个学生的名字。初次查字典，应该在教师的指导下集体进行。教师可将查字典的全过程细分为若干小的查检步骤，采用任务分析法指导学生操作。在集体查字的过程中，教师要严格控制查检的方法和速度，而且要不断地检查，以了解学生是否掌握了查检的步骤。当学生都能够按照步骤查出来所要求查找的那个字之后，教师还要提问检查学生是否真正找到了那个字。例如，教师问：“××字在第几页？第几个？这个字有几个读音？”或“××读音是这个字的第几个读音？”……也可以请学生讲他是如果找到这个字的。

(2) 当教师引导学生做完集体查检字典后，就可以让学生独自查检汉字了。为了提高学生查字典的兴趣，教师可以让学生先查自己或同学的名字，也可以将本课的生字写出来，告诉学生读音，让学生查找该字还有哪些读音、是什么意思等。

当学生基本会运用字音检字的方法查字典后，教师便需要督促学生在学习中经常运用，以巩固查字典的技能。

➤本章小结

尽管汉语拼音作为矫正发音、识字、查检字典(词典)的工具具有非常重要的价值，但是针对轻度和中度智力障碍学生的教学重点和教学要求应该有所不同。在培智学校开展拼音教学，首先应当以矫正学生发音缺陷和学说普通话为主要目标，如果学生的确具有较好的学习能力，且有借助拼音识字和借助拼音查检字典的要求时，教师应该满足学生的需求。智力障碍学生的构音缺陷明显，故教师应该了解学生的发音表现，并了解造成这些障碍的相关因素，以便提供科学有效的教学。在汉语拼音学习中，智力障碍学生的学习难点主要表现在声母和韵母上，而声调障碍并不明显。因此教师也应该将教学训练的重点放在声韵母的教学上。根据学生声韵母的学习难点，在教学中教师一方面要引导学生分辨不同的发音，另一方面也要尽量将发音的要领告诉学生，以便学生能够有目的地控制发音器官发音。除了发音教学，书写汉语拼音对学生来说也有一些困难，教师应该评价学生的书写能力，并据此提出相应的训练计划。在培智学校汉语拼音教学常使用“示范→讲解→观察→模仿”、相近音对比发音、演示、用“先导音”引出目标音、游戏、歌诀等各种方法。这些方法对帮助学生分辨字母读音、矫正不正确的发音具有很好的价值。

设计汉语拼音教学方案，了解汉语拼音教学流程，对新教师上课有一定的帮助。在汉语拼音教学中，新授部分是汉语拼音课堂教学的重点，故所花费的时间也最多。“巩固练习”也是“新授”的一个部分，教师既要设计有针对性的练习，又要把握好训练的量，还要做到因人设量。书写汉语拼音是巩固汉语拼音教学成果的一个手段，同时还是书写汉字的一个前期训练，故建议教师为每个学生提供必要的书写练习。

音序检字法是汉语拼音教学的又一项重要内容。为了学习使用音序检字的方法，学生还需学习大写字母、了解音序检字的顺序，并通过查字练习巩固音序查字典的技能。

➢讨论与探究

1. 有的教师认为对智力障碍学生开展汉语拼音教学只有增加学生负担，而没有任何意义，对此你怎么看？

2. 智力障碍学生学习声母的难点、重点是什么？

3. 在韵母教学中教师可以使用的教学方法有哪些？

4. 请结合本章内容完成下列任务。

××培智学校二年级(2)班共有8名学生。其中有中度智力障碍学生5名，均存在构音缺陷，尤其是发舌根音、翘舌音和舌面音困难。2名脑瘫学生，智力发展水平均比较好，但他俩都存在手部运动困难(其中1人握笔都困难)，故存在书写障碍；另1名脑瘫学生除手部动作障碍还同时伴有构音困难。班里还有1名高功能自闭症学生，其观察力、记忆力和发音能力均比较好，但控制情绪的能力较差，喜欢任意走动。

该班学生听辨能力还可以，但有时候因注意力不太集中，有漏听教师发音的情况。该班学生的语言理解力较好，通过各学期的汉语拼音教学，学生基本能够听懂老师所讲解的发音动作，也能够按照教师的要求运动唇舌，尝试发音。另外，该班学生喜欢看多媒体课件，喜欢模拟小动物的叫声。

根据教学进度，今天李老师准备教授声母 g、k，复韵母 uai、ui。并学习 g、k 与 uai、ui 的拼读。对于这个班级的学生而言，这些内容还是比较紧张的。

请你根据学生情况和本节课的教学内容，尝试设计一节汉语拼音教学方案，并列出教学目标、教学难点和教学方法。

➢拓展阅读资料

1. 哈平安著：《语言与言语障碍论集》，首都师范大学出版社 1996 年版。

2. 哈平安、刘艳虹著：《病理语言学》，北京师范大学出版社 1998 年版。

3. 靳洪刚著：《语言获得理论研究》，中国社会科学出版社 1997 年版。

4. 李福灼、钟宏桃著：《小学语文课堂教学论》，江西教育出版社 1997 年版。

5. 林宝贵编著：《语言障碍与矫治》，台湾五南出版社 1994 年版。

6. 马景仑主编：《高等学校小学教育专业教材——汉语》，南京大学出版社 2000 年版。

7. 毛连塭著:《特殊儿童教学法》,台湾心理出版社 1999 年版。

8.《全日制智力障碍学校(班)语文教学大纲》(征求意见稿),教初字(1987)015 号。

9. 人民教育出版社小学语文室编著:《小学语文教学法》,人民教育出版社 1995 年版。

10. 余应源主编:《语文教育学》,江西教育出版社 1998 年版。

11. 昝飞、刘春玲:《智力障碍儿童语音发展的研究》,载《中国特殊教育》2000 年第 2 期。

12. 赵树铎主编:《特殊教育课程与教学法》,华夏出版社 1994 年版。

13. 张鸿苓主编:《语文教育学》,北京师范大学出版社 1993 年版。

14. 郑静、马红英:《智力障碍学生语言障碍特征研究综述》,载《中国特殊教育》2003 年第 3 期。

15. 郑静、马红英:《智力障碍学生语言障碍相关因素》,载《中国临床康复》2003 年第 10 期。

16. 周元主编:《小学语文教育学》,华东师范大学出版社 1992 年版。

17.《中度智力残疾儿童教育训练纲要》,教基(1994)21 号。

18. 网址:http://www.jianbihua.org/pinyin/pyjxsp/

http://www.tom61.com/FLASHzhiyuang/FLASHzhishilei/pinyinxuexi/

http://www.pinyinbao.com/

http://www.360doc.com/content/09/0712/19/133928_4240823.shtml

第七章

培智学校的识字写字教学

清代学者王筠提出“蒙养之时，识字为先”，也就是说要开启儿童的智力，必先让其识字。因为只有识字，才能阅读；只有阅读，才能扩展儿童的认知、发展其智力。在信息爆炸的当今社会识字越来越受到重视。为了让培智学校学生能够适应社会生活，满足终身发展的需求，教育主管部门要求这些学生认识并书写一定量的汉字。但是，识字写字是一个复杂的思维过程，“识字需要准确而完整的观察、牢固的记忆、合理的联想；又需要精密的分析和综合，是一个复杂的观察、记忆、联想和思维的过程”。[①] 所以对空间方位差，观察能力、综合能力和分析能力均不足的培智学校学生来说，识字写字学习非常困难。作为新教师的你应该了解培智学校学生在识字写字学习中的困难与障碍，了解培智学校目前常用的识字写字教学方法，以及怎样才能预防学生写错别字等识字写字教学知识和技能，为落实培智学校识字写字教学要求，设计科学有效的培智学校识字写字教学方案打好基础。

① 朱作仁、祝新华主编：《小学语文教学心理学导论》，上海教育出版社2001版，第67页。

通过本章学习,你将了解到:

1. 为什么要在培智学校进行识字写字的教学。
2. 智力障碍学生识字写字能力发展的过程。
3. 智力障碍学生识字写字的学习特点与教学建议。
4. 培智学校识字写字教学的常用方法。
5. 如何预防和纠正学生写错别字。

第一节 识字写字教学的意义

汉字反映了汉民族的思维方式和对世界的认识,汉字是民族文化中最有特点的部分。我国历来重视学生的汉字教育,识字写字一直是中小学语文课程中最重要的教学内容之一。尽管培智学校学生的学习能力有限,生活范围相对狭窄,但是针对其生活需要开展适当、适量的汉字教学,对发展学生的心智、适应社会生活非常有益。

一、识字是社会化的重要条件

识字是个人社会化的一个重要的条件,尤其对生活在环境比较复杂的城市中,是否识字将在很大程度上影响一个人的生活质量,甚至成为个人社会化的一个重要指标。虽然整个社会对培智学校学生社会化的要求有所降低,但是由于社会发展对文字的依赖程度越来越高,所以生活在其中的人必须适应环境的改变,认识一些生活中常用的汉字能够大大方便自己的生活。

二、识字是文化学习的起点

汉字作为学习的基础条件,学习任何一门学科知识学生都需要会认会写与该学科相关的常用字、词,否则很难学习。以培智学校的数学为例,数学教材并非只有数学符号,还有大量的文字。学生学习数学课程,应该认识常用汉字大、小、长、短、合、加、减、多、少、尺、只、颗,如果要解“文字题”,学生还需认识更多的汉字,也需要会写更多汉字。同样,学习绘画与手工课时,学生同样需要认识与该课程相关是红、白、绿、色、剪刀等汉字,以方便学生按照板书的提示完成作业。

三、识字有利于学生的思维发展

汉字是表意文字,学习汉字时听觉感知到的是字音,视觉感知到的是字形,而综合视觉与听觉的信息所得到的是字义。在识字过程中,我们要运用观察、分辨、联想、分析、综合、记忆等方式来认识并记忆字形、理解字义,同时还要通过听辨、比较、分析、综合等方式记忆字音。所以要做到认识字形、读准字音、知道字义并不简单。由于识字是一个复杂的思维过程，所以在培智学校开展识字教学与训练，可以促进学生听辨、观察、比较、联想、分析和综合等思维的发展。

四、写字有助于改善学生手部运动功能

汉字由点、横、竖、撇、捺、挑、折、提等笔画按照相离、相接、相交的组合方式组合成独体字，如“二”、“工”、“十”；而合体字则是由构字部件（独体字或偏旁）按照上下、上中下、左右、左中右、内外等方位关系逐层组合而成。由于汉字的结构精细而复杂，所以写字时必须控制好手部的运动。但是，培智学校很多学生存在精细动作不协调、手部功能差等问题，所以他们执笔、运笔有困难。通过写字训练不仅能够帮助学生分辨和记忆不同的汉字，还能够改善学生的手部运动功能，促进他们手眼协调的发展。例如，经过一段时间的写字训练，学生的抓握能力、控制手部运动的能力都有一定的改善。而表现在书写中我们看到，学生从捏不住笔到能够握住笔，从运笔艰涩逐渐发展到运笔比较顺畅，从只能写笔画少、结构简单的独体字到能够写左右结构、上下结构、包围结构的多笔画合体字，从写字初期无法写入田字格到能够将合体字写入格内，都说明了写字训练对改善学生手部功能的作用。

第二节　识字写字教学难点与教学建议

识字写字是阅读和写作的基础，是参与社会生活的重要条件，是发展学生思维、训练学生动作技能的有效途径，培智学校应十分重视识字写字的教学。但是，由于识字写字教学相对枯燥，而且对思维水平要求较高，所以在培智学校进行识字写字教学有很多困难。了解学生学习汉字的障碍，分析识字写字障碍的原因，有利于教师寻找科学的教学方法。

一、智力障碍学生识字写字能力的发展过程

从智力障碍学生学习汉字的特征看，不同年级段的学生对汉字字形的处理方式有所不同。总体而言，在有针对性的教育条件下，随年级的增长智力障碍学生的识字能力逐步提高。

（一）识字能力的发展过程

智力障碍学生的识字过程与普通学生一样，他们掌握汉字的心理过程也是从单纯的关注字形到掌握汉字的音形义。而在字形辨识过程中同样经历了泛化、初步分化和精确分化三个阶段。[①] 但总体上说，智力障碍学生对汉字字形辨认的能力是随年级增长而不断提高。以中度智力障碍学生识字为例：

1. 低年级

低年级中度智力障碍学生对汉字的认知尚处在模糊阶段，尤其对汉字字形的认识非常模糊。此阶段智力障碍学生识字有两个比较明显的特点：第一，大部分学生常将

① 朱作仁、祝新华主编：《小学语文教学心理学导论》，上海教育出版社 2001 年版，第 69—71 页。

“字”与“图”混淆，甚至有不少学生依然将汉字作为图画资料来处理。这既与学生对符号不易理解和掌握有关，也与该阶段教师采用“看图识字”的教学方法有关。但随着识字量的扩大、形近字的出现，单纯依赖“图画”特征识字的情况需要改变，故当学生掌握了 100 多汉字以后，教师开始引导学生观察并分析汉字的结构。第二，刚开始接触汉字时，智力障碍学生主要关注的是字形，而对字形与语音的联系尚不稳定，所以经常读错字音。例如，出示“学”，学生有时会读成“生”或“校”。

2. 中年级

经过三四年的汉字学习，部分中度智力障碍学生对字形分析有了初步的了解，并掌握了常用的笔画、部件，学会了一定量的汉字，有了字形分析的意识。另外，此时在教师指导下，他们已能够分析结构简单的汉字、能够注意到常见偏旁和汉字笔画的细节，开始关注字形与字音的联系。虽然此时智力障碍学生对字形有了比较精细的辨认，但并不非常稳定。此阶段他们的识字有如下几个特点。其一，绝大部分学生已经能够将汉字作为符号来处理。例如，学习“好”字，学生知道“好”是一个字，而不是一幅图。其二，大部分学生有了分析结构简单汉字的能力，并能够说出常见的汉字的结构。例如，他们能够用“‘好’是左右结构的字，左边是个‘女’，右边是个‘子’”的话语来分析和记忆“好”字。其三，能够在教师引导下通过形声字的形符来判断生字的意义类别。例如，此阶段学生知道“讠”与“说话”有关，“扌”与手部动作有关，而“木”与“树木”有关。其四，学生具有了更为精细的字形辨别能力。例如，他们能够分辨“国、圆、田、申”等是不同的汉字，“青、请、清、情、蜻、晴”等也是不同的汉字。但此时智力障碍学生对笔画较多，结构较复杂的汉字的精细观察能力还没有完全建立，对不熟悉的构字部件或隐蔽部位的笔画、偏旁还没有精确的区分。例如，很多学生都认为“燕子”的“燕”上部是“艹”而不是“廿”，认为“睛”与“晴”是同一个字，或以为“春”字的下部是“目”而非“日”等。其五，在记忆汉字时，他们一方面能够借助字形线索识记生字，另一方面也开始尝试用语音线索识记汉字了。例如，学生已经掌握了“马”字，而在学习生字“吗”时学生不但能够记住字形是由“马”和“口”组成，而且还能够记住其字音“ma”。

3. 中年级到高年级

五六年级以后，智力障碍学生大约已经能够认读 500 多个汉字，他们的识字技巧更为成熟。其识字呈现如下特点：其一，此阶段，智力障碍学生基本能够通过字形、字音和语境等综合信息来学习生字。例如，学习汉字“赶”时，学生能够根据形符“走”来理解“赶”的字义：“赶走”；能够借助“干”的读音读出“赶”的读音 gǎn。再例如，学习古诗句“粒粒皆辛苦”。就算学生不认识“皆”字，但因为学生已经能够背诵这个诗句，所以他们会根据上下文推知“皆”字的读音是“jiē”。其二，因为认知等缺陷，学生学习抽象意义的汉字时依然有困难，错认、错写的情况也比较普遍。例如，学习生字“得”。由于“得”字的意思比较抽象，笔画又比较复杂，所以不易理解和记忆。学生有时会将“得”误读为“很”。到了高年级，大部分智力障碍学生对汉字的辨识和再认能力有了明显的提高。他们能够通过各种信息来分辨字形，了解字音和字义。所以，到高年级段，学生不但识字的速度加快了，而且运用汉字的能力也有了较大的提升。

值得说明的是，尽管智力障碍学生能够学习一定量的汉字，但是培智学校学生的学习结果差异依然很大。这就提醒教师，要有科学的评价和合理的教育期望，要有科学的教学方法，并相信经过训练大部分智力障碍学生能够掌握一定数量的汉字。

(二) 写字能力的发展过程

研究显示，智力障碍学生的书写技能随其年级的升高而呈现显著性进步。[①] 但是，也有部分学生因为认知、手部功能、手眼协调以及空间知觉严重障碍等原因最终不能书写。

1. 低年级

低年级的智力障碍学生在写字时表现出几个特点：其一，对汉字字形仅有模糊的印象，而缺乏精细的辨认，所以写字时丢失、添加、歪曲笔画的情况非常突出。其二，此时大部分学生的手部控制还不灵活，执笔和运笔比较困难。一些学生执笔如握棒，即用大拇指和其余四指一把抓笔，或者用大拇指直接压在食指上导致书写困难；有些学生执笔太紧，导致手腕、手指肌肉紧张，笔杆僵直，难以移动笔尖；而有些学生则执笔过松，尚未书写已经掉笔。很多学生因为控制不好笔杆和本子的角度(最佳为45度角)，控制不好写字时候的力度，导致运笔困难或将本子写破。另外，有些学生因执笔位置太低，所以写字时要么看不到笔尖，要么判断不了起笔、收笔的位置，常常把字写到田字格以外或写到田字格的某一小格(左上格或右上格)内。

2. 中年级

总体说，中年级阶段智力障碍学生在握笔、运笔和组合汉字的能力上均了有较好的发展。因其基本掌握了常用的偏旁，并对汉字结构有了初步的分析能力，所以大大提高了书写的准确率和速度。[②] 具体表现在：其一，学生能够说出“点、横、竖、撇、捺、提、竖钩、弯钩、竖弯钩、横折、横折钩、横折弯钩、竖折折钩”等笔画的名称。其二，学生能够判断并说出“上下”、“左右”结构的汉字。其三，学生能够比较稳定地握住笔杆，写字用力较均匀。其四，学生能够模仿老师在田字格中的范字书写或描红。其五，大部分学生们有了规范书写的意识，即写字时能够眼睛看着本子，努力将字写进田字格内，能够按照笔顺写字等等。其六，所写字的笔画搭配比较合理，结构比较匀称。但是，此阶段智力障碍学生的书写依然存在着一些问题。例如，书写时比较懒散、随意，对字形的记忆不够准确，随意添加或删减笔画、部件，写字之前没有仔细观察字形的习惯，形近字、同音字相互替代等。

3. 高年级

经过六至七年的书写训练，学生的书写能力基本形成。一方面他们在执笔、运笔、书写力度等方面有了比较好的控制，所以能够写进田字格内，甚至能够在直线上书写；字的大小、结构都比较匀称，写字的动作技能基本形成。另一方面，他们能够通过一些信息来分辨字形，了解字音和字义，他们能够正确地书写所要求其写的汉字，而且有一定的速度。

---

① 马红英、刘春玲：《中度智力障碍学生语文学科能力调查综述》，载《中国特殊教育》2004年第5期。
② 同上注。

二、智力障碍学生识字、写字的难点

虽然智力障碍学生识字的过程与正常学生基本相同，但是因为智力障碍学生思维发展水平较低，所以学习汉字困难重重。了解智力障碍学生识字的特点，有助于教师把握识字教学的重点和难点，运用和创设更为科学的教学手段。

(一) 识字的难点

汉字数量多、字形结构复杂，要辨别并记住一定数量的汉字，对空间知觉、观察、分辨和记忆力发展迟缓的智力障碍学生来说是个挑战。智力障碍学生识字的困难主要集中在以下几个方面。

1. 辨识笔画或部件相同但组合方式不同的汉字有困难

虽然有些独体字的笔画和笔画数在不同汉字中完全相同，但是因这些笔画处在不同的空间方位上，就会形成形、音、义完全不同的汉字。例如，汉字“王”和“丰”同样是三横加一竖，但因为“王”中的竖与上下横是相接关系，而“丰”字的中竖与上下横是相交关系，所以“王”和“丰”是两个不同的汉字；同样“太”与“犬”、“士”与“干”也都因某一笔画所处的空间位置不同，成为完全不同的汉字。除了相同笔画处在不同的空间位置上会造成不同汉字外，相同的合体字部件处在不同的空间位置上同样造成不同的汉字。例如“呆”与“杏”、“陕”与“郏”、“乒”和“乓”三组字，每组字的部件完全相同，但这些部件在不同汉字中处在不同的空间方位上，所以是不同的汉字。因为智力障碍学生的空间知觉发展不完善，所以他们对辨识和记忆笔画、部件相同但组合方式不同的汉字时比较困难，尤其对相同笔画或部件放在左右不同的空间位置上时很难辨别，例如，看到“炑”误以为是“秋”，看到“陼”也读“都”，看到“尐”读“少”。

2. 字形与字音联结有困难

汉字中有85%以上为形声字，而学习形声字必须将字音、字形和字义正确联结。研究显示，智力障碍学生在学习汉字初期，辨识不同汉字主要是靠图形辨认的策略，而语音的参与作用很小。例如，他们看到字形“大”、“小”，只注意两字的字形轮廓，而没有主动将“大”与 dà 音联结，“小”与 xiǎo 音联结。所以再认这些字时，单靠模糊的记忆来识别汉字字形误读率较高。因此，在识字教学时将字形与字音正确联结是学生的一个难点。

3. 多音字的学习相对困难

学习并掌握多音字始终是智力障碍学生的一个学习难点。汉字的数量庞大，学生识字时分辨并记忆“一形一音”已经不容易，如果再学习“一字多音”，学生的识字负担就更重了。另外，学习多音字必须具备良好的认知、准确的语感和丰富的词汇量，否则很难掌握多音字。因为智力障碍学生认知贫乏、词汇量小，再加上一些多音字本身又存在着意义上的联系(例如“种子、种树”前者为名词，后者为动词，但两者意义有关联)，所以要分辨清楚同一字形在何时读何音对智力障碍学生有困难。认识到多音字学习较难，教材通常会在课后练习中设计相关的分辨练习。例如，《全日制培智学校语文教科书》第四册课文《劳动》中有词语“播种”(zhòng)，那么练习中就有“种子、播种”和“种地、种花”的读音比较练习。有时课文出现多音字时，也会用特别的方式注音，以提醒教师关注多音字。例如，《全日制培智学校语文教科书》第五册课文《蜘蛛织网》中有“蜘蛛重新织起来”,这里的“重”读 chóng,教材用方括号表明这是一个多音字。而在同册课文《聪敏的马小明》中有“沙子重,全沉到了水下面”。此处的“重”读 zhòng,教材虽没有注音,但是在该课后练习的“读一读、比一比”中却有“重新”和“很重”两个词语的读音比较练习。

4. 形近字不易分辨

智力障碍学生经常混淆形近字,将甲字错认为乙字。例如,学生分不清“毛”和“手”,将这两个字混读;分不清“牛”和“午”,故将“中午”读成“中牛”;将“此”误读为“比”,将“找”看成是“我”;将“幼儿”错读成“约儿”等等。这些错读、错认主要是因为这些字的字形比较接近,学生在认读这些汉字时,并没有观察到不同汉字间的细微差别,所以造成错认、错读的情况。

5. 笔画多、通透度低的字识别困难

研究显示,智力障碍学生在熟字再认时,笔画少、通透度高的字比笔画多、通透度低的字好认一些。例如,让学生分辨熟悉度差不多的汉字“窗”、“国”、“亮”。学生最容易分辨出来的是“国”和“亮”,而认读“窗”字时不但时间长,而且读错率高,这是因为“窗”字的下半部分“囱”通透度相对较差,学生看不清“囱”的内部笔画,所以对“窗”字的特征记忆有些困难。再如,教师同时出示“盆”和“盘”字,学生常将“盘”字读成“盆”。这也是因为“盆”字中的“分”比“盘”字中的“舟”通透度较高、易观察、易识别。所以当学生看到“盆”、“盘”两个形近字时,他们首先反应出的是熟悉的“盆”字。另外,相离的笔画比相接、相交的笔画容易识别和记忆。例如,让学生辨识“兰”和“主”字,他们更容易识别出“兰”字。因为“笔画相离时,字形的离散度相对较高,通透性也相对好些,因而更容易识别;而笔画相接或相交,离散度自然就低些、通透性也差些,因此在感知汉字的细节时就容易出现偏差,造成识别错误”。①

当然,字形辨认能力还受到识字量的多寡、字形分析能力的强弱、构字部件熟悉程度的高低以及生活经验、整体知觉与精细知觉发展水平的高低等相关因素的影响。

(二) 写字的难点

因为“写字是人的大脑、眼睛、手臂、手腕、手指等功能联合协调的活动。从外表看,手的活动是关键;从内部机制看,脑的活动起核心作用”。② 智力障碍学生不但有空间知觉、观察、分辨、分析综合等认知障碍,还存在精细动作、手眼协调等动作技能的障碍,故他们在书写汉字时有许多困难。

1. 执笔和运笔困难

部分手指较僵硬的智力障碍学生执笔困难。不是因为笔杆太细握不住笔,写字时经常掉笔;就是握笔过紧,写字时运笔艰涩,或将笔尖猛力戳在纸上,把本子写破。另外,因为汉字的笔形多变、结构精细而复杂,对运笔的控制要求更高。智力障碍学生书写时尽管知道有些笔画是相接的(天、工)、有些笔画是相交的(夫、干),有些笔画是相离的(心、二),有些笔画长,有些笔画短(土、士)但在书写这些字时他们控制不了笔画的长

---

① 马红英、谭和平、王爱丽:《汉字结构方式影响中度智力落后学生字形识别的实验研究》,载《中国特殊教育》2008 年第 2 期。

② 朱作仁、祝新华主编:《小学语文教学心理学导论》,上海教育出版社 2001 年版,第 83 页。

短，更控制不了笔画是相接、相交，还是相离。这与其手臂、肘关节、腕关节的肌肉群活动受限（尤以智力障碍同时伴有脑瘫的学生最为困难）有一定的关系。如果书写结构稍微复杂一些的汉字，学生很难按照要求将笔画较多的字写进田字格里。例如，写“嘴”字有很多学生很难将之写进田字格里。另外，有些中重度智力障碍学生的手眼协调能力较差，也影响了他们正确书写。

2. 隐蔽部位的部件不易观察，故造成错写

有些汉字某个部件的笔画比较繁杂，如果教师没有加以特殊引导，绝大部分智力障碍学生都看不清楚。因为识字时没有看清楚隐蔽部位的笔画和结构关系，所以写这些字时必然写错。例如，“蒙”字的“冡”下面的“豕”上有一短横，这与学生熟悉的“家”、“豪”等“豕”不同。在识字时如果教师没有特别引导学生观察这个隐蔽部位，学生在写“蒙”字时就很可能丢失小短横，造成书写错误。同样，学生因看不清“假”、“繁”等字的某些部件，所以将“假”写成“徦”，将“繁”写成“緐”等。

3. 字形相近、语义相关的词语容易错写

构成汉语的有些词语其字形相近、语义相关，还有些词语是读音相近、语义相关。智力障碍学生在写这一类词语时，会因为思维定势的影响而随意改变字形，造成错别字。例如，学生抄写“树林”时，个别学生会抄成“树木”或“林木”；而写“眼镜”时会因为受到词语“眼睛”的影响，也将“镜”字写成“目”字旁；写“保证”时受到“保”字的影响，将“证”字的“讠”写成“亻”，或写成“保征”；写“苹果”时受“苹”的影响，将“果”字写成“菓”，即写成“苹菓”，或“平菓”。

4. 同音字、近音字容易出现替代错误

随着识字量的增加，同音字、近音字愈来愈多。例如，“青、请、清、情、晴、蜻、睛、精”等字的读音不是相同就是相近。写作时，因为学生对同音字或近音字的确切含义和使用语境不是非常清楚，再加上有些同音字之间本来就有意义上的联系，或使用的语境比较相近，所以学生很容易出现用“甲”字代替“乙”字的情况。例如，“做工”和“作业”之中的两个 zuò 字均为动词，而且两个字出现的语境也很相近，所以学生很容易将两字混用。因为同音字给学生使用汉字带来困难，所以同音字（近音字）也是学生识字、用字的一个难点。

5. 书写态度不端正影响书写

不愿意书写、懒得书写在中重度智力障碍学生中普遍存在。写字时他们常常趴在桌上或将身体歪向一边。因为手部功能和手眼协调已经存在障碍，再加上书写时动作随意，眼睛看着别处，写字的错误率就更高。另外，还有一部分智力障碍学生缺乏规范意识，写字时不遵守笔顺规则，没有严格按照笔画相接、相离、相交的组合方式书写，故容易写错别字。例如，写“田”字，因为写字时没有意识控制笔画，所以中间一竖写得比较随意，结果笔画“竖”在上面或下面出头了，便将“田”写成了“由”或“甲”字。再如，学生写“有”字时，写着一半不愿意写了，如此“有”便成了“𠂇”或“冇”。

三、培智学校识字写字的教学建议

因为智力障碍学生识字写字有诸多困难，所以只有科学地实施教学才能达成识字

写字的课程目标。根据智力障碍学生识字写字能力的发展过程和识字写字学习的困难,提出如下教学建议。

(一) 充分利用图形识字

低年级识字教学中,应多采用看图识字法,初期的识字写字教学主要是以认识和书写生活中常见的、笔画和结构简单的独体字为主,例如"人、门、刀、木、目、火、水、田、雨"等字构形具有具象性,表义特征明显,所以学生容易将文字符号与字义联接。建议教师在低年级的识字教学中,多采用看图识字的方法,或充分利用汉字的象形特征进行教学,以引导学生识字的兴趣。

(二) 先教有组字功能的独体字

《义务教育语文课程标准(2011 年版)》同时颁布了"识字、写字教学基本字表",其中列有 300 个基本字。因为"这些字构形简单,重现率高,其中的大多数能成为其他字的结构成分。先学这些字,有利于打好识字、写字的基础,有利于发展识字、写字能力,提高学习效率。这些字应作为第一学段教科书中识字、写字教学的重要内容"。[①] 智力障碍学生与普通学生有同样的汉字认知方式和学习顺序,故在培智学校低年级的识字教学中,也应该先教那些有较强组字功能的独体字,为合体字学习打下基础。例如,学生掌握了"木"字以后,就可以告诉学生汉字中很多与"树"或"木"有关的汉字,都是通过添加某些符号的方法组成新的字,例如常用汉字本、杀、朱、杂、机、朵、村、材、杏、条、极、杨、李、样、林、森、枝、杯、采、松、柳、树、荣、板、桌、椅、床、根、校、集、棵等上百个字都是以"木"为形旁,然后再添加某些符号组成新字的。如果学生掌握了构字功能很强的独体字,就能够减轻对生字学习的恐惧,同时还能够帮助理解字义和记忆字形。

(三) 不同年级采用不同的字形分析策略

汉字的分析单位有笔画和部件两个层级。因为低年级阶段所学汉字的字形比较简单,多是独体字,所以在低年级的汉字字形分析时可以采用笔画分析法。例如,分析汉字"木",应该分析到"横、竖、撇、捺"。而到了中高年级,一方面学生已经掌握了一定数量的独体字和偏旁,另一方面他们也具备了一定的字形分析经验,再加上此阶段学习的汉字大多为合体字,所以到了中高年级再分析字形时最好采用部件分析的方法。例如,分析"析"字,不用再分析到笔画,只要分析到"木、斤",学生就能够识别、书写和记忆了。如果将合体字也分析到笔画就显得非常琐碎,既不利于学生识别、理解,也不利于记忆。

(四) 控制识字总量和阶段识字量

因为智力障碍学生识记汉字的能力有限,所以在教学中应控制好识字的总量和每节课的识字量,不易贪多、求快,应让学生逐渐积累识字写字的量。为了让学生更好地记忆和使用学习的汉字,教师应该尽可能丰富学生的识字途径和汉字使用的经验,尤其应该培养学生在生活中识字、在语境中识字的能力。

(五) 重视字形分析综合训练

教师应强调对学生进行字形分析综合的训练。字形分析与综合训练有助于学生认

---

① 中华人民共和国教育部:《义务教育语文课程标准(2011 年版)》,http://www.pep.com.cn/xiaoyu/jiaoshi/tbjx/kbjd/kb2011/,2014 年 7 月 25 日访问。

清字形、记忆字音、了解字义。特别是根据独体字变化的偏旁，必须将字形变化的具体笔画部位说清楚，并让学生清楚地感知到这些变化。另外要加强对形声字分析能力的培养，学会从形声字的意符中找到该字的意义类别，从形声字的声符中找寻汉字的读音。如果学生掌握了形声字的分析方法，就能够促进他们对字义的理解和对读音的记忆。

(六) 加强预防与纠正错别字

在学生不同的识字阶段错别字出现的频率和比率是不同的。一般而言，识字量越小，越容易写错字；而识字量越大，就越容易写别字。即写错字与识字量的大小成反比，而写别字与识字量的大小成正比。参照学生识字写字的特点和不同的学习阶段，教师应该在纠正错别字上有所侧重。最好的时机应该是学生对汉字字形结构的注意逐渐由整体指向部分时，增加对字形分析的效果是最好的。

除了要考虑智力障碍学生学习汉字的阶段特征外，教师还要注意对学生汉字学习过程中错别字产生的心理特点进行分析，协调好大量感知字形与缺乏书写巩固应用之间的矛盾(即初期汉字学习是认读多，书写少、运用更少)，空间知觉上的整体感知与缺乏精细分析能力的矛盾(能感知汉字的轮廓，但不能精细感知汉字的细节)，注意的随意性与不随意性、稳定性与易变性等矛盾。目前在识字教学中，教师只是针对学生作业书写错误或误用部分进行纠正是不够的，还应当增加错别字的辨认练习。只有提高学生对字形辨认的能力，才有可能正确使用汉字。

(七) 结合写字开展相关训练

为了让学生能够养成正确的写字姿势和良好的写字习惯，还要结合写字训练对智力障碍学生开展手部精细动作、手眼协调、执笔、运笔和使用铅笔、橡皮等训练。培养学生良好的书写态度，使其能够按照范字认真书写。

第三节 识字写字常用教学法

因为智力障碍学生学习汉字的基本过程与正常儿童相近，而且通过识字写字教学，他们能够掌握一定数量的汉字，所以科学的教学方法能够提高智力障碍学生识字写字的能力。

一、常用识字教学法

因为汉字符号是由音、形、义三个部分构成，所以识字教学也必定由字音教学、字形教学和字义教学三个块面构成。

(一) 字形教学

1. 利用图画识别字形、理解字义

汉字是由象形文字发展演变而来，一些基本汉字如今仍保留着造字时的图画特征。为提高学生识字的兴趣，减少对汉字识认的难度，培智学校在低年级经常采用“利用图画识别字形、理解字义”的方法。这种教学方法符合学生从观图悟义，逐步发展至脱离图画建立符号的一般汉字识字规律。其具体方法是，在学生最初接触汉字时，选择一些生活中既常用又具有明显象形意义特征的汉字，将字形配上图片呈现给学生。教师往往先引导学生观察“图”的特征，然后将“图”的形象特征抽取出来形成汉字符号。例如，让学生认识“门”字，先让学生看教室里实物的门，等学生清晰地感知门的整体形状之后，再将象形字展示给学生看，并帮助学生找到字与图之间的联系，等这种联系建立以后，教师再将的特征抽取出来就是“门”字。再如，学习“水”字，教师同样是先让学生观察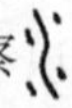的样子像什么，等学生认识到图表示的是“水”时，在将“水”字呈现出来，并将“水”与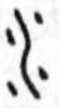比较。同样学习“人”()、“土”()等字都可以采用相同的方法。

教师运用该教学方法时要注意处理好“字”与“图”的关系。在呈现字与图时通常采用两种方法：一是将“字”置于“图”外，二是将“字”置于“图”中(即字、图重叠)。因为看“图画”的目的是识字，所以当学生能够认识到汉字的字形后就应该将“图”逐渐消退掉，以保证“让学生的注意力逐渐由图形转移到目标词汇上”。[①] 根据以图识字方法中“图”与“字”的不同设置方式，在消退图形时也有不同的方法。一般而言，“字”在“图”外，图容易消退，拿掉图片即可，而且学生的注意力比较容易集中在剩下的文字上；但是，要消除字、图重叠中的“图形”相对较难。有的学生观察不细致，不理解“图”与“字”之间是什么关系，因而一旦去掉“图”就不认识汉字了。所以教师必须确定学生完全熟悉汉字之后，才彻底去掉图形，而且这个消除过程可能需要反复几次才能让学生理解。

“利用图画识别字形、理解字义”的教学方法既有优势，也有不足。其优势在于：其一，这种方法既符合儿童识字的心理特点，也符合汉字构造的字理特征。所以学生的识字兴趣通常较高。其二，这种教学方法因为有图作引导，所以能够在很大程度上降低学生识字的焦虑感，还能帮助学生借助图画表象建立汉字符号。其三，有利于培养学生的观察力、联想能力和想象力。这种教学方法的局限性在于，因为汉字字形经过几千年的发展其图画性已经很弱，绝大部分汉字已经找不到或看不出造字时的图形特征了，所以能够用该方法所教授的汉字实际上非常有限。如果教师一味地追求这种方法，而不考虑字形的变化，可能会导致有违科学、牵强附会，给学生理解字义造成混乱。

2. 利用不同笔形、不同笔画组合方式识别字形

(1) 辨明形近字中不同笔画的数量来区别汉字。如分辨“大”与“太”、“子”与“了”、“又”与“叉”、“尤”与“龙”、“我”与“找”等。

(2) 辨明形近字中相同笔画的长短来区别汉字。如分辨“士”与“土”、“末”与“未”、“声等。

(3) 辨明形近字中笔画的出头与不出头来区别汉字。如分辨“工”与“干”、“田”与“由”“甲”、“七”与“匕”、“开”与“井”。

(4) 辨明同一笔画的不同笔形来区别汉字。如分辨“电”与“申”、“手”与“毛”等。

(5) 辨明同一笔画的不同位置或方向来区别汉字，如，分辨“太”与“犬”、“本”与“末”、“杏”与“呆”、“乒”与“乓”，分辨“可”与“叵”、“双”与“友”等。

① 钮文英著：《启智教育课程与教学设计》，心理出版社2003年版，第420页。

(6) 辨明偏旁中独体字笔形的变化来区别汉字。如分辨"木→林，土→地，心→⺗、忄，水→氵……"

3. 利用部件分析法辨别汉字字形

"从文字学的角度看，分析字形当然是越彻底越严谨，但从语文教学的实际出发，过细的结构单位往往失之繁琐……如果采用稍大的结构单位，常常能使教学过程更简洁、明了。"[1]基于此认识，语文教师提出了利用部件分析法来识字的方法。该方法的重点是教会学生分析综合汉字字形，并在学生有了一定的分析基础之后，运用识别、记忆部件的方式达到快速识字。例如，学习"攀"字，如果分析其笔画得知该字共 19 笔，要让学生记住这 19 笔感到太过琐碎，学生很可能会在记忆该字的过程中出现丢失或添加笔画，不易识别和记忆。如果采用部件分析的方法，那么这个由 19 笔构成的汉字只由"林"、"爻"、"大"、"手"四个部件构成，是个典型的上中下结构的汉字。所以教学时只要告诉学生"攀"字的四个部件以及组合方式即可。但是，因为智力障碍学生不认识"爻"，而且也没有必要让学生认识"爻"字，所以可以告诉学生"攀"字是上中下结构对汉字。"攀"字的上半部分是两个"木"，在两个"木"中间加上下两个"×"；"攀"字的中间是个"大"；下面是个"手"，意思是用手"攀爬树木"，而且要用"大"些的力气才可以爬上"树木"即可。通过分析部件的方法让学生学习"攀"字，既有利于他们理解字义，又方便记忆字形，还方便书写。这种教学方法对培智学校中具有较好的汉字分析能力的学生识字很有帮助。

4. 利用熟字形带新字形

曹传咏、沈烨(1963，1965)研究发现，字词熟悉的程度对学生辨认字形有一定的影响。教学发现，学生对汉字字形的辨认，辨认最快、最准确的是熟字，而对生字的辨认正确率很低。根据汉字学习的这个规律，教师往往在教授生字前先将学生认识的、与新学字的字形相近的汉字作为复习材料，通过复习熟字的方式让学生观察、分辨、学习生字。例如，学习汉字"难"，教师通常会先让学生复习"谁"，然后再告诉学生："今天我们要学习一个和'谁'字很像的字。虽然很像，但是今天学习的是另一个字，大家看看这两个字有什么地方相同、有什么地方不同?"教师通过引导学生比较"难"和"谁"，来帮助学生熟悉"难"字，并通过讲解两个字的不同偏旁，区别两个字的字形。利用熟字形学习新字形的方法，既可以减少学生认识新字的恐惧，也能够在一开始学习新字时就引导学生辨别清楚两个汉字的不同和特点，以避免将新学习的汉字与已经掌握的汉字混淆，减少错认、错写的比例。

5. 利用口诀法辨别字形

为了帮助学生分辨形近字，教师可以将形近字的特征找出来，并将之编成顺口溜或儿歌教给学生。因为顺口溜和儿歌好学、好记忆，所以对学生分辨和记忆字形很有帮助。在辨别一组形近字时，教师可以一边让学生背顺口溜，一边根据顺口溜的提示分辨和记忆字形。例如，分辨"渴"与"喝"，教师可以教学生一边说"渴了要喝水，喝水要用嘴"，一边分辨"渴"字有三点水，而"喝"字有一口。再如，分辨"幕、墓、暮、慕、募、摹"6

① 佟乐泉、张一清著:《小学识字教学研究》，广东教育出版社 1999 年版，第 137 页。

个字时，教师同样可以用六个字的形符编成顺口溜教给学生："有土做坟墓，有巾做幕布；有手好临摹，有心可羡慕；有力去招募，日落天已暮。"除了使用顺口溜外，教师也可以收集一些分辨字形的儿歌，通过让学生读儿歌，并在其中找到相应的形近字的方法，来辨别字形。例如，让学生分辨"青、清、晴、睛、情、请"六个字，可以用儿歌："河水清清天气晴，小小青蛙大眼睛。保护禾苗吃害虫，做了不少好事情。请你保护小青蛙，它是庄稼好卫兵。"学生一边背诵儿歌，一边观察字形，对学生理解分清字形、理解字义大有好处。

但是，采用此方法时应注意两点：其一，识字的口诀应该尽量简短、通俗易懂，便于学生理解和记忆；其二，教师所编写的口诀要符合汉字的构字特点，并将易混的部分区别出来，帮助学生区分与记忆。

6. 利用语境识字

语境对汉字字形识别的作用的确非常大，语境识字可以避免因汉字字形相近而导致误读误用。培智学校教师向来重视对学生在语境中识字能力的培养。例如，在高年级段学生的阅读教学中，如果碰到生字，但这个生字不是需要学生掌握的，教师一般会通过上下文语境引导学生学习。这种"字不离词"的学习方法扩充了学生的识字量。另外，教师还会在场景阅读的教学中，利用生活场景引导学生认识社区中常见的汉字。例如，教授课文《上医院》，教师会借助其中的图片或现实场景教授学生认识"挂、外、诊、射、验……"这种功能性的生字，对学生识字也有很大帮助。

尽管在词语中识字对词语理解和记忆有很多帮助，但是如果完全靠词语识字也会出现问题。近些年来，有教师就认为智力障碍学生不容易掌握一个个独立的汉字，相反利用词语识字的效果似乎更好些。所以教师们采用"词语识字"的方法。例如，教师不分别教授"厕"和"所"，而是让学生整体认识词语"厕所"。词语识字的方法确实有其优势。例如，在词语中识字，等于多了个识字线索。如果学生看到"学校"，可能并不精确地知道"学"、"校"两个字到底是什么样，但是只要看到这两个轮廓大致相同并放在一起时，那就读"学校"。或者，学生对词语中某个汉字印象深刻，他们也能够从认识的字入手认读词语。例如，学习词语"膏"和"刷"。这两个字单独出现时，学生多不认识，但是出现"牙膏"、"牙刷"时，有些学生则能够读出词语。这种教学方法，在学生刚开始学习汉字时似乎很有效。因为学生能够从构成词语的更多识字线索来识字。但是，这样的教学方法也有其不可避免的问题。由于学生认识的是"词"而不是"字"，所以当我们将这些词语中的字拿出来组成新词时，学生往往不能正确辨认。所以，通过该方法，学生只能整体认读学过的词语，而不能将所学汉字（语素）重新组词。这样的教学方法会影响后续的阅读和写作学习。例如，因为学生只能整体认读"厕所"而不认识"厕"和"所"，所以，当其他课文出现"派出所"、"住所"、"所以"、"所有"等词语时，尽管学生同时认识"出、住、以、有"等汉字，但他们还是不能快速认读"派出所"、"住所"、"所以"、"所有"等词语。该识字教学法的问题主要是，如果学生所学的词语多了，他们依然容易将字形相近的词语混淆。例如，分不清"座位"和"坐位"；另外，因为学生缺少对所学汉字的观察、分析，所以无法建立汉字分析能力，则将识字停留在识"图"的水平，而难以建立汉字的形、音、义三者的联系，也不会分析汉字的结构，所以没有真正学会汉字。

(二) 字音教学

认识汉字首先是“会读”，即看到汉字能够正确读出其音才叫认识该汉字，所以学习汉字时不仅要分清字形，还要读准字音。培智学校在字音教学中主要使用了如下方法。

1. 同音字和近音字的教学

汉字的字形量远远大于字音的量，因此产生了大量的音同、而形义不同的同音字。例如“在、再”，“做、作、坐、座”，“操、草”，“的、地、得”。因为同音字或近音字中有一部分字的词性、词义相关或相同，再加上字形相近，所以学生很容易混淆这些字。例如学生用“在见”替代“再见”，将“作业”写成“做业”，将“操场”写成“草场”等。因此，在教学中，教师要特别注意帮助学生区分这些同音字、近音字；坚持“字不离词”的识字原则，将容易混淆的同音字、近音字放在词语或句子中学习。另外，还可以通过组词、造句等方式训练学生区别运用同音字和近音字。

针对学生容易出现将字形和读音相近，而且字义又相关的字混淆的情况，教师可以在练习环节中采用“归类识字”的方法帮助学生梳理所学习的汉字。该方法为，将读音完全相同的归为一类，如“青”→“清、蜻”；将读音相近的(即声韵相同而调不同的字)归为一类，如“请、情、晴、睛”。通过分辨字音和字形来帮助学生更细致地观察、分辨不同的汉字。

2. 多音字教学

多音字的教学必须坚持“据词定音”的原则。例如，“降”有两个常用读音，即 xiáng 和 jiàng。要让智力障碍学生分辨并记住这两个读音，最好是将“降”字组成词语“投降”和“降落”，借助学生的语感，让学生在具体的词语中确定字的读音。但要注意的是，因为一般而言，汉字是一字一音的，所以大多数智力障碍学生不容易理解和记忆多音字。在教学时第一次碰到多音字时，教师只教授该多音字在所出现的具体词语中的读音；当第二次再碰到该多音字时，教师再根据新词教授第二个读音，而且还要复习学生已经熟悉的第一个读音。切忌在第一次见到多音字就将该字的全部读音告诉学生，以免造成学生对该字读音的混乱。

3. 利用声符推导字音

虽然汉字本身并不具备表音的性质，但因形声字的声旁具有一定的读音提示作用，所以在形声字教学中，教师应该教会学生如何利用声旁推导生字的大致读音。例如，学生掌握了“方”的读音后，在后来学习生字“放、房、防、纺、芳、访”时，教师可以告诉学生，这些字都是由“方”构成，所以他们大概都读“fang”(但声调不同)。同样，因为“织、职、帜”等字都是用“只”构成，所以这些字都读“zhi”。但是，使用以声符推导字音的教学方法并不完全牢靠，因为普通话的音系历经千年变革，不少汉字今音与造字时的读音已经产生了很大的区别(有些是声母不同，有些是韵母相异，还有些是声调不同)，甚至有些用同一声符构成的字其声韵调都不同，已经找不到这些字之间的语音关联。例如，用“是”构成的字匙、题、提，只有“匙”还保留了“是”的读音。而以“工”为声符的今字，现有 gong(功、攻、巩、贡、汞)、hong(红、虹、鸿、讧)、gang(缸、杠、肛)、kang(扛)和 jiang(江、茳、豇)等八个常用读音。就算以“方”字为声符的字，除上面所列举的与“方”本音基本相同的四种读音外，还有 pang(旁、膀、滂)、bang(磅、榜、傍)等四种常用读音与今日的

“方”读音有别。“有人根据 7 504 个形声字进行统计,结果读音与声旁完全相同的只有 355 个,占总数的 4.7%,声韵相同的只有 753 个,占总数的 10%,二者相加也不到总数的 15%。”①所以,如果教师采用这种教学方法学习形声字,一定要事先做好准备,弄清楚所学生字的声符与当今的读音有多大差异,然后再考虑是否需要使用该方法因到学生记忆字音,以防学生读字读半边,造成错读、错记、错用。

(三) 字义教学

汉字是平面型文字,其字形记录的是汉语的音节,而表达的是汉民族对世界认知的结果——字义。所以汉字是音形义统一的文字。学习汉字的目的是理解通过汉字传递出来的意义,所以识字教学中字义教学非常重要。培智学校常用的字义教学法主要有以下几种。

1. 运用演示教学法释义

为了使学生能够准确地理解汉字符号所表示的具体词义,教师往往采用演示实物、图片、标本、多媒体等方法,帮助学生理解字义。例如,学习《全日制培智学校语文教科书》第八册课文《谁勇敢》中有句子“小明见树上有个马蜂窝”,“窝”是生字。学生大多对此字的确切意思不理解。教师可以通过实物、照片、图片、多媒体演示等方式,让学生从视觉上感知窝的形状,然后将“窝”字的读音、字形和现实生活中“窝”的表象建立联系,理解“窝”的含义。同样,学习课文《黄山奇石》中“有一座陡峭的山峰上”的“陡”、“峭”两个字的字义,也可以用多媒体演示的方法,帮助学生理解“陡”和“峭”字的确切意义。

2. 运用组词方法释义

组词释义教学法是将不易理解的字组成词语,促进字义的理解、字形的分辨的教学方法。例如,学习过“学”以后,可以通过让学生组成“学习、学校、学生、学会、小学、中学”等方式理解“学”的意思即“学习”。

3. 用同义词解释生字字义

利用学生已经掌握的字义解释生字。例如,学习古诗《静夜思》中的诗句“抬头望明月,低头思故乡”,“望”和“思”两个字学生一般不完全理解。在解释这两个字的字义时,可以使用同义词释义的方法。即告诉学生“望”就是“看”的意思,而“思”就是“想”的意思。利用同义词释义既简单,又容易联系学生已有的知识。但是,并非所有字义都能够用该方法教授。在选择用哪个字来解释生字的字义时最好选择内涵等义的同义词,如果两个字的字义是近义的,一般就不能使用,因为近义词的语义要素间存在着细微的差别,可能导致学生理解上的细小偏差。

4. “据词定义”

“据词定义”顾名思义就是在语境中释义。汉字的发展和演变造成一字多义的现象,对于多义字的意义很难离开句子解释,必须利用语境的限制确定字义。例如,“长”字是一个形体,两个读音,12 个义项。汉语的一字多义给学生理解字义带来困难。为了使学生能够准确理解字义,克服“望字生义”的坏习惯,教师要引导学生“据词定义”,即根据上下文的意思来确定多义字的具体字义,讲解字义时做到“字不离词、不离句”。

---

① 人教社中学语文室编:《现代汉语知识》(第一册),人民教育出版社 1993 年版,第 332 页。

5. 分析字形释义

字形分析释义教学法是最有效、最简便的一种释义教学法。此方法主要是利用汉字的表意特点，通过字形分析来解释字义。例如，“痛”字，“疒”表示了“痛”的意思与“生病”有关。运用该方法，不但能够帮助学生了解字义，还有助于培养学生的汉字分析综合能力。字形分析释义教学法又可根据字形类别分为“以形释义法”、“指事释义法”、“会意解释法”，以及“声符推义法”等几种。

(1) 以形释义法：指教会学生利用字形理解字义的方法。主要用于对象形文字字义的解释。因为象形字带有一定图画性，教学中可充分利用其特点通过图文对照的方法帮助学生识记汉字，以减少学习者对汉字识别的恐惧。一般来说，培智学校所需要学习的象形字不足100，而且这些字大多出现在低年级段，教师可以采用看图识字教学的方法。但在象形字教学中，有一点值得注意，教师要指明该字的具体含义，帮助学生从图画中抽象出汉字的符号，而切忌仅仅停留在看图上。

(2) 指事释义法：指利用指事字的表意特点进行字形的分析，得到字义的方法。例如，了解“甘”字的意义，“甘”字是由口和一个短横组成的，口表示“嘴”，而短横则表示“甜食”。“甘”的意思即为“甜美”。指事字的教学应着重指明符号的位置和意义，帮助学生理解其义、记忆其形。据研究，指事字最不容易获得，因为这类汉字是在已有独体字的基础上添加某些符号构成的，从其字形来说改变不大，所以智力障碍学生很容易与添加符号前的象形字混淆。例如，在“刀”上用点致命刀刃的位置就发展出来了“刃”，但“刃”与“刀”字形非常接近。如果教师不反复强调“刃”上一点的意义，智力障碍学生很容易忽略那一点。包括“本”与“末”两字为什么在“木”字上或下各加一横？“旦”字的“一”与“日”又分辨表示什么等。如果教师讲清楚这些指事符号，学生分辨和记忆相近的字形、理解这些字的字义就容易得多。因此在教学中，教师一定要帮助学生分辨象形本字与添加符号后的指事字的不同字形，并将指事部分的含义讲清楚。

(3) 会意解释法：该方法是指运用汉字的结构部件直接合成字义解释字义的方法。例如，“众”字表示人多；“闹”字表示门口是市场，人来人往很热闹；“尘”字表示细小的灰土；“泪”字表示的是眼中所流出的泪液等等。会意字的教学相对指事字的教学来说稍微容易一些。研究显示，学生最容易学习的是会意字，这恐怕与会意字的构字部件能够提供明确的意义信息有关。因为会意字的构字部件都带有明确的信息，所以教学时教师只要强调这些构字部件组合起来表示的具体意思是什么，学生就能很容易地掌握该字的形和义。因此，对会意字的教学，教师应着重讲清不同构字部件的组合意图，并帮助学生在理解字义的基础上记忆字形。

(4) 形符推义法：该方法是指利用形声字的形符推导字义的教学方法。形声字占现代汉字总数的85%以上。利用形声字的形符和声符教学能够在一定程度上提高学生的识字能力。形声字的形旁能够指示该字所属的意义范畴，如果学生能够在形声字中分析出字形的形符，就容易理解该字的字义了。例如，分析“桌”、“床”、“柱”、“架”、“桶”、“植”、“梳”、“梯”、“梅”、“梨”、“松”、“杨”等字的结构发现，这些字所代表的事物都与“树木”相关。所以，建议教师在教授形声字时，有意识地引导学生从形声字的形符入手推敲字义。

但是，单纯从形符理解字义有时也会出现错误。因为汉字发展到今天，很多事物发生了改变，如果每个字都刻板地固守形符可能会使学生不易理解所学的字。例如，"梳"，从其造字时代看，主要是木头做成，故用"木"字表示意义类别。但是，如今的"梳子"有多种材料，而并非都是木制的。另外，如今"梳"字既是名词，也能够做动词。如果教师在强调"梳"是木头做的同时，没有告诉学生现在有多种材料可以制作"梳子"，那么可能会引起学生错误的认知，即所有梳子都是木头所做。其次，由于历史上对汉字的多次规范和简化，不少汉字在今天已经很难看出造字时的符号意义了。例如，"没"字的偏旁为什么是"氵"，"脚"字的偏旁为什么是"月"，"珠"字的偏旁为什么是"王"等等。所以在教学时，教师要认真备课，谨慎使用这种教学方法。

二、常用写字教学法

（一）培智学校写字教学应关注的内容

1. 写字姿势

因培智学校学生的生理或认知障碍，有些学生的写字姿态有问题。在学生学习写字时，教师要尽量纠正学生的不良姿势。写字时要求学生尽量坐直身体，头部不要随意摆动，肩臂放松，两脚稍离开些平放在地上，不要搅在一起或跷二郎腿，以保护学生的视力，促进学生生理机能的正常发育。

2. 执笔、运笔指导

执笔是由拇指、食指捏住笔杆下部距离笔尖约一寸的地方；执笔不紧、不松，笔杆稍偏右靠近虎口；笔与纸张的角度为45度角。运笔对手部精细动作困难的学生而言，需要教师特别加以指导。运笔时无论呼吸还是手部动作，都应该尽量放松。一般来说，起笔、转弯和写钩时，笔势稍慢、稍重，而在写撇、捺及提笔时，笔势稍轻、稍快，书写其他笔画时，笔势适当。汉字笔画没有粗细之分，因此书写时不用转笔。

3. 笔画、笔顺教学指导

笔画是构成汉字最基本的元素，所以笔画正确是书写正确的基础；而笔顺是写字的规则，只有按照笔顺规则书写，才能保证所写的汉字正确、结构匀称。因此，教师应该重视对学生笔画和笔顺的教学指导。在普通学生写字教学时，笔顺和笔画教学是与写字教学同步展开的，但因培智学校学生大多存在执笔、运笔障碍，所以教师需要为培智学校的学生进行专门的笔画和笔顺教学指导与训练。

4. 起笔、收笔教学指导

要把不同笔画数、不同结构的汉字写得正确、大小均匀，那么每个字的第一笔起笔和最后一笔收笔的位置非常重要。所以教师在写字教学指导时，一定要重视对起笔的笔形、位置，以及收笔的笔形和位置的讲授，帮助学生写正确、写好看，养成良好的书写习惯。

5. 书写习惯培养

培养学生良好的书写习惯，包括写字时的态度、认真写字的习惯、爱护文具的习惯、听从指导的习惯，以及讲究卫生的习惯等。

6. 书写工具使用指导

教师有责任指导学生运用适合的书写工具,如铅笔最好选用 HB 型的木制笔(不用活动铅笔)。笔尖不易削得太尖,以免在书写时折断笔尖。橡皮最好使用绘图橡皮,不要使用香橡皮,因为香橡皮不易擦去笔痕,反而容易弄脏或弄破作业本。

7. 书写工具的调整

针对伴有视力残疾学生的书写训练,应适当调整书写工具,如放大书写的格子、增加光源的亮度等。而针对手功能障碍的脑瘫学生,还需增加其他书写教学具和设备。

(二) 写字教学法

培智学校学生的手部功能障碍明显,语文教师要结合写字学习训练学生的执笔、运笔的控制力,巩固书写技能。

1. 摸字

摸字是通过让学生按笔画、笔顺规则触摸老师镂空的字板来学习写字的一种方法,是教师根据脑瘫和严重智力障碍学生无法用笔书写而自创的一种写字教学法。这种方法一般用于低年级学生或手部功能严重障碍的学生。这种方法适合于结构简单的汉字,特别是独体字的学习。

2. 指书

指书是用手指在桌子、黑板上或沙盘(又称"沙写")上书写汉字的一种训练方法。一般而言,指书汉字比笔书汉字更容易控制手部的动作。指书一方面可以提高学生写字的兴趣,熟悉笔顺笔画;另一方面可以增加手指的运动功能,为笔书汉字做好准备。所以,建议教师在正式用笔写字之前可以先引导学生指书练习。

3. 书空

书空即让学生用右手的食指在空间比划书写汉字字形。书空的难度主要在于在空中把握好汉字笔画和的结构。书空训练时,要求教师站在学生的对面,并用左手做镜面书空示范。要求学生用右手按照笔顺规则、念着笔画名称一笔一画地在空中书写。教师示范书空时要注意三点:其一,书空的位置不宜过高或太低,以在胸前笔划为宜;其二,书空时手臂的动作幅度不易过大,书空字的宽窄以不超出双肩的宽度为宜;其三,书空汉字的结构要均衡,避免出现笔画或部件的套叠。

4. 临写

临写就是照着范字书写。临写是学习写字的常用方法,适用于所有年级。为了杜绝学生临写范字的错误,教师应该在学生书写前先在黑板上示范书写,并引导学生观察范字的笔画、结构。同时重点讲解该字隐蔽部位,指出容易错写(丢失或添加笔画)的地方。等学生对范字部件有了清楚的认识,并能够分析范字的笔画和结构之后再让学生临写。可以先让两名学生上讲台临写,教师根据范字对学生临写的字的正确性、匀称度进行讲评。另外,由于培智学校目前尚无统一的课本和配套写字本,所以学生的临写范字都由教师所写。为了保证范字的正确美观,教师必须认真、规范地书写。

5. 抄写

抄写就是照着原文写下来。抄写与临写不同,临写是严格地照着范字写,讲究笔画与布局与范字尽量保持一样;而抄写是按照原文写,只要求学生正确抄写,而不要求与范字写得一样。在此训练中，要特别注意，由于学生的注意力稳定性差，一次不宜让学生写太多字，或一个字写太多遍。通常，一次布置五个左右的生字、一个字连续写三遍为宜。

6. 添加笔画或部件

添加笔画或部件的方法是教师在学生的本子上（或黑板上）写出缺失笔画或缺少部件的汉字，然后通过引导学生观察，找出缺失的部分并将缺失的部分添加出来，把字写完整。这种方法适合于巩固练习阶段使用。运用该方法前，教师应该确保学生对“整字”字形比较熟悉，如果学生不知道“整字”是怎样的，那一定找不到缺失的笔画或部件，练习也就没有意义了。所以，最好将这种方法放在单元练习时使用。

7. 拼字

拼字是游戏教学，它更适合在练习阶段使用。拼字有两种形式：一种是教师将所拼的字形拆分成笔画或部件，教师讲出所要拼的字，让学生在一堆笔画或部件中找出所拼汉字的笔画或部件，再将这些笔画或部件按照汉字的结构拼合在纸上；另一种拼字游戏是在书写练习中完成，即老师将不同的构字部件呈现给学生，让学生选择部件构成新字。拼字训练既可以让学生熟悉笔画及笔画名称，熟悉部件（偏旁、独体字）和部件名称，又能够对汉字结构形成整体感知，还能够训练学生的精细动作，所以教师喜欢用这种方法，学生对这种方法的学习也比较感兴趣，只是教师做教学具比较麻烦。

8. 组词、造句

组词、造句是在运用中巩固写字的好方法。教师可在课上或课下提出目标字，通过让学生组词、造句的方法巩固书写所学过的目标字。

9. 听写

听写是学生根据老师读出的字的读音书写字形，这是一种评价手段。听写一般在新字讲授后的第二天或第三天进行，如果同一个字大多学生均出现错误，教师应该重新调整教学，及时补救。

以上介绍的九种写字训练方法，第一至五种为写字教学方法，第六至八种为写字的巩固练习法，第九种则是检查和评价写字结果的方法。总之，写字教学要遵循循序渐进的原则，根据精细动作发展的顺序以及汉字书写教学的顺序，采用“摸写→书空→指书（沙写）→临写→添加笔画→拼字→自由书写”，逐渐发展智力障碍学生书写汉字的能力。

第四节 错别字的预防和纠正

智力障碍学生在汉字运用中常常出现错别字。为了培养学生正确使用汉字的意识和能力，教师必须重视预防和纠正错别字，以减少错别字的产生。

一、智力障碍学生错别字的类型

了解智力障碍学生错别字的类型和特点，有利于教师做好错别字的预防和纠正工作。因为汉字的构字特点，在书写时，普通人也会出现错别字。根据归纳，普通人的错别字主要有如下几种类型。错字主要有“受相近偏旁、部件影响而错写偏旁、部件，常常结合在一起的双音词中的一个字受另一个字偏旁的影响而误写，弄错字的笔画、误写笔形等三种错误类型”和“形近而误、义近而误、因方言语音影响而误等三种别字类型”。[①]智力障碍学生的错别字类型与普通学生大致相同，但因身心障碍导致他们的错别字类型更为复杂。

（一）智力障碍学生的错字类型

因汉字字形多，笔形多变，结构形式复杂，字形与字音、字义的关系复杂（一形一音、一形多音又多义、多形一音等），再加上智力障碍学生知觉和分辨字形、字音的能力差，字形与字义联系困难，手部动作障碍、写字不认真等多个原因，所以不但书写错误率高，而且错误类型复杂，具体示例如下表。

表 7-1 智力障碍学生错字类型列举

错字类型	举例
增减笔画	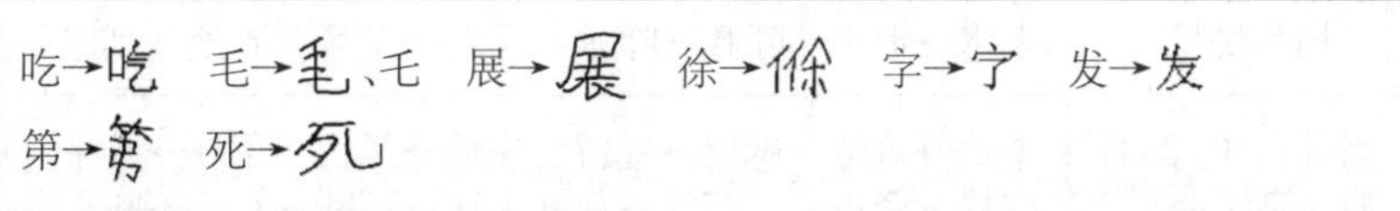
替换偏旁或部件	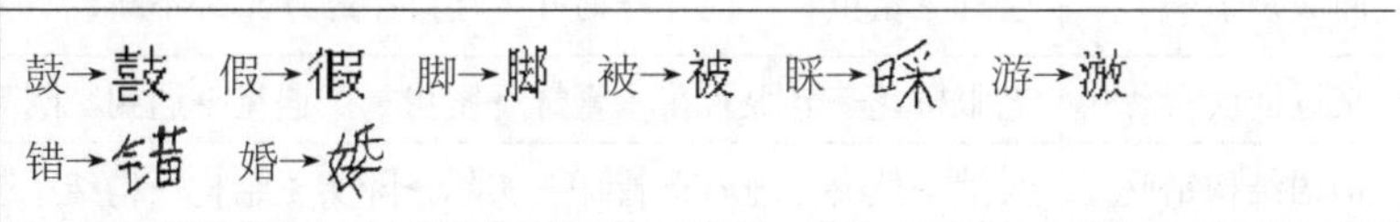
错写部件	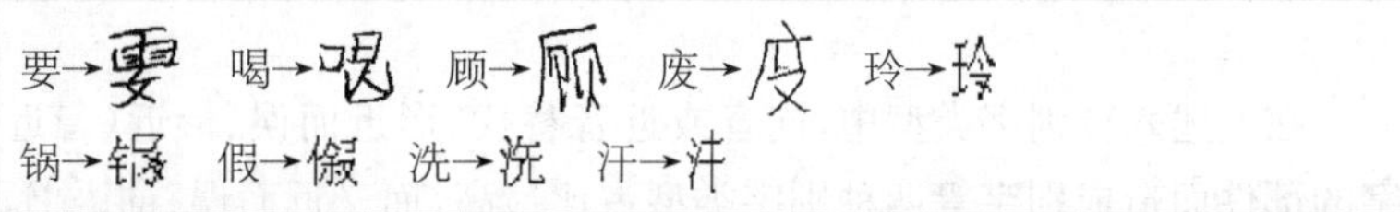
增减部件	
改变汉字结构	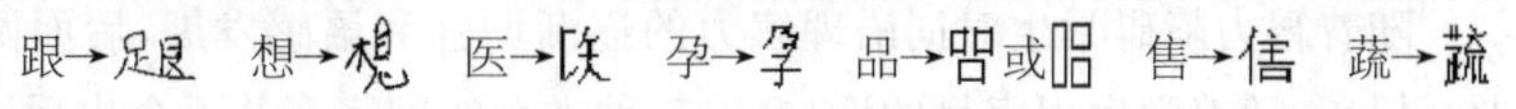
笔画或部件方向错反	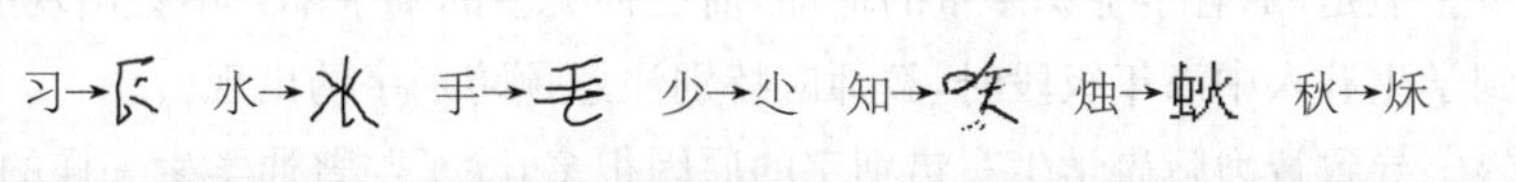

在上述几种错字类型中，增减笔画、替换偏旁或部件、错写部件等三种错误类型占比最高，其次是改变汉字结构，而笔画或部件方向错反、增减部件等两类错误率相对较低。

由于智力障碍学生在学习汉字的初期阶段对汉字的符号特征把握不住、掌握的部件少，尚未建立综合分析汉字的能力，所以在低年级阶段，学生的错字率较高。但是随着学生识字经验的建立、识字量的增加，错字的比例会逐渐降低。所以，教师在学生学习汉字的初期阶段要让学生把汉字的笔画、笔形、部件搞清楚，重点预防错字的产生。

（二）智力障碍学生的别字类型

与错字相比，智力障碍学生写别字的情况更为突出。有些别字反映出的是学生认

① 胡裕树主编：《现代汉语》（重订本），上海教育出版社 2011 第 7 版，第 190—192 页。

知的障碍。例如,学生在抄写词语时,对所抄写的词语意思不理解因而导致写别字(结果→结过),有些则是因为观察不仔细导致形近字替代(上去→上云),另外还有些别字则反映了智力障碍学生方位认识模糊导致错写(突然→然突),以及语感不足而写别字(遇见→遇到)等多种情况。具体示例如下表。

表7-2 智力障碍学生别字列举

别字类型	举例
同音(近音)替代	以后→已后 干净→干静 着急→找急 故事→古事 拿饭→那饭 坐好→做好 胜利→胜力 民族→明族 而且→而切 忽视→乎视 结果→结过 庞然大物→旁然大物 看不起→看不奇
形近误写	上去→上云 玉米→玉来 冬瓜→冬爪 日常→日带 清楚→清梦 欢乐→吹乐 问题→间题 自理→白理 电视→电枧 感冒→感昌 同伴→同件 暑假→者假 环境→坏境 不管→不营 奇异→奇导
形近(音近)意义相关误写	怨言→怒言 渔民→鱼民 大桥→天桥 惊慌失措→惊慌失错 喝水→渴水 呼救→呼求 操场→草场 到处→到出 身体→生体
简化字的部件而成别字	繁忙→每忙 感冒→咸冒 黑烟→黑因 草坪→草平 豆芽→豆牙 蜜蜂→蜜虫 荷叶→何叶 连绵不断→车绵不断
义近而误写	老眼昏花→老眼看花 蜜蜂→蜜虫 遇见→遇到 明亮→明晶
词语结构错反	突然→然突 睡着→着睡 实际→际实 结构→构结 警察→察警

在上述六种别字类型中,同音或近音替代、形近而误、形近(音近)意义相关和简化字的部件而造成别字等四种别字类型占比最高,而义近而误、词语书写时结构错反的情况相对较少。

随着智力障碍学生对词语理解力的逐渐增强和语感发展,后面两类别字类型会更少。但是,随着学生识字量的增加,前三种类型的别字率并不会出现明显的下降。所以到学生升入中高年级段时,教师应特别注意预防别字的出现。

导致智力障碍学生写错别字的原因很多,除了与普通学生一样的写字困难外,还与汉字特点有关,与智力障碍学生的认知特点、学习能力等因素有关,当然也与教师的书写期望低、教学方法不得当、指导不到位、训练不得法等因素有关。教师在了解学生错别字的类型和产生别字原因的基础上,更应该注意科学的教学与训练,特别要注意在教学过程中预防学生产生错别字。

二、错别字的预防与纠正

在预防与纠正错别字中,教师应以预防为主,千万不要等到智力障碍学生形成错误的书写习惯后,再花大力气去纠正,因为智力障碍学生一旦对某个字养成错误的书写习惯,再去纠正非常困难,为此教师要努力做到预防在先。

(一) 错别字的预防

1. 调动观察书写的积极性

根据汉字结构的繁简程度和学生的认知特点,教师要努力调动学生识写汉字的积极性，提高学生观察字形、分析汉字结构的能力。教师可先用问题引起学生对生字的注意后，再引导学生观察分析与书写。例如：大家都注意了！老师现在准备给同学们看一个生字，请同学们仔细看！教师引导学生观察字形。其间，教师要重点指导学生看清楚隐蔽部件的笔画、结构，还应该提醒学生不要添加或丢失哪些笔画，并强调相似部件的区别性特征。例如：看看谁能告诉我这个字和我们学过的哪个字很像？或这个字可能读什么？或这个字可能表示什么意思？这个字当中哪个部分最难写？写的时候要注意什么……

2. 以音辨形、以义辨形

在教授形声字时教师应该特别讲清楚声符和形符，并利用形声字的声符帮助学生辨别字形，运用形符帮助学生确定和记忆字形，达到正确书写。例如，学习生字“剧”，学生经常将“剧”字与“刷”混淆。教师在教授“剧”字时应该提醒学生这个字的读音是“jù”。即“剧”读“jù”。“剧”的左边是邻居的“居”，写这个字时要特别注意，不要把这个字写成“刷”。再如，学习词语“蜜蜂”，学生经常将“蜜”写成“密”。为此，教师可以引导学生从词义上确定“蜜蜂”的“蜜”是“虫”字底，因为“蜜蜂”属于“虫类”，所以“蜜”是“虫”字底。

3. 偏旁记少不记多

对容易相混淆的一些偏旁，教师可以采取偏旁记少不记多的方法来区分因偏旁相近而难以辨识的形近字。例如，“十”字旁与“忄”旁很容易混淆，因为生活中的常用汉字很少有“十”字旁的字，如果让学生记住只有“博、协”两个常用字是“十”字旁，其余都是“忄”的字就不容易混了。再如，“光”和“火”两个偏旁也很容易混，只要学生记住“光”字旁常用的仅有“辉”和“耀”两个字，其余的都是“火”字旁即可；再如，“廴”经常与“辶”相混，只要学生记住“建”、“延”、廷”，以及用这三个字组成的“健”、“诞”、“庭”等其他字，其余的字都是“辶”的字即可。

4. 改错练习

通过引导学生养成主动检查错别字的习惯；通过向学生讲明导致错别字产生的原因使学生学会理解、记忆汉字使用的方法；通过分析汉字的结构、部件和意义提高学生汉字运用的能力。

(二) 错别字的纠正

1. 对照检查、找出错误、订正错误

引导学生将错别字与正确的字对照检查。如果学生不能自己发现问题，教师则应该引导学生观察字形是否有误。只有引导学生找出错误、说出错在哪里以及正确的字是怎样写的，最后再订正错误。

2. 重点观察易写错的部位

教师引导学生观察错别字的时候，应该重点观察学生书写时易错的部位。包括：字形结构中比较隐蔽的部位（例如，“篮”字的“⺮”、“海”字的“母”、“插”字的右半部分、“兔”字的最后一点等）、容易写错的笔形、笔画集中而离散度较低的部位（例如，“藏”字中的“臧”；“熟”字的左上部分、“睡”字中的“垂”等）、字形相近的偏旁或部件（例如：住—隹；氵—冫；文—攵；𡗗—类；厂—ナ；礻—衤；囱—囟）等。

3. 连词订正、连句订正

订正错误时要注意两点:改正别字一定要在理解字义的基础上连词订正,否则订正了也无效。例如让学生改正"修息",不能只改正"修"为"休",应该改"修息"为"休息"。而订正句中的虚词时一定要连句订正。例如,学生将"而且"写成"而切",应该让学生连句子"小明不但自己学习好,而且还很喜欢帮助别人"。

4. 设计科学地复习计划

除了预防和纠正错别字外,教师应该科学地设计复习的时间、内容和复习量,做到循序渐进,逐渐加深与巩固所学的汉字;同时要引导学生使用学过的用字,让学生在运用中得到巩固。

总之,改善学生的书写技能、减少错别字,教师应该努力做到在识与写教学的每一个环节中,都要讲解到位、练习充分、要求适度,尽可能把好识记、书写每一关。

第五节 部首检字教学

根据《全日制弱智学校(班)语文教学大纲》(征求意见稿)的要求,轻度智力障碍学生从三年级开始就要会用部首检字。所以培养轻度智力障碍学生学会部首检字法,是语文课程的一项任务。

一、部首检字法的用途

所谓部首检字法就是按照部首标目检字的一种方法,是字形检字法中的一种。部首检字法与音序法不同,部首检字是依照汉字的形体(笔画和笔形特点)对汉字进行检索。所以,部首检字通常用于查检知道字形但不知其音、其义的字。

二、指导学生查检字典

(1) 扼要说明查检字典的意义、重要性,做到反复、耐心、细致地查。

(2) 帮助学生认识字典(《新华字典》)。

(3) 指导学生认识字典中偏旁部首的安排顺序。

(4) 教给学生部首查检汉字的方法。部首检字法可分六步实施:①先让学生数除被查字的部首共有几笔;②在部首目录中查出该部首在检字表中的具体页码;③在检字表中找到该部首;④数出去掉部首后该字所剩的笔画数;⑤在检字表中找到该字,并查出该字在正文中的页码;⑥翻到该页码就可以找到所要查的字了。

(5) 学会查检后,应鼓励学生多查多练,以达到巩固。

对轻度智力障碍学生而言,通过教师的讲解与自己操练是完全可以掌握部首检字的方法的。在教学中,教师的"教"与学生的"操练"要紧密配合,使学生在操练中熟悉部首和查检步骤,获得部首检字的技能,养成查检字典的习惯。

➤本章小结

识字写字不但能够促进学生手部精细动作的发展和手眼协调发展,还能够促进学生智力的发展，为其学习其他课程提供基础。所以识字写字是培智学校语文课程的一项重要内容。

智力障碍学生识字写字能力的发展过程与普通学生大致相同，但是因为生理障碍和认知的限制，他们在字形辨识、字音与字形联接以及字义理解、汉字书写等方面存在困难。根据智力障碍学生的障碍特点和识字写字的特点，建议教师在识字教学中要充分利用图形识字，最好先教有组字功能的独体字，在不同的年级应该采用不同的字形分析策略并重视对学生进行字形分析的综合训练。教师要控制好识字总量和阶段识字量。

为了让新教师更快地开展识字写字教学，教师应该根据学生识字和写字的基础，分别使用不同的教学方法。例如，在低年级识字的教学中，教师在字形教学时应该更多使用"利用图画识别字形、理解字义"、"利用不同笔形、不同笔画组合方式识别字形"和"利用口诀法辨别字形"等方法，而到了中高年级则建议教师多使用"利用部件分析法辨别汉字字形"和"利用熟字形带新字形"等方法。根据智力障碍学生的书写困难，教师可以采用摸字、指书、临写、书空、抄写、添加笔画与部件以及拼字等方法来锻炼学生的写字能力。识字写字有很多知识，但是，最重要的是能够运用书面语表达个人需求。所以，教师在教授知识、训练学生识字、写字的同时，还要引导学生运用所学的字。在运用这些字的过程中巩固字形、加深对字义的理解和运用能力。

因为智力障碍学生的认知缺陷，他们在汉字运用过程中出现大量的错别字。为了减少学生错别字的产生，教师要将预防出现错别字贯穿到整个识字写字教学中。另外，为了预防和纠正错别字，教师应该了解智力障碍学生错别字的类型，了解这些错别字产生的原因，以做到有的放矢地教学训练。

部首检字是目前使用最普遍的一种检字方法。为了帮助智力障碍学生更好地阅读和写作，培智学校可以为学有余力的学生提供部首检字方法的教学。

➢讨论与探究

1. 根据你学习汉字的过程，比较并列出笔画分析法和部件分析法的优劣，并提出这两种汉字分析方法分别适合怎样的学习群体。

2. 根据你在培智学校的观察，学生在书写时有哪些问题？教师是否关注并注意矫正学生的书写问题？

3. 访谈1—2名培智学校的语文教师，了解他们常用的识字教学方法和指导学生写字的方法，并将访谈结果在小组内进行汇报。

4. 请根据下列3个案例分析智力障碍学生错字和别字的类型。并根据其中一个案例设计一份预防和纠正错别字的训练计划。

案例1

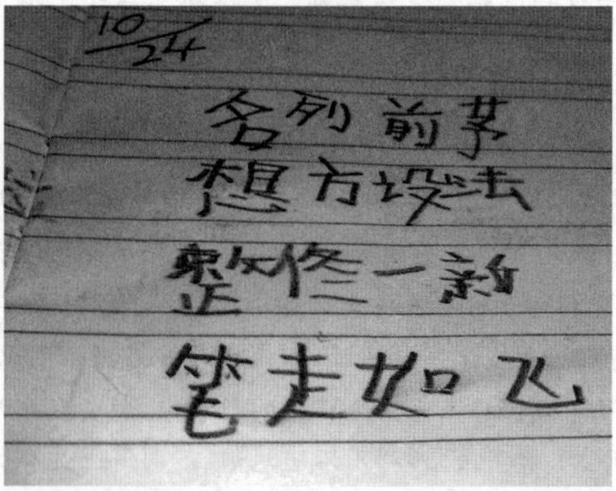

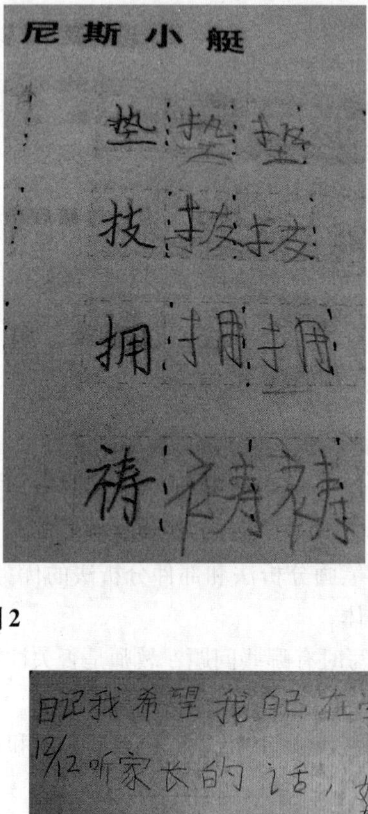

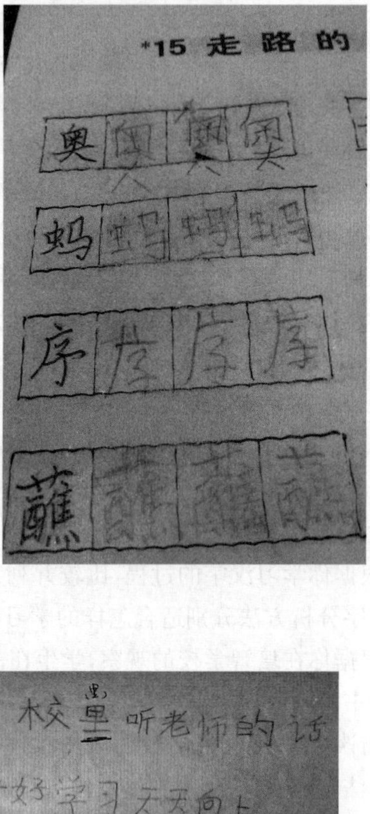

案例2

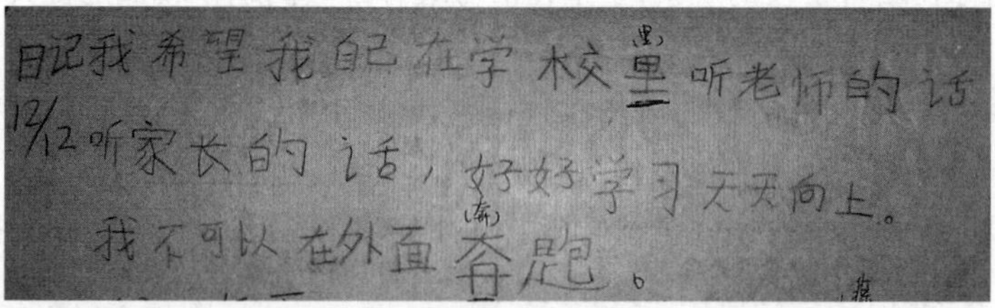

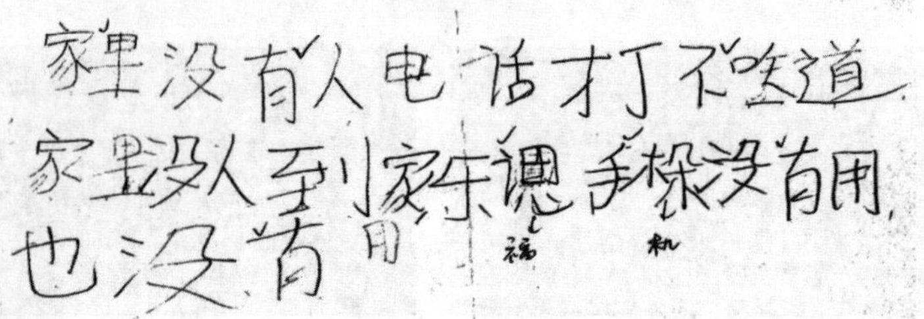

案例 3

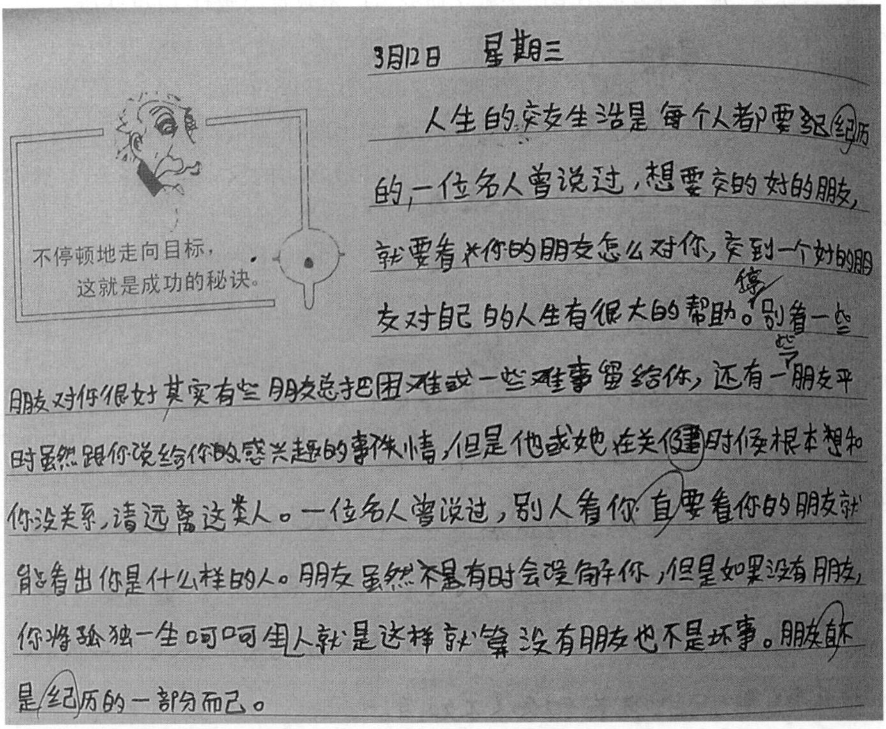
3月12日 星期三

不停顿地走向目标，
这就是成功的秘诀。

人生的交友生活是每个人都要经历的，一位名人曾说过，想要交的好的朋友，就要看你的朋友怎么对你，交到一个好的朋友对自己的人生有很大的帮助。别看一些朋友对你很好其实有些朋友总把困难或一些难事留给你，还有一些朋友平时虽然跟你说给你的感兴趣的事情，但是他或她在关键时候根本想和你没关系，请远离这类人。一位名人曾说过，别人看你只要看你的朋友就能看出你是什么样的人。朋友虽然不是有时会误解你，但是如果没有朋友，你将孤独一生呵呵但人就是这样就算没有朋友也不是坏事。朋友只是经历的一部分而已。

➢拓展阅读资料

1. 顾明远主编:《教育大词典》(教育心理学),上海教育出版社 1990 年版。

2. 郭崇元著:《汉字教学答问》,人民教育出版社 1997 年版。

3. 胡克英著:《教学论研究》,教育科学出版社 1981 年版。

4. 李大遂编:《简明实用汉字学》,北京大学出版社 1993 年版。

5. 李福灼、钟宏桃著:《小学语文课堂教学论》,江西教育出版社 1997 年版。

6. 林崇德主编:《小学语文教学心理学》,北京教育出版社 2001 年版。

7. 刘鸣:《汉字空间表象操作与字形学习的关系》,载《心理科学》1993 年第 4 期。

8. 马红英:《中度智力残疾学生必学汉字筛选原则初探》,载《华东师范大学学报》(哲学社会科学版)1999 年第 5 期。

9. 马景仑主编:《高等学校小学教育专业教材——汉语》,南京大学出版社 2000 年版。

10. 毛连塭著:《特殊儿童教学法》,台湾心理出版社 1999 年版。

11. 钮文英著:《启智教育课程与教学设计》,心理出版社 2003 年版。

12. 人教社中学语文室编著:《现代汉语知识》(第一册),人民教育出版社 1993 年版。

13. 人民教育出版社小学语文室编著:《小学语文教学法》,人民教育出版社 1995

年版。

14. 佟乐泉、张一清著:《小学识字教学研究》,广东教育出版社 1999 年版。

15. 汪潮著:《中国语文教学实验述评》,华东师范大学出版社 1995 年版。

16. 余应源主编:《语文教育学》,江西教育出版社 1998 年版。

17. 张鸿苓主编:《语文教育学》,北京师范大学出版社 1993 年版。

18. 中国文改会、国标局编文字改革出版社:《最常用的汉字是哪些——三千高频度汉字表》,中国标准出版社 1986 年版。

19. 周元主编:《小学语文教育学》,华东师范大学出版社 1992 年版。

20. 朱作仁、祝新华主编:《小学语文教学心理学导论》,上海教育出版社 2001 年版。

21. 网站:www. cnfirst. net/ertongshizi/

www. xxkt. cn/yuwen/szxz/Index. html

http://www. teacherspayteachers. com/Browse/PreK-12-Subject-Area/Vocabulary

第八章

培智学校的阅读教学

“阅读是人类生活的重要活动”[1]，也是中小学语文课程的重要组成部分。阅读教学在整个中小学语文教学中所占比重大、所耗时间最多，而且阅读测验也已经成为评价语文学业水平的重要指标。培智学校的语文课程同样重视阅读教学，教会学生阅读生活中常见的图片、文字是培智学校语文课程的核心目标。但是，因为培智学校学生的认知特点、学习能力和发展目标与普通学生不同，所以培智学校的阅读内容、目标要求等与普通学校也大不相同。那么培智学校的学生到底有怎样的阅读特点和阅读障碍？培智学校的阅读教学到底应该教些什么？教师应该怎样选择和组织这些阅读材料？教师应该怎样提供阅读的经验？这些问题既是培智学校语文教学研究的核心问题，也是困扰新教师顺利开展阅读教学的最大困难。根据培智学校阅读教学的目标、内容和要求，本章将着重为你介绍培智学校阅读教学的难点，并在此基础上详尽讲授看图学文、表格阅读、文本阅读和朗读、默读等常用教学方法。

① 张必隐著:《阅读心理学》,北京师范大学出版社 1992 年版,第 1 页。

通过本章学习,你将了解到:

1. 培智学校阅读教学的难点与教学建议。
2. 培智学校的看图学文教学。
3. 培智学校的表格阅读教学。
4. 培智学校的文本阅读教学。
5. 智力障碍学生的朗读与默读训练。

第一节 阅读教学的意义

阅读是"阅读主体对读物的认知、理解、吸收和应用的复杂的心智过程,是现代文明社会人们所不可或缺的智能活动,是人们从事学习的重要途径和手段之一"①。所以阅读无论对普通人群还是特殊人群都具有非常重要的价值。对培智学校的学生而言,阅读教学的意义到底是什么?

一、阅读是巩固识字成果的重要途径

虽然阅读是通过看或读来获取信息、情感的一种思维活动,但也是分辨字形、理解字义、学习汉字运用的一次训练活动。识字写字的目的是为了更好地阅读和写作。但是汉字的量大、结构复杂,而智力障碍学生方位知觉差、观察和分辨能力不足、理解字义困难,再加上遗忘快,所以要完成一定识字量的学习,且能够阅读,应该说有不少困难。但是,如果将生字放在具体的语言材料中,通过不同的语言环境反复、多次地出现所学习的生字,就能够让学生在与生字多次的"见面"中,熟悉生字的字形,记住生字的读音,了解生字的字义。所以,阅读能够巩固识字的成果。以学习多音、多义的汉字"种"字为例。掌握多音、多义字是智力障碍学生识字的一个难点,如果教师只是运用举例的方式讲解"种"有两个读音、两个意思、两种词性,学生很难真正记住"种"的用法,但是如果将"种"字放在具体方语境中学习,学生就能够根据语境自然分辨"种"字的具体读音和意义,也就更容易记住"种"字的字音和字义。所以,阅读不但能够使学生加深对所学汉字字形的印象、促进他们对字义的准确理解,还能够熟悉生字的运用环境,提升阅读能力。因此,阅读是巩固识字成果的有效途径。

二、阅读能够规范学生的语言

智力障碍学生语言发展不完善。除了部分学生患有构音障碍外,他们还普遍存在词汇量小、用词不准确,句式简单且不规范、连句成段困难、话语结构凌乱、表达逻辑不

① 吴萍:《图式理论指导下小学语文阅读教学的实效性研究》,南京师范大学 2008 年硕士论文,第 10 页。

清、语用能力差等语言沟通障碍。语言障碍不但影响了学生的学业发展，还严重影响了他们的交往沟通。语文教材中的阅读材料都是经过教材编写者精心挑选的。这些材料不仅思想内容健康，在语言的运用上强调准确、生动、规范，具有很好的典范性。让学生阅读和朗读这些具有典范作用的语言材料，不仅能够帮助学生积累词汇量、规范句式、丰富表达，还能够通过模仿课文中的对话，帮助学生了解语用规则、学习会话技能，使智力障碍学生的语言朝着规范的方向发展。

三、阅读能提高学生的理解和表达能力

阅读是凭借词、句、段、篇等训练，提高学生对书面语的理解力。根据阅读教学的一般过程，阅读教学中通常会涉及“读”和“说”两个内容。“读”，是对作者通过文字所表达的思想和感情的理解和共情，是对作者所创设的环境的想象，是对文本中事件的发生、发展过程的合理把握。因此，“阅读”本身就是理解和思维训练的过程。而“说”则是向他人讲述个人对文本理解的过程。“说”的过程是将感悟到的东西组织成思想，然后选择用合适的语言表达思想的训练。在阅读学习中，学生必定会在教师的指导下“读”他人是如何观察事物、选择和组织表达材料的，是如何用语言传达感受以及如何用文字描写景物、创设意境的。通过这样的阅读教学活动，学生的观察能力、理解能力、选择词句的能力和组织语言的能力都会得到很好的发展，最终提高学生的理解能力和表达能力。

四、阅读能促进学生智力的发展

阅读是通过阅读图片、文字、数字、字母等多种符号获取信息，所以辨认、解码符号的过程就是思维训练的过程。另外，语文课文的内容非常广泛。课文不仅涉及语言、文学、国学等知识，还涉及自然、历史、地理、环境、科学等其他知识。所以通过阅读能够开扩智力障碍学生的眼界，丰富其情感，活跃其思维，促进其智力发展。例如，学习《全日制培智学校语文教科书》第 11 册第四课看图学文《金色的秋天》，课文中作者用文学性的语言描写了秋天的落叶、太阳、秋风等环境特征，同时还描写了成熟的水稻、棉花、葡萄等农作物产品。学生阅读课文后不但能够了解作者“眼中”的秋天，还能够运用观察、体验、感悟等方式去感受“我的秋天”。最后，在教师的引导下，学生可以将作者眼中的秋天与自己感受到的秋天进行比较，抽取出秋天的特征。这个阅读思考、观察体验、分析比较和整合归纳的过程本身就是学生思维训练的过程，通过这个训练学生的智力得到了发展。

五、阅读能丰富学生的思想和情感

语言文字承载的是民族文化，反映的是民族的世界观、价值观和审美取向。语文教材所精选的作品，不但具有语言上的典范性，更具有丰富的人文内涵和科学精神。学习这些课文对学生形成民族文化的认同，获得正确的人生观、价值观和审美取向具有非常重要的作用。智力障碍学生的价值观模糊、是非观念不强、审美品位不高、高级情感发展水平低。通过引导智力障碍学生阅读、理解和体会这些具有丰富人文内涵和思想教

育的课文，能够使其获得正确的人生观和价值取向，获得美的熏陶，获得科学精神的训练。最终建立起符合民族文化特征的审美情趣；形成符合社会规范的人生观、价值观；形成具有理解他人感受、能够与人共情的高级情感。

六、阅读能加速学生的社会化进程

智力障碍学生生活在不同的环境下。由于经济、文化、气候条件、生态环境等因素的不同，智力障碍学生对世界、对社会、对生活的理解可能有所差异。为了开阔智力障碍学生的视野，给学生更多的生活知识、积累更多处理生活环境、生活事件的经验，语文教材在选文时都会适当选择具有前瞻性、广域性特征的课文。所以，无论学生阅读的是记人、叙事、状物、写景的记叙文，还是小区通知、药品说明、生日贺卡、账单等应用文，都是人类社会生活的真实写照。通过阅读这些课文，学生既能够了解更广阔的自然景观和不同的生活环境、生活方式，能够了解更多适应环境、参与社会生活的实用知识和技能。例如，学生阅读了课文中的《停水通知》，他们就能够掌握阅读"通知"中的几个要素，如果在生活中再碰到《通知》，学生能够更准确地理解"通知"的内容。再如，南方的学生没有见过雪景。但是通过阅读"雪花纷纷扬扬从天空撒下来。轻轻地落在房顶上，落在大树上，落在草地上，落在山峰上、落在田野里。不一会儿，大地已是一片雪白，整个世界霎时变成了银白色的"这些描写雪景的文字，南方的学生也能够形成"雪景"的表象。尽管这个景象并不清晰，但是如果有机会置身于雪景中，他们也不至于太陌生。所以，阅读能够开阔学生的视野，加速学生社会化的进程。

尽管阅读教学意义重大，但是阅读过程是一个复杂的动脑过程。阅读者只有具备了一定的词汇量、内化的语法规则、一定的识字量、一定的生活经验和感情体验以及基本的联想、想象和推理能力等四个基本条件才能实现有效阅读。对照上述条件，智力障碍学生的词汇量、识字量、生活经验和情感体验均不足，而且形象思维和逻辑思维能力又差，所以阅读学习困难较大。但研究显示，从总体水平看，智力障碍学生的阅读能力随年级的升高而不断提高。但提高并不是匀速发展的。比较而言，低年级段阅读能力的发展速度较快，中年级发展较缓慢，高年级时的发展速度较均匀。科学、系统的阅读教育能够使智力障碍学生获得一定的阅读能力。[①] 所以，只要我们给予智力障碍学生一定的阅读期待并运用科学的教学手段，他们是能够获得一定的阅读能力的。

第二节 看图学文

阅读图片是人类发展最早的阅读技能之一。"看图学文"是在看图识字、看图学词学句和看图说话基础上的图文对照学习。看图学文能够丰富学生的表象，增强学生对语言、概念和具体事物之间的联系，为其准确地理解课文创造了条件。另外，看图学文是从图片阅读到文字阅读的过渡，能够为学生学习文本阅读打下基础。所以，看图学文

① 马红英、刘春玲：《中度智力障碍学生语文学科能力调查综述》，载《中国特殊教育》2004 年第 5 期。

对智力障碍学生尤其对低年级学生的阅读学习具有重要的价值。

一、智力障碍学生看图学文的能力

比较而言，轻度智力障碍学生能够读懂含义简单、构图简明的单幅图或多幅图，但大部分中重度智力障碍学生如果没有指导便看不懂图片，不理解图意。由于在现代社会生活中宣传画、图片、图形标识等均是传递信息的重要载体，因此学会阅读图片也是参与社会生活必备的技能。

二、看图学文教学的基本要求

看图学文要引导学生将"图"、"文"建立联系，因为只有把图片上的内容与文本内容建立了联系才能真正看懂图片、读懂文字。在看图学文中，读图是关键、学文是根本。

(1) 读图要求：教师应教会学生读图的要领和读图的顺序，培养学生观察图片、合理想象和挖掘图意的能力。

(2) 学文要求：将图片内容与文本描写的内容一一对应，引导学生边观察图片、边感受语言的表达方式。

由于"看图学文"的目的是学"文"，所以教学要围绕"课文"展开，而"图片"只是理解课文的工具。另外，教学中教师要协调好图、文、师、生四者间的关系。

三、看图学文教学的常用方法

看图学文教学并没有固定的模式。根据课文和插图情况，教师可以选用不同的教学方式。常用的教学方式有以下几种：

(1) 先观图后学文：该方法主要用于识字量少的低年级学生。采用该方法时教师应结合课文中的关键字、词、句有目的地指导学生观察图片，在读图中了解课文的大致意思。

(2) 先学文后观图：教师先朗读课文，当学生对课文内容有了初步的感知后，再看图。通过图片的视觉信息来辅助理解文字信息，加深学生对课文的理解。

(3) 边观图、边学文：引导学生一边读课文、一边在图片中寻找课文描写的场景、事物，或一边看图一边读相应的句子和段落。重点是让学生借助图片体会作者的语言和表达方法。

(4) 读文—观图—读文—说文：在高年级看图学文教学中，可以适当运用先读文、再观图，重读文、再说文的形式。"说文"既有利于学生更主动、深刻地理解课文，又能够提高学生的语言运用能力。但是，"说文"必须在读文、观图的基础上展开。"说文"时可遵循先说局部，再说整体；先说主体，再结合情、景、物说细枝末节的方式说清图片上的意思。如果学生不能完成"说文"的任务，教师可适时给予帮助。

总之，不管教师采用怎样一种看图学文的教学形式，都必须将图文紧密结合。

四、看图学文的读图要领

"读图"应该宏观地把握整幅图的意思。但宏观把握必须在局部观察的基础上形成。因此,深入观察图中每一个局部,弄清楚图片中局部与局部、局部与主体之间的联系是准确把握整幅图的意义的基础。读图教学,就是要教会学生如何观察,并运用联想、推断、添补等手段使图片内容活动起来、丰富起来。所以教会智力障碍学生读图的要领和技巧非常重要。读图要领包括:

(一) 确定图的主体部分

整幅图必定由多个细节图组成,如果确定了图的主体部分,就能够把握图的主要意思。所以,教师应该先引导学生确定图的主体部分,然后再观察与主图相关的人、景、物,就能更好地确定主体与局部间的关系,更全面地理解该图的意义。例如,《全日制培智学校语文教科书》第五册看图学文《司马光》中的一幅图。

图 8-1

课文《司马光》中图片举例

这幅图的主图是司马光手举石头砸烂水缸,水缸的水流了出来。而对应的课文则是第四自然段"司马光没有慌,他举起一块石头,使劲砸那口缸,几下子就把缸砸破了"和第五自然段"缸里的水流出来了,掉在缸里的小朋友得救了"。

除了主图外,在这幅图的上半部分,还有三个孩子。面对伙伴掉进水缸,他们的神态非常慌张,而且分别在奔跑、呼喊。这与第三自然段"别的小朋友都慌了,叫着喊着,有的跑去找大人"的课文对应。这张图片的人物比较多,而课文的主旨是写司马光的机智和勇敢。为了衬托司马光的机智,图片中还画了另外三个小朋友面对相同的事件的不同反应和做法。如果学生将主图司马缸的举动和其他三名儿童的举动联系起来,就能够更好地理解课文的主要思想了。

(二) 确定读图的顺序

按照读图顺序读图,能够完整而有重点的把握图意。一般而言,读图应该遵从是由主体而部分、由人而物、由中间而四周、由上而下(或由下而上)的顺序。但是,因为课文内容有简、有繁，所以图片中的内容必定繁简不一，对图中内容较多和图片内容单一的图有不同的读法。对图意简单明了的图片，教师不必指导太细；但是如果图上内容较多、图意较复杂，教师就要引导学生理顺图片的内容，并由主图开始阅读、逐渐向外扩展到图片的其他部分。

(三) 弄清楚图中各局部间的联系

图的"主体"部分基本在图片的中间，而且"主图"在整幅图中所占的位置比较大，所以学生很容易观察到。但是，与主图相关的很多提示性的信息是在图的外围，而且所占空间位置小，所以不容易被学生观察到。由于图片中的一些细节对准确理解图意具有非常重要的价值，所以教师要引导学生读懂图片的局部内容，并将各局部的信息整合起来，与主图信息互补，丰富图片的意义。例如，《全日制培智学校语文教科书》第 14 册课文《狐假虎威》中的第三幅图(如下图)。这幅图逼真地表现了"狐借虎威、招摇撞骗"的主题，所以是课文"狐假虎威"中最核心的一幅图。从图片看，这是一片茂密的森林。狐狸背着手、抬着头大模大样地走在前面，老虎则在后面小心翼翼地跟着，而其他小动物则狂奔四散。这幅图中"狐狸"和"老虎"的不同表情、动作正是寓意所在，所以他们在图的正中央，而且占据了图的大部分空间。如果不仔细看图下方的其他四散奔逃的黄羊、兔子等其他动物，就很难理解课文的主题"狐借虎威、招摇撞骗"。

图 8-2

《狐假虎威》中图片举例

另外，由于图片中各局部所提示的信息对理解全文都有价值，所以教师还应该引导学生在观察局部图片的基础上，分析局部与局部、局部与主图之间的关系，以便完整理解课文。

(四) 合理联想

(1) 有些单幅图，因图片上的信息有限，学生不能很深刻地理解图片的含义。面对此情况，教师可以一方面引导学生边看图、边读文，把文图已有内容搞清楚；另一方面，教师可以引导学生在观察图片的基础上，调动学生的生活经验展开合理的想象，通过增加对话等方式丰富图片的意思。

(2) 推测人物间的关系。有些图面出现多个人物,这意味着图片中的人物间有着某种联系,并有事件发生。教师应引导学生确定图上每个人的身份、判断人物间的关系,并根据情景推测事件,根据人物的表情揣测其心理。并用"他想、他觉得、他以为、他很着急、他很难过、他很高兴"等语言表现这种关系和对话,然后对照课文深入理解图片内容。

(3) 有时只是观察图片的场景对准确的理解图意还有困难,所以建议教师指导学生用连词、副词、语气词等描述场景、叙述事件。例如,教师可以引导学生一边观察图、一边让学生看看课文是怎样描述(叙述)的,提取课文中的关键词、关键句,并使用这些词句描写图片内容,启发学生更深入地理解图片含义。

(4) 对单幅图的教学,教师除了要指导学生从图中吸取信息外,还要启发学生想象图外的情景与结果;而对多幅图的教学,教师则应该重点指导学生寻找各幅图之间的逻辑关系,以帮助学生整体感知多幅图。多幅图之间的逻辑关系一般表现在时间、人物、事件发展、场景转换等。

例如,《全日制培智学校语文教科书》第四册课文举例是一篇只有两个自然段构成的简短的记叙文。课文讲述了哥哥带妹妹去公园玩,妹妹看到公园里有很多漂亮的花,想伸手摘花,却被哥哥制止的事情。教材为课文配了一张插图。

图 8-3

《公园里的花》图片举例

从整幅图看,图中有两个孩子站在花坛边。妹妹双手伸向了花坛,但将头转向哥哥;而哥哥低着头、摆着手和妹妹说:"不要摘!不要摘!公园里的花是给大家看的。"虽然插图片把课文的主要内容表现出来了,但是我们还是可以进一步引导学生仔细观察图片,并通过提问、讨论等方式来丰富课文的内容。例如:

教师:"大家再仔细看看这幅图,这是什么季节?"(生:春天。)

教师:"你从哪里看出来这是春天?"(生:各种各样的花都开了。)

教师:"妹妹看到花很漂亮,她当时是怎么想的?"(生:妹妹想这么漂亮的花,要是戴在头上多漂亮呀!)

教师:"哥哥看到妹妹要摘花,哥哥又是怎么想的?"(生:……)

教师:"哥哥对妹妹说:'不要摘花!公园里的花是给大家看的。'那么妹妹又是怎么想?怎么说的?"(生:……)

教师:"妹妹最后摘花了没有?"(生:……)

教师:"哥哥看到妹妹不摘花了,哥哥又说了什么?"(生:……)

教师:"最后,哥哥和妹妹一起玩得怎么样?"(生:……)

通过启发学生合理的想象和表达,把原本简单的一幅画、一篇课文表现得更丰富了。这一方面训练了学生的观察的能力,另一方面也训练了学生合理联想的能力,同时还训练了学生如何挖掘图片内容、合理推知图意的能力。

五、看图学文教学应注意的几个问题

尽管看图学文对智力障碍学生理解课文大有益处,但是只有图文搭配得当才能促进学生的理解和记忆,如果图文搭配失当则会影响学生对文意的正确理解。所以教师在配图时必须慎重。

(一) 随时调整图的数量

从图文搭配的数量看,根据课文的内容深浅以及学生文本阅读水平的不同,文图搭配的数量也有所不同。有些课文配有单幅图,但有些课文则配有多幅图。一篇课文需要配一幅图还是几幅图,应该根据课文理解的需要而定,并随时调整图的数量。

(二) 选择有效的看图学文教学法

从图文搭配的形式看,有的文意是随图而现的,即文意就表现在图中,此时学生一看就能够大致了解课文的意思;而有的文意是隐藏在图后的,需要教师引导学生通过读文补充图意。因而,教师的教学必须根据学生的实际阅读水平和课文内容选择采用怎样的阅读教学法。

为顺利开展"看图学文"教学,建议在学文前,教师一方面应扫清课文中的生字、生词和句型复杂的句子,另一方面要看清图面内容,确定图片的主体和非主体的内容,以便有针对性的指导。再有,教师可以根据图片设计一些问题,并采用一边看图片一边提问、一边讨论的方法,引导学生看图、读文,发展学生看图读文能力。

(三) 引导学生把握图文间的固有联系

从图片和文字的阅读转换过程看,教学中教师要特别注意引导学生把握图文间的固有联系,即看图时引导学生找出图片所表现的主体部分,然后将衬托该图片主体的情、景、物观察清楚,说清图片中各个部分与图片主体的关系,并学会按照图片的表达内容有顺序、有层次地进行描述。

(四) 逐步减少对图片阅读的依赖

因为生活中大量的阅读材料并没有附图片,所以学生最终要学会阅读如通知、站牌、指示牌、价目表等纯文字的文本材料。为了使学生逐渐过渡到文字文本的阅读,建议教师在中高年级段逐步减少课文插图,帮助学生减少对图片理解文本的依赖,为文本阅读做准备。

第三节　表格阅读

表格、图片都属于“非连续性文本。”所谓“非连续性文本”是相对由句子、段落所构成的“连续性文本”而言的阅读材料。表格是“按项目画成格子，分别填写文字或数字的书面材料”。[①] 表格与图片、文本等阅读材料不同，表格不是通过文字发布信息，也不是通过图片中的人、景、物来反映事物、事件，而是通过点、线、格、文字、数字结合运用的方式来传递信息。因此，阅读表格对阅读者的空间知觉能力、视觉广度、观察力、逻辑思维能力和理解力等有较高的要求。但是，由于智力障碍学生空间知觉发展水平低、视觉广度狭窄、识字量少、理解力和思维能力差，所以阅读表格非常困难，故有必要对学生进行表格阅读的训练。

一、表格阅读的意义

生活中常见的表格有很多。包括：课表、书本目录、价目表、天气预报、存折、月历、菜单、工作日程表、列车/飞机时刻表、导购/导医图、履历表等等。在现代社会生活中，阅读表格已经成为人们获取信息的基本手段。培智学校的学生在学习、生活中也常常会接触到各种表格。例如，在日常生活中学生每天要看月历表、天气预报，在学校学生要看课表、书本目录，在购物时要看价目表、账单，在点餐时要看菜单和价目表，而在外出旅游时还要看列车时刻表或飞机时刻表，等等。如果能够阅读理解生活中的表格，就能够方便学生的生活，提高其生活质量。

二、智力障碍学生表格阅读能力的发展

因为表格中的语言仅为关键词、关键数据，所以要理解表内特定的文字和数字就必须理解与特定数字、文字相关的其他格子的文字和数字。故看上去“表格”简单，但实际上对阅读者的要求很高，所以学生阅读表格的能力发展也比较晚。

尽管表格阅读的难度比较大，但是经过教育训练轻度智力障碍学生在中年级段已基本掌握了表格阅读的技巧，能够阅读天气预报、账单、存折等常见表格，到了高年级阶段，能够阅读价目表、导医图、工作日程表、履历表等。但是，中度智力障碍学生阅读表格的能力发展比较慢。研究显示，一二年级的智力障碍学生基本没有阅读表格的能力，到三年级时也仅半数学生能够阅读课表，但不能阅读价目表等其他表格；但到了中年级段，有 1/3 的学生能够阅读价目表；而到了八九年级，有近 80%的学生会阅读价目表。[②]

三、表格阅读的常用方法

由于表格的呈现信息的方式比较特殊，所以阅读表格的教学重点应该放在让智力障碍学生掌握表格的构成要素和表格的构成方式上，并通过大量的阅读操练使学生掌

---

① 中国社会科学院语言研究所词典编辑室：《现代汉语词典》（修订本），商务印书馆 1996 年版，第 84 页。
② 马红英、刘春玲：《中度智力障碍学生语文学科能力调查综述》。

握阅读表格的方法。

(一) 弄清表格横格与竖格的关系

表格是按照一定的逻辑关系设计的，只有先让智力障碍学生弄清了表内横格与竖格的关系，才能够准确定位所要查找的表内信息。例如：要求智力障碍学生查找下表中星期三的第四节课是什么课？要定位“星期三的第四节课”应该先查找到竖格中的“第四节”课，然后再查找横格中的“星期三”，再在“星期三”和“第四节”课的交汇处看是什么课。此课表显示此处是“自然”课。所以“星期三的第四节课”是“自然课”。也可以先查找到“星期三”，然后在查第四节课，同样可以得到“自然”课。

表 8-1

××学校三年级(2)班课程表

节次＼日期		星期一	星期二	星期三	星期四	星期五
上午	第一节	校班会	数学	语文	数学	语文
	第二节	语文	语训	唱游	思品	自然
	第三节	唱游	手工	数学	语文	数学
下午	第四节	体育	思品	自然	唱游	手工
	第五节	感统训练	计算机	感统训练	写字	语训
	第六节		兴趣小组		兴趣小组	

通过带领学生查找之后，再让学生用相同点方法练习查找星期五的第二节课是什么课。通过操练，学生能够掌握阅读课表的技能。

(二) 弄清表格、文字、数字三者间的关系

要读懂价目表、天气预报等既有文字，又有数字的表格，还需要弄清表格与数字、表格与文字间的关系。例如“××菜场价目表”。

表 8-2

××菜市场价目表

蔬菜类＼品种	零售价	禽鱼蛋类＼品种	零售价
西红柿	3.30元/500克	母鸡	13.50元/500克
黄瓜	2.80元/500克	子鸡	9.50元/500克
土豆	1.50元/500克	瘦肉	18.50元/500克
丝瓜	3.00元/500克	五花肉	21.50元/500克
冬瓜	1.20元/500克	大排	20.60元/500克
芹菜	2.70元/500克	小排	16.50元/500克
菠菜	3.50元/500元	青鱼	8.80元/500克
生菜	3.80元/500元	带鱼	16.50元/500克
有机花菜	3.80元/500克	草虾	35.00元/500克
灯笼椒	4.00元/500克	牛蛙	14.50元/500克

续　表

品种 蔬菜类	零售价	品种 禽鱼蛋类	零售价
洋葱	1.90 元/500 克	大闸蟹	58.00 元/500 克
生姜	4.70 元/500 克	鸡蛋	4.60 元/500 克
大蒜	4.00 元/500 克	鸭蛋	4.80 元/500 克
大葱	2.20 元/500 克	鹌鹑蛋	5.50 元/500 克

此价目表的关系比较简单，仅仅涉及“品种”和“价目”两个要素。此表共有 60 个格子，其中有数字，也有文字。这些数字、文字告诉阅读者市场上有什么蔬菜、什么禽蛋以及各种“物品”的零售价格。买菜的人看此表格，就能够初步了解市场的物价情况，有助于购买者根据需要和价格选择所需商品。

与“价目表”相比，“天气预报表”的信息量以及构成要复杂一些。“天气预报表”中除了有文字、数字外，还有天气情况标志图标。以上海市 2014 年 9 月 1 号到 7 号一周的天气情况表为例。

表 8-5

上海市一周天气预报表

日期	天气预报		气温	风向	风力
9 月 01 日星期一		中雨转小雨	24℃～28℃	东南风	3—4 级
9 月 02 日星期二	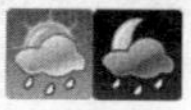	阵雨	25℃～30℃	西风	3—4 级
9 月 03 日星期三		大雨转阵雨	23℃～27℃	西风	3—4 级
9 月 04 日星期四		阵雨转多云	22℃～27℃	西北风	3—4 级
9 月 05 日星期五		多云	23℃～28℃	东北风	3—4 级
9 月 06 日星期六		阵雨	23℃～27℃	北风	3—4 级转微风
9 月 07 日星期日		大雨转小雨	23℃～27℃	无持续风向	微风

这是一张由八行、六列构成的表格。我们可以从该表查到 2014 年 9 月 1 日到 9 月 7 日中任何一天的气温、天气状况（阴晴的划分）、风向、风力等情况。如果想提前知道 9 月 5 号的天气情况，即可先在第一列中找到“9 月 5 日”，然后以“9 月 5 日”为起点，横着向右边查看，便知道了“9 月 5 日”的天气情况：多云、23℃—28℃、东北风 3—4 级。教师可以采用同样的办法，引导学生尝试着查表内任何一天的天气情况。

与图片阅读相比，表格的阅读要复杂得多。表格中不再有人物、景物的画面，所以学生只有弄清了表内不同线段、格子、文字、数字等关系，才能准确理解表内信息。因此，在表格阅读教学中教师不但要讲清楚表内线、格、数字、文字的关系，还应利用常见表格，采用提问、设问等方式引导学生查找表格中的项目，使学生掌握表格阅读的方法。

第四节　文本材料阅读

在本书中，文本材料是指纯粹由文字构成的书面阅读材料。生活中我们随处可见的路牌、站牌、通知、标语、广告、警示语以及报纸、杂志等基本上都是纯文字文本材料，如下图。

图 8-4

文本阅读材料示例

由于文本材料具有信息丰富、表达准确、使用方便等特点，所以是生活中最常见、最重要的阅读材料。

一、文本材料阅读的条件

阅读文本材料通常有几个基本条件，即一定的识字量、较好的视觉广度、丰富的表象。

（一）一定的识字量

阅读文本材料必须先具备一定的识字量，否则无法阅读。但是，学生到底识了多少字才能进入文本阅读阶段目前尚无定论，而且也无法确定阅读起点的识字量。由于培智学校中不同年级、不同能力水平学生所掌握的汉字数量本不相同，因此“一定的识字量”并非一个绝对的数值。所以，不同识字量的学生可以阅读不同的文本。例如，仅掌握百字左右的学生可以读由百字组成的简单句子；而掌握 500 字左右的学生就可以读些短文、儿歌；如果学生已经掌握了千字，那么就大致能够阅读生活中常见的通知、贺卡、招聘广告、说明书、信件、短文等。但是，我们不能等学生掌握了千字以后再进行阅读教学，因为无论学生是读句，还是读文，文本材料中一定会有生字。只要生字在阅读篇章中处在可控范围内，一般不会影响阅读理解。所以，在学生掌握了一定量的生字后就可以进入文本阅读之中了。但教师要控制好文本中生字的数量。那么在一篇阅读材料中允许的生字量范围是多少呢？吕叔湘先生曾就英语教材选编篇目中所允许的生词量范围提出过建议。吕先生建议，在一页阅读材料中最好不要超过七个生词，否则将影响阅读者的理解。当然，吕先生的建议不一定完全适用于培智学校学生文本阅读的生字量标准，但吕先生的思路对教师选择文本材料依然很有价值。因为无论学生的识字量是大、是小，教师都可以为不同学生提供适合的阅读文本。只要教师控制好文本的生字量是完全能够提供给学生阅读的。当然，一般而言如果学生的识字量越大、其识字的能力也就越强，那么生字对其阅读理解的影响也会越小。

(二) 较好的视知觉广度

文本阅读是以句子为单位的阅读。因为以句为单位的阅读既能提高阅读的速度，又有助于理解阅读的材料。但是以句为单位的阅读，对阅读者视觉广度有一定的要求，即阅读者在注意力比较集中时其视觉广度应该能够覆盖整个句子(除长句外)。智力障碍学生视觉广度不够导致其阅读速度慢、经常跳字、串行，影响了对阅读内容的理解。尽管如此，经过科学、系统地阅读教学，培智学校大部分学生还是能够学会阅读生活中的应用文和简单的记叙文。因为智力障碍学生阅读视觉的广度能够随着其识字量、词汇量的增加以及对汉字符号熟悉度的增强而逐步提升，而阅读视觉广度的增强必然促进阅读速度和理解能力的提高。

(三) 丰富的表象

因图片是运用绘画手段来描画生活场景和事物的，所以阅读者能够从图片中直接获得表象，理解所阅读的内容。但是纯文字文本是通过语言文字来反映事物和人物、表现生活场景的。所以要理解文字文本就必须通过文字在大脑中形成表象，再结合生活经验、运用合理的想象来理解文本内容。这对表象贫乏、语言能力较差的智力障碍学生而言紧靠文字符号就在脑中形成表象有一定的困难。如果智力障碍学生能够通过文字提取表象，就能够扩大其阅读的范围。

二、文本中的词句教学

词句理解是课文理解的基础。智力障碍学生的阅读困难在很大程度上是因为对某些词或句子的不理解。因为对某些词句的错误理解导致对整篇课文理解的障碍。所以在阅读中，教师首先要重视疏通课文中学生不易理解的词语和句子。

(一) 词、句学习的难点

因为理解整个作品必须先弄清楚文本中的每个词和句的含义，所以阅读教学时，教师都是从抓关键词、关键句入手，逐层分析、理解全文。但是，因为书面语和口语在词和句的运用上风格特点不同，再加上有些智力障碍学生的口语发展本不完善，所以理解文本中的词句、篇章有较大的困难。如果教师没有解决好词句理解的问题，那么学生是不可能准确理解全文的意思的。

1. 阅读中最难理解的词语

口语和书面语在词语使用上具有不同的风格。研究表明，智力障碍学生容易理解

的是常用且意义明显的词语,但对有特殊含义的词语和书面语词等理解困难。在阅读中智力障碍学生最不易理解的词语有以下几种:

(1) 书面语词:智力障碍学生对其生活常用的口语词理解较好,但对书面语词,尤其是修饰性较强的文学用词则不容易理解。例如,学习《全日制培智学校语文教科书》第15册《我也爱养花》,其中有句子"每天清晨,我一打开阳台门,就闻到一股清新的花香"。其中"清新"不但是书面语词,而且用"清新"来形容"花"的香味,学生不容易理解。再如,阅读《桂林山水》,其中有"无暇"、"波澜壮阔"、"峰峦雄伟"、"奇峰罗列"、"屏障"、"危峰兀立"等文学词语,学生在理解这些词语时非常困难。这与智力障碍学生认知面狭窄、表象贫乏、想象力不足等因素有关。教学中如何帮助学生准确理解作者笔下的"山"、"水"秀美、宁静、奇特与壮观等特点成为本课词语教学的难点之一。

(2) 临时义:有些词语在具体语境中临时用作他义。由于被临时用作他义的词语与其本义之间既有相似之处,又完全不同,所以要求智力障碍学生理解这类词语有比较大的困难。例如,"大餐"其本义是指丰盛的饭菜,但在现实生活中有"电视大餐"、"旅游大餐"、"艺术大餐"等说法。如何将"大餐"的本意与"电视"、"旅游"、"艺术"联系起来,理解为"电视"、"旅游"、"艺术"的活动具有"盛大"、"丰富"、"吸引人"的特点,这需要教师特别引导。所以,阅读中理解词语的临时意义也是阅读教学的难点之一。

(3) 远离生活的词语:由于学生认知水平有限、对外界的主动探索能力不足,所以大脑中的表象非常匮乏。阅读时,对生活中不常听见的词语不容易理解。例如,学习《富饶的西沙群岛》,很多学生不理解"岛屿"、"珊瑚"等词语究竟指的是什么。因为没有看见过"岛屿"、"珊瑚",所以大脑中没有形成相关的表象,另外又很少听说这些词语,所以阅读时不理解"岛屿"、"珊瑚"是何物。又因为不理解这些词语,所以影响了对《富饶的西沙群岛》主题的理解。

(4) 虚词:虚词不同于实词,虚词没有实在意义、在句中不是表达实有的概念,而是表示词语与词语之间的逻辑关系。如果不理解虚词的逻辑意义,那么将影响学生对整个句子或课文的理解。例如,《全日制培智学校语文教科书》第11册第五课《牵牛花》,文中最后一句"冬天的寒风吹来,'花骨朵'裂开了,种子落在泥土里,到了第二年春天,它们破土而出,长出一片新绿"。其中"它们破土而出"的"而"即是一个虚词。"而"不像句子中"它们、破、土、出"等词语有具体的表象义,"而"在此只是表示"破土"和"出"是联合的逻辑关系。而且这个联合关系有先后的顺序,即先"破土"而后"出",而且"破土"是"出"的条件。从该句可以看出,因为虚词不是表达具体概念,所以不好理解;因为虚词表达的是逻辑关系,而理解逻辑关系的前提是一定的逻辑思维能力,智力障碍学生逻辑思维差,所以他们不容易理解虚词。

(5) 多义词:学生对课文中常见的多义词中的常用义项基本能够理解,但是,对多义词中某些不常用的义项理解起来就比较困难。例如,"头"是个多义词。常用的义项有A. 人体最上面的部分"人头";B. 物体的顶端或末端"两头";C. 物品残留的部分:"铅笔头";D. 第一,"头等大事";E. 头目,"土匪头";用在"年、天",表示词序在前,"头天";F. 量词"一头牛"等。学生对上述所列的"头"的六个义项中,能够理解A、B、C、D四个义项,而对后两个义项不易理解。同样,学生能够理解"打人"的"打",却不容易理解“打工”、“打印”的“打”，更难理解“半打饼子”中的量词“打”。

2. 阅读中不易理解的句子

与口语相比，书面语的句子结构具有完整、严谨、工整等特点。另外，为了准确、鲜明、生动地表现思想，作者会采用变换语序和句式的方式丰富表达形式；而且课文中的句子有些很长，而有些则很短。阅读者如果要准确理解课文中的句子必须具有内化的句法规则系统。因为只有这样，才能做到阅读中无论句式是否变化、句子或长或短、语序是否颠倒都能准确把握句义。但是，大部分智力障碍学生因语法规则尚未完全建立、语感不强，所以理解句义有困难。

(1) 语义相同、句式不同的句子：虽然说语义相同但结构不同的句子在口语中也非常普遍，但是在课文中一旦出现两种表达句式时，学生有时还是不容易理解。例如，智力障碍学生能理解陈述句“小明是个爱集体的好学生”。当文中在此出现句义相同的“谁说小明不是个爱集体的好学生!”时，有些学生就不能理解这个反诘问句与陈述句的句义相同，甚至会对小明到底是不是爱集体的好学生的问题感到困惑。鉴于智力障碍学生准确理解语义相同、句式不同的句子困难，所以教师在教学中要特别关注句式变化的教学训练。

(2) 逻辑关系复杂的句子：由于智力障碍学生的逻辑思维能力较低，因此在理解逻辑关系比较复杂的句子时，明显困难。例如，《全日制培智学校语文教科书》第 17 册《爬山虎的脚》中的句子“我家也有爬山虎，从小院的西墙爬上去，在房顶上占了一大片地方。”这是一个由三个分句构成的并列复句。在这个复句中，因为后两个分句没有主语，所以学生有时弄不清楚，“谁”从小院的西墙爬上去了，又是“谁”在房顶上占了一大片地方。实际上，后两个分句的主语就是处在第一个分句宾语位置上的“爬山虎”。因为在该复句中，后两个分句的主语承前省略了，所以导致学生理解困难。再如，《全日制培智学校语文教科书》第 18 册《麻雀》，中有一个长句“可是它不能安然地站在高高的没有危险的树枝上，一种强大的力量使它飞了下来”。学生理解起来也比较困难，除了理解词语“安然”困难以外，还因为这个句子较长、定语较多、定语之间的逻辑关系比较复杂，再加上该句表达的思想情感也比较复杂，所以学生不易理解。

(3) 关键句：课文中的大部分句子是一般的铺垫，但有些句子则是表现课文中心思想的。表现文章中心的句子对理解文章或梳理文章脉络起着重要的作用，这就是关键句。同样以课文《麻雀》中描写老麻雀为保护小麻雀而奋不顾身的动作形态为例：“猎狗慢慢地走近小麻雀，嗅了嗅，张开大嘴，露出锋利的牙齿。突然，一只老麻雀从一棵树上扑下来，像一块石头似的落在猎狗面前。它蓬起全身的羽毛，样子很难看，绝望地尖叫着。”要理解课文的主旨“母爱的伟大”，就得理解关键句“一只老麻雀从一棵树上扑下来，像一块石头似的落在猎狗面前”。只有理解了关键词“扑下来”、关键句“像一块石头似的落在猎狗面前”才能理解整篇课文。但是，因为智力障碍学生常常不能很准确地理解关键句，所以影响了他们对整篇课文的理解。

(4) 含义深刻的句子：因智力障碍学生的生活范围相对狭小，认知有限，而且形象思维能力不足，所以在阅读时理解有着深刻含义的句子非常困难。例如，《全日制培智学校语文教科书》第九册《礼物》最后一个自然段：“教师节的早晨，小冬拿着作业本走到老师面前，说：‘这就是我送给您的礼物。’老师看了作业本，很惊讶。字写得又工整又干净，数学题全做对了。她高兴地说‘这的确是最好的礼物。’”要理解为什么老师看着小冬的作业本会对小冬说“这的确是最好的礼物”，学生普遍感到困难。因为老师的话语中包含着许多感情和期待，要理解老师的话，就必须理解这份作业对小冬和老师都意味着什么。所以要理解含义深刻的句子不容易。

(二) 词、句教学建议

按照要求，对轻度智力障碍学生的词语教学可参照普通小学词语教学方法，但对中度智力障碍学生的词句教学应该在方法上作出调整。

1. 加强对重点词语的讲解

根据学生理解词语的障碍情况，建议在教学中除了对生词进行教学外，还要对关键词、书面语词、虚词、多义词、表示抽象意义的词语、含义深刻的词语和富有表现力的词语等八种词语进行解释与分析。

2. 积累常用词语和好词

针对智力障碍学生词汇贫乏的特点，建议教师利用阅读帮助学生积累常用词、好词。包括：常用书面语词、常用虚词、特殊词语以及表达比较贴切、表意比较深刻、富有感情色彩的词语等。

3. 加强对复句的讲解

教师应该利用课文着重对学生进行复句的理解和表达训练，搞清楚复句中的逻辑关系。智力障碍学生最不容易理解和使用的是表示承接、选择、递进、条件、假设和转折等关系的复句。建议教师根据学生的理解水平，通过课文所创设的语境帮助学生理解这些复句，并通过训练逐步掌握常用复句。

4. 加强对语义相同、句式不同句子的讲解

语义相同、句式不同的句子是学生理解课文的一个障碍。建议在阅读教学时特别注意对课文中运用不同句式表达同一内容的两个句子的教学。教师应该通过比较、讲解、举例等方法帮助学生正确理解不同句式的相同句义，并逐渐熟悉常用句式。

5. 加强对含义特别深刻的句子讲解

有些内容作者并不是直接抒情，而是采用了间接抒情的方法，所表达的感情含蓄委婉，感染力更强。但是，因为这种含蓄委婉的表达方式不易被智力障碍学生所理解，所以教师要特别重点的讲解句子的含义。例如，《全日制培智学校语文教科书》第九册《周总理的睡衣》中最后一句：“一位年轻的护士，双手捧着这件睡衣，望着补丁上又匀又细的针脚，感动得流下了热泪”。这句话没有直接赞扬周总理的节俭，而是通过护士看到周总理旧睡衣的反应来反衬总理勤俭的主题。

6. 显现文章结构的句子

有一些句子显现的是文章的结构。它们可能是提纲挈领的“总起句”，可能是收束全文的“小结句”，还有可能是承上启下的“过渡句”。这些句子在表现文章结构上作用非常突出。例如，《全日制培智学校语文教科书》第九册《我们的教室》中的第一句话“我们的教室明亮又整洁”为全文的总起句，后文从教室的前、后、左、右、中间等不同的布置上反映“我们的教室明亮又整洁”的观点，而最后一句话“我爱我们的教室！”则是收束全

文的总结句，表达了学生对自己教室的热爱之情。而《全日制培智学校语文教科书》第六册《蜘蛛织网》中第二、三、四段开头的话："蜘蛛重新织起来。""蜘蛛不泄气，又从头织。""蜘蛛不灰心，又从新织。"均为承上启下的句子。理解这些句子对理清文章的脉络、理解文章的要旨、学习写作都非常重要。因为智力障碍学生不会分析和提炼显示课文结构的句子，所以教师要重点讲解。

7. 生动形象的句子

为增强艺术感染力，课文中有些句子采用了比喻、拟人、夸张、借代、排比等修辞手法，使文字更生动形象，同时增强了思想性。例如，《全日制培智学校语文教科书》第13册《大海的歌》中有比喻句"只见海港两岸，钢铁巨人一般的装卸吊车有如密林，数不尽的巨臂上下挥动，飘着各色旗帜的海轮有如卫队，……"有拟人句"船头飞溅起来的浪花，唱着欢乐的歌"。像这些句子应该重点讲述。一方面，通过讲解，让学生体会修辞手法运用的生动、巧妙，并鼓励学生学习使用；另一方面这些句子往往也是文章的中心所在，理解了这些句子对掌握课文的中心很有帮助。

8. 体现文章中心的句子

在课文中有些句子往往能够画龙点睛地传达作者的思想和情感，这就是表现全文中心的句子或对文章起关键作用的句子。例如，《全日制培智学校语文教科书》第13册《骆驼和羊》中的老牛的话"只看到自己的长处，看不到自己的短处是不对的。"就是本文的中心句，也是故事的寓意所在。而全日制培智学校语文教材(试用本)第18册课文《麻雀》中的"它不能安然地站在高高的没有危险的树枝上，一种强大的力量使它飞了下来"也是文章的中心句，它体现了本文的中心——母爱精神，对理解文章的中心思想非常重要。因此，在阅读教学时，应将体现文章中心的句子作为教学的重点。

(三) 词、句理解的常用教学法

1. 词语理解常用教学方法

(1) 随文学词：根据上下文语境学习词语。在词语教学中要做到"词不离句"。有些词语离开语境就不好确定词义，例如多义词；而有些词语的用法只能在具体语境中理解。所以，教学中结合上下文语境、结合文本中的事件讲解词语，学生容易理解。因此，随文学词语是词语教学的一个重要方法。

(2) 语素分析：语素分析就是先解释构成词语的各个语素，然后再将各语素义按照构词要素，加以整合、解释。例如，要理解句子"雪花飞扬"中的词语"飞扬"可先解释"飞"和"扬"的意思，然后再将"飞"、"扬"合在一起解释。许多词的构词方法是一样的，对一样的构词方法可以采用集中训练，使学生掌握一些构词的原理，学会猜测词义。

(3) 同义词解释新词：在阅读时，有些书面语词学生不容易理解，教师可以利用生活中学生熟悉的同义词去解释新词的意思。例如，智力障碍学生不理解"立即"的确切含义，教师可用他们已掌握的词语"马上"来解释。

(4) 反义词解释新词：利用反义词释义，也是词语教学的一个方法。此方法是利用否定词"不"+反义词来解释生词的。例如，学习词语"河水很浅"，其中词语"浅"因为是相对概念，所以一部分学生不能确切地理解"浅"的意思。教师可以采用反义释义教学的方法，用"不"+"浅"的反义词"深"构成新词"不深"来解释"浅"的意思。因为学生对

“不”……有比较好的理解，所以这种解释词语的方法学生比较容易理解。

(5) 造句释义：因为虚词没有实在意义所以很难解释。因此，讲授虚词只能通过组词造句的方法来帮助学生理解虚词的意义。例如，学习连词“不但”、“而且”、“只要”、“或者”、“就”等，教师不能对学生讲解各连词的使用条件、方法，而只能通过朗读课文中的相关句子让学生形成语感，进而理解整个句义。

2. 句子理解教学法

因为文本中的句子除了语义关系外，还有句子形式的变化，所以在句子教学中应掌握句不离文的教学原则。

(1) 化长句为短句：有时作者为了细致而精确地描写环境、表现思想情感，所用的句形较长。但是智力障碍学生阅读理解长句比较困难。教学中教师可以采用化长句为短句的方式帮助学生理解长句。

① 缩句：即把文本中比较长的句子进行缩减，保留句子的主要内容(主干成分)来帮助学生理解句子的方法。例如，《全日制培智学校语文教科书》第 17 册《美丽的小兴安岭》：“太阳出来了，千万缕剑一样的金光，穿过树梢照射在工人宿舍门前的草地上”。这个句子不仅长，再加上其中有一些修饰性的书面用词语，所以学生阅读理解这个句子有点困难。教师可以将之缩为短句“太阳的光照在工人宿舍门前的草地上”。因为缩减后的短句删去了学生难以理解的“千万缕”、“剑一样的金光”、“穿过树梢”等修饰语，而保留了原句的主要内容，所以学生一般是能够理解这个句子的。再如，学习课文《麻雀》中的长句“可是它不能安然地站在高高的没有危险的树枝上”，学生也有困难。教师可以将该句改为“可是它不能站在树枝上”。在这个缩减的短句中保留了原句的主要意思：“可是”(转折连词)、“它”(老麻雀、主语)“站在”(怎么样、谓语)、“树上”(动作行为所涉及的事物、宾语)。缩句必须在不改变原句核心意思的前提下删减去某些不太重要的内容，如果缩减后的句子意思与原句意不相符了，那么这个缩句就是错误的。所以缩句必须保留句子的主干成分，以防新句语义的消失或改变。另外，如果学生能够完全理解缩减后句子的意思之后，教师还应该逐步将原句中被删减掉的内容补回去，让学生理解、欣赏文本的全部意境。

② 将一个长句改为若干短句：例如，《全日制培智学校语文教科书》第 17 册《变》，课文中有一个长句：“每天早晨，马路两边人行道上放着一只只冒着浓烟的煤炉，呛得过路人直流眼泪”。教师可以将这个句子改为两个短句：“每天早晨马路上放着很多煤炉。煤炉冒着浓烟，呛得人流眼泪。”

(2) 改变句式：有时为了增强语言表达效果或丰富语言的表达手段，作者会采用改变语序、改变句式等方法写作。这给语言理解能力较差的智力障碍学生带来阅读理解的困难。例如，《全日制培智学校语文教科书》第 17 册《海上日出》的最后一句“这不是很伟大的奇观吗?”作者用了一个反问句结束全文。在此作者并非有“疑”而问，也并不期待任何人回答这个问题，作者是用“反问”的手法、惊叹的口吻抒发自己的情感，由衷地赞美“海上日出”的神奇、美丽和伟大。但是，对这种表现手法智力学生不易理解。学生认为作者没有写完，因为作者在文章的最后提出了一个问题。那么这个问题应该怎么回答，应该由谁来回答，作者为什么没有把“回答”的内容写上去……如果智力障碍学生不理解这个反问句，那么学生就无法体会最后一句作者对海上日出的由衷赞叹。在讲授该句时，教师可以通过增加副词“实在”和语气词“呀”等方式将原句改为“这实在是伟大的奇观呀！”改变后的句义与原句义并无区别。而且将问句改为感叹句后，一方面学生理解起来比较方便，另一方面，学生不会等待答案了。这种方法仅对阅读理解能力非常差的学生，如果学生能够理解一些特殊的句式，教师便不必采用改变句子促进学生理解的方法。

三、篇章教学的常用方法

文本阅读的重点是引导智力障碍学生通过阅读文字符号提取大脑中的表象，并结合生活经验开展合理的联想，建立人、物、场景的表象，从而感受场景的气氛，理解作者的情感，读懂文本内容。但是，因为课文中有一些寓言、故事、儿歌或记叙文，所以教师在教学中还是结合了图片、视频、实物等演示物或让学生动作操作、情景表演等方式引导学生阅读。

（一）讲授法

由于培智学校学生整体认知水平低，知识积累和生活经验不丰富，而且表象贫乏，致使他们在理解文本材料时比较困难。教师可以在自己对文本理解的基础上，借助自己的生活阅历和知识储备讲解文本，来引导学生理解课文内容。因此讲授法符合学生阅读学习的特点，是运用最为广泛的阅读教学方法。

（二）演示法

因为学生头脑中表象贫乏，对文本中的很多事物、环境等不能形成表象，此时教师可以结合讲授法演示一些教学具。演示法能够有效地帮助学生理解文本内容。例如，学习《全日制培智学校语文教科书》第13册选读课文《浅水湾》，因为文中没有插图，而且文中描写的是香港‘浅水湾’的美丽风景，智力障碍学生大多不熟悉那里的自然环境，很难通过文字阅读感受到那里的美丽。为了让学生理解文中描写的美丽景色，教师多用视频来展示“浅水湾”那碧绿的海水、精致的楼房、天鹅绒般柔美的细砂、蓝天、贝壳和追逐嬉戏的孩子。通过视频，学生能够对“浅水湾”形成一个表象，帮助学生理解作者抓住了浅水湾最具代表性的海水、别墅、沙滩、蓝天、贝壳和人来赞美“浅水湾”的美丽。

其中多媒体演示运用最普遍，而且对理解有些远离学生生活的生活场景也最有效。例如，学习《一对小泥人》，课文描写老公公泥人“身上穿着一件对襟的蓝色衣服”，“左手拿着旱烟袋”，“头上还戴着一顶有红顶子的黑瓜皮帽”，这些描述对当今社会的智力障碍学生而言很难见到，所以理解也有一定的难度。教师在教学时就放了几张图片，并结合讲解法来帮助学生理解课文的意思。

（三）情景表演法

有些内容可以通过学生的表演、对白来加深对课文内容的理解和记忆。例如，学习《全日制培智学校语文教科书》第八册《两只小狮子》时，为了让学生更好地理解课文中的懒狮子是如何变成了努力练功的勤劳狮子时，教师会在学生基本理解课文并能够朗读课文后，引导学生情景表演。通过让学生模仿课文中人物的对话、语气和语调来加深对文意的理解。

(四) 提问教学法

为了促进学生对文本主要内容的阅读、思考和理解，教师都会设计若干个问题来推进学生的阅读。例如，某教师在讲授《有趣的作业》时，教师提了一系列问题引导学生阅读。

师：把小草带到了教室，小草是怎么被带进教室的？看课文，请同学读一读。

生：装在塑料袋里。

因为智力障碍学生的注意力极易分散，所以不断地提问也能够引起学生的注意，引发学生思考，活跃课堂的气氛。

(五) 赏读法

赏读是指“赏析、阅读”，而赏读法主要是对文学性较强的课文一边欣赏，一边阅读的方法。培智学校的阅读内容虽然很强调应用文的阅读，但并不排斥写景、抒情的美文和诗歌。这些美的文章和诗歌不仅能够引导学生关注和感受美好的事物，还能够培养学生的审美观、价值观。所以，在培智学校阅读教学中赏读法运用得依然普遍，尤其对抒情性较强的课文，赏读法同样能够激起智力障碍学生对美好事物的欣赏和向往。但是，赏读法主要用以写景、抒情的美文、诗歌教学，而不适用于说明文、应用文等其他文体的教学。

(六) 重点突出、讲练结合

(1) 重点突出：在一篇课文中，教学不能平均用力地将字、词、句、段、篇等诸项知识、技能不分轻重地一一讲解或训练，因为这样讲解的结果是学生什么也搞不清、记不住。教师应该着重讲解那些影响学生准确理解文本的主要障碍点和重点词句，并按照学生的能力和需要有计划、有步骤、有针对性、有侧重地分批训练。

(2) 讲练结合：“讲”是讲读课文的一个重要环节，是教师充分发挥，起主导作用的环节。教师的讲授是否吸引学生，启发学生将直接影响学生的学习兴趣和结果。“练”是在教师指导下发挥学生的主观能动性、促进思维、掌握也读内容的一个重要环节。教师要充分了解学生的学能和生活背景、知识结构等，做到有准备、有步骤地引导学生阅读理解。

(七) 应用文阅读法

针对智力障碍学生的生活适应要求，应该教会智力障碍学生阅读与之生活紧密相关的应用文。而在应用文阅读教学时，教师应该帮助学生提取应用文中的关键信息，并理解所阅读应用文中每一个信息的确切含义，在学生理解了每一个信息的意思之后，再经过整合相关信息理解全文。教学要紧密联系学生的生活实际，让学生学会通过阅读身边的应用文处理生活中的事务，提高参与社区生活的水平。

四、概括课文主要内容的方法

对轻度智力障碍学生，从六年级开始就要求他们“能阅读一般的儿童读物，并了解主要内容”。七年级开始要求学生“会归纳段落大意”。八年级时，“理解段与段之间的关系，学习概括课文的主要内容”。到九年级毕业时，则能“在教师的启发下，学习概括课文的主要内容，理解文章的中心思想”①。根据教育主管部门的要求，轻度智力障碍学生应该学习概括课文的主要内容的方法。

培智学校中部分轻度或中度智力障碍学生在教师的引导下能够在理解课文的基础上，参与概括课文的主要内容。对这类学生教师可以教授他们一些概括主要内容的方法。

(1) 以小节段为主要内容：例如，全日制培智学校教科书《语文》第18册第七课《故乡的小桥》就是以第四小节为整篇课文主要内容(中心)的。

(2) 合并段意为主要内容：例如，全日制培智学校教科书《语文》第18册第11课《麻雀》，其主要内容就是将每一段落的段意合并，形成全文的主要内容。

(3) 依据记叙的主要事件概括主要内容：例如，全日制培智学校教科书《语文》第18册第二课《乌鸦兄弟》，就是将记叙的主要内容概括归纳为全文的主要内容的。

(4) 分析课题得到主要内容：例如，全日制培智学校教科书《语文》第17册第12课《富饶的西沙群岛》整篇课文就是围绕西沙群岛富饶的资产展开，可以以课题为中心归纳课文的主要内容。

根据教学实践，教师在概括课文主要内容时有三个阶段。即先由教师做示范归纳；然后教师提示关键词句，让学生一起归纳；最后，训练学生寻找出关键词句，并按照表达格式组合归纳，由教师补充、完善。

第五节 朗读与默读教学

朗读对培养培智学校学生的语言理解与表达能力具有较高的价值。因为朗读是说他人的“话”，所以在朗读活动中智力障碍学生不但能获得语音训练、积累词汇和句式，还能够获得语感。而默读对提升阅读速度，促进学生的信息获得和社会适应同样具有较高的价值。所以，培养学生的朗读、默读能力也是培智学校语文教学的一个任务。

一、朗读

所谓朗读是“清晰、响亮地念文字材料，从而把诉诸视觉的书面语言转化为诉诸听觉的有声语言的创作活动”②。朗读的心理过程为眼→脑→口→耳→脑。朗读不是机械地读文字，而是一项创作。所以朗读的好坏，不仅仅决定于口齿是否清晰，更是决定于对作品的理解。

(一) 朗读的一般要求

(1) 因为朗读是替他人说话，所以必须忠实于原作。尽量做到不错读、漏读、颠倒读。

(2) 因为语音具有一发即失的特点，为使听者听清听明，朗读者的语音必须尽量准确，不读错音。

---

① 《全日制弱智学校(班)语文教学大纲》(征求意见稿)，教初字(1987)015号。

② 姚麟园主编：《中学教学全书——语文卷》，上海教育出版社1996年版，第162页。

(3) 因为朗读是对作者思想的表达，因此朗读要在充分理解作品的基础上做到语句连贯、语气清楚。

(二) 智力障碍学生的朗读能力

从智力障碍学生的朗读发展过程看，他们与普通儿童基本一致，但发展的速度较慢，发展结果水平较低。

1. 轻度智力障碍学生的朗读能力

轻度智力障碍学生在教师的指导和朗读操练下，他们对应用文以及内容较浅的叙事文能够比较流畅地朗读，但对一些抒情的散文或与其生活较远的叙事文的朗读就不太流畅了。因为一方面文中的书面词语较多，句式也比较复杂或句形比较长，所以要做到“流畅朗读”有些困难，另外更无法做到“有感情地朗读”，表现在朗读不够连贯、语气语调比较平缓，缺乏生动性。总而言之，轻度智力障碍学生在教师指导下，对应用文及内容浅显的叙事性课文朗读，基本能达到正确流畅水平，但对论说文、散文，以及与现实生活距离较远的叙事性文章，他们就很难做到流畅朗读，但要求上还是要“正确”、“流畅”，而“有感情”很难。

2. 中重度智力障碍学生的朗读能力

中度智力障碍学生的朗读能力比轻度智力障碍学生更差一些。他们不能独自朗读较长、较复杂的句子，更不能独自朗读段落或整篇课文。但是，在教师的伴读下，一部分学生能够朗读篇幅较短、文意较浅的短文、通知、贺卡、说明文等。重度智力障碍学生大多存在言语障碍，口语能力很差，再加上所识的字很有限，所以几乎不能读句，只能在具体朗读中读词语或读儿歌时读句子的韵脚。

总之，中度智力障碍学生在教师的特别指导下，基本能够“正确”朗读篇幅较短、文意较浅、与生活密切结合的课文，但“流畅”的要求已经较高，根本无法做到“有感情”地朗读。而重度智力障碍学生朗读训练的目的是矫正发音缺陷、获得语感，所以重度智力障碍学生的朗读训练目标主要是句子。

(三) 朗读教学的常用方法

根据智力障碍学生的朗读发展看，朗读教学中教师多采用如下几种方法：

(1) 教师范读，即教师现场范读或放音频、视频文件。这个环节大多数在学生初步感知课文的环节中使用。此时，学生主要是听读，为了让学生能够听懂老师的朗读，最好让学生一边看课文、一边听范读。通过听读环节，学生应该对课文的大致内容有了初步的了解，为模仿朗读做好准备。学生在初次聆听教师的朗读时，建议教师至少范读三遍。第一遍是初步感知课文内容；第二遍是带着简单的问题听读，能够对课文有更深入的了解；第三遍则应该要求学生在听读过程中关注生词、奇特的词语以及描写比较特别的句子等。

(2) 教师领读，学生齐声跟读。这是在教师对课文有了初步的讲解，学生也已经学会了课文中的生字、生词之后。此时，教师首先应特别强调学生不错读、漏读、颠倒读，适当要求语气连贯，并读出表达情感的语气、语调。

(3) 全班或小组齐声朗读，教师伴读。教师在其中主要起领导朗读速度、把握朗读语气、领读生字生词读音等作用。在此环节中同样要求学生不错读、漏读、颠倒读，语气要连贯，语调要正确。

(4) 个别朗读，教师指导。应该先找朗读能力强的学生读，再请口语能力差的学生朗读，并且在口语能力差的学生读时，还可以请朗读能力好的学生伴读。在这个环节中，教师的重点是指导学生的发音和生字生词的读音。

(5) 分角色朗读，可以是全体男同学和全体女同学各为一个角色，也可以由学生独自担任角色。

总之，在整个朗读的训练过程中，教师必须始终以鼓励、表扬的口吻，帮助学生建立朗读的自信，培养朗读的兴趣。

二、默读

默读与朗读不同，默读不是将文字材料转化为有声的语言，而是将视觉资料通过认读进入大脑，然后在大脑内进行分析、理解。默读的心理过程相对简单，主要为眼→脑。由于智力障碍学生朗读时有听觉和视觉同时刺激，所以学生比较容易理解所朗读的内容，而默读时缺少了语音信息，所以学生不容易记住所看的东西。另外，从儿童默读能力的发展看，小孩都是从有声到无声的读，所以学会默读比学会朗读对智力障碍学生更加困难。因为默读的心理过程相比朗读为简单，所以默读的速度一般比朗读快，只是默读是一项个体活动。

(一) 默读的一般要求

由于朗读与默读的心理过程不同，学习训练的要求也就自然不同。默读的要求是“默读时当做到不动唇、不出声、不指读、减少眼停和回视，扩大视角距离和幅度”①，因为这样才能提高阅读的速度。

(二) 智力障碍学生的默读能力

因为默读技能的获得比朗读难，所以默读技能发展也比朗读晚。研究显示，默读技能的发展比朗读至少要晚两到三年。默读技能的发展一般经历两个阶段。②

(1) 轻声默读阶段，此时的默读依然伴有声音，只是声音较轻，如果没有声音，也往往有嘴唇的合动，以辅助阅读理解。

(2) 无声默读阶段，完全不出声，速度可加快。

由于默读技能相比朗读技能的发展水平高，因而仅有部分轻度智力障碍学生经教师有针对性地训练能够达到轻声默读阶段，而很难达到无声默读阶段；而中重度智力障碍学生基本达不到默读阶段，哪怕是无声点读也很难完成。难以达到默读阶段与智力障碍学生的专注力差、视觉广度不够、理解力差、单通道的刺激难以形成有效理解等因素有关。

(三) 默读教学的常用方法

(1) 训练专注力，即将学生的专注力集中在所学的课文上，减少回视的频率。

(2) 训练学生正确的眼动习惯。例如，为了训练学生阅读时少回视、不跳行。教师

---

① 吴发珩主编：《语文教法学辞典》，广西教育出版社 1998 年版，第 209 页。
② 林崇德主编：《小学语文教学心理学》，北京教育出版社 2001 年版，第 200 页。

可以采用让学生读完一行后抽问“这一行的最后一个字是什么?”“下一行的第一个字是什么?”等方法训练学生一行一行读的习惯。

(3) 让学生尽量轻声地读。教师用“你读给你自己听”或者“如果别人听到了你读的内容,那你就输了”等方式训练学生轻声读的习惯。

(4) 训练学生以词为单位阅读。学生初期默读多是以字为单位,影响读的速度。可训练学生以词或词块(词组或句子)阅读。当然,不同的阅读材料会影响学生选择用词还是用词块阅读,因老师可以有意识地选择不同的阅读材料来进行训练。

(5) 训练学生的默读速度,如一段文字要求看一定的时间,然后通过提问、复述等方式检查所读。研究显示,小学生一般每分钟可默读 400—600 字,最快可默读 800 字。[①] 尽管智力障碍学生达不到这个默读速度,但依然可以对智力障碍学生进行阅读速度的训练,即给定学生一个默读时间,要求其读完某个自然段或整篇课文。但要注意的是,默读前应该帮助学生扫清生字、生词等障碍,并在学生基本掌握课文大意的基础上训练。

另外,默读技能可以作为轻度智力障碍学生的阅读训练目标,而对中度或中度以上学生很难进行该项训练,可考虑不作要求与训练。

三、朗读、默读教学中应注意的问题

(1) 培养朗读兴趣:针对朗读发展特点,训练时首先应该选择智力障碍学生能够理解和感兴趣的文本进行训练,重在培养读的兴趣。

(2) 教师指导应得法:训练应在教师指导下进行,朗读训练应从发音、词句辨别和语感训练开始,逐步过渡到语气、语调正确,直到准确地表现作者的思想;默读训练,也应选择生字少、学生易理解的文字材料进行训练,并在教师的指导下训练学生阅读的专注力和理解力,逐步过渡到提高阅读速度。

(3) 遵循规律和发展技能:从朗读默读的培养时段上看,低年级应以培养朗读能力为主,在训练时注意矫正发音、积累词句、提高语感;高年级以后则以培养默读能力为主,训练时注意专注力、理解力和阅读速度的培养。

(4) 注重语感训练:朗读训练的目的之一是培养学生的语感,因此教师在训练时除了要矫正发音缺陷外,更重要的是引导学生积累好词好句、提高语感,并创造机会让学生使用课文中的词句,丰富语言表现的形式。

➤本章小结

阅读是巩固识字成果、建构学生语感、规范学生语言的重要途径。不仅如此,阅读在丰富学生的认知、促进学生思维的发展等方面也有非常重要的价值。所以阅读是培智学校语文教学中最重要的内容之一。

培智学校的阅读内容、文体与普通学校相比更注重对生活中常见应用文的阅读,但这并不等于说,培智学校学生就不需要或不能阅读文质兼美的短文和诗歌。鉴于培智

---

① 吴发珩主编:《语文教法学辞典》,广西教育出版社 1998 年版,第 210 页。

学校语文课程要使学生“具备初步的听、说、读、写能力，形成基本的语文素养”的课程目标，在阅读教学中既要注重语文知识的教学，还要关注审美能力的提升，最终使学生形成参与社会生活的语文素养。

根据培智学校阅读教学材料，教师应该了解智力障碍学生在看图学文、表格阅读、文本材料阅读以及朗读、默读学习中的困难，掌握看图学文、表格阅读、文本材料阅读、朗读、默读等教学的常用方法。

“看图学文”读“图”是关键，学“文”是根本，教师要处理好“图”和“文”的关系。教学中教师首先要引导学生将“图”、“文”建立联系，根据学习内容选择“看图学文”的教学方法。教学中教师要善于引导并启发学生通过合理的想象来丰富图片内容。另外，教师应该帮助学生逐步减少对图片理解的依赖，为学习文本材料做准备。

会阅读“表格”也是生活中一项重要技能。阅读“表格”教学最重要的是帮助学生弄清楚表格、文字、数字三者间的关系。因此，在表格阅读教学中教师不但要讲清楚表内线、格、数字、文字的关系，还要利用常见表格，采用提问、设问等方式引导学生查找表格中的项目，使学生掌握表格阅读的方法。

由于路牌、站牌、通知、标语、广告、警示语以及报纸、杂志等文本材料是生活中最常见的阅读材料，所以文本材料的阅读也是培智学校阅读教学中最为重要的教学内容。针对文本材料的阅读，教师应该首先了解智力障碍学生阅读文本时的困难，包括在词、句、段、篇等不同内容学习中的具体困难，并根据阅读教学目标，创设或选择科学的教学方法。

朗读不但能够检验学生的理解水平，还能够增强学生的语感、规范学生语言表达。所以朗读是语文教学不可缺少的一个环节。但是，由于学生语言障碍、语感不足，所以教师的范读、领读就显得更为重要一些。在朗读活动中，教师要多给予学生鼓励，并引导学生通过模仿范读的语气语调，更好地理解课文的内容。

默读也是培智学校阅读教学的一项任务。但是由于学生难以达到动唇而无声的默读，所以教师应该以培养学生轻声读为目标。

由于阅读能力将直接影响学生融入社会、独立生活的水平，所以教师应重视对学生阅读能力的培养。

➢讨论与探究

1. 根据你对培智学校阅读教学的课堂观察，你觉得影响智力障碍学生阅读理解的主要困难是什么？简单分析导致其阅读理解障碍的主要因素有哪些。

2. 你认为中度智力障碍学生是否应该“具有阅读招牌、警示用语、应用文和浅显短文”的阅读能力？为什么？

3. 你认为怎样朗读是“有感情地朗读”？要做到“有感情地朗读”需要有怎样的知识和能力储备？

4. 结合本章内容分析下列案例。

一则小故事、一次阅读教学实践：

妈妈告诉小明，今年春节一家人去海南岛过年，小明一听非常高兴。但是，小明不知道什么时候过春节，于是就去问妈妈。妈妈说："今年的春节在1月底，但到底是几号我记不清楚了。"听了妈妈的话，小明马上找来月历查了起来。

小明看了看这份月历，发现这份月历有很多小格子。每个格子里既有数字，又有汉字。这个月历怎么看呢？怎么才能知道春节是哪一天、星期几呢……这下小明可犯了难！

小明赶紧把月历拿给妈妈，让妈妈教他怎么看这个月历。

妈妈拿起月历看了看，就对小明说："1月30号是年三十，1月31号就是春节啦！"小明看了看妈妈说："你是怎么看的，我怎么不会看呢？"妈妈说："不要着急，我请你的老师教你看月历吧。"

2014年1月 农历癸巳(蛇)年甲子月 建国65年

日	一	二	三	四	五	六
			1 元旦	2 初二	3 初三	4 初四
5 小寒 初五	6 初六	7 初七	8 腊八节	9 初九	10 初十	11 十一
12 十二	13 十三	14 十四	15 十五	16 十六	17 十七	18 十八
19 十九	20 大寒 二十	21 廿一	22 廿二	23 小年	24 廿四	25 廿五
26 世界麻风日	27 廿七	28 廿八	29 廿九	30 除夕	31 春节	

如果你是小明的老师，你会怎么教他看这份月历呢？请你把教学步骤写下来。

➢拓展阅读资料

1. 董洪柳：《轻度智力障碍学生如何进行阅读教学》，载《群文天地》2011年第21期。

2. 哈平安著：《语言与言语障碍论集》，首都师范大学出版社1996年版。

3. 林崇德主编：《小学语文教学心理学》，北京教育出版社2001年版。

4. 毛连塭著：《特殊儿童教学法》，台湾心理出版社1999年版。

5. 茆连云：《浅谈智力障碍学生阅读习惯的养成》，载《读写算：教育教学研究》2010年第1期。

6. 人民教育出版社小学语文室：《小学语文教学法》，人民教育出版社1995年版。

7. 苏韶华：《智力障碍学生如何进行阅读教学》，载《管理观察》2009年第15期。

8. 王惜珍：《通过朗读训练帮助智力障碍学生提高阅读能力的个案研究》载《读写算：教育教学研究》2011年第25期。

9. 吴发珩主编：《语文教法学辞典》，广西教育出版社1998年版。

10. 徐爱萍:《高年级智力障碍学生新闻阅读教学的实践和思考》,载《现代特殊教育》2007年第11期。

11. 姚麟园主编:《中学教学全书——语文卷》,上海教育出版社1996年版。

12. 尹晨丰:《促进学龄前轻度智力障碍学生阅读能力的策略研究》,载《新课程学习·中旬》2012年第12期。

13. 赵树铎主编:《特殊教育课程与教学法》,华夏出版社1994年版。

14. 张鸿苓主编:《语文教育学》,北京师范大学出版社1993年版。

15. 周元主编:《小学语文教育学》,华东师范大学出版社1992年版。

16. 张必隐著:《阅读心理学》,北京师范大学出版社1992年版。

17. 网站:http://www.qjmy.cn/shumu/

http://pj-temp.ge.cyu.edu.tw/old/04-2.html

http://www.twles.ntpc.edu.tw/page/a2/edu/title2/reading.htm

第九章

培智学校的写作教学

口语和书面语是社会生活最基本的两种沟通手段。与口语相比，书面语的学习难度更大，尤其是“写作”教学更加困难。但是，在当代社会生活中，用“书面语”表达已经成为人们的一种生活方式，也是个体适应社会的一项重要技能。所以，教会培智学校的学生根据需要用书面语记录生活、与人沟通不但能够提升他们的生活质量，更好地融入社会生活，还能够促进他们的职业发展。所以，“写作”教学是培智学校语文课程的一个重要组成部分。但是，由于智力障碍学生口语发展不完善、识字量少、阅读理解困难、认知水平低，所以“写作”教学的内容、要求、教学方法等与普通学校均存在差异。为了使你对培智学校的“写作”教学有一个比较清晰的认识，本章将在分析智力障碍学生所写“作品”的基础上，为你重点讲授培智学校写作教学的难点、教学序列以及常用教学方法等。

通过本章学习，你将了解到：

1. 培智学校写作教学的要求。
2. 培智学校写作教学的难点。
3. 智力障碍学生写作的能力特点。
4. 培智学校写作教学的序列。
5. 培智学校写作教学方法。

第一节　写作教学的意义

《全日制弱智学校(班)语文教学大纲》中指出："作文是学生认识水平和文字表达能力的体现，是字、词、句、篇的综合训练。"而且，在当今社会中具备基本的"写作"能力能够大大方便学生的生活。所以，在培智学校相关课程文件中，一直都将培养学生"具有初步的听、说、读、写能力"[①]作为语文课程的目标。那么，在培智学校开展写作教学对智力障碍学生的生长、发展到底有何意义呢？

一、促进学生口语能力的发展

口语和书面语是两种不同的语体。但是，"口头语体是书面语体的基础，书面语体又可以推动口头语体的发展，使之更为丰富"。[②] 培智学校学生大多存在着语言障碍，所以"说"不清楚是导致学生"写"不出来的一个重要原因。鉴于此，在培智学校的写作教学中，教师一直将"说"清楚作为"写作"训练的重要内容。例如，教学中教师首先要让学生把"想"的内容先"说"出来、"说"清楚，然后再把"说"出来的"话"写下来。在整个训练过程中，学生不但学习了如何写，还学习了怎样"说"。包括，如何确定表达的主题、如何选择"说"的材料、如何选择合适的词语、如何组织句子、如何把思想表达的合乎逻辑等等。因为有了"说话"的训练，所以学生不仅获得了"写作"的训练，还获得了规范语言运用、发展口语表达的训练。而且实践也证明，写作训练的过程对丰富学生的词汇、规范学生的语法，促进学生的语言运用确实有很大的帮助。

二、促进学生观察和思考能力的发展

写作不仅能够培养学生的书面表达能力，还能够培养学生观察、思考等能力。智力障碍学生不善于观察、提炼和思考，这使他们对身边的事物、事件非常不敏感，所以缺乏表达的内容，影响沟通能力的发展。而写作教学在教会学生"如何表达"的同时，还教会

① 教育部印发:《培智学校义务教育课程设置实验方案》，教基(2007)1号。
② 胡裕树主编:《现代汉语》(重订本)，上海教育出版社2011年版，第495页。

了学生"表达什么",包括如何观察、体验和思考。例如,"教师节"是学校使用较多的一个表达训练主题。当主题确定后,教师首先要引导学生观察环境、观察人们的行为和语言,并在观察基础上引导学生思考周围的生活中有哪些东西与教师节有关。(环境是否有改变?学校是否有特别的活动?是什么活动?在活动中人们的心情如何、人们是怎样活动的……)当学生关注到这些活动和改变时,教师再引导他们将观察到的东西与教师节的主题联系,然后再进一步引导学生选定表达素材、确定表达线索、组织表达语言。在这个训练过程中,学生的观察能力、体验水平和思考能力都有了较大的发展。

三、促进学生融入当代社会生活

随着社会文明程度的不断提高,在当代生活中使用书面语表达的场景、需求也越来越多。例如,我们看病要填写病历卡,节日到来人们要互写贺卡,购物时要记生活账目,有事需要商量时人们要互发短信、需要请假时要写请假条,准备就业时要填写履历表等等。显而易见,用书面语表达思想和情感已经成为现代人参与社会生活必不可少的一项生活技能。智力障碍学生正是生活在这样一个政治、经济、文化高度发达的时代,学会写生活中常用的应用文和简单的记叙文不仅能够方便地生活,也有利于普通人对智力障碍学生的接纳。

第二节　写作教学的难点与教学建议

专家认为"作文能力包括:审题(命题)能力、立意能力、搜集材料能力、选材和组材(或称布局谋篇)能力、语言表达能力和修改文章能力"[①]等六项能力。但是,智力障碍学生的认知、思维、情感、语言能力相对缺乏,所以如何有效地开展培智学校的写作教学一直是语文教师面临的最大困难。但是,如果我们了解智力障碍学生写作学习的困难和原因,找到智力障碍学生学习写作的基础和条件,就能够建立起科学的写作教学模式,提高智力障碍学生的写作水平。

一、智力障碍学生的写作能力

智力障碍学生写作能力整体较低,而且智力水平越低、写作能力也就越差。但是科学的教学训练,能够使大部分智力障碍学生获得简单的"写作能力",而少数轻度智力障碍学生的写作水平甚至能够接近普通学校四年级学生的水平。

(一) 轻度智力障碍学生的写作能力

经过写作教学训练,大部分轻度智力障碍学生能够获得一定的写作能力,满足生活的需求。轻度智力障碍学生的写作总体情况为:

(1) 汉字运用:在智力障碍学生的习作中仍然有少量错别字,但这些错别字因为有语境支撑,所以不会对阅读理解造成太大的影响。

(2) 文体的掌握:大部分轻度智力障碍学生能够写简单的应用文(请假条、申请书、

---

① 朱作仁、祝新华主编:《小学语文教学心理学导论》,上海教育出版社 2001 年版,第 190—191 页。

履历表)、记叙文(日记、信件)、说明文。也有个别学生能够写简短的议论文(就公共事件发表自己的看法)。

(3) 词语运用:学生在习作中的用词比较贴切,但这些词语大多是口语中的常用词,很少使用古词语、惯用语、成语等,所以其作品的用词比较单一、缺乏色彩、不够生动。但是,也有个别学生在其习作中能够使用一些常听到的成语、惯用语,能够使用具有褒贬色彩意义的词语,其表达也更贴切、生动。

(4) 句子运用:学生在写作时大多使用的是简单单句,而很少使用复杂单句和复句。学生的习作句式虽然简单但大多数还是比较完整的,但也有少数学生因为添字、漏字等情况会造成读者理解上的歧义。但大多数情况下,读者还是能够依据语境准确理解。另外,因为学生语文、社会和历史知识不足,所以很少使用比喻、拟人、借代、反问或夸张等修辞方法。

(5) 习作内容:从习作内容看,绝大部分的习作内容比较简单,篇章也很短小。从记叙文的要素看,因为教师教学时非常强调基本要素,所以学生的习作在时间、地点、人物上大部分有所交代,但是写事情的过程比较困难,仅能从其文中了解事情发生、经过的简单线索以及大致结果。

(6) 习作的格式:在写应用文的教学中,教师对格式讲解得非常细致,所以大部分学生能够按照应用文的格式书写,但有时也会因记不住格式要求而出现错误。在写一般的记叙文时学生主要是按照时间的先后顺序来叙写内容过程,而不会采用插叙、倒叙等方式,记叙文多用单线条的描述方式,结构层次单一。大部分学生写日记都采用了“今天,我……”的格式。例如,一名坚持记日记五年的学生,五年来其日记格式和结构几乎没有变化,除少数几篇日记外,日记的第一句话全部为:“今天,我……”;而日记的结尾则基本为“我真高兴啊”、“我真不应该啊”、“……真可爱啊”、“我很开心”等。也有个别轻度智力障碍学生因其具有比较好的写作能力,所以他们的习作不但内容丰富,而且表达方式也更为灵活、多样。

(7) 标点符号的使用:能够正确使用问号、感叹号、冒号和双引号等标点符号,而句号和逗号使用不够规范,“一逗到底”的情况比较普遍。

(8) 修改文章:不会修改自己的文章。

案例:下面是两位七年级的轻度智力障碍学生写的三篇日记。从日记的主题、内容和词句运用能力看,学生之间依然存在差距。

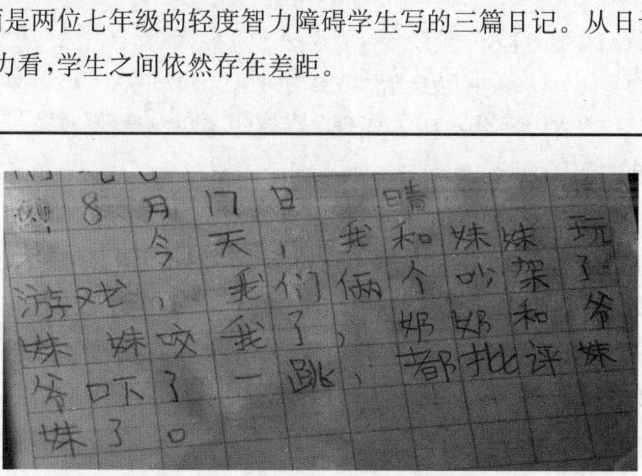

图 9-1

日记例文一

图 9-1 记叙了一件发生在兄妹两人游戏中的一个突发事件。虽然整篇日记只有四句话，但该生把事件发生、发展和结果都写清楚了，而且用词准确，句子通顺。但是，因为这篇习作只写了事情的大概，而缺乏对“我”和“妹妹”两个人游戏细节和“我”被妹妹咬伤后是怎样想的等心理活动的描写，所以整篇文章内容比较空，用词也不够生动。另外，该学生在标点符号的使用上也不够规范。

图 9-2

日记例文二

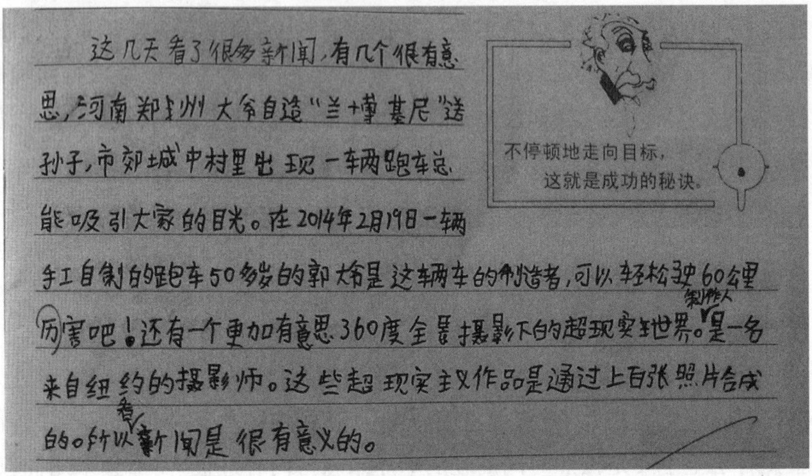
这几天看了很多新闻，有几个很有意思，河南郑州大爷自造“兰博基尼”送孙子，市郊城中村里出现一辆跑车总能吸引大家的目光。在2014年2月19日一辆手工自制的跑车50多岁的郭大爷是这辆车的制造者，可以轻松驶60公里厉害吧！还有一个更加有意思360度全景摄影下的超现实世界。制作人是一名来自纽约的摄影师。这些超现实主义作品是通过上百张照片合成的。所以看新闻是很有意义的。

图 9-3

日记例文 3

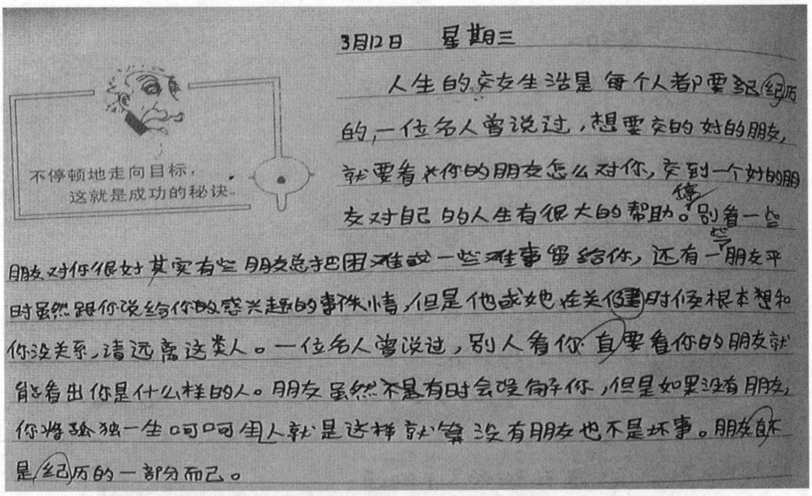
3月12日 星期三
人生的交友生活是每个人都要经历的，一位名人曾说过，想要交的好的朋友，就要看看你的朋友怎么对你，交到一个好的朋友对自己的人生有很大的帮助。别看一些朋友对你很好其实有些朋友总把困难或一些难事留给你，还有一等朋友平时虽然跟你说给你故感兴趣的事情，但是他或她在关键时候根本想和你没关系，请远离这类人。一位名人曾说过，别人看你直要看你的朋友就能看出你是什么样的人。朋友虽然不是有时会误解你，但是如果没有朋友，你将孤独一生呵呵但人就是这样就算没有朋友也不是坏事。朋友都是经历的一部分而已。

图 9-2 和图 9-3 为同一名轻度智力障碍学生写的日记。图 9-2 记录了近几天所看到的两则电视新闻。这是学生从众多新闻中筛选出来的自己感兴趣的两则娱乐新闻，并用日记的方式将之记录下来了。图 9-3 是一份议论文。这位轻度智力障碍学生借助日记说出了自己对“交友”问题的认识和想法。

从这两份日记看，该生具有与普通男孩差不多的兴趣、爱好，关注现实生活中的科学技术的发展。该生运用书面语表达的能力比较强。就图 9－3 习作看，这篇议论文观点明确，论据比较充分，推论的逻辑也比较清楚。为了证明其论点的正确性，该生能够“引经据典”，这反映了其思维的活跃性和较广的知识面。从词句运用能力来看，虽然该生通篇没有用“美词”去描写跑车、360 度全景摄影，但是这两篇习作用词生动、贴切，而且在句子运用上，句式比较丰富，有单句（多修饰语的单句）、复句。该生的标点符号运用也基本正确。

（二）中度智力障碍学生的写作能力

（1）汉字运用：学生的错别字相对比较多，但阅读者能够根据语境理解文意，所以错别字对阅读理解的影响有限。

（2）文体的掌握：中度智力障碍学生的写作能力要低一些。中度智力障碍学生可以模仿写贺卡、写请假条、填写信封等，但缺乏用文字自主表达的能力。在教学实践中，我们也发现有少数学生能够用文字记录生活，表达个人需求，甚至个别学生对公共事件有一定的兴趣，喜欢看新闻，并能够就新闻中比较重大的公共事件发表个人想法。

（3）词语运用：中度智力障碍学生在自主表达时多用口语词（但也有个别学生能够使用少量书面语词），而且所用词语单一，几乎不使用任何修辞方式。

（4）句子运用：多用单句，少用复句。因为粗心、不会写字、不会组织语言等各种原因，句子上下文不连贯、句式不完整、句式杂糅、词语重复、意思重复、成分冗余等问题普遍。

（5）习作的内容：因为中度智力障碍学生的生活背景贫乏，又不善于观察和思考，而且语言障碍比较严重，所以写作时既没有可以表达的内容，也不会有条理地表达。从学生的日记看，学生所记内容均为当天生活中发生的某一件事，而且大多数为一句话或几句话，所记内容非常简单。

（6）习作的格式：在学习写应用文时，教师通常会花很多时间，非常详细地讲解应用文的构成要素和格式要求。所以一部分能力较好的中度智力障碍学生能够参照格式文本写请假条、信封、贺卡等。但是，脱离参照文本后，这些学生可能会出现所写的应用文要素不全等问题。还有一部分写作能力更差的学生，不会独立写应用文，教师只能通过让其在空白应用文上填写个人信息、想法的方式学习应用文。

（7）标点符号：在自主表达时，基本能使用逗号和句号，但句号经常错误；有时没有标点；有使用冒号和双引号的意识，但经常忘记使用后引号，其他标点符号基本不会使用。

（8）修改文章：不会修改自己的文章。

以下是三名中度智力障碍学生的习作案例。

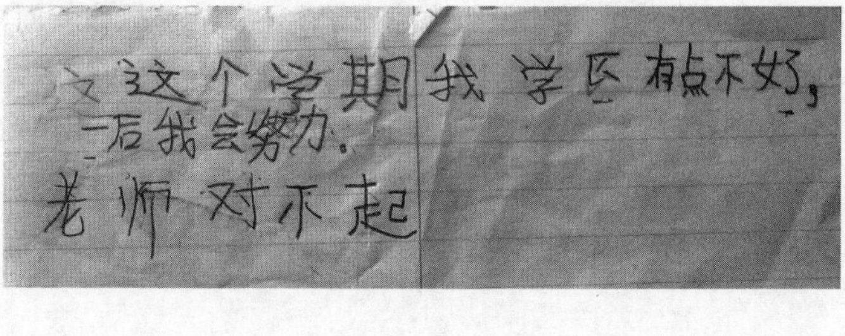

图 9－4

中度智力障碍学生习作案例一

图 9-4 是一名四年级学生写给教师的“字条”。从字条内容看，虽然比较简单，但学生将本学期没有学好的内疚心情表达出来了，并向老师保证今后努力学习。总体而言，该习作用词准确，句法基本规范，但习作的错别字较多(整篇习作 22 个字，其中就有三个错别字)，另外标点符号使用也不够规范。

图 9-5

中度智力障碍学生习作案例二

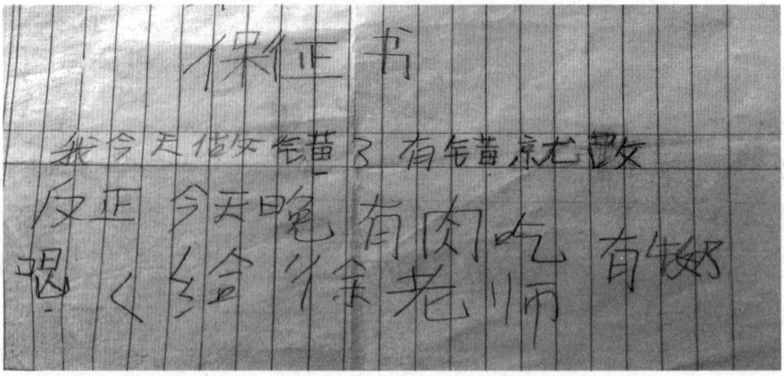
保证书
我今天做错了 有错就改
改正 今天晚 有肉吃 有牛奶
喝 给徐老师

图 9-5 是一名五年级学生写给徐老师的保证书。保证书内容由两部分组成。其一，承认错误，并决心改正错误；其二，有关晚饭吃肉、喝牛奶。“认错、改错”与“吃肉、喝牛奶”看似是两件完全不相干的事，但实际上它们有着因果的逻辑关系。即如果承认并改正了错误，晚饭时就可以吃肉、喝牛奶。如果不了解学生生活的人，无法理解“认错”和“吃肉、喝牛奶”之间的关系。由此可见，该生在表达时思维跳跃大，缺少了一些必须交代的内容，所以容易造成理解的障碍。另外，该生对“保证书”的格式不清楚，造成格式错误。此外，该习作始终没有一个标点符号，但学生在每个句子结束时都用空格表示，说明该生有使用标点符号的意识。

图 9-6

中度智力障碍学生习作案例三

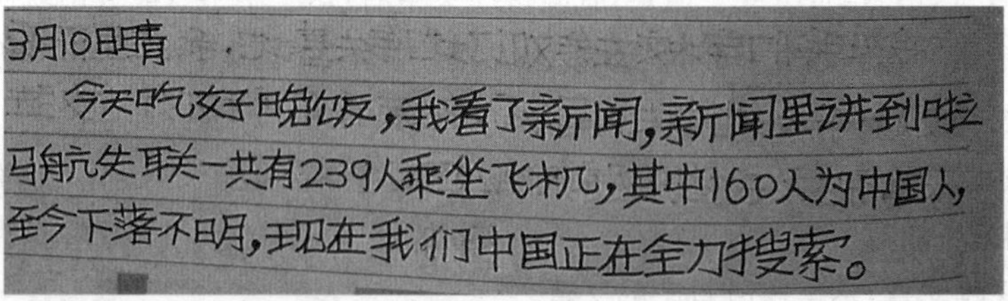
3月10日晴
今天吃好晚饭，我看了新闻，新闻里讲到马
航失联一共有239人乘坐飞机，其中160人为中国人，
至今下落不明，现在我们中国正在全力搜索。

图 9-6 是一名六年级学生的日记。学生用六句话写了一次重大的事件。从这份习作看，虽然这是一名中度智力障碍学生，但是他不但养成了看新闻的习惯，而且关注重大社会事件。分析习作发现，该中度智力障碍学生不仅能够抓住新闻中的两个关键数字(239 人、160 人)，而且能够经过分析新闻内容提取最重要的信息：该事件的进展情况“现在我们中国正在全力搜索”，表明了该生的思维能力和运用书面语表达的能力较好。

二、培智学校写作教学的难点

尽管培智学校个别学生的写作能力发展较好，但是绝大多数学生在写作学习中表现出非常大的困难，这使培智学校的写作教学困难重重。

(一) 用字能力有限

用文字表达的前提条件是会写会用一定数量的汉字。《全日制弱智学校(班)语文教学大纲》要求，轻度智力障碍学生“掌握常用汉字 1 500 个左右……学过的字词部分会用”，而《上海市辅读学校实用语文课程纲要》只要求中度智力障碍学生会“书写常用汉字 500—700 个”，并没有用字要求。因为中度智力障碍学生所能够运用的汉字有限，所以很难开展写作教学。

(二) 语文知识储备不足

写作所涉及的语文知识包括：如何审题、如何搜集和选材、如何组织所选定的材料、怎样表达(用哪些词语、句式)、怎样布局谋篇等等。但是，大部分智力障碍学生因为其思维水平低，对社会、对生活的关注不够，所以审题、搜集和运用材料等能力相对比较差。另外，因为学生语言发展迟缓，所以词汇量少、句式单一，很难准确地表达自己的感受和想法；再有，因为学生的思维逻辑性不强、思维的跳跃性大，写作时不考虑句式规范，句式常有残缺，写出来的习作常常给人逻辑不清晰的感觉。例如：

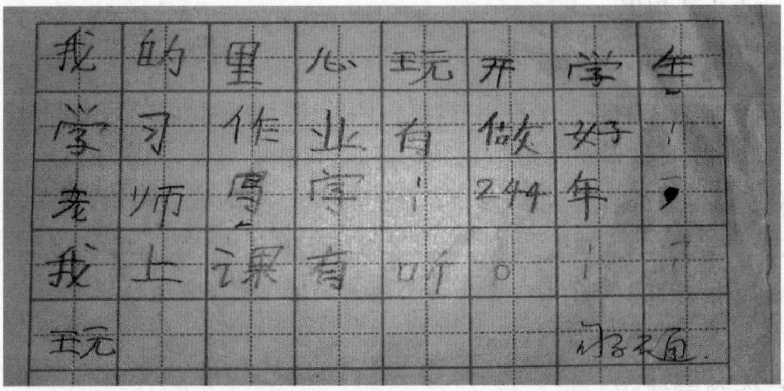

图 9－7 中度智力障碍学生习作案例四

上图是一名四年级中度智力障碍学生的习作。在这篇习作中，词语颠倒：“心里”→“里心”；句子成分残缺或冗余：“我的里心玩开学生”、“学习作业有作好”、“我上课有听”；表达中缺少必要成分：“老师写字”、“244 年”等等。从这个习作上看，学生的语文知识储备不够，所以习作中的用字、用词、句法等错误率较高。

(三) 思维水平较低

由于智力障碍学生缺乏对社会生活的观察和体验，所以学生的表象非常贫乏，再加上联想能力不足、逻辑思维困难，所以写作训练时，学生常常不知道应该先写什么、后写什么，而且缺少作文的中心。例如：

图 9－9 中度智力障碍学生习作案例五

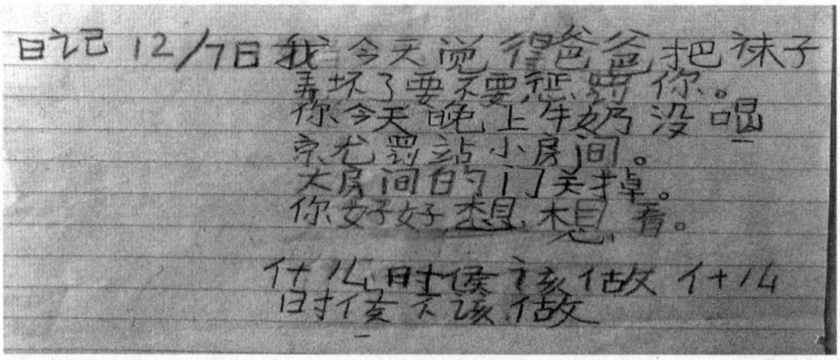

(四) 语言能力差

一般而言，口语表达能力越强写作能力也就越强。因为"写作"是记录口语表达的结果，即是用笔记录说出来的"话"。语言能力强的人往往具有表达手段丰富、词汇量大、句式多样、语脉清晰流畅等特点。由于智力障碍学生语言障碍明显，所以其词汇量小、用词不贴切、句式简单而缺乏变化、表达的思想没有逻辑性，所以阅读者常常不理解学生想要表达什么。另外，"写话"还不同于"说话"。因为写出来的"话"是供阅读者反复阅读、揣摩的，所以写出来的"话"要求用词贴切、丰富，句子规范、完整，语脉清晰、流畅，结构完整而合乎逻辑。因为智力障碍学生说不清楚，所以他们自然也就写不清楚。

(五) 缺少生活积累

写作就是用文字记录生活、表达思想，所以只有熟悉生活、理解生活才能写作。但是，智力障碍学生对生活观察不细致、理解不深刻，对社会事件了解、关心、体验不够，所以写作时因缺乏素材所以不知道写什么。例如，教师请学生写写"我的家"。有些学生因为缺乏对家庭生活细节的观察和思考，缺乏与家人共情的体验，所以在写"我的家"时学生因缺乏写作的素材不知道写什么，需要教师不断启发、总结，学生才能够写一些简单的生活场景和空洞的生活内容。

三、写作教学建议

针对智力障碍学生学习写作的困难，建议教师在写作教学中特别关注如下几个方面的教学训练。

(一) 加强有针对性的"说话"训练

认识到说话是写作的基础，了解到部分智力障碍学生存在说话障碍，因此建议教师在教给智力障碍学生写作基本知识的同时，继续对其进行说话训练。即在每次"写"之前，都先让学生把准备写下来的"话"先说出来，当学生能够"说"清楚之后，再指导他们把说的"话"写出来。

(二) 让学生掌握一定的字量

由于"作文之前必先识字"。[①] 所以培智学校的写作教学一般应该安排在中年级段

① 马笑霞著:《语文教学心理学研究》,浙江大学出版社 2001 年版,第 259 页。

开始。这是因为一方面经过四五年的识字写字训练,学生已经掌握了一定数量的汉字,能够运用汉字表达简单的思想;另外,经过几年的阅读训练,学生对应用文、记叙文、说明文等文体和表述方式有了一定的了解,教师就能够结合阅读教学训练学生模仿写作。但是,学生因为用字能力差,所以刚开始进行写作教学时非常困难。教师应采用各种辅助方法帮助学生完成训练。再有,随着学生识字越来越多,在写作时学生的错字会逐渐减少,但别字会逐渐增多。所以,教师应该针对不同阶段学生的用字情况有侧重地进行指导训练。

(三) 结合阅读开展写作教学

智力障碍学生在学习写作时最大的困难就是不知道怎样围绕中心搜集和组织写作的材料。如果教师能够结合阅读开展写作教学就能够大大降低学生写作的难度。教师通过对阅读“例文”的讲解、分析,能够让学生知道在确定写作的主题之后,应该怎样围绕主题搜集一些写作的素材,并学习怎样使用这些素材;了解到所写习作的大致结构和词句。在学生对写作的内容和形式有了感性的认识以后,再要求学生进行写作练习就比较容易理清写作的线索、找到合适的词和句,也就能够模仿“例文”进行写作了。

(四) 加强习作指导

在培智学校写作教学中,教师要加强指导和提示。包括写前和写作过程的指导、提示。写前准备的指导最为关键。指导包括:观察、思考、确定所要写的内容(理解主题)是什么,搜集和筛选写作的素材,确定写的顺序,列出写作时最恰当的词语(关键词)和句子(关键句)。因此,建议教师在写作教学时要加强对学生观察、体验、素材搜集、写作线索、用词用句的指导。教师也可以采用提问、讨论等方法指导学生把想要写下来的内容和顺序先讨论清楚,然后再尝试“写作”。另外,针对智力障碍学生容易遗忘的特点,在学生写的过程中教师还要不断提示写的顺序和关键词句,以便学生能够比较顺利地完成写作训练。

(五) 教学步骤清晰、讲解到位

针对智力障碍学生的写作教学步骤一定要清晰。建议教师从训练学生“说话”开始。从说一句话到写一句话;从写一句简单的话,到写一句有修饰成分的话;从写一句话,到写一段话。在应用文教学中,教师要将应用文的构成要素、格式、行文规则等讲清、讲透,并提供例文,通过指导学生阅读例文模仿写作,逐步达到能够写应用文的目标。

(六) 引导学生关注社会生活

写作的基础是有“话”可说,如果要做到有“话”可说,就得多多参与并了解社会生活。为了使智力障碍学生有“话”可说,教师应该结合阅读、综合实践等教学内容引导学生关心周围的人和事、关注社会生活、提高认知水平。例如,教师可以结合新闻引导学生关心社会事件,并了解事件发生、发展的过程与结果;结合家庭生活和学校生活引导学生体验生活和情感,积累写作的素材。

(七) 利用学生生活开展训练

写作教学,除了教师要讲清楚作文的要素和格式、特点等内容外,最重要的就是让学生结合生活过程进行写的训练。例如，教师可以利用学生有事需要请假的事实，教学生如何写“请假条”；可以结合学生就医需要填写病理卡的事件，教学生如何填写个人资料；借学生身边人过生日的机会教学生怎样写生日贺卡等。总之，写作的关键是“作”，教师要抓住一切与写作相关的获得、事件，进行写作训练。

（八）培养学生“写”的兴趣

“写作兴趣是写作活动赖以产生、持续和强化的内在动力。”①对部分智力障碍学生来说，他们有“写”的愿望，并希望得到教师的指导与帮助。对于这些学生，建议教师要发掘学生感兴趣的事物，鼓励学生观察、思考，并帮助他们用笔将其看到、想到和感悟到的东西及时记录下来。为了鼓励学生，教师可以将学生的作品读给同学听，激发更多学生的写作兴趣。在鼓励的同时教师还要指出习作中的问题，并教导学生如何修改习作练习。

总之，培智学校的写作教学，应按照国家大纲的要求开展训练。但是，对个别有较好写作能力的学生，教师可以提出更高的要求，发展其写作能力。

第三节　写作教学的序列与教学方法

写作是学生语文能力的综合运用，学习难度大、培养时间长。为了使培智学校的写作教学符合智力障碍学生的基础和学习特点，教学要遵循写作教学的序列，运用科学的教学方法。

一、培智学校的写作教学的一般序列

《全日制弱智学校（班）语文教学大纲》提出，写作应该“从说话、写话到命题作文；从写一句完整的话、几句话、一段话，到写一般的应用文和简单的记叙文”。这个要求已经表明了培智学校写作教学的基本序列了。

（一）识字、写字与用字

在写作教学之前必先使学生掌握一定数量的汉字，并会运用部分汉字。这就要求教师不仅要让学生尽可能多的识字，还要通过训练使学生会写一定数量的汉字。但写字并不是训练的终点，只有知道每个字的意思和用法，才能自如使用汉字表达。所以在学生能够写一定数量的汉字后，教师就要通过组词、写句等方式训练学生使用汉字了。以培智学校低年级学生的用字训练为例：低年级段学生因为所识、所写的字很有限，教师一方面可以用抄写词语、句子的方式训练学生写字；另一方面也可以让学生通过组词、扩词，或连词成句等方式帮助学生理解这些字的用法。例如，学生学会写“很、妈、爸、我、是、工、人、学、生、校、小、们、好”等汉字后，就可以引导他们组词“很好、爸爸、妈妈、工人、老师、学校、学生……”，通过组词，让学生了解这些字的运用方式。

（二）写话

“写话”是写作的初级阶段。但是“写话”的“话”既包含了写一句话，也包括了写一

① 马笑霞著：《语文教学心理学研究》，浙江大学出版社 2001 年版，第 138 页。

段话(一个句群)。而此处所指的“话”是“写句”。当学生能够组词、扩词以后,就可以进行写句训练了。例如,学生能够用所学汉字组成“很好、爸爸、妈妈、工人、老师、学校、学生……”等词语后,就可以引导学生用这些词语写简单句了(“爸爸是工人。”“妈妈是老师。”“我是小学生。”“学校老师很好。”)汉语的句式比较复杂,有单句、复句。而且同样是单句,有些单句结构简单、所用汉字少,所以好写,例如“这是书”;而有些单句结构复杂,所用汉字多,不好写,例如“这是昨天王老师还给张老师的那本教科书”或“阿姨请我和妈妈明天一起去野生动物园看长颈鹿和狮子”。所以写话训练应该从写简单句开始。另外,培智学校学生的个体间差异较大,学生能够达到的写作水平也各不相同,教师应该分别设计“写作”学习目标。再有,教师要结合写句训练,教学生如何使用标点符号。

(三) 写片段

写片段训练是写句训练的延伸。当智力障碍学生能够写句子以后,教师就可以引导学生学习写片段了。因为写片段涉及“一组句子”,所以教师要指导学生如何围绕一个“中心句”来写。当然写作过程还是由“说”到“写”。即先让学生说“一段话”,然后再让他们把说出来的这“一段话”写下来。例如,教师可以出示一幅画,并引导学生观察这幅画。通过分析,确定这幅画的中心意思,教师把这幅画的中心意思用一句话说清楚,然后引导学生围绕该中心意思“说一段话”,等学生能够把“这段话”说清楚以后,再把这段话写下来。写片段实际上就是让学生学习如何用语义相关的几个句子把某个中心意思表达清楚的训练。例如,教师引导学生围绕“我喜欢我的学校”为中心句写一段文字。教师可以引导学生从学校的外部环境描写学校,最后归纳我喜欢我的学校的原因:“我喜欢我的学校。因为我的学校非常漂亮。校门口有高大的树木,大门两边有很多鲜花,操场上有绿色的球场、红色的跑道。我们的学校非常漂亮,我喜欢我的学校”。也可以围绕师生关系、同伴关系等角度写“我喜欢我的学校”。教师应该利用写片段的教学环节训练学生正确使用六个标点符号。

(四) 写文

写“文”最难。因为写“文”不仅要注意错别字、用词用句、标点符号等使用是否正确,考虑所表达的内容是否清楚,还要考虑“文章”的格式、结构等等。尽管培智学校只要求学生写生活中最常用的几种“应用文”和简单的“记叙文”,但是因为应用文本身有不同的格式和专门的用语(例如,“请假条”和“贺卡”的用语和格式完全不同),所以并非所有学生都能学会写“应用文”。另外,因为“写文”对写字量、词语积累量和句子运用能力要求较高,所以“写文”教学一般到中高年级以后才结合阅读教学进行训练。

二、培智学校写作教学的常用方法

(一) 抄写词语和句子

因为低年级段学生会写、会用的汉字非常有限,所以此阶段的写作主要是抄写词句或组词、扩词训练。抄写词句既能够使学生形成用书面语表达的意识,又能够熟悉生字、积累词语、规范句式、学会使用标点符号、形成语感,为写话打下基础。

(二) 先“说”后“写”

“写话”教学是写作训练的关键环节。因为“写”是在“说”的基础上发展起来的技能，所以要写得通顺、有内容、合乎逻辑就得先“说”的流畅、准确、生动、合乎逻辑。训练可以遵循采用以下三个步骤：

第一步——说话：给定一个写作的“主题”后，就让学生先用口语说出自己的想法。在训练过程中教师要特别注意学生的用词是否准确、生动，句子是否规范，表述的逻辑是否清晰等。学生“说话”时如果用词不准确，教师可以帮助学生选择恰当的词语；如果句子不完整、不规范，教师可以辅助学生完善、丰富句式；如果表述不清楚，教师可以与学生一起重新梳理表述用素材，并整理表达的线索。在此教学过程中，应以学生表述为主，教师只是起引导、整理学生表达的作用。

第二步——写话：一开始，教师可以先将学生“话”中的关键词、关键句写在黑板上，并让学生反复朗读这些词语和句子。通过朗读，一方面能够加强对所写内容的理解、对关键词句的记忆；另一方面也能够让学生熟悉从“说话”到“写话”的过程，养成“先说后写”的习惯。当学生对黑板上的“关键词、句”熟悉了之后，就可以让学生用关键词、关键句把这些“话”组织起来、写下来了。

第三步——检查：学生写完“话”以后，教师还应该指导学生将自己写出来的句子反复读一读。看看写出来的句子是否能够读通顺；检查有没有添字、漏字、错字、别字；检查前后句子的衔接是否合于逻辑、表达的意思是否明确等。在此阶段教师不必急于指出学生的错误，但可以将错误的地方用加强语气、加重语调的方式读出来，让学生听辨有无错误；也可以用询问的方式，如“这句话是什么意思，请你告诉我”，提醒学生此处可能有错误。当学生找出错误后，教师再指导学生修正错误，提高“写话”的水平。

例如：下面案例是培智学校六年级的一节写作课实录，“主题”是给××同学写一份贺卡。

教师：上个星期我们学习了如何写贺卡。大家还记得吗？

学生：记得。

教师：很好！今天是××同学的生日，我们每个同学送给他一张贺卡好吗？

同学：好！

教师：你们想一想，在贺卡上我们可以写什么话来祝贺的他生日？

学生1：祝××同学生日快乐！

教师：×××同学你说得真好！我们还可以对他说什么？

学生2：祝××同学长命百岁！

教师：××同学你也说得很好。还有谁要祝贺××同学的生日？

学生3：我祝××同学身体健康！快乐！

学生4：我祝××同学天天上学！

教师：×××，你祝“××同学天天上学！”是什么意思？今天是他的生日，你应该祝贺他什么呀?

学生4:我祝××同学天天上学时开心!

教师:原来你是"祝××同学天天上学时开心!呀"。那你可不可以说"祝××同学天天开心!"这样希望他上学的时候开心,回家了也开心,好不好?你重新说好吗?

学生4:我祝××同学天天开心!

教师:这下说得更好了!

教师:刚才大家说得都非常好。等一会我们就把自己说的祝福语写在贺卡上送给××同学好吗?

学生:好!

教师:(在写贺卡之前)你们还记得你们每个同学刚才说了什么祝福语吗?让学生重复自己的祝福语(让每个学生再重复1—2遍)。

教师:在写之前,还有两个小问题老师要说一下,请同学听好了。刚才有同学说"我祝××同学……"在写贺卡的时候不用写"我"字。因为在贺卡的下面要写上你的名字,看到名字,××同学就知道是谁写的啦。所以只要写"祝××同学……(教师同时将"祝××同学……"写在黑板上)就可以了。另外,有些字你们大概不会写,我会把这些字写在黑板上。如果还有不会写的字,也可以问老师。都清楚了吗?

学生:清楚了。

教师:好!教师发空白贺卡(教师是等每个学生都记住自己说的"话",并知道祝福语的书写格式后,才发空白贺卡)。现在大家就把自己刚刚说的祝福语写下来送给××同学。如果在写贺卡的时候,你还想多写一些祝福的话也可以写。

教师在黑板上写词语"命"、"健康"

学生写贺卡、教师巡回指导

写好后

教师:好了。大家都写好了。现在请每个同学读一读自己写的贺卡通不通?再检查一下有没有错别字?标点符号有没有写?写得对不对?

学生:各自朗读贺卡、检查错别字和标点符号(教师巡回指导)。

教师:现在我们请同学读一读自己写得贺卡好吗(目的:检查学生的贺卡用词是否贴切、句子是否通顺)?

学生依次朗读;老师逐个评价、修改贺卡用词和句子。

教师:好!现在我们的贺卡都写好了,我们就送给今天的小寿星××同学吧!

学生:依次走到××同学面前,把贺卡送给他。

(三) 看图写话

看图写话是在写自己话基础上的写作教学。看图写话也叫看图作文,它与写话不同的是，写话是写自己想说的话，而看图写话则是写图上的内容。看图写话的教学步骤如下：

1. 阅读图片

因看图写话写的是图片上的内容，所以在“写”之前要先仔细地阅读图片，并了解：图片上有谁，在什么地方，他们在干什么，结果怎样了。此时教师要指导学生尽可能仔细地阅读图片，并启发学生思考图片的意思。在这个教学过程中，教师一方面要引导学生仔细阅读图片，另一方面要根据画面引导学生合理联想和想象；另外，教师应事先设计好读图顺序，因为读图的顺序也就是“说”和“写”的顺序。

2. 看图说话

当学生理解了图片的意思之后，教师就应该组织学生把图片的内容“说出来、说清楚”。由于学生认知和表达能力的限制，学生往往把握不了“说”的要点和顺序，所以教师应该先示范说图(边指着图，边说图)。等教师说了一至二遍以后，再请能力较强的学生试说，教师提供关键词句；按照能力由强到弱的顺序让每一位学生都说一说。在此教学过程中教师应该注意三点：第一，教师在第一次说图的过程中要手指图片，让学生清楚地知道教师说的是图片上的内容。第二，教师在说的过程中要将关键的词语、句子用加重语气、拉长声调的方式说出来，给学生深刻的印象，以便他们说图时可以模仿使用这些词句。第三，教师示范的语言要生动、贴切、精炼，使学生感到易懂、易学、容易模仿。切忌用词深奥、用句晦涩难懂，影响学生模仿、学习。

3. 看图写话

在学生能够把图片意思说清楚以后，写图就不那么困难了，只要学生按照表述的先后顺序将说的内容写下来就行了。但是，因为有些字、词学生不会写，有些句子比较复杂、学生不容易写完整，所以在学生写之前，教师最好按照“说图”的先后顺序将说出来的关键词、关键句、生字、生词等写在黑板上，并让学生多读几遍。再让学生用关键词句把图片意思说出来。等学生能够“说”清楚图片意思时就可以开始“写话”了。

虽然，看图写话训练的重点在“写话”上，但是“说话”环节的训练更为重要。在“说话”训练时，教师应要求学生“说”得通顺、想象合理、围绕中心说。

(四) 仿写

“仿写”是模仿“例文”的写作训练，是结合阅读进行写作的一种训练方式。为了让学生对所写内容、格式有一个感性的认识，教师可以在写作训练前先提供一则“例文”，并通过阅读“例文”帮助学生整理写作思路、掌握写作的技巧。例如，《全日制培智学校语文教科书》第13册《小闹钟》就是一篇习作例文。教学时，教师先组织学生阅读课文，然后与学生一道分析例文：看看作者是从哪几个方面写“小闹钟”的。等学生对例文“小闹钟”的写作素材、写作方式、所用词句以及例文的格式结构等有了比较清楚的认识后，再让学生模仿例文写一个自己熟悉的学习用品。仿写对能力较强的学生而言，他们可以参照“例文”的格式、用语独立的写作；但对写作能力较差的学生而言，教师往往是让其在例文上通过换词语、换句式的方式写作。例如：××培智学校七年级在阅读“习作例文《小闹钟》”后，要求学生模仿例文《小闹钟》的思路和描写方式来写相同题材的“教室里的钟表”。教师首先引导学生阅读分析了《小闹钟》的写作思路、用词用句和文章结构，然后再与学生一起分析了该教室里的钟表，包括钟表的外形特点、颜色、钟面图画、指针的样式和长短，并带领学生模仿《小闹钟》的写作思路和语言，用口语描述了教室里的钟表，教师同时将关键词句写在黑板上，让学生反复朗读、复述。经过口述训练，学生开始按照习作例文的格式、参照黑板上的关键词句尝试写“教室里的钟表”。在写作过程中，学生将《小闹钟》中一些表达力较强的句式通过替换新词的方式保留下来了。例如，原文中有“我家有只小闹钟，它镶着一圈金边”，换成了“我们教室里的钟表有一个天蓝色的边”，将原文中“钟面上的计时刻度就像12颗宝石”，换成了“钟面上的计时刻度就像12个星星”。通过模仿写作，学生不但能够比较好地把握描写钟表的内容和顺序，而且语言比较通顺，标点符号也比较准确。

(五) 记录生活片段

许多写片段的训练，都是从生活中选取素材。例如，写日记，就是记录生活中印象深刻的一个事情或描写一个喜爱的物件。为了让学生学会记录生活片段，教师会组织一些活动，并让学生在活动后记录下活动的过程。记录一次活动，可以分三步完成。

1. 组织活动

要求学生参与活动，并体验活动。活动前，教师要求学生一边参与活动，一边注意观察：在什么地方发生了一件什么事情、在这个事情中有谁、他们做了什么、怎么做的、说了什么、怎么说的、结果怎么样等等。

2. 叙述活动

让学生口述事情的过程，描写活动场景、活动中人们的表现(参与者的动作、表情、话语等)，以及对其他人的影响(他说了……，所以×××生气了，就不愿意玩了)。例如，教师可以问：在刚才的活动中，你看到了谁？他在干什么？他是怎么干的？他和谁一起干？他说了什么？怎么说的？别人听了他的话怎么想的？怎么做的？他生气了吗？为什么生气……在学生叙述事件、描述人物的时候，教师应该将关键词语(使用贴切的词、关键词、不常用的虚词等)、句子(关键句、修饰语比较多的长句、复句)写在黑板上，方便学生参照关键词句描述活动。

3. 写活动

教师在学生说清楚“活动”过程的基础上，应引导学生把说出来的内容按照一定的逻辑顺序写下来。教师可以让学生参考黑板上的关键词、句来写。另外，因为说话比写作要容易一些，故写作时不一定把全部说出来的内容都写下来，教师也可以引导学生要么记叙事件的过程，要么重点写活动中的某一个人。

到了高年级段，教师还可以用同样的训练方法。例如，教师可以先让学生口述一件经历过的事情，将事情发生的场所、时间、人物、感受等说出来，然后再进一步引导学生把说出来的东西写下来，逐步培养学生观察和记录生活片段的习惯。

三、应用文写作

写应用文是智力障碍学生写作教学的重点。生活中常用的应用文包括填写病历卡、写请假条、留言条(留言短信)、贺卡、生活账目、书信、就业申请表、履历表等。写应用文的教学步骤：

（一）说清楚应用文的用途

告诉学生为什么写应用文，让学生知道应用文是一种重要的交流手段，人们使用应用文，可以交流感情、协调人际关系（贺卡、短信），便于管理（病历卡、请假条、借条、领条、履历表）等。例如，学习写“请假条”。教师按照某一学生的情况编写一张请假条，然后将之作为例文展示出来。教师先将例文朗读两遍，让学生整体感知请假条是什么，说了一件什么事情，请假条有什么用。

（二）讲清楚应用文的构成要素和格式

每种应用文因其表达功能不同，其格式有所区别。为了使学生了解应用文的使用功能、构成要素和格式，教师应结合“例文”进行教学。具体教学步骤：

1. 出示并朗读例文

教师在黑板或PPT上将应用文的例文整体呈现出来，并朗读两遍例文。在朗读前，先向学生提出要求，要求学生带着问题听读。例如，学习“请假条”要求学生在听老师朗读时，听清楚谁要请假？向谁请假？为什么要请假？请多长时间等假？

2. 讲解例文

在教师朗读后，结合例文讲解应用文各要素的具体意思。组织学生讨论教师所提出的问题，并结合例文讲解应用文中各个要素的具体含义。

3. 归纳应用文的构成要素

结合例文和讨论归纳应用文的构成要素，并将例文中的每个要素按照逻辑线索写在黑板上，引导学生朗读。

4. 复述构成要素

在学生朗读应用文的构成要素后，要求学生尝试复述应用文的构成要素。可以根据应用文的表达内容逐一复述应用文的构成要素。

5. 讲解格式和书写要求

在学生能够复述应用文的各要素后，教师应该结合例文仔逐一解释应用文的书写格式和书写要求，让学生对该应用文有一个整体的把握。

6. 复述书写格式和要求

当学生对该应用文的书写格式和书写要求有了更为清晰的认识后，组织学生复述应用文的格式和书写要求，为写应用文做准备。

（三）写应用文训练

当学生了解了应用文的构成要素和写作格式、要求以后，就应指导学生写应用文了。应用文要求表意清晰、言语简洁，不能缺少构成要素。所以看似简单的应用文对智力障碍学生而言并不容易学会。教学步骤为：

1. 口说应用文

在例文学完后，参照例文让学生通过替换例文中某些要素的方式练习写应用文。在此过程中，教师同样要将生字、生词和关键词句写在黑板上，供学生参照运用。以学习写“请假条”为例。教师提供“事件”：如果你感冒了，不能来学校上学，你怎么写请假条？请学生回应。学生一边说，教师一边在黑板上记录。最后教师请同学一起整理看看有没有缺少什么要素，格式对不对，老师是不是知道了这是谁向谁请假，为什么请假，请多长时间的假，请假的学生懂不懂礼貌。最后再与例文对照，调整好格式。在此阶段，教师一定要注意结合学生的生活、并参考例文引导学生口头说应用文，这样有利于学生把握和检查。

2. 写应用文

写应用文比说应用文要难，因为写应用文不但要注意写的要素、格式等，还涉及可能出现的生字、生词等。建议教师指导学生写应用文时，一定要有例文作参照，并使用替换某些要素的方法来帮助学生写应用文。例如，学生学习写请假条。教师可以用替换"请假对象、换请假时间、请假人和请假日期等方式"来学习。等学生基本掌握了应用文的要素、格式和常用语后再逐步脱离例文，按照生活需要写应用文。

在生活中常常要求个体填写病历卡、存取款单，履历表等。对这类内容的教学，建议教师用实物来指导学生填写。填写前，除了告诉学生"这是什么"、"做什么用的"，还要告诉学生填写时要真实，并按照顺序填写。

履历表的填写比较困难，教师需要做特别指导。比如，什么叫"履历"，填表时要先阅读"填表须知"，表格内提示性的文字表示的是什么意思等。例如：表中有"婚否"，婚否指什么学生应该了解，否则就可能造成填写错误。

指导智力障碍学生学写应用文有几点要特别注意。首先，在指导学生写应用文时，指导的要点是构成要素和应用文的格式。其次，根据不同学生的能力，提出不同的要求、设计不同的练习纸。例如，有些学生能够独立参照例文去写，就让其替换一些要素内容去写；还有一些学生不能独立参照例文去写的，就为其提供符合其能力水平和练习方式的练习纸。例如，为能力较弱的学生提供一张留有空格的练习纸，让学生参照例文格式将自己请假的事情把空格填满。

(四) 案例，学习写请假条

教学步骤：

第一步：教师 PPT 出示例文"请假条"。

请 假 条
张老师：
今天要妈妈带我去医院检查伤口，所以不能来校上课。特请假一天。望老师批准。
请假人：王小红
2014、6、16

第二步：学生反复朗读请假条。

第三步：教师通过提问的方法，引导学生归纳"请假条"构成要素。

第四步：结合请假条写作要点的讲解，标注请假条的要求和书写格式。

请　假　条

张老师：

今天妈妈要带我去医院检查伤口，所以不能来校上课。特请假一天。希望老师批准。

正文：原因、时间和请求

请假人：王小红

2014、6、16

标题

请　假　条 第一行正中间

称呼

张老师： 第二行顶格写

□□今天妈妈要带我去医院检查伤口，所以不能来校上课。特请假一天。希望老师批准。

请假条正文

请假人：王小红

请假人姓名、日期

2014、6、16

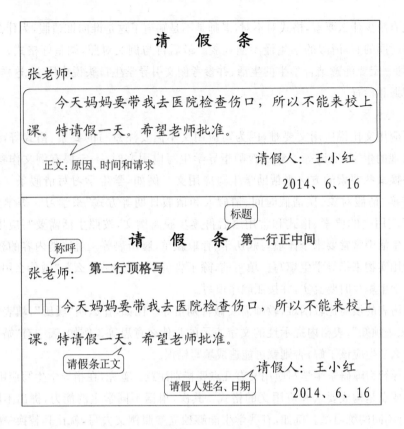

第五步：与学生一起归纳请假条的构成要素。

请假条的构成要素有：标题（请假条）、向谁请假（张老师）、请假理由（去医院检查伤口）、请假时间（一天）、礼貌语（希望老师批准）、请假人（王小红）和请假日期（2003、6、16）七个要素。

第六步：学生练习写请假条。

四、习作讲评

习作讲评是写作教学的一个重要环节。针对智力障碍学生的习作讲评，应以鼓励为主，以激发学生写的愿望为主。另外，讲评时针对性要强，最好有切实改进的具体要求和改进方法，甚至可以由老师帮助学生改好，让学生比较老师修改后的习作与之原来的习作有什么区别，培养学生修改习作的能力。

总之，培智学校学生是高异质性群体，个体间的差异很大。从整体情况看，轻度或少数中度智力障碍学生有能力学会运用文字与人进行简单沟通，但大部分中度和重度智力障碍学生几乎无法形成写作技能。为此我们在设计教学目标、设计教学程序时，必须按照不同智力障碍学生的写作能力、教育目标和教学规律，并参照培智学校学生学习写作的特点开展教学。

➢本章小结

“写作”能力是智力障碍学生融入社会生活的一项重要能力。写作不但能够丰富学生的词汇，规范学生的语法，促进学生语言运用能力的发展，还能够训练学生的观察力、思考能力和想象归纳等能力，使其更好地融入社会生活。

智力障碍学生写作能力整体比较低，而且智力水平越低，写作能力就越差。由于写作涉及写字用字、文体把握、词句选择与运用、写作素材的选择与安排以及格式把握等多种语文知识和技能，所以培智学校的写作教学非常困难。但是，经过科学、长期的教育训练，轻度智力障碍学生和少数中度智力障碍学生能够获得一定的写作能力，并能够满足其生活中简单的书面沟通需求。但是大部分中度智力障碍学生经训练也只能达到模仿写词、写句，或在例文中通过替换关键词的方式写简单的应用文。

针对智力障碍学生写作学习的特点，教师应该加强“说话”训练，让学生掌握一定的字量，结合阅读开展写作教学，加强习作指导，教学时步骤要清晰、讲解到位，教师应引导学生关注社会生活并利用学生的生活开展写作训练。

培智学校的写作教学应遵从“从说话、写话到命题作文；从写一句完整的话、几句话、一段话，到写一般的应用文和简单的记叙文”的教学序列。在学生会写一定数量的汉字以后，教师就可以教学生如何写一个完整句，如何使用标点符号；当学生会写句以后，就可以让学生学习写一个片段，最后过渡到写文。

培智学校写作教学的常用方法有：抄写词语和句子、先“说”后“写”、看图写话、仿写、记录生活等多种教学方法。在写应用文学习时，教师应先说清楚所写应用文的用途，然后讲清楚应用文的构成要素和格式，等学生清晰知道应用文的构成要素和格式要求之后再练习写应用文。

➢讨论与探究

1. 你认为智力障碍学生学会写作对其生活会有怎样的改变？

2. 访谈低中高某一学段的2—3名培智学校语文教师，了解该学段写作教学的内容和方法，并在小组内汇报访谈结果。

3. 以小组为单位通过网络、见习、课例视频分析等途径收集培智学校写作教学的现状，并就目前培智学校写作教学的问题和写作教育发展的趋势展开讨论。

4. 案例分析：结合本章内容，对吴××同学四年级、五年级、七年级的三份日记进行分析。找出该生写作能力变化的指标，谈谈你对智力障碍学生写作能力发展的认识。

四年级的习作：

五年级的习作：

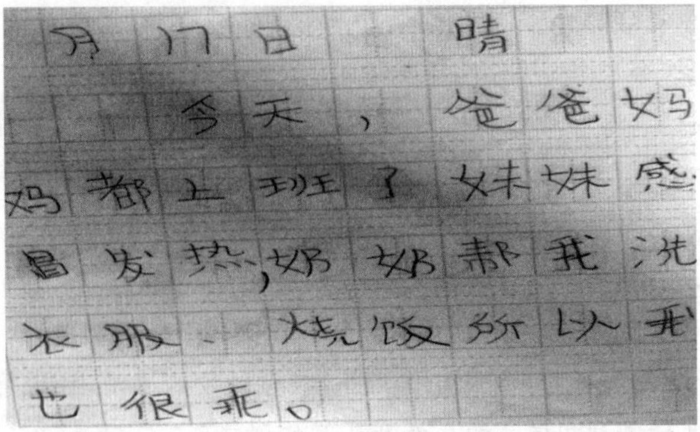

七年级的习作：

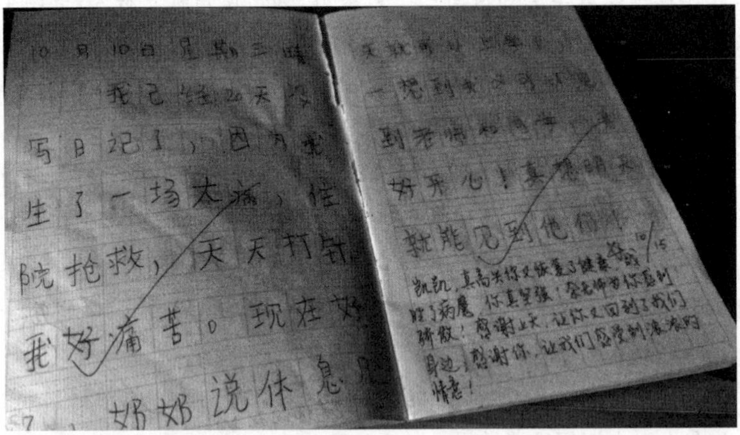

➢拓展阅读资料

1. 戴宝云主编：《小学语文教育学》，浙江教育出版社 1993 年版。

2. 黄亢美主编：《小学语文课程理念与实施》，广西师范大学出版社 2003 年版。

3. 教育部基础教育司组织、语文课程标准研制组编写：《全日制义务教育语文课程标准解读》，湖北教育出版社 2002 年版。

4. 刘春玲、马红英、杨福义：《智力落后学生对词汇理解的研究》，载《心理科学》2000 年第 6 期。

5. 柳思俭、钱富祥主编：《实用小学学科课堂教学模式》，山东教育出版社 1998 年版。

6. 马红英、刘春玲、翟继红：《中度智力落后学生语言能力的初步分析》，载《中国特殊教育》2001 年第 1 期。

7. 马红英、刘春玲、顾玲琳：《中度智力落后学生句法状况的考查》，载《中国特殊教育》2001 年第 2 期 5、马笑霞:《语文教学心理学研究》,浙江大学出版社 2001 年版。

8. 周元主编:《小学语文教育学》,华东师范大学出版社 1992 年版。

9. 朱作仁、祝新华主编:《小学语文教学心理学导论》,上海教育出版社 2001 年版。

10. 网站:http://www.hoagiesgifted.org/eric/e590.html

http://www.hoagiesgifted.org/eric/faq/writskls.html

http://www.zuowen.com/sucai/

http://www.520xy8.com/

第十章

培智学校语文学业评价

目前,我国针对普通中小学的语文学业评价日趋规范、成熟,但对如何评价培智学校学生的语文学业成就缺乏基础研究。近些年,国外、境外对如何评价特殊学生的语文学业做了系统的研究,并取得了一些成果。因此,借鉴他人的研究成果,对完善我国特殊学校语文学业评价体系、建构培智学校学生语文学业评价机制具有重要意义。作为一名即将踏入或已经踏入工作岗位的特殊教育语文教师,你是否了解当前培智学校的语文学业评价手段?是否熟悉培智学校语文学业评价的内容?是否能够独立地出一份期末试卷以考查学生的学业水平,并在此基础上作命题分析?基于此,本章在对国内外相关研究进行梳理和分析的基础上,呈现了特殊学生语文学业评价的概况,语文学业评价的目的、内容和方式,以及培智学校考试评价的命题分析。

通过本章学习,你将了解到:

1. 特殊学生语文学业评价的进展。
2. 语文学业评价的目的、内容和方式。
3. 培智学校考试评价的内容。
4. 培智学校语文试卷命题分析的思路。

第一节 认知障碍学生的语文学业评价概述

由于当下在教学和科学研究缺少有效的评价方法和测量工具,很多适合于普通学生测量殊儿童实施,因此,很有必要为特殊学生重新建构一套学业评价体系,便于教师及时、准确地评价特殊学生的学习结果、为科学地制定教学方案和教育计划提供依据。在这一领域,国外及我国港台地区已经做出了一些有益的尝试。

一、美国加州"替代性表现评价"

1997年的《残疾人个别教育法案》(Individuals with Disabilities Education Act, IDEA)修正案中第一次确定了替代性评价(又称"选择性评价")(Alternate Assessment)的概念:即适用于那些在一定的修订和辅助手段下,仍不能参加一般州级评价的学生的评价方式[①]。2002年美国颁布《不让一个孩子掉队》(No Child Left Behind, NCLB)教育法,要求包括特殊儿童在内的所有学生都必须接受其所在年级学业标准的评价,对学生成绩的严格监管和美国教育评价体系的融合起着巨大的推动作用[②]。NCLB要求替代性评价必须分别评价严重认知障碍儿童的阅读/语言、数学、科学(2007—2008学年开始)的学业水平,评价的内容和标准要建立在州学业标准的基础上,不能超出普通学生评价标准的范畴[③]。

加利福尼亚州(以下简称加州)在障碍学生的替代性评价方面发展较为完善,走在各州的前列。目前,加州教育部门主要采用加州替代性表现评价(California Alternate Performance Assessment, 简称CAPA)和加州修正性评价(California Modified Assessment, 简称CMA)两种评价方案来评价中重度障碍学生的学业成就。其中,CAPA正是联邦政府所提出的基于替代性学业成就标准的替代性评价。[④] 参与CAPA

① US Department of Education. Title I- Improving the Academic Achievement of the Disadvantaged; Final Rule. http://www2.ed.gov/legislation/FedRegister/finrule/2003-4/120903a.pdf., 2012-9-13.

② Quenemoen. R. A brief history of alternate assessments Based on Alternate Achievement Standards, http://www.cehd.umn.edu/NCEO/onlinepubs/Synthesis68/Synthesis68.pdf., 2012-9-13.

③ 于素红:《美国严重认知障碍儿童的选择性评价》,载《中国特殊教育》2010年第4期。

④ 饶宁、马红英:《美国加州选择性表现评价对我国障碍学生学业评价的启示——以CAPA中的英语评价标准为例》,载《课程教材教法》2011年第5期。

的一共有三门学科，分别是英语语言艺术、数学和科学。其中英语语言艺术包括五个等级水平。学生参加的等级水平的评价由其所在的年级决定，但“水平一”例外。“水平一”被指定在学生的个别化教育计划(IEP)中使用，而且所有二到十一年级的学生都要参加“水平一”的评价。每个水平的评价均由八个操作任务组成。[①] 这些评价标准来源于加州学业内容标准，与普通教育课程对应。

(一) 适用对象

个别化教育计划(Individualized Education Program，简称 IEP)小组决定障碍学生如何参与到标准测试和报告项目(Standardized testing and reporting program，简称 STAR)中。如果决定让学生参加 CAPA 的评价，个别化教育小组就有义务决定该生是参加指定年级的 CAPA 水平测验还是 CAPA 水平一测验。这些信息应当包含在学生的 IEP 中，在 IEP 中指定为某个年级水平的学生必须参加 CAPA 水平一测验或是该指定年级的 CAPA 水平测验。[②] 这种替代性评价主要适用于有严重认知障碍的学生，而并不针对某一具体障碍类型的学生。只要学生在认知方面的障碍达到一定的严重程度，他们就可以参加替代性评价。

(二) 评价内容及评分标准

CAPA 中的英语语言艺术评价标准由五级水平组成，每级水平包括八个操作任务，涉及阅读、写作和听说三大部分。蓝皮书中首先会注明水平级别以及适用的年级，然后会标出评价的部分、任务数以及所占测验的百分比。紧接着会根据年级确定要评价的具体内容，再依据内容制定操作任务。

CAPA“水平一”用于评价二到十一年级的学生。处于“水平一”的是那些具有最严重认知障碍的学生，他们的认知能力相当于两岁左右的幼儿。由于“水平一”用于这些具有最严重认知障碍学生的评价，所以评价标准对应的是普通教育中的学前班到二年级的内容标准。这些学生的 IEP 中必须指定使用 CAPA“水平一”的标准来进行评价。“水平二”用于评价二三年级的学生，“水平三”用于评价四五年级的学生，“水平四”用于评价六七八年级的学生，而“水平五”则用于评价九至十一年级的学生。下面以“水平一”中阅读部分幼儿园和一年级的评价标准为范例，简要介绍下内容标准构成，如表 10-1[③]：

表 10-1

加利福尼亚内容标准举例

阅读　任务数：4 个　所占测验百分比：50%	
幼儿园	
1.0	单词分析、语言流畅性以及系统的词汇发展：学生认识字母、单词以及相应的读音。能够运用这些知识阅读一些简单句子

① California Department of Education. CAPA Blueprints Preface. http://www・cde・ca・gov/ta/tg/sr/capapreface. Asp, 2006-07-12.

② California Department of Education. CAPA Participation Criteria. http://www・cde・ca・gov/ta/tg/sr/participcritria・asp, 2011-05-13.

③ California Department of Education. California Alternate Performance Assessment: English-language Arts Blueprint. http://www・cde・ca・gov/ta/tg/sr/capablueprints・asp, 2006-07-18.

续 表

1.3 关于印刷品的概念:知道印刷品材料能够提供信息 二、识别周围环境中的标记、符号以及提示 三、将符号或提示与相应的活动或功能对应起来
一年级
1.0 单词分析、语言流畅性以及系统的词汇发展: 学生了解阅读的基本特点。他们选择相应的字符并且知道如何利用拼读法、划分音节以及单词部分来将它们转换为口语。他们能够利用这种知识来完成流利的朗读和默读
1.17 词汇和概念发展:对与年级水平相当的单词进行分类(例如:具体的动物、食物和玩具的集合) ● 通过功能认识物体 ● 通过功能或者用途对物体进行分类 ● 通过功能认识图片
2.0 阅读理解:学生能够阅读和理解与年级水平相当的材料。他们能够在需要时利用一系列阅读理解策略(比如:提出并回答关键问题、进行预测、对比不同来源的信息)。幼儿园到八年级的推荐读物中所选择的文学作品代表了学生阅读材料的性质和难度。除了日常的课内阅读之外,到四年级之前学生每年要阅读 50 万字,其中包括与年级水平相当的具有代表性的记叙文和说明文(例如:古典和现代的文学作品、杂志、报纸以及网络信息)。学生从一年级开始向这个目标迈进
2.3 理解和分析与年级水平相当的文章:遵循一步的书面指导 (二)识别一个物体、一幅图像、一条单词线索

从表 10-1 中可以看到,内容标准先有一个总目标(如单词分析、语言流畅性以及系统的词汇发展)以及对它的描述,然后总目标下又设有子目标(词汇和概念发展)以及相应的描述,在子目标下列出了对应的操作任务。随着年级的上升评价的内容标准的任务数增多、难度加大。表格中呈现的是关于阅读的内容评价标准,其他未呈现的如写作、听说在蓝皮书中也是这样进行评价的。

(三)评价系统的特点

综上所述,CAPA 的评价手册中有直接的内容评价标准,并且是来源于普通课程内容标准,两者是相互渗透、相互融合。也就是说,CAPA 英语语言艺术课程评价的手册与普通课程标准息息相关,有利于促进学生的融合。其次,内容标准中还有总目标、子目标和具体操作任务的描述,既可以让教师具体地实施评价,也可以让他们明白评价的原因。

二、英国语言课程 P 量表(P scales①)

英国是全纳教育发展最早的国家之一,大多数有特殊教育需要的学生都能进入普

① Qualifications and Curriculum Authority. The Pscales. http://orderline.education.gov.uk/gempdf/1445950839/P_scales_level%20descriptors_2009.pdf, 2012-9-13.

通学校与普通学生一起接受教育，但普通学校的课程评价体系对这些学生并不适用。因此，1999年，英国开始在主流学校和特殊学校使用P量表(P scales)，作为评价有特殊教育需要学生学业状况的依据。

P量表是一套概述学业成就的表现标准，适用于无法达到国家课程标准水平一的学生。该量表和国家课程标准的操作一致，是拟合度最优的指标。英国语言课程P量表包含听、说、读、写四大模块。

(一) 适用对象

英国法律规定所有中小学学生都要参加国家课程的学习。学习分四个阶段，K1(5—7岁)、K2(7—11岁)、K3(11—14岁)、K4(14—16岁)。学生要在每年的年末和每个阶段末参加统一的国家课程评价。每门学科的评价都有十个等级，最低标准为水平一，因此，5—16岁的学生若无法达到水平一，则采用P量表对其进行学业表现描述评价(performance descriptors)。这一评价工具适用于在主流学校学习的特殊学生，也适用于特殊学校的学生。P量表可以帮助教师了解学生的进步情况，为教育教学目标的制定提供依据。

(二) 评价内容及评分标准

国家课程的每个学科都设置了P量表，以便对有特殊学生进行学业评价。P量表的评价包括八个等级的能力标准，P1—P8。其中，最低水平为P1，最高水平为P8。P1—P3反映了个体的一般能力水平，Pl包括P1i和P1ii两个水平，P2包括P2i和P2ii两个水平，P3包括P3i和P3ii两个水平。这三个水平在英语学科上的标准是相同的，它描述了儿童发展过程中幼年早期的行为反应，特别适用于那些重度和多重障碍的儿童。另外，P4—P8五个水平听、说、读、写也有各自的标准。以"说"(speaking)的标准为例：

P4 学生能够重复、模仿10至50个单词；能够用简单的词语、标志或符号表示熟悉的事物，例如能用如"杯子、饼干"等词语表示具体事物；能用词语表达自己的感受，如会说"好"、"不好"表达自己的观点。

P5 学生能够综合两个关键观点或概念。他们能够用简单的词、标志或符号向他人传递有意义的信息，例如"妈妈走了"或"更多的饮料"。他们试图在不改变说过的话来修复误解。例如，通过重复这个词，用不同的语调或表情。学生使用的词量应多于50个。

P6 学生能够用自己最喜欢的方式发起谈话；能够用简单的疑问句获得信息，例如用"猫吗?"表示是疑问；能够使用介词，如"在里面"或"在上面"；能够正确地使用代词，如"我"、"它"。

P7 学生能够使用至少三个关键词构成的短语、标志或符号向他人表达简单的想法、时间或故事。例如"我想要大的巧克力松饼"，并能够正确地使用常用的复数形式。能够用不同的时态、简单的短语和陈述句来交流自己的经验。例如"我们周五去看电影"。能够很好地与他人一对一互动，或者在小团队中合作讨论或扮演戏剧。能够借用连词来推理未被问及的新信息。

P8 无论在小组还是一对一交流时，能够用四个以上的词、标志或符号交流各自的经验，或是讲述熟悉的故事。能够用大量的词汇向听众传达信息。会用所有格，比如“约翰的外套”。能够自信地参与戏剧的表演。能够运用连词把想法联系起来。

(三) 评价人员

在学校中，任课教师、辅助教师、服务支持教师和特殊教育需要协调员都可以用P量表来评价学生的学习情况。每年的年末或每个阶段末，教师要将日常教学中收集的信息进行综合分析，并根据P量表各水平的要求作出相应的判断。

(四) 评价标准的特点

该评价具有如下特点：第一，该评价是以严重障碍学生评价对象来考查其学业成就，促进了全纳教育的深入开展，并提供了可操作的评价范式；第二，评价以学生日常教学中的表现为主，强调的是情境下的真实性评价，使评价更立体、鲜活，有益于全面了解学生学业的发展水平，并根据实际情况合理地制定教育教学计划，以促进学生的进步；第三，评价灵活性强，没有僵化的条文的限制，在自然环境下进行，实施的自由度高。

但该评价在实施中也发现了一些问题，特别是该评价极易受到评价者主观认识的影响，所以使用该评价对教师素质有更高的要求。因目前教师的整体素质不高，故影响了评价的有效性。

三、日本的语文学业评价

2008年2月15日，日本文部科学省公布了中小学教学标准的《学习指导要领》继续贯彻学生“生存能力”的培养，加强学生知识获取和活用的能力，提高学生的学习欲望。小学从2011年开始，初中从2012年春季开始全面实施新大纲。①

(一) 适用对象

《学习指导要领》适用于日本所有中小学、高中以及特别支援学校中的普通学生、特殊教育需要学生的学习评价及指导。日本针对残障学生的学习评价方法与正常学生的评价相同，只是特别提出，评价特殊学生时必须充分了解学生的障碍类型和程度，并采用各种方法仔细把握每一个学生的学习状况。②

(二) 评价内容及评分标准③

《学习指导要领》中关于日本语学业评价主要包括对国语的兴趣与态度，听说能力，写作能力，阅读能力，语言知识、理解、技能等几个方面的内容。日本九年义务教育阶段国语学习的内容标准见表10-2。

---

① 高峡:《日本的教育评价管窥》，载《课程・教材・教法》，2001年第7期。

② 国立教育政策研究所:《評価規準の作成，評価方法等の工夫改善　のための参考資料(小学校　国語)》，http://www.nier.go.jp/kaihatsu/hyouka/shou/01_sho_kokugo.pdf，2012年9月13日访问。

③ 同上。

表 10－2

日本九年义务教育阶段国语学习的内容标准

	对国语兴趣、态度	听说能力	写作能力	阅读能力	语言知识、理解、技能
基本要求	对国语感兴趣，尊重国语，积极表达，理解，互相交流	丰富自己的想法，根据对方的目的，有逻辑地说话，正确听取	丰富自己的想法，根据对方的目的，有逻辑地写文章	根据目的读取信息，热爱读书	理解并熟练掌握表达及理解能力的基础：——发音，文字，语句，文章。文字书写正确，整洁
第一及第二学年	主动提高用语交流的能力，同时加深对国语的关心，主动听说，写字，享受读书的乐趣	根据对象，考虑事情的顺序、叙述身边的事情。听他人讲话时不漏听重要信息，根据话题互相交谈	有序表达体验过的事或想象的事，能书写简单句子与文章	能意识到文章中事情的顺序与场面，发挥想象阅读书籍或文章	接触传统语言文化，理解词的特征与规则，并能使用；书写正确、端正
第三及第四学年	主动提高用国语交流的能力，同时加深对国语的关心，用心听、说、写，广泛阅读	根据对象与目的，针对调查事件有逻辑地叙述； 听他人讲话时，注意话题的中心，随着话题的深入进行交流	根据对象与目的写作，写文章时注意段落之间的相互关系，表达自己所调查到的东西	根据目的阅读，读书或读文章时要把握中心内容，关注段落之间的相互关系	接触传统语言文化，理解词的特征与规则，并能使用； 同时，写字时注意文字的形状与大小、排列等
第五及第六学年	主动提高用国语交流的能力，同时加深对国语的关心； 听、说、写恰当，通过读书扩展并加深思维	根据目的与意图，针对自己的想法与希望表达的东西，准确叙述； 听他人讲话时能抓住对方的意图，有计划地交流	根据对象与目的写作，写文章时注意文章整体的构成效果，能表达自己的想法	根据目的阅读，读书或读文章时能够把握内容和要旨	接触传统语言文化，理解词的特征与规则，并能使用；写字时留意写字的目的，笔和纸张的关系，以及点画间的联系

上表包括了日本小学六个学年、三个阶段日语课程中各领域的学习要求。每一个年级都有学习重点，而评价针对学习重点。而表 10－3 则展示了日本小学五年级某一单元学习内容的分配和评价情况。

表 10-3 日本小学五年级日语课程某单元学习内容与评价列表

单元名	对国语兴趣和态度			听说能力		写作能力						阅读能力							语言知识、理解、技能					
	听说	写	读	说话	听力	交谈	对象，目的	取材	构成	事实与意见	简单，详细	推敲，评价	阅读积极性	要旨的把握	人物的心情	情景描写	事实与意见	阅读信息的活用	汉字读音	汉字的书写	由来，特质	送假名	假名的使用	文章构成的理解
播报新闻	☆			☆	□																			
环境保护作战		☆	□						☆	□		□		□				☆						☆
走进书本世界			☆										☆		□				□				□	

注：表中的符号“□”是该活动中评价的事项，而“☆”则表示重点评价的事项①。

上表可见，表中采用符号标记标注了学习重点和评价重点，评价时只要列出所需评价的具体项目，就可以进行评价。该评价采用三级评分，用 ABC 记录评分结果。具体评价指标为：

A：十分满意，B：基本满意，C：还需努力。分值记作：$A=3$，$B=2$，$C=1$。

（三）评价人员

对学生学习结果的评价实施者主要是教师。教师一般会对照文部省颁发的《学习指导要领》中的学习目标，对学习结果进行评价。而学业评价的方法由过去的团体测试为主逐渐转向个性化的评价。另外，有越来越多的教师为了获得更多有关学生的信息以调整教学，开始更关注对发展性目标和情意目标的评价。在方法上，教师比较多地采

① 国立教育政策研究所：《第２編各教科及び特別活動における評価規準の作成，評価方法の工夫改善》，http://www.nier.go.jp/kaihatsu/houkoku/sskokugo.pdf. P15-16，2012 年 9 月 13 日访问。

用现场观察、行为记录等定性评价的方法。① 学习能力调查通常由国立教育研究所实施，一般采用标准化学习能力测验和问卷调查相结合的方式进行。

除了完成《学习指导要领》各项内容的评价，教师在日常教学中还要根据需要采取多种方法进行评价。如论文体测验、实验操作观察、生活观察、不同情境的反应测验、自我评价、问卷、面试、事例研究等。

(四) 评价特点

日本针对特殊学生语言能力水平的评价呈现以下特点：与普通学生的学业评价紧密结合；评价以《学习指导要领》为标准；成绩评定采用多种评价方式结合，注重绝对评价；评价注重全面性，而不是偏重"学科成绩"。

四、我国香港地区针对特殊学生的语文学业评价

近几年来，香港教育署联合社会力量开展了针对特殊学生的语文学业评价研究，并先后发布了针对特殊学校的语文学业评价指导意见和针对融合教育环境中的特殊学生的语文学业评价指导意见。其中，香港课程发展议会于 2011 年编订发布了《为智力障碍学生而设的中国语文课程补充指引(小一至中三)》②，并建议各特殊学校采用。在该文件中明确提出了在学习的过程中，教师可因应需要，在不同时间安排适当的评价活动，以了解学生的学习表现，以及评价学生的语文学习表现应按学习范畴、评价项目的性质、评价的目的而兼用进展性与总结性评价等课程评价原则。

(一) 评价方法

在评价方法上，香港地区提出应将进展性评价和总结性评价两种评价模式结合使用。进展性评价主要是通过日常观察展开，例如教师可以观察学生在课堂上的表现，如回应提问、提出问题、口头及非语言表达、纸笔练习、报告、讨论、汇报、自评及互评，以及课堂外与人的沟通、在各类学习活动及生活流程中的语言运用等，收集、分析和评价学生的学习成效和进展。另外，学校可于某一或数个学习单元或单位完结时，设计特定的活动或情境，以评价学生掌握有关学习重点的程度，然后根据为学生编订的短期、中期及长期目标进行总结性的评价及报告。专题研习、学习历程档案亦可被用作总结性评价。

(二) 评价内容与形式

为说明如何使用评价，《为智力障碍学生而设的中国语文课程补充指引(小一至中三)咨询稿)》(2011)列出了"中国语文"课程各学习范畴评价内容与形式的举例，具体内容见表 10-4。

---

① 高峡：《日本的教育评价管窥》，载《课程・教材・教法》，2001 年第 7 期。

② 香港课程发展议会编订：《为智力障碍学生而设的中国语文课程补充指引(小一至中三)》，. http://www.edb.gov.hk/sc/curriculum-development/major-level-of-edu/special-educational-needs/basic-edu-curriculum/index.html.1，2013 年 2 月 2 日访问。

表 10-4 中国语文各学习范畴评价内容及形式举例[1]

学习范畴	学习/评价活动内容及形式举隅
听、说、读、写	对周围环境、人物的反应、选图、图卡排序、回应提问、口头描述、身体动作、填写表格及工作纸、默书、写字练习、口头或书面造句、作文、学习软件、日常交谈、情境交谈、问卷设计等
文学	朗读、背诵、选图、绘图、参与有关活动或课堂练习的投入感和主动性、阅读文学作品的兴趣、借阅图书的次数等
中华文化	对有关资料的兴趣和认识程度、对国家及民族的认同感等
品德情感	在角色扮演中的代人和表达、对问卷调查的回应、对故事人物做法的观感、平日生活的实际表现等
思维	回应的素质、说话及写作的内容和结构、课堂练习、平日生活流程、校外活动中的解难能力等
语文自学	自行阅读的习惯、运用语文学习工具的能力、运用已有知识猜测字词的能力、校外活动时主动理解周围环境的文字/图示信息或对有关信息感兴趣和好奇等

上表可见，评价需根据不同的内容采用不同的方法。例如，有些评价项目可以通过日常观察、情景表演、回应调查等方式进行评价，而有些项目则需要通过实物操作、书写、朗读等方式评价。至于具体到某个学生、某个项目需要采用什么方法，学校和教师还需考虑学生的学习风格、水平等选择最佳方式。

（三）本评价工具的特点

本评价工具具有以下一些特点：①本工具有一至十二级语文能力水平的表现描述，教师可以据此判断学生的语文能力水平在哪个级别上；②教师可用此工具作延续评价，并据此制定下一个阶段的语文能力发展目标；③本工具虽然与香港中央语文课程挂钩，但本工具的资料并不代表课程内容，故不能用于评价学生每日或每周的语文学习结果，只能够评价学生一个年度或一个学期语文能力的进展情况；④每个评价项目均配有一个活动，教师可以通过该活动了解学生在各学习领域内的能力水平，评判学生的学科优势和不足。

五、我国台湾地区针对特殊学生语文能力的评价

台湾教育主管部门于 2011 年颁布了《国民中小学九年一贯课程纲要语文学习领域（国语文）》（以下简称“国语文纲要”），这是一份针对台湾地区中小学国民语文教育的纲领性文件。考虑到特殊学生可能安置在特殊学校，也可能安置在普通学校，因此“国语文纲要”，不但要适用于普通学生，也需考虑特殊学生。

尽管“国语文纲要”经过简单调整能够适用于部分视力、听力、肢体障碍等学生，但对认知障碍和多重障碍学生依然不适合。为促进特殊教育与普通教育的衔接，为认知

① 香港课程发展议会编订:《为智力障碍学生而设的中国语文课程补充指引(小一至中三)》。

障碍、自闭症和多重障碍等特殊学生参与融合教育活动提供保障，台湾地区教育主管部门同时组织特殊教育专家和部分特殊学校教师在“国语文纲要”基础上，对“国民中小学九年一贯课程”之“国语文纲要”进行了较大的调整与修订，最终形成了专门用以认知轻微缺损学生和认知严重缺损学生的国民教育阶段“国语文纲要”。

(一)《国民中小学九年一贯课程纲要语文学习领域(国语文)》的评价

“国语文纲要”评价包括评价目的、内容、方式、各领域评价要点和评价调整建议等。

(1) 评价目的

学习评价目的在于提升学生学习效能，宜包含形成性及总结性评价二部分，前者用于平常教学活动中随机检覈，以发现和诊断问题；后者采定期实施，旨在评定学习成效。

(2) 评价对象

虽然“国语文纲要”是针对普通学生的课程纲要，但也同时适用于视力、听力、肢体障碍、资赋优异等部分特殊学生，但认知障碍、自闭症和多重障碍学生不能适应该课程纲要的评价。

(3) 评价内容

国语文评价内容包括：注音符号运用、聆听、说话、识字与写字、阅读、写作等六大项目，并参照各阶段基本能力指标，依不同阶段及学年，评价其基本学力。针对六大学习领域的评价具体要求为[①]：

① 注音符号运用能力：除评价其正确认念、正确拼音外，更宜结合听说、阅读、写作等基本学力表现，配合阶段能力指标，着重综合应用能力之评价。

② 聆听能力：就态度、主题掌握、内容摘记、理解程度、记忆能力等要点进行评价。

③ 说话能力：就仪态、内容、条理、流畅、反应、语音、音量、声调等要点进行评价。

④ 识字及构词能力：宜配合阅读及写作教学进行评价，以了解其文字理解及应用词汇之能力。

⑤ 书写能力：兼顾技能与情感，并考查正确及美观，其考查项目和内容宜根据写字基本能力标准或“语文基本能力量表”，选择适当的方法评价。

⑥ 阅读能力：检查其文字理解与语词辨析、文意理解与大意摘取、统整要点与灵活应用、内容深究与审美感受等向度，进行评价。课外读物得自第二阶段开始，列入学习评价的范围。

⑦ 写作能力：就创意、字句、取材、内容、结构、文法、修辞、标点等向度，自订量表进行评价。

(4)“国语文纲要”评价方法

因“国语文纲要”兼顾所有学生，故特别提出，评价方法的选择应兼顾公平、适切和经济等原则，尽量避免单纯使用传统的纸笔测验的方法。具体实施评价时，除纸笔测验外，可由教师配合教学采用多元评价方式，并兼顾认知、情意与技能等内容自行设计评价方式。亦可采用档案评价，将学生之学习态度、学习活动、指定作业及相关作品整理

① 台湾地区教育主管部门:《国民中小学九年一贯课程纲要语文学习领域(国语文)》,http://140.111.34.54/EJE/content.aspx?site_content_sn=15326,2013年3月2日访问。

为个人档案,作为评价的参考,列入评价标准。

(5) 针对特殊学生"国语文纲要"评价的调整

特殊学生的障碍类别和障碍程度各不相同,包括纯感官障碍(如视障、听障、语障)、纯肢体障碍(如上肢障碍、下肢障碍、脑瘫)、认知功能轻度缺损(如智障、学障、情障、自闭症)、认知功能严重缺损(如智障或智障伴随其他障碍)和资赋优异(如资优或资优伴随其他障碍)等各类学生,因此针对特殊学生的"国语文"评价必须视被评价学生的具体情况而定。相比较而言,感官障碍和肢体障碍学生因智力正常,故能够与普通学生一样学习全部语文知识,但有些技能(书写、说话)获得困难,故评价时只需要调整评价方式和评价时间即可;对认知障碍学生的评价需要特殊考虑,不但要调整评价方式,还需要调整评价的内容、时间等。针对此,"国语文纲要"提出了教师应根据学生的具体情况调整评价的时间、地点、方式和内容等建议。

调整评价时间:需要给予评价时间以弹性的调整,例如,教师可采用延长测量时间、分段实施评价等方式调整评价时间。

调整评价地点:采用在教室隔离角或资源教室评价的方式改变评价地点。

调整评价方式:采用口试、指认、指认答题、口头答题等。另外,评价方式不宜针对学生学习的弱势通道。评价时可依据学生需要允许其使用科技辅具或专人协助。例如,视障学生准许其使用盲用电脑或专人报读等方式协助盲生评价。

调整评价内容的方式:内容调整主要采用加深、加广、简化、减量、分解、替代、重整等方式来调整各项能力指标,再根据调整后的指标决定教学内容。例如,对资赋优异学生的评价可宜提高层次目标,并引导自我设定目标。

另外,还可对评价的题项、题量等方面进行调整,以适应特殊学生的评价。

(二) 针对认知功能缺损学生的"国语文"评价

(1) 适用对象

根据认知功能缺损程度对语文学业发展的影响,台湾地区为认知功能轻微缺损和严重缺损的不同学生分别制定了国语文课程大纲。所谓认知功能轻微缺损学生是指:轻度智力障碍、学习障碍、情绪障碍及中/高功能自闭症等学生;而认知功能严重缺损学生则是指:低功能自闭症、中重度智能障碍或中重度智能障碍伴随有感官、肢体或情绪等其他障碍之多重障碍学生①。

(2) 语文学习领域的评价

根据认知功能缺损学生的特点,评价必须强调多元化,避免单纯使用纸笔测验的方法。建议教师采用动态评价、档案评价、实作评价、生态评价、课程本位评价等方式;在考试时间上可以作延长时间,或分段考试、提供考中休息等;在试题呈现方式上应顾及学生的理解力,可考虑通过简化试题和试题指导语、减少试题数、提供答题线索或试题案例、将答案栏画上格子、允许学生翻书等;允许学生用口语、计算机输入等方式代替书写答题;考虑参与要求学生找出主要角色与情境的方式,代替要求学生了解完整的故

① 台湾地区教育主管部门:《国民教育阶段特殊教育课程纲要总纲》,http://www.ntnu.edu.tw/spc/drlusp_1/home.html,2012 年 9 月 20 日访问。

事；在学生遇到阅读挫折之前先给予学生必要协助；提供学生自我阅读检核表，以协助学生评鉴自我阅读成果；提高学生参与语文活动的程度，将学生参与语文活动的多寡作为评价的一个指标；将学生的个别化教育目标达成度作为评价依据。①②

综上所述，国内外教育者已经关注到特殊学生语文学习结果的评价研究，并就改革语文评价的内容、过程作出了一些有益的尝试。总体上看，语文评价改革呈现以下几个趋势：

第一，评价功能正在转变。由测验选拔适合教育的儿童，转向诊断教育中的问题、分析教育的条件，以学生为中心创造适合儿童的语文教育，以促进学生终身发展。

第二，评价内容和评价方式的多元化。针对特殊学生语文学业评价的多元化一方面表现在评价内容的多元化，即除了评价特殊学生的语文知识和语文技能外，更注重对学生运用语文知识解决生活问题的评价。同时，在重视学生语文知识和能力评价的同时，还关心对学生语文的学习态度、兴趣、活动参与度、学习习惯等进行评价。与之相关，语文评价方式也有一定转变。尽量减少纯粹的纸笔测验，而注重在自然情境中全面评价学生的语文表现。

第三，参与评价人员多元化。除语文教师评价学生的语文能力外，其他相关学科教师、治疗师、家长等也逐渐参与到语文评价体系中，这使语文学业评价更为客观、全面。

第四，评价以课程标准为依据。以课程标准为评价依据是学业评价发展的一个趋势。以课程标准为依据的学业评价因为评价的是课程标准所规定的内容标准，所以是教师教授过的，也是学生学习过的，这样的学业评价对每个学生更公平，故有利于反映特殊学生的学习成效。例如美国的替代性评价、日本的《学习指导要领》、香港地区的《为智力障碍学生而设的中国语文课程补充指引（小一至中三）》和台湾地区的《国民中小学九年一贯课程纲要语文学习领域（国语文）》基本都是参照课程标准的语文学业评价。

第二节　语文学业评价的目的、内容与方式

语文课程不仅承担着向学生传授祖国语言文字教育的任务，还承担着传递民族文化、提升审美情趣教育的任务。面对复杂的教育目标应重点评价哪些内容、可以采用哪些评价方式值得研究。

一、语文学业评价的目的

语文学业评价是语文课程实施的重要组成部分。语文课程评价的根本目的是为了促进学生学习，改善教师教学。③ 即通过评价确认学生在语言学习实践中的进步和所达到的语言学业水平，诊断学生在语言学习中存在的问题，促进学生的反思和发展。

① 台湾地区教育主管部门：《认知功能轻微缺损学生实施普通教育课程领域之调整应用手册(国中小阶段)》，
② http://www.ntnu.edu.tw/spc/drlusp_1/high.html，2012年9月20日访问。
③ 中华人民共和国教育部制定：《义务教育语文课程标准(2011年版)》，http://www.moe.gov.cn/publicfiles/business/htmlfiles/moe/moe_711/201201/xxgk_129268.html.2012年3月12日访问。

评价学生语文学业，不仅能够为教师反思教学内容和教学过程、调整教学计划提供依据，还能够为学生提供语文学习的机会，了解自己在语文学科中的优势和困难。最终通过调整教师的“教”和学生的“学”促进学生听、说、读、写能力的发展。

二、语文学业评价的内容

语文教育的核心是教授语言符号，旨在通过科学的语言文字教育，使学习者掌握听、说、读、写的技能，促进社会交流。从语文教育的目标出发，语文学业评价基本上是围绕语文的核心知识与听、说、读、写技能展开。例如，美国教育进展评价中的语言课程评价和英国英语语言课程评价都是围绕语音、字词、阅读、写作四个领域展开。以美国俄亥俄州学业成就中“英语语言艺术”的内容标准评价为例，评价内容包括音素意识，字词识别，词汇获得、阅读过程、阅读应用、写作过程、应用、习惯、研究课题以及口头交流等知识和能力。而欧洲语言委员会颁布的《欧洲语言教学与评估框架性共同标准》(Common European Framework of Reference for Languages，CEFR)，也是从听、说、读、写四个方面来评价学生的语言文字知识和运用水平。

与欧美等国家的语文学业评价相同，汉语语文学业评价的核心同样是语音、文字、标点符号、词汇、语法、修辞、文体、文学等语言文字知识和听、说、读、写语文技能。例如，《上海市培智学校实用语文课程指导纲要》中要求语文课程需从识字与写字、阅读、写话与习作、口语交际、非言语交际、综合实践六个方面进行学业评价，我国香港地区的语文学业评价包括聆听、说话、阅读、书写及写作等四个领域；台湾地区的语文学习评价范围则包括：注音符号运用、聆听、说话、识字与写字、阅读、写作等六大项目。[①] 基本都涵盖了听、说、读、写四个方面的评价内容。

我国非常重视对公民进行语言文字教育，尤其重视在基础教育阶段开展规范的语文教育。在教育部颁布的《义务教育语文课程标准》(2011 年版)的学段目标与内容中，明确规定了义务教育阶段语文课程应该向学生提供“识字与写字”(汉语拼音)、“阅读”、“写作”(第一学段为“写话”，第二、第三学段为“习作”)“口语交际”[②]等教育的内容。因此语文学业评价的内容应该是汉字、汉语拼音、阅读、写作、口语交际中的核心知识和技能。

三、语文学业评价的方式

语文教育包括汉字识写、阅读、写作、口语会话等内容，针对不同的内容应有不同的评价方式。传统的语文学业评价方式主要是纸笔测验，这种测验对评价语文基础知识和阅读、写作等内容具有较好的效果，但很难评价学生的听说能力。随着语文课程的改革，近几年语文学业的评价方式也在逐渐发生变化。

近些年，我国也一直在致力于学业评价方式的改革。大陆地区在语文学业评价方

---

① 台湾地区教育主管部门：《国民中小学九年一贯课程纲要语文学习领域(国语文)》。http://www.ntnu.edu.tw/spc/drlusp_1/high.html，2012 年 9 月 20 日访问。

② 中华人民共和国教育部制定：《义务教育语文课程标准(2011 年版)》。http://www.moe.gov.cn/publicfiles/business/htmlfiles/moe/moe_711/201201/xxgk_129268.html.2012 年 3 月 12 日访问。

式上提出：除纸笔测试以外，还可以采用日常行为观察与记录、问卷调查、面谈讨论、成长记录袋①、课堂问答、写作、练习、座谈、典型实例分析、辩论、演讲、展示、表演等多种评价方式②。台湾地区教育主管部门在指导学校开展语文课程评价时建议，语文评价不应只用纸笔测验而应使用多元评价的方法，例如纸笔测验、口头答题、电脑作答、指认、手势作答等方法都是比较好的。另外，在测验实施时，还可以提供更实际的测验帮助，如延长考试时间、分段考试、提供考中休息、放大字体、减少试题、简化/添加或改变题目用词、请他人朗读或解释试题、提供答题线索或相关范围、允许翻书找答案等方法来帮助学生完成评价。③ 而香港地区课程发展议会也建议语文教师应采用观察学生课堂表现、在生活中语言运用的情况来评价学生的语文学习结果。例如，可以用回应提问、提出问题、口头及非语言表达、纸笔练习、报告、讨论、汇报、自评及互评，以及课堂外与人的沟通、在各类学习活动及生活流程中的语言运用等，收集、分析和评价学生的学习成效和进展。④

四、培智学校语文学业评价建议⑤

（一）评价总建议

教学评价是实用语文教学的重要组成部分。实用语文教学的评价不以甄别、选拔为目的，因此应着重于对学生日常生活语文技能运用的评价。

实用语文教学评价既要以教学目标为依据，更要考虑学生的起点；评价的标准应该是多元的，将过程评价与结果评价、定性评价与定量评价、主观评价与客观评价结合运用。

实用语文教学评价的方法也应多样化，可采用观察、师生谈话、与家长或其他学科任课教师交流、练习、考试等多种途径实现。此中最有价值的应该是观察评价、谈话评价，以及与家长或任课教师交流评价三种质性评价。

实用语文教学评价的内容应该是多方面的，包括语文基本知识、民族文化认同，以及听、说、读、写技能的运用等。

评价时段应为日常性、阶段性和总结性三种，以日常性和阶段性评价为主，总结性评价为参考。日常性评价和阶段性评价均可采用师生谈话、场景教学和学生的作业，以及与家长或其他任课老师对学生语文能力的评价为主，也可采用定量评价。建议日常性评价和阶段性评价与学生的个别化教育相结合。总结性评价主要采用练习、考试等方法，重在考查学生的语文基础知识、书面语使用的基本技能，以及在特定环境、主题下的口语表达能力。

定性评价的主要呈现形式是评语，可采用对学生语文能力运用的观察描述，配以档

---

① 中华人民共和国教育部制定：《义务教育语文课程标准（2011 年版）》。http://www.moe.gov.cn/publicfiles/business/htmlfiles/moe/moe_711/201201/xxgk_129268.html. 2012 年 3 月 12 日访问。

② 上海市教育委员会：《上海市中小学语文课程标准（试行稿）》，上海教育出版社 2004 年版，第 30 页。

③ 台湾地区教育主管部门：《特殊教育课程大纲试行运作实施计划》，http://www.ntnu.edu.tw/spc/drlusp_1/home.html，2013 年 2 月 18 日访问。

④ 香港课程发展议会编订：《为智力障碍学生而设的中国语文课程补充指引（小一至中三）》。

⑤ 上海市教育委员会：《上海市辅读学校实用语文课程指导纲要（征求意见稿）》，上海教育出版社 2011 年版，第 14—16 页。

案和案例分析;定量评价的主要呈现形式可采用百分制或等级制。

实用语文教学评价要实施弹性评价,即根据不同学生设计不同的评价目标、评价内容和评价标准。不同的评价标准都应从知识与技能、过程与方法、情感态度和价值观三个维度进行分析,并作出综合性评价。

实用语文课程评价应抓住关键,突出重点,进行全面、综合的评价,努力体现评价的补偿、功能、发展、生态的导向作用。

(二)各内容评价建议

1. 识字与写字

汉语拼音评价,应将重点放在学生对不同读音的听辨、借助汉语拼音矫正构音障碍,以及认读拼音的能力上,但对学习拼音能力较强的学生还可考查其借助拼音认读汉字和用音序法查检字典的能力。

识字评价,主要评价学生的识字兴趣和习惯、对汉字字形的辨认能力和识字方法的掌握程度,以及书写能力。

低年级段识字和写字能力的评价可采用课堂观察、作业评价等方法,也可采用定量评价的方法。而中、高年级段则应主要采用教师的日常观察与课堂观察、作业相结合,同时采用阶段测试或总结性评价的方法。

识字能力可从认清字形、读准字音、掌握基本意和具体运用等四个方面进行考查。低学段要求识字150个,掌握其中100个汉字;中学段要求累计识字500—800个,掌握其中400个汉字;高学段要求累计识字600—1 100个,掌握其中500—700个汉字。

要重视对学生书写能力和书写习惯的评价。书写能力评价包括握笔姿势、手腕与手指协调、手眼协调、纸笔接触时力量的控制等方面;书写习惯评价则包括书写态度、坐姿、书写技巧、熟练程度、整洁程度等。

2. 阅读

阅读评价要综合考查学生的阅读兴趣、方法和理解力,同时考查学生阅读的感受和体验。但评价重点是理解的程度。

阅读评价的重点是应用文的阅读,主要考查学生对常用应用文各要点的理解、掌握和文体的总体把握情况。

朗读评价重在评价学生能否用普通话朗读,考查可从语音的准确性、语调的自然性和音量的适切性等方面进行,而对朗读中的情感表现和文体把握一般不作为重要的考查指标。

对个别阅读能力强的学生还可考查其默读和略读能力。

根据各学段的目标,具体考查学生在词句理解、文意把握和作品感受等几方面的表现。

3. 写话与习作

习作评价要根据各学段的具体目标综合考查学生的写话能力和习作能力的发展状况。

写话能力评价可采用对作业、测验和档案评价的方式。习作评价主要评价应用文的习作,但对确有能力写简单记叙文或说明文的学生可对其写记叙文或说明文的能力进行评价。评价方法可采用作业、测验和档案评价等方式。

写话和习作的评定最好采用评语的方式,以具体描写学生的能力。

教师应做好对作文的点评教学。作文评价的重点是学生选词、用句的规范性和应用文格式的正确性等；对个别写作能力强的学生的记叙文，除对其选词用句规范性的评价外，还应对其习作的表现性、逻辑性等内容作出适当的评价。

4. 口语交际

应对学生说话过程中音量、语速、语调进行评价。

建议对学生倾听能力、专注能力和表达能力作统筹评价。

评价学生的口语交际能力，应着重考查学生对交际对象、交际环境、交际态度的把握程度，以及选词用句的准确程度。

评价必须在具体的交际情境中进行，以评价学生的真实交际能力。

对学生口语交际能力的评价应以档案评价为主，即通过教师、家长对学生的观察和共同描述以确定学生的口语交际能力。

5. 非言语交际

非言语交际能力的评价分为理解和表达两个侧面，评价方式应以日常观察评价为主，宜使用档案袋评价的方式。

6. 综合实践

综合实践的评价应着重考查学生在社会生活中对语文知识的运用情况，即考查学生能否将语文知识转化为语文技能，以及语文知识和能力综合运用的表现。

在评价时，要充分注意学生在解决生活问题中所使用的语文知识和技能。

第三节 培智学校语文考试评价实践

如何评价培智学校学生的学业成效，是目前培智学校课程改革的一项重要内容。实用语文教学评价的方法应多样化，可采用观察、师生谈话、与家长或其他学科任课教师交流、练习、考试等多种途径。此中最有价值的是观察评价、谈话评价，以及与家长或任课教师交流评价三种质性评价。虽然这样，但是目前纸笔测验在培智学校课程评价中依然占主导地位。由于考试评价是决定考试信度和效度的重要因素，因此作为课改的风向标，考试评价广受关注。尽管如此，但在实践中，教师不会考试评价、命题不科学，以及新课改理念和精神很不吻合，不得不引起我们的注意。① 有研究者提出：一份好的评价不仅能促进学生综合素质的发展，能有效地增强所学知识、技能与生活的联系，为促进培智学校课程改革提供依据，同时也能发现儿童的潜力，能密切教师和家长之间的合作②，因此培智学校的教师、家长对考试成绩也非常看重。但是如何从操作的角度具体落实评价改革的思想，就很有探讨的必要。③

本小节拟通过分析八所培智学校中学段的语文期末试卷（包括 A 层学生的考卷和 B 层学生的考卷，共计 52 份。每份试卷的题数为 3—13 题，平均试题为 7 题），对培智学

① 林小叶：《小学语文命题评价的问题与对策》，载《素质教育论坛》2009 第 7 期。
② 王淑琴：《对弱智儿童评价方法的初步研究》，载《现代特殊教育》2003 年第 1 期。
③ 倪文锦、谢锡金主编：《新编语文课程与教学论》，华东师大出版社 2006 年版，第 271—272 页。

校语文考试评价总体情况进行分析，以了解培智学校语文课程考试评价的内容、方式、试卷结构，所考查学生的语文学习能力是否均衡。

一、培智学校中学段语文考试知识点的分布

我们以《上海市辅读学校实用语文课程纲要》分类模块为基础，首先将八所学校中学段语文试卷中考查到的知识点进行归类，分析哪些知识点进入学业评价的考察库，并计算试卷中各模块内容的出现率。另外，通过与《实用语文课程纲要》比较，就能清晰地看出还有哪些知识点未进入学业考察的范畴。分析结果见表 10－5。

表 10－5

试卷知识点不同分类的数目、百分比及试题列举

知识点	题量	(百分比%)	具体试题题干列举
汉语拼音	21	(5.6)	跟读下列音节
识字	80	(21.2)	认读下列词语
写字	133	(35.2)	在田字格里写生字
图片阅读	15	(4.0)	看图说词语
朗读	20	(5.3)	读读古诗《草》
课文阅读	57	(15.1)	根据课文内容填空
应用文场景阅读	2	(0.5)	根据老师出示的课程表，按要求写出课程名称
抄写与仿写	45	(11.9)	给老师写一张贺卡

上表显示，在培智学校中学校语文试卷所考查的知识点中，“识字”与“写字”所占比重最大，其次是“课文阅读”和“抄写与仿写”，对“应用文与场景阅读”等知识点的考查很少，而像“阅读习惯”等需要通过日常观察评价的内容则并未出现在学业评价的考查库中。

二、培智学校中学段语文考试的题型分析

分析八所培智学校中学段语文考试试卷发现，教师所采用的评价方式比较丰富。根据考察点教师采用了听写、判断、配合、填充、诵读等笔试、口试多种题型。这些考查方式基本能够考察出学生对相关知识的掌握情况。例如题目 1 是一道配合题，其训练形式为连线题。

题目 1：连线

圆溜溜的	表演
精彩的	眼睛
细细的	钢丝
温顺的	老虎

培智学校中学段语文试卷中题型不同分类的数目、百分比分析结果见下表。

表 10－6

试卷中题型不同分类的数目、百分比及具体试题列举

题型		题量	(百分比%)	试题题干列举
判断题	选择式	11	(2.9)	出示句子，选择正确的词语
选择题	最佳式	3	(0.8)	这一段话主要告诉我们的是(　　)
	正答式	15	(4.0)	选择正确的词语，在词语下面划线
配合题	连线式	27	(7.2)	看图连线
	配伍式	1	(0.27)	选词(口头)填空
	排列式	9	(2.4)	按蓖麻生长的过程排列句子顺序
	归类式	5	(1.3)	把不是同一类的词语划出
填充题	单一式	72	(19.22)	根据课文内容填空
	综合式	23	(6.14)	把句子补充完整
	填表式	2	(0.53)	填表
简答题	直答式	76	(20.35)	照样子，写出带有下列部首的字，再组成词语
	书写式	45	(12.05)	抄写词语
默字测验		16	(4.3)	听写词语
诵读测验		67	(17.9)	背诵古诗
作文题		2	(0.5)	写请假条

上表显示：培智学校中学段的语文试卷中题型多样，其中，以简答题和填充题题型的使用率最高，分别占全部试题的32.4%和25.9%，而作文题很少出现，仅占全部试题的0.5%。从此可见，与普通学校语文考试不同，培智学校很少用“作文”方式来考查学生的语文运用能力。试卷中的判断题也仅采用选择式判断题，而选择题主要采用了最佳式、正答式等；配合题中有连线式、配伍式、排列式和归类式几种，其中连线式使用最多；填充题中有单一式、综合式和填表式三种，但单一式填充题居多；简答题则采用了直答式和书写式，且两种形式的题目量相当。默字测验和诵读测验形式在培智学校语文测验中使用率也比较高。

三、语文各知识点的考查方式

在分析试卷构成时，每道试题都可以从知识点和题型两个维度进行分析，即每道试题都有其考查的具体知识点和对应的题型。针对各知识点的考查方式，作者也做了交叉表频数统计分析，结果见下表。

表 10－7

各知识点考查方式的统计结果

	判断题	选择题	配合题	填充题	简答题	默字测验	诵读测验	作文题
汉语拼音	0	0	0	10	2	0	9	0
识字	7	16	24	6	3	0	24	0
写字	0	0	4	30	86	13	0	0

续 表

	判断题	选择题	配合题	填充题	简答题	默字测验	诵读测验	作文题
图片阅读	0	0	4	4	4	0	3	0
朗读	0	0	0	0	0	0	20	0
课文阅读	3	2	4	29	5	3	11	0
场景阅读	0	0	0	2	0	0	0	0
抄写仿写	1	0	5	16	21	0	0	2

上表显示：考查各部分知识点时使用了相同或不同的题型。其中，考查"识字"内容采用的题型最多，有判断题（如题 2）、选择题、配合题（如题 3）、填充题、简答题以及诵读测验；"朗读"和"应用文与场景阅读"的考查方式则很单一，分别都只有一种。以简答题形式出现的知识点有抄写、仿写词或句子，而出现率很少的"应用文与场景阅读"则采用的是填充题的形式。

题 2：选择正确的词语。

1. 奶奶戴了一副老花（眼睛、眼镜）。
   我们要爱护自己的（眼睛、眼镜）。
2. （原来、因为）起床晚了，所以我迟到了。
   星期天一早，我家的门铃就响了，（原来、因为）是王阿姨来了。

题 3：把相同结构的字连线。

忙　　道　　他　　牢　　打　　居　　笔　　区

上下结构　　左右结构　　半包围结构

四、试卷中试题对学生语文学习能力的考查比例

作者将试题所考查的学习能力依据布鲁姆的目标分类学分为"识记"、"理解"、"应用"、"分析"、"综合"五层，如题 4 所考查的学生语文学习能力水平为"识记"。

题 4：认读下列词语。

冬天　活动　大风　一片　一点儿　黑板　队员

明天　一直　说话　专心　衣服　鞋袜　洗脚　吃饭

每个学习能力水平在试卷中所占比例是根据每个学习能力水平所占的题目数乘以

相应的分值来计算的(即题数＊分值),描述性统计结果显示,在试卷所有的题目中,“识记”和“应用”这两类技能目标所占的题目数最多,“分析”和“综合”所占的题目数则很少。虽然单道“综合”题表面上的分值是最高的,但是因为它在试卷中出现的频率极小,因此总体来说考查“综合”技能的试题在整张试卷中所占分值还是最少,试卷中考查的技能最多的仍是“识记”和“应用”。此外,作者对每道体现不同目标技能的试题所占分值做了方差分析,结果显示这些不同类试题计分时有极其显著的差异,例如某份试卷中一道“识记”题分值为 8 分,一道“应用题”分值则为 16 分。

分析试卷时可以了解到不同的知识点所考查的学生语文学习能力水平的比例分布是不均匀的,即有一定的偏向,结果见下表。

表 10－8

各知识点考查的学习能力水平的统计结果

		知识点(纲要)							
		汉语拼音	识字	写字	图片阅读	朗读	课文阅读	应用文与场景阅读	抄写与仿写
学习能力水平	识记	21	39	68	0	20	37	0	8
	理解	0	20	0	10	0	6	0	1
	应用	0	21	65	5	0	5	2	32
	分析	0	0	0	0	0	9	0	2
	综合	0	0	0	0	0	0	0	2

上表显示:有关汉语拼音的试题所考查的学习能力水平都是“识记”,在第一层;识字和写字所考查的学习能力水平在前三层,大多为“识记”和“综合”;阅读这部分内容的目标水平要求为前四层,但是“理解”、“应用”和“分析”仍占少数;考查写作的试题则体现了各个目标水平,表现了学生对语文知识和技能“应用”能力。

尽管培智学校的语文学业评价不是为了甄别和选拔,但要了解学生的语文学习成效,学校通常还是会采用语文测验的方式。可是培智学校语文评价的内容、方式、时间等与普通学校有所区别,教师应该熟悉评价内容、观察学生在生活中的语言文字运用情况。除此之外,因为培智学校学生身心发展的特殊性,所以在测验时教师还应该关注学生的身体和情绪状况。测验尽量安排在学生身体舒适、情绪稳定的时候进行。测验中教师的指导用语要尽量简洁、清晰,以保证学生在理解题意的前提下完成测验,必要时可以给予解题提示。最后,测验时教师的鼓励很重要。

➢本章小结

学业评价是与教学过程同等重要的过程,它能够提供强有力的信息、洞察力和指导,并最终促进学生的学业发展。因此,学业评价是提高教育水平的有效杠杆。学业评价不仅可以推动教育改革,还能够提高特殊教育教师的教育教学能力,激发教师不断改进教学的主动性和创造性,促进教师自我价值的实现和提升。

目前,我国在特殊教育领域缺少有效的教学评价方法和测量工具,很多适合于普通儿童的测量无法对特殊儿童实施。在这一领域，国外及港台地区的经验值得我们借鉴，如美国加州的“替代性表现评价”、英国语言课程P量表、日本的“学习指导要领”、香港地区“为智力障碍学生而设的中国语文课程补充指引(小一至中三)”、台湾地区“国民中小学九年一贯课程纲要语文学习领域(国语文)”等。

本章阐述了语文学业评价的目的、内容和方式。语文课程评价的根本目的是为了促进学生学习，改善教师教学。即通过评价确认学生在语言学习实践中的进步和所达到的语言学业水平，诊断学生在语言学习中存在的问题，促进学生的反思和发展。语文学业评价的内容应该是汉字、汉语拼音、阅读、写作、口语交际中的核心知识和技能。至于学业评价的方式，应当采用包含纸笔测验等多种评价方式。

最后，本章还对目前培智学校考试评价作了命题分析，以期为特殊教育语文教师提供研究思路。

➢讨论与探究

1. 请谈谈香港地区“为智力障碍学生而设的中国语文课程补充指引(小一至中三)”、台湾地区“国民中小学九年一贯课程纲要语文学习领域(国语文)”的相同与不同之处。

2. 作为一名(未来的)特殊教育语文教师，你会采用哪些学业评价方式，为什么？

3. 案例分析：结合本章内容，分析案例。

请你依据本章试卷分析的思路，结合《上海市辅读学校实用语文课程指导纲要》中的教学目标、内容与要求，对这份考卷的题型、考查内容和考查方式作简要分析。

五年级第二学期实用语文期终试卷(A卷)

班级：________ 姓名：________ 成绩：________

一、默写/看拼音写词语。

1. měi lì　2. fā xiàn　3. cài chǎng　4. zhǔn shí
(　　)　(　　)　(　　)　(　　)

5. huí dá　6. zuò wèi　7. lǎo hǔ　8. guān zhòng
(　　)　(　　)　(　　)　(　　)

9. wǔ yán liù sè　10. huó bèng luàn tiào
(　　　　)　(　　　　)

二、用线把部首和字连起来，再把新组成的字写在(　　)里。

皿　米　　艹　人　　竹　攵

立　舟　　王　古　　苟　监

(　)(　)　(　)(　)　(　)(　)

三、把词语连成句子。

汽车　去　我们　坐　春游

____

牛背上　安全地　猫医生　坐在　过了河

____

走到　小猪　十字路口　迷路了

____

四、在括号里填上适当的词。

精彩的（　　　　）　（　　　　）的蔬菜

凶猛的（　　　　）　（　　　　）的芹菜

温顺的（　　　　）　（　　　　）的黑熊

五、阅读分析

____

很久以前，乌龟与兔子之间发生了争论，它们都说自己跑得比对方快。于是它们决定通过比赛来一决雌雄。确定了路线之后它们就开始跑了起来。

兔子一个箭步冲到了前面，并且一路领先。看到乌龟被远远抛在了后面，兔子觉得，自己应该先在树下休息一会儿，然后再继续比赛。

于是，它在树下坐了下来，并且很快睡着了。乌龟慢慢地超过了它，并且完成了整个赛程，当上了冠军。兔子醒了过来，发现自己输了。

1. 读一读，短文有________个小节，标出小节号。

2. 在短文中找到下面词的近义词，并写在括号里。

争吵——（　　　　）　竞赛——（　　　　）

3. 给短文加上题目。________

4. 乌龟和兔子赛跑，________输了。

5. 用“休息”造句

休息——______________________________

六、默写古诗《锄禾》。

____

____

____

____

____

➢拓展阅读资料

1. 董蓓菲著：《小学语文测验原理及实施方法》，山东教育出版社1997年版。

2. 郭静：《美国罗得岛州特殊学生替代性评估介绍》，载《考试周刊》2009年第43期。

3. 林素贞：《国民小学低年级国语文课程本位测量之编制报告》，载《特殊教育研究学刊》2005年第28期。

4. 于素红:《美国严重认知障碍儿童的选择性评价》,载《中国特殊教育》2010 年第 4 期。

5. 赵丽娟:《对新课程背景下小学语文命题改革的思考》,载《课堂教学评价》2006 年第 12 期。

6. 郑燕芳:《20 世纪 90 年代以来美国基础教育学生学业评价改革研究》,华南师范大学比较教育学专业 2005 年硕士学位论文。

7. Elliott, J., et al., Providing Assessment Accommodations for Students with Disabilities in State and District Assessments [R]. NCEO Policy Directions, 1997.

8. Lang, S. C., et al., Consequences of Using Testing Accommodations: Students, Teacher, and Parents Perceptions of and Reactions to Testing Accommodations [J]. Assessment for Effective Intervention, 2005,31(1):49 - 62.

9. US Department of Education. Alternate Achievement Standards for Students with the Most Significant Cognitive Disabilities. Non-Regulatory Guidance.(非管理性指南)http://www • ed • gov/policy/elsec/guid/altguidance • pdf 2005 - 12 - 25.

10. 网址:http://www.oecd.org/pisa/

http://nces.ed.gov/nationsreportcard/

http://www.nier.go.jp

第十一章

培智学校语文课堂教学设计

目前，培智学校的语文教学仍然是集体授课的形式为主。在集体教学中学生具有不同的认知方式、学习基础和生活经验，所以同一的教学内容、同一种教学方法、统一的教学速度无法适应所有学生，所以有些学生始终处在“教育不利”的地位上。根据融合教育的观点，教学中“不仅允许而且希望学生以不同的速度或不同的水平学习……使用区别化的教学方法”。[①] *如何在集体授课制的组织形式下满足不同学生独特的语文教育需求，并使学生最终达成“掌握与其生活紧密相关的语文基础知识和技能，具有初步的听、说、读、写能力”的课程目标是培智学校语文教学研究的核心问题。为了使教学活动能够满足所有学生的学习，教师必须在课前做好每一节课的教学设计。作为即将执教于培智学校语文课堂的你，是否了解培智学校语文教学设计的流程和设计内容？你是否知道如何撰写分层的语文教学目标？怎样提取语文教学的重点和难点？如何设计同一节课中不同学生的学习活动？为了帮助你尽快掌握语文教学设计的技能，本章将为你详细讲述培智学校语文教学设计的流程、要素和设计方法，并在理论讲述的基础上通过案例分析，使你对培智学校的语文教学设计有一个感性的认识。*

① [美]Lu Hamill，Garoline Everington 著，昝飞译，《中重度障碍学生的教学——在全纳性教育环境中的应用》，华东师范大学出版社 2005 年版，第 102 页。

通过本章学习,你将了解到:

1. 在教学设计前应该重点思考哪些问题。
2. 培智学校语文教学设计的流程。
3. 培智学校语文教学设计的内容。
4. 培智学校语文课堂教学设计的案例及其分析。

第一节 语文课堂教学设计的内容

所谓教学设计“是面向教学系统、解决教学问题所做的一种特殊的设计活动”。① 是在教师分析相关教学因素的基础上作出的一个教学执行程序。教学设计的目的“是要确保没有一个人是‘教育上的不利者’,并确保所有学生都有最充分地运用自己的潜能的平等机会”。②

一、为什么要做课堂教学的设计

培智学校班级里除了不同障碍程度的智力障碍学生外,还有脑瘫、多重残疾、无语症以及自闭症等各类障碍学生,且障碍程度多有不同。由于学生的学习基础、学习风格以及对语文知识技能的教育需求各不相同,所以在同一时空的环境下运用同样的学习材料和教学方法有一部分学生无法适应,甚至很难参与学习活动。为了有效利用课堂环境为每一位学生提供富有针对性的语文教学,教师就必须在课前对教学对象、教学内容和教学资源进行分析,并在此基础上设计教学程序、选用教学方法。教学实践证明,好的教学设计可以为教学活动提供科学的行动纲领,但是如果你不重视教学设计,你不但不会达成预期的教学目标,还有可能在你的课堂上出现学生随意走动、插话,或有些学生还会出现在整节教学过程中“耳不听讲、眼不看书、嘴不跟读、手不书写”的情况。这样混乱的课堂环境、这种没有学生参与的课堂教学,不但严重影响教学秩序、影响教学目标的达成,而且还会导致学生不良学习习惯和行为习惯的产生。如果教师在教学前熟悉自己的学生、如果教师在教学前就已经考虑到每个细小教学环节的安排,如果教师在每一个教学环节中都能有效地刺激学生学习的欲望、并控制好学生的学习行为和教学的进程,就一定能够按照教师的预定计划有序地开展教学活动、实现教学目标。

鉴于教学设计是在教师充分思考、分析相关教学因素基础上作出的一个教学执行

① 章伟民编著:《教学设计基础》,电子工业出版社 1998 年版,第 1 页。
② [美]R·M·加涅、L·J·布里格斯、W·W·韦杰著:《教学设计原理》,皮连生、庞维国译,华东师范大学出版社 1999 年版,第 5 页。

程序，因此培智学校的语文教师必须在教学对如何有效教学进行思考和分析。根据基层学校教师的经验和专家的建议，语文教师在教学计划阶段应该重点思考以下几个问题：

(1) 本节课我将要为学生提供哪些学习内容？这些学习内容是否是学生最需要的？

(2) 我的教学对象是谁？他们的学习起点在哪？有什么生活经验？他们的学习风格是什么，显著的差异又是什么？

(3) 学生需要多长时间掌握这些内容？能够掌握到什么程度？

(4) 我如何分解这些教学内容，用几个课时教授这些内容？

(5) 本节课中学生的学习目标是什么？

(6) 我有哪些教学资源？我能为学生提供哪些学习条件？还有哪些困难？

(7) 怎样的教学方法最能刺激学生学习的兴趣？

(8) 怎样证明我的教学目标正在达成？

通过课前思考和分析就能够清晰地知道每一位学生参与本次学习活动的基础条件和困难，能够了解开展本次教学活动的资源和困难，清楚每一位学生通过本次教学活动所能获得的知识和技能，根据分析的结果安排促进学生学习的教学程序。实际上，教师思考和回应这些问题的过程正是教学设计的过程。

二、怎么设计语文课堂教学方案

当确定了教学内容和学习材料之后，教师就应该着手对影响本次教学活动的所有因素进行分析，并据此设计教学实施方案。教学方案设计的操作程序如下。

(一) 分析课题内容

对课题内容的分析包括对“教学内容”的分析和对“教学材料”的分析。虽然目前已经有了针对轻度和中重度智力障碍学生的《语文课程标准》，也出版了一些培智学校用语文教科书，但是由于培智学校学生的特殊性，故没有一套教科书能满足所有智力障碍等学生的教育需求。因此教师有时会选用其他教学资源中的学习材料。但是如何确定教学内容？所用教学材料是否符合培智学校学生的语文教育基础和教育需求，教师要对此进行分析。因为确定课题内容和学习材料将决定教学设计的方向。

1. 分析教学内容

作为培智学校的语文教师应该了解国家或地方教育行政部门颁布的《培智学校语文课程标准》等语文课程文件。熟悉培智学校语文课程的总目标、阶段目标，以及不同模块、不同阶段的“教学内容和教学要求”。分析教学内容就是要将选定的教学内容与课程标准中相关阶段、相关模块、相关内容和要求进行比较，并在比较基础上对该内容的适切性作出判断。

分析教学内容时可以从两个方面展开。其一，从教材中提取哪些适合本次教学的语文知识和技能；其二，有哪些价值观、审美观的教育点。所以，分析教学内容就是要找到适合本次语文教学活动的具体知识点和思想教育点。

案例

课文《掩耳盗铃》教学内容分析

为了培养学生阅读理解寓言故事的能力，提升学生的语文素养，我为五年级学生选择了一篇普校二年级的课文《寓言二则·掩耳盗铃》。

语文课程不但要讲授语言文字知识，使学生形成听、说、读、写的能力，还要在语文教学中坚持正确的价值趋向的教育。《上海市辅读学校实用语文课程指导纲要》也指出："选文的内容要努力体现中华民族的人文精神……使学生在学习语文知识和技能的同时，形成正确的价值观、人生观"。"掩耳盗铃"是一则在口语交际中经常听到的成语，智力障碍学生应该理解这个成语。但是，平常我们用讲道理的方式让智力障碍学生去理解"自欺欺人"的抽象意思十分困难，如果借助寓言故事去理解什么是"掩耳盗铃"，什么是"自欺欺人"也就容易多了。通过这则寓言故事要告诉学生，不要以为在生活中我们掩盖住我们做的错事就以为别人真不知道。如果我们做错了事情就要用于承认、及时改正，而不要做"掩耳盗铃"的事情。"掩耳盗铃"的故事对规范学生的行为，不做"自欺欺人"的事情有较好的教育作用。

案例简评：上述教学内容的分析更倾向于价值观的教育。因为智力障碍学生的认知水平有限、是非观较差，所以语文课程在进行语言文字教育的同时，还要利用儿歌、故事等文学作品对学生进行世界观、人生观、价值观的教育。生活中也有个别智力障碍学生做了错事，因为怕被老师批评，故意掩盖错误，或不承认错误的情况。赵老师希望利用这则寓言故事教育智力障碍学生，如果做了错事就应该承认，并做到"知错就改"而不要故意掩盖错误。

2. 分析教材

分析教材与分析教学内容有交叉。由于培智学校的教材来源比较杂，所以要求教师对教材来源、教材内容以及选择相关教学材料的理由等作出分析。

(1) 说清教学材料(教材)来源。因为不同的教材有各自的编写体例，有各自不同的知识安排序列，如果教师在选择教材时没有弄清楚不同教材的编写特点、知识安排的序列和知识的呈现方式等问题，而盲目使用新教材，很可能出现在教学中有些知识点被重复讲授，而有些基础知识却没有机会教授的问题；也有可能出现有些基础知识学生还没有学就开始讲授后续的知识等问题。所以，在教学设计时教师务必要说明教材来源，并说明你所选用的教材的知识点是否在你常用教材中已经讲授过。

(2) 明确所选定的教学内容属于哪个领域的知识或技能。因教学内容选自不同的教材，所以需要对所选择的内容是哪个领域的知识或技能进行分析。例如，教授怎样写"请假条"，教师应该明确该内容属于"应用文写作"而非"阅读"的领域，教师应该围绕写"请假条"的知识和技能展开教学。当然，"写作"与"阅读"密不可分，尽管写"请假条"的教学过程可能会涉及阅读"请假条"，但是本次教学的重心依然应该落在"写请假条"上。

(3) 最后，教师还需要简要说明选择该教学内容的目的是什么。

案例一则

课文《拔河》教材分析

课文《拔河》选自全日制培智学校语文教科书第10册第10课的内容。这是一篇生动的记叙文。课文描写了五(1)班和五(2)班学生在操场上拔河的具体过程和结果。课文按照事件发生、发展的顺序，生动地描述了整个比赛过程。

首先，作者用"生龙活虎"和"精神抖擞"两个成语描写了拔河比赛双方队员的精神面貌；然后用"哨子一响，比赛双方的同学……"一句将比赛的紧张气氛逐渐展开，并通过赛场上选手的动作和观看同学的呼喊把比赛气氛推向高潮；最后描述了五(1)班同学如何团结、协作，战胜对手。课文虽然短小，但作者完整地叙写了拔河比赛的全过程，并借助拔河比赛讲明了团结合作的作用。

本班级为八年级学生。这是一个即将离校进入社会的智力障碍群体。进入社会，"合作"意识和合作技能非常重要。但是，我们班级中的学生均为独生子女，而且家庭状况良好，备受家长呵护，因此他们的合作互助意识相对比较淡漠。根据《培智学校课程设置实验方案》"使智力残疾学生具有初步的爱国主义、集体主义精神"的培养目标，我选择了这篇课文。希望通过对这篇课文的学习，除了让学生理解"生龙活虎"和"精神抖擞"的成语意思、学习根据时间顺序记叙一件事情的记叙方法外，还希望通过阅读这篇课文以期让学生理解"合作共事"的意义和作用，并帮助学生建立"合作意识"，为他们融入社会生活做准备。

案例简评：上述教材的分析交代了教材的来源、并对课文的内容进行了分析，最后教师说明了选择这篇课文开展教学的缘由。教师通过本教材内容让学生了解按照时间顺序叙事的方式，同时学习常用的两个成语。利用这篇课文选取这些知识点进行教学符合培智学校高年级学生阅读理解的教学要求。另外，教师还用大量笔墨说明了选用这篇课文的缘由，表现出该教师对即将毕业的培智学校学生沟通意识、合作意识养成教育的期望。

(二) 分析学情

1. 学情分析的内容

当确定了课题内容后，教师需要对参与本次教学活动的学生情况进行分析，了解学生的学习基础和学习特征，以提供恰当的教学目标、选择有效的教学方法、组织适合学生学习特点的教学活动，促进学生掌握所学的知识。学情分析包括：学生学习本课题内容的已有知识和能力基础，包括优势能力和障碍。

(1) 学情分析的目的：教师对参与本次教学活动所有学生的学业基础(已经具备的知识基础和能力基础)进行分析，就能够有针对性地设定教学的总目标和分层目标。学情分析不是简单地说明参与本次教学活动学生的性别、障碍类型、障碍程度、认知水平和沟通能力，而是要分析清楚每位学生参与本次学习活动的基础，因为这是设计教学目标和教学重点难点的依据。

（2）学情分析中的一些问题：目前，学情分析普遍存在着学情分析空泛的问题。教师在分析学情时仅仅是列出了参与本次学习的：人数、性别、障碍类型、障碍程度、认知水平等，但缺乏对学生学习本节课的知识、技能有哪些基础，学生学习风格是怎样的等更为重要的分析。由于分析不到位，所以教师对应该设计哪些教学目标、使用哪些教学方法等依然不清楚。

案例二则

"学情"分析案例一

> **课文《我们的学校》学情分析**
>
> 本班是5年级。我们班共有8位学生，男生5名、女生3名；其中2人为自闭症学生，沟通困难，不听指令；4人患有脑瘫，存在肢体残疾，其中1位学生能独立行走，2位学生只能借助工具行走，另1位学生需依靠轮椅或他人的帮助行走；2位学生为单纯的智力障碍。班级中，有1位学生为轻度智力障碍，愿意沟通，能够理解所学习的内容；有5位学生为中度智力障碍，他们在认知、理解等方面存在一定的障碍，但对简单的内容有一定的理解能力；2位学生为重度智力障碍，尽管不理解上课的意义，但听从指令，能够跟说、跟读，能用词语回应简单的问题。

案例简评：该学情分析主要存在两个问题：(1)学情分析过于粗泛。虽然教师列出了八名学生的残疾类型、残疾程度、沟通情况，但是对学生参与本次语文教学活动的基础知识和技能缺少交代；(2)用词不够准确，虽然教师交代了某类学生的学习基础，但是用词模糊。例如"在认知、理解等方面存在一定的障碍，但对简单内容有一定的理解能力"。其中的"一定"该如何界定，而"认知和理解存在障碍"是培智学校所有学生的共性特征，而非某类学生的特征。这种学情分析和描述方式，是看不出该班学生在学习课文《我们的学校》时已经具备怎样的基础知识和基本能力的，更无法知道这些学生具有怎样的认读写基础。

"学情"分析案例二

> **课文《拔河》学情分析**
>
> 1. 总体情况：本班共有学生13名，轻度智力障碍学生2名；中度智力障碍

学生6名(其中2名学生同时伴有语言障碍),重度智力障碍(同时伴有语言障碍)1名,多重障碍(智障+听障)2名,自闭症儿童2名。障碍程度与类型的不同导致儿童的认知水平差异很大。其中5名学生思维能力较强,乐于交流,参与意识较强,且具有一定的解决问题的能力。另2名自闭症儿童及4名智力损伤较严重的儿童,主动参与教学活动的能力比较差,且只能理解简单直观的事物;不能主动回答,只能复述他人语言。2名听障儿童因听力损失较严重,因此主要依赖文字理解,但有一定的识字量,书面练习能力较强。学生们的想象力和创造力普遍缺乏。

就学习兴趣与习惯看,班级中2/3的学生喜欢上语文课,特别喜欢多媒体教学形式。而且该班级中有些学生有课前阅读课文的习惯,所以一些生字、新词在上课前已经学会。但另外一些学生识字不多、阅读理解能力差,所以只对描写小动物的短文或儿歌有兴趣;且不会预习;还有少数学生不喜欢上语文课、课上参与度不高,需要教师不断提醒才能听讲。

2. 语文能力:阅读能力涉及多方面知识或能力。学生的相关知识、技能如下:

(1) 识字能力:9名学生有一定的识字能力,能运用构字规律或借助上下文认识生字。

(2) 阅读理解能力:有5名学生有一定的阅读理解能力,甚至能理解常用成语和含义较深的句子,能理解课文的主要内容,并能在他人帮助下讲述课文大意;2名听障生主要靠文字理解文义,4名学生能理解课文中反映生活情景的常用句,能理解反映日常生活的课文大意,1名严重自闭症学生理解困难。

(3) 朗读能力:有7名学生具有较好的朗读能力,基本做到流利地朗读、并具有默读的能力;有3名学生能够在教师或同伴的伴读下朗读或跟读,并需要指读,其独立朗读常出现漏字、加字、读破句等现象;2名听障学生不能朗读长句,但可朗读短句;1名较严重的自闭症儿童不能主动参与学习,只能在教师一再示范下仿说词语或短句。

案例简评:该课教师对课堂上的13名学生作了非常细致的分析和描述。该教师先总体分析了13名学生的认知水平、障碍情况、学习本学科的兴趣和习惯等,然后详尽地分析了不同学生在“识字”、“阅读理解”和“朗读”等各方面的具体能力。包括哪些学生在“识字”上已经掌握了哪些识字技巧;不同学生达到不同的“理解”和“朗读”的水平等。由于教师对学生参与本次学习活动的相关能力(阅读、识字和朗读等能力)有了比较深入的分析,所以教师一定能够科学、有针对性地制定适合不同学生学习的目标。

(三) 制定教学目标

按照系统论观点,教学目标不是零散的学习任务,而是一个系统的学习目标。制定教学目标应该是教师在对教学内容、教材和学情分析基础上提出的课时目标(教学目标)。教学目标不但能够提示教师“教”什么,还能告诉学生“学”什么,也是评价教学任务是否完成的依据。所以教师必须重视对课堂教学目标的分析和确定。

1. 制定课程目标的依据

要使教学目标制定得科学、有据,教师应该熟悉专门针对智力障碍学生的语文教育的课程文件。例如教师可以从《全日制弱智学校(班)语文教学大纲(征求意见稿)》找到不同年级轻度智力障碍学生的语文教学目标和要求,同样教师可以从《上海市辅读学校实用语文课程纲要》中找到不同年级段中重度智力障碍学生的语文教学目标和要求。因为这些语文课程文件设定了培智学校语文课程的总目标、阶段目标和各领域的知识点、达成要求,并阐明了学生通过学习应该掌握的具体的语文知识和技能,所以教师以这些课程文件不但能够引导教师选择恰当的教学内容,还能够指导教师制定科学的教学目标,故教师应该以此作为制定课堂目标的依据。但是,这些课程文件所列的课程目标仅仅是"纲要"式的,是对该学科教学内容和教学要求的宏观表述,所以有些目标无法作为教学目标。因此,还需要教师在理解课程文件的基础上,将"纲要"式课程目标细化为可供课堂教学使用的具体行为目标。

2. 制定教学目标的步骤

(1) 分析教材。指教师在选定教学材料后,需首先对教学材料进行分析,在分析的基础上找出可以教授的知识点或技能点;然后与相关"课程纲要"、"课程标准"等相关课程文件中所列的教学内容、教学要求进行比较,初步确定符合教学进程、符合学生学习基础的教学目标。

(2) 确定学生达成教学目标的基础条件。当初步确定教学目标后,教师需要分析学生达成这些教学目标的条件。教师要重点分析:学生有怎样的先期知识和技能,学生在学习时有怎样的感官偏好,学生在学习理解课文内容时有哪些可资利用的生活经历和经验等等。只有确定学生能够达成预设教学目标时,才能确定这些教学目标对学生参与本节课的学习是有效的。

(3) 确定用以描述学生达成教学目标的具体行为动词。当教学目标确定后,教师还需用可以观察到学生行为变化的具体动词去阐述行为变化的结果。例如"朗读课文第一段。"

(4) 确定学生达成目标的具体要求,即确定具体目标达成的标准。例如"朗读课文第一段,不指读、无错误"。

3. "语文教学目标常用行为动词"举例

北京大学的《教育技术参考手册》中列出了部分用以描述语文教学目标的一些常用行为动词,可供教师陈述教学目标时选用。

(1) 知识:①了解层面,会写、读准、认识、学习、学会、把握、了解、写下、熟记;②理解层面,理解、展示、扩展、使用、分析、区分、判断、获得、表现、扩大、拓展;③应用层面,评价、掌握、运用、懂得、联系上下文。

(2) 技能:①技能层面,讲述、表达、阅读、复述、朗诵、写出、倾听、观察、朗读;②独立操作层面,推想、揣摩、想象、转述、讲述、选择、扩写、续写、改写、发现、借助、捕捉、提取、收集、修改。

(3) 过程与方法:感受、尝试、体会、参加、发表意见、提出问题、讨论、积累、体验、策划、分享、合作、探讨、沟通、组织。

(4) 情感、态度与价值观:喜欢、有……愿望、体会、乐于、敢于、抵制、有兴趣、欣赏、感受、愿意、体味、尊重、理解(某人)、辨别、品味、关心、养成、领悟。

4. 陈述目标的基本结构

陈述目标的结构要规范。因为完成目标的主体是学生，所以教学目标预测的是学生在参与、体验教学活动后的结果。所以不再使用“使学生……”、“培养学生……”等陈述目标的用语。而代之以“行为动词＋宾语”的格式陈述教学目标，如有必要，可以在目标陈述的基本格式上扩展要求、标准等相关目标要素。

① 行为—结果：背诵—儿歌第一段。

② 行为—结果—标准：背诵—儿歌第一段—无错误。

③ 条件—行为—结果：在五分钟里—背诵—儿歌第一段。

④ 条件—行为—结果—标准：在五分钟里—背诵—儿歌第一段—无错误。

另外，陈述目标时，不需要出现主语。因为达成教学目标的对象默认为学生，所以即便不出现主语，看教学目标的人一样知道是谁要完成改教学目标。

5. 在设计语文教学目标中一些值得注意的几点

(1) 设计课时目标应该以课程总目标和单元目标为依据，以保证教学目标的整体性。

(2) 陈述目标的用词应该是清楚而不含糊的，除了可以参考教育学专家提出的陈述目标的方法外，还可以参考《课程标准》的陈述方式。

(3) 所设定的每个目标应该是能够操作、便于考核的。

(4) 教师应该在对学生的学习基础充分分析的基础上设定分层目标，以体现培智学校学生学习语文课程的差异。

(5) 所设定的教学目标要有一定的灵活性。因学生的学习基础和学习能力存在差异，故课堂教学目标设计必须具有一定的灵活性。

(6) 在设定目标的同时考虑教学途径和教学方法，不要设置空目标。

(7) 一节课不应设定过多目标，通常以三个目标为宜。

(8) 依据从低级到高级的语文能力发展顺序设计目标。即B、C组学生的目标难度水平应低于A组学生。为此，教师应认真钻研《课程标准》等课文文件，区分出哪些目标是本课程最低限度的要求，哪些是基本要求，哪些是提高的要求。教师在对教学要求和学情深入分析的基础上，制定出灵活而富有弹性的、适合更多学生达成的课堂教学目标。

案例二则

“教学目标”分析案例一

课文《蔬菜》的教学目标：（阅读理解）

A组：1. 将“茄子、白菜、南瓜”三种蔬菜名称、拼音与实物、图片进行配对。

2. 掌握词语：茄子、白菜、南瓜。

3. 能说句子：“××是蔬菜。”

B组：将“茄子、白菜、南瓜”的图片与实物配对。

C组：能按老师的指令完成“拿”和“放”以及“开、盖”盒盖的动作，并模仿发音。

案例简评:但从该教师所列的语文教学目标看,看不出本节语文课到底要给学生哪些语文知识和技能。教师所列的大部分目标更像是常识课(认知课)的教学目标。因为教师并不清楚本节课到底要学生学会哪些语文知识、形成怎样语文技能,所以目标陈述不清楚。例如:(1)教学目标中"掌握词语"具体所指的行为结果不明确。"掌握词语"是指会认读还是会认读并且会写、会用该词语?如果单纯是指会"认读"不如使用"认读词语……"目标更清楚。(2)B、C组学生"图片"与"实物"配对的目标不是语文教学目标,而是常识或精细动作训练课的教学目标。如果将B组的目标改成"看图片认读茄子、白菜、南瓜等词语,并能跟读句子",将C组的目标改成"看图认读词语:茄子、白菜、南瓜,并模仿发X、X音"就是语文课程的目标了。

"教学目标分析"案例二

课文《春雨的色彩》的教学目标:(识字课)

A组:1. 能正确认读汉字"红、绿"。
2. 能说出"红、绿"的字形结构、部首、笔顺、笔画。
3. 能按笔顺在田字格中正确书写"红、绿"。
4. 能正确朗读短语:"桃花红了"、"草地绿了",并理解短语的具体意思。

B组:1. 能正确认读汉字"红、绿"。
2. 能分析"红、绿"两字的结构,并说出它们的偏旁是什么。
3. 能在田字格中书写"红"字,描写"绿"字。
4. 能朗读短语:"桃花红了"、"草地绿了"。

C组:1. 能跟读汉字"红、绿"。
2. 能描红偏旁"纟"。
3. 能跟读短语"桃花红了"、"草地绿了"。

案例简评:(1)该教师所设定的识字目标简明、清晰;(2)A、B、C各组别间的目标分层清楚,难度水平逐渐降低;(3)所有目标均能够在教学过程中清晰地被落实,而且便于评价。

(四) 提取教学的重难点

1. 相关概念

(1) 教学重点:是指特殊学校语文学科中大多数学生应该掌握的、最为基础的语文知识和技能。

(2) 教学难点:是指在教学过程中学生不易理解的语文知识,或不易掌握的语文技能,也就是教学中需要重点突破的具体内容。

虽然教学重点与教学难点间的关系非常密切,有些教学内容既是难点又是重点,但教学难点不一定就是教学重点,在教学设计时教师应该分清重点和难点。

2. 重难点的提取

(1) 教师应该在充分分析教学内容和教学目标的基础上设定教学的重点。

(2) 在确定教学重难点时要充分考虑学生的年龄、学业基础和生活经验。

(3) 语文教学的重难点:抽象的概念、远离学生生活的教学内容、学生从未体验或少有机会体验的情绪与情感、复杂的学习程序和难以操作的技能。

案例一则

"教学重点、难点"分析案例

> **课文《药品说明书》的教学重、难点(阅读理解)**
>
> 教学重点:正确理解药品说明书中"药品名称、服用量、服用方法、不良反应"等关键信息。
>
> 教学难点:理解贮藏、皮疹、可自行恢复、性状等词语的确切含义。

该教师在教授《药品说明书》时,将说明书中的关键信息作为教学重点,说明阅读理解"药品说明书"的核心是知道吃药要做到"对症下药",不能随便吃药。另外,还要知道吃药的剂量、服用的方法以及可能会出现怎样的不良反应。而在阅读理解《药品说明书》时,学生最难理解的是"贮藏、皮疹、可自行恢复、性状"等词语。因为这些词语均为专门术语,在一般的生活中很少使用,所以准确理解这些词语是读懂《药品说明书》的一个关键。

(五) 准备教学资源

语文教学资源一般包括各种印刷材料、视听材料、课本剧剧本、课本剧道具、社区机构真实环境等。教学资源能够启发学生并有效地解释和演示课题内容。

(六) 设计教学流程

1. 语文教学过程设计

(1) 一堂完整的语文课通常由五个连续的环节构成,即复习检查、讲授新课、巩固练习、指导书写、小结与作业。其中每个教学环节都可以展开设计 2—3 个教学活动。

(2) 在设计教学流程时,不但要设计教师教的活动,还要设计学生学习的活动,特别要为不同能力的学生如何参与教学活动做出详尽的安排,以保证所有学生都能够参与到教学活动中,并都能够通过活动接近或达成教学目标。

(3) 因有些教学形式比较符合学生的学习风格或认知方式,可以以此为教学设计的基础,但是教师需明白,无论教师还是学生,在条件(环境/时间)改变的情况下,即便采用同一种方法也不一定会达到相同的教学效果。所以教师要了解各种教学方法的特点和局限,科学地选择教学方法,有机地整合各种方法。

(4) 教学流程设计案例：一节完整的语文课通常由五个连续的环节构成，即复习检查、讲授新课、巩固练习、指导书写、小结与作业。

案例一则

“汉语拼音”教学

一、复习检查

时间：5分钟左右；内容：1. 活动发音器官；2. 复习、检查与本节课内容相关的知识或技能。

二、讲授新课

时间：15分钟；内容：讲述新的知识或技能。包括：

(一) 导入

交代课题名称，集中学生注意并引起学生兴趣。可采用生动有趣的导语、游戏、实物、模型、图片、多媒体等媒介导入。

(二) 认识新的声母、韵母或音节

1. 感受新授内容：如出示卡片，或板书新授内容。
2. 教读音：示范朗读，并讲清发音要领。
3. 辨别新授声母、韵母或音节的读音或字形。
4. 反复读：个别读、集体读、轮读，个别矫正。
5. 拼读：用已学过的声母、韵母与新学声母或韵母拼读。
6. 读词：将拼读出的音节组成生活中常用的词语引导学生朗读。

三、巩固练习

时间：5分钟左右；内容：复习新授内容，新知识的迁移练习。

四、书写指导

时间：5分钟左右；内容：教学生书写所学声韵母或音节。

五、小结与作业

1. 小结：时间：2分钟；内容：简单回顾本节课内容。
2. 布置作业：时间：3分钟；内容：布置读、写练习。

2. 教学流程设计时应该注意的几个问题

(1) 教学环节设计要适当。虽然一节课可以在不同环节中设计多个教学活动，但一节课到底需设计多少个活动需要根据学生的学习风格、教学目标和教学资源而定，并非教学活动设计的越多越好，因为设计过多的教学活动不但会导致教学过程凌乱，还会因为学生不能快熟适应新的教学环节而影响教学的有效性。

(2) 环节转换衔接要平稳。教师在设计教学流程时，要考虑到上一个教学环节如何自然、平稳地转换到下一个教学环节中去。例如教师在讲解完课文后要求学生思考并回应问题时，学生便从倾听状态转变为应答状态；当阅读完贺卡，要求学生模仿写贺卡时，学生便从阅读理解状态转变为创作书写的状态。任一教学环节的改变都会导致学生行为方式的改变，而在适应新的教学要求过程中一定会有部分学生出现茫然不知所措的情况，使环节间的转换显得凌乱，为此教师必须在需要学生改变行为方式前作出必要的交代，让学生明确下一阶段的学习任务和活动方式是什么。

(3) 注重过程中的评价。当一个教学环节结束后，教师应该对每个学生参与活动的情况作出评价，使学生知道在该活动中怎样的行为方式是正确的；同时了解自己在该活动中表现如何，以明确努力的方向。例如，在学习生字后，要求学生组词、造句。在学生组词造句结束后，教师应该对学生完成练习的情况进行评价，以使学生知道自己的表现，知道怎样的组词、造句是正确的。

(七) 确定评价内容和评价方法

1. 预测教学结果

分析经过本节课，学生能够在多大程度上达成教学目标，即完成哪些目标，完成的品质如何。

2. 评价内容

评价与教学目标相关。因为教学目标是一节课中学生需要掌握的核心知识和技能，所以教学目标是教学评价的一个主要内容。而在教学过程中涉及的一些基础知识、基本技能也应该作为评价的内容之一。另外，对个别学生可能还有一些更为基础的知识、技能尚未掌握，这些知识和技能也可以作为过程评价的一个内容。

3. 评价方式

因为教学内容不同、学生的学习目标不同，所以评价方式也将不同。语文教学的评价方式既可以是口头评价，例如要求学生回答问题、朗读课文/句子、造句、复述、讲述等口头表达是口语形式的评价；而描写、抄写、默写、写作等是书面形式的评价。运用什么评价方式关键要看评价的是什么内容。但是，通常是教学目标陈述得越清楚、越完整，就越容易实施评价。

4. 评价时段

在语文课堂上，有写内容可以在教学即将结束时进行评价，例如，抄写生字、复述课文等；而有些内容可以在教学过程中随时评价，例如，朗读、扩词、造句、说关键词句等。教师不必拘泥于评价时间，应该根据教学需要确定评价的时段。

第二节　语文课堂教学设计案例分析

根据教学设计的要求，呈现一则完整的语文课堂教学案例，包括课文、教学设计和案例点评。

一、课文

看图学文

4 骆驼(luò)(tuo)和羊

骆驼很高，羊很矮(ǎi)。骆驼说："长得高好。"羊说："不对，长得矮才好呢。"骆驼说："我可以做一件事情，证明高比矮好。"羊说："我可以做一件事情，证明矮比高好。"

他俩走到一个园子旁边。园子四面有围墙，里面种了很多树，茂盛(mào shèng)的枝叶伸出墙外来。骆驼一抬头

13

就吃到了树叶。羊举起前腿，扒(bā)在墙上，脖子伸得老长，还是吃不着。骆驼说："你看，这可以证明了吧，高比矮好。"羊摇了摇头，不肯认输。

他俩又走了几步，看见围墙上有个又窄(zhǎi)又矮的门。羊大模(mú)大样地走进园子去吃草。骆驼跪(guì)下前腿，低下头往门里钻，怎么也钻不进去。羊说："你看，这可以证明了吧，矮比高好。"骆驼摇了摇头，也不肯认输。

他俩找老牛评理，老牛说："你们各有各的长处和短处。

14

只看到自己的长处，看不到自己的短处，是不对的。"

二、语文课堂教学设计案例①

(一) 教材分析

培智学校的阅读教学既包括应用文阅读，又包括优秀诗文的阅读。根据《上海市辅

① 教学设计者：上海市浦东新区辅读学校语文教师谢锦源。

读学校实用语文课程指导纲要》“选文必须关注人文性；选文必须具有科学性、可读性和典范性”的要求，我选择了寓言故事《骆驼和羊》作为阅读教学的材料。希望通过此文给予学生价值观的教育。

《骆驼和羊》是一则家喻户晓的寓言故事。该文选自《全日制培智学校语文教科书》第13册第四课。课文虽然是寓言故事，但是因为课文中人物关系简单、文章结构单一、故事性强，所以我班大部分学生能够理解课文的主要意思。从课文叙写的故事看，骆驼和羊争执的起因交代得清楚、事件发展的脉络也很清晰，课文的人物之间采用了口语体的对话形式，再加上课文生字少、学生容易阅读，所以非常符合我班学生的阅读学习。

（二）学情分析

1. 总体介绍

我们班为八年级，共有九名学生。其中轻度智力障碍学生两名，中度智力障碍学生四名，重度智力障碍学生一名，还有两名为自闭症学生。重度智力障碍学生和其中一名自闭症学生的认知水平低，生活经验不足，学习语文的基础非常差。根据学生的不同识字能力、理解文义和朗读水平、复述能力等学习基础，我将学生分成三组，各组学生学习本次教学内容的具体能力如下。

2. 各组学生的学习基础分析

（1）A组学生三人。该组的三名学生中有一名轻度智力障碍学生曾就读于普通小学，还有一名轻度智力障碍学生一直在本校就读。A组中还有一名中度智力障碍学生，但其学习基础和学习能力均比较好，所以我将之归入A组。实际上A组的三名学生的学习基础仍有差异。具体说，①从普小转来的一名学生识字量较大，约能够认识900个左右的汉字；但另外两位学生的识字量相对较小，约为700个左右。②三名学生中有一名学生能理解课文中的关键词、关键句和段落大意；另两名学生只能理解一般词句，但能够读懂与生活密切相关的短文。③该组学生能够做到正确、流利地朗读，其中一名学生还能够做到有感情地朗读，但另外两名学生朗读时缺乏语调变化，语气较平直。④该组学生中能够根据图片或板书内容复述课文的主要内容。⑤该组学生会划分自然段，但不会归纳段意。⑥A组三名学生学习习惯较好、注意力比较集中，在老师指导下有时能够辅助其他学生学习。

（2）B组学生四人。①该组学生的识字量约为300多，因识字量不足，难以自主阅读。②该组学生能在老师的讲解下理解书面语词和句，并能理解描写生活场景、事件的短文。③朗读不流畅，而且朗读时经常有添、漏字和读破句的情况，但是经反复朗读练习，他们能够朗读对话体的课文。④该组学生不能独立复述，需要在教师给予关键词、关键句的提醒才能复述。⑤该组学生在教师的辅助下能够划分自然段，但不能归纳段意。

（3）C组学生两人，一人为重度智力障碍学生，一人为自闭症儿童。①两人基本不识字，仅能认识自己的名字。②两人均无阅读能力，能理解课文中像“这里有一只猫。”“爸爸回来了！”“我爱我的妈妈！”“一天，下雨了！”等简单的句子，但不能理解整篇课文。③该组两名学生中，重度智力障碍学生虽然不能阅读，但有参与学习活动的愿望，所以有时能够安静地听一会，并也能用词语回答简单的提问；而自闭症学生则因情绪控制困难、因此课上注意力不集中，不能独自回答问题。④该组学生虽然不能独自朗读，但可以跟读词句，构音不太清楚。⑤该组学生没有划分段落的意识，也不能复述课文。

分组方式：本次教学采用了异质分组的形式。九名学生共分成三个小组。

每个小组由A组生一人＋B组生1人＋C组生一人构成，其中一个小组为A组生一人＋B组生两人。A组学生为组长（助学伙伴），参与对B、C两组学生的行为管理和学习辅助。

（三）教学设计

本内容共用三个课时。教学两课时，练习一课时。本课设计为第一教时。

1. 教学目标

A组：（1）正确、流利地朗读课文。读好骆驼、羊和老牛的话。

（2）理解课文中关键词语的含义。

（3）能读出说明寓意的句子。

（4）尝试着根据板书简要复述课文。

B组：（1）模仿骆驼、羊和老牛的对话。

（2）根据上下文理解"长处"、"短处"、"大模大样"、"各有所长"、"各有所短"、"取长补短"等词语的意思。

（3）朗读并初步理解"只看到自己的长处，看不到自己的短处，是不对的"。

C组：（1）跟读词语"跪、低、钻、抬、扒、伸"、"高比矮好"、"矮比高好"、"大模大样"、"各有所长"、"各有所短"。

（2）用动作或词语表明对"高、矮、"跪、低、抬、伸"及短语"高比矮好"、"矮比高好"、"大模大样"的理解。

（3）根据句子"一抬头就吃到了树叶"。

2. 教学重点与难点

（1）教学重点：正确理解"各有所长"、"各有所短"、"取长补短"等词语的含义。

（2）教学难点：理解课文寓意。

3. 教学准备：教材、多媒体课件、课文录音

4. 教学过程

本次教学时间为35分钟。整个教学活动由导入→整体感知全文→分段精读课文→再读全文→本课总结五个环节构成。

10. 骆驼和羊

	教师活动	学生活动
教学过程	一、猜谜语，揭示课题 1. 出示两个谜语给学生猜："年纪并不大，胡子一把，不管见到谁。开口叫妈妈。""沙漠一只船，船上两座山，远看像笔架，近看一身毡。"学生说出谜底 板书"羊"、"骆驼"	动脑筋猜谜活动 （A组阅读谜面） 揭示谜底：羊、骆驼

续 表

	教师活动	学生活动
教学过程	2. 比一比这两个动物的个头,你有什么发现吗? 板书:高　矮	观察、B组回答,A生评价B 齐读两遍课题
	3. 揭示课题。(补全课题)师:高大的骆驼和矮小的羊一起走,你想知道它们之间发生了什么事吗?这节课我们就来学习课文《骆驼和羊》,这是一个有趣的寓言故事 板书:和	听录音,初步感知全文 轻声跟读,思考问题
	二、整体感知 1. 播放课文录音 2. 轻声跟读课文	A组带领B组读、讨论
	思考三个问题: 1) 课文中有几位主人公?他们是谁? 2) 骆驼和羊为了什么事争论起来?	集体讨论:
	板书:骆驼　羊　老牛 证明(高比矮好)　(矮比高好)	A生自由表达、B生回答、C生模仿回答
	三、精读课文,指导朗读 1. 朗读第一小节 (1) 教师示范朗读(分角色朗读) (2) 学生朗读第1节 (3) 教师和A组生分角色朗读 提出朗读要求:读出骆驼和羊不同角色的声音	根据要求自由朗读/默读 (提示:骆驼高大、它的声音?羊个子小、它的声音?) 学生自由读
	2. 朗读互评 分两组朗读课文第一小节,仔细听清小伙伴有没有做到读准字音,不加字、不漏字 3. 听听骆驼和羊是怎么争论的? 4. 它们都认为自己比对方好,想想它们说话时会用什么语气? 5. 再读第一节,读出互不服气的语气。(师读叙述部分)两组比赛读、男女生分角色读	分组读第一小节
	2. 阅读第2小节 播放多媒体课件,一边看、一边想: (1) 骆驼和羊来到了一个有围墙的园子旁边。它们都想吃树上的叶子,看看谁吃着了?骆驼想羊证明了什么? (2) 从刚才的画面中,可以看出骆驼证明了高比矮好。从哪句话看出骆驼很容易就吃到了树叶,而羊是怎么做的? 小组自由读第2小节。讨论问题	看多媒体演示 A组说一说 小组轻声读 思考问题 小组轻声读第2小节 边读边找关键词、关键句
	(3) 师:课文里用了"一……就……"来说明了骆驼长得高好。大家一起来读一读 板书:一……就…… (4) 读读羊想吃树叶的句子 板书:举、扒、伸	小组读、个别读 特别注意引导C生读句子
	从羊的动作中就可以看出它费了很大劲,但吃到了没有? (5) 请学生学一学羊的动作	B组学生回答,A组生评价B生回答的对不对?C组生跟读"举、扒、伸"

续 表

	教师活动	学生活动
教学过程	(6) 师:骆驼轻松地吃到了树叶,而羊费了很大劲也没有吃到 再读第二小节,读出骆驼得意,羊不服输的语气。(抽两位同学比一比) (7) 骆驼用这个办法证明了____"高比矮好" (重播多媒体课件) 那么羊认输了吗?它又是怎么证明矮比高好的? 今天我们就讲到这,下次课,我们再看看它们谁说对了	A 生先学、B、C 生模仿。边学边说关键词句 读一读,比一比 看一看、想一想

(五) 板书设计

10. 骆驼和羊

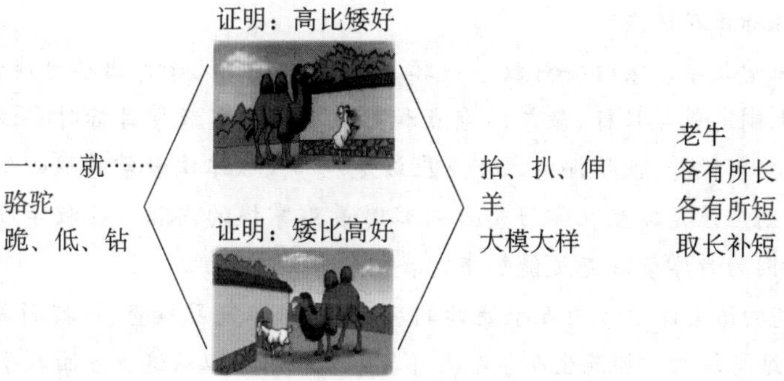

三、教学设计简评

分析上述教学设计,我们看到授课教师在课前对教材、教学内容、教学目标和学生完成本次学习任务的能力、知识基础作了较为详细的分析,并在此基础上设计了操作性的教学方案。从该设计方案的整体情况看,因教师在课前对不同学生的阅读能力有了比较充分的了解,因此在整个教学设计中始终能够针对不同组别学生的学习能力和教学目标设计学习任务及评价措施。

该设计方案符合智力障碍学生的培养目标和学习特点,体现了培智学校语文教学设计的基本特征。但该设计也有所不足。例如,教师虽然在教学过程中有对个别学生即时评价的内容,但由于在教学结束时缺乏整体的评价环节,因而影响了对教学目标总体实现度的判定。再如,因为教学环节多,教学节奏快、学生的差异大,所以教学设计中C组的一些目标没有在教学过程中得到有效落实,这是一个遗憾。

语文课堂教学设计是一个复杂的过程,其中最重要的一点就是要注意科学性。由于教学是通过引导、组织学生利用学习过程促进思维发展、改变行为方式的,因此教师设计教学方案时要具有预测性，并时刻审视计划的科学性。为使教师的教学设计科学、合理，在设计教学方案时应遵从发展性、启发性、安全性、差异性、参与性、操作性、协同教学、弹性处理等多个原则，以使教学设计真正符合学生的教育需要，符合教育教学的规律。

➢本章小结

因为在培智学校里的同一课堂上有着不同障碍类型、不同障碍程度的各类学生，所以他们很难参与同一教学活动。为了让课堂上的每一位学生都能获得有针对性的语文教学，教师就必须在课前对教学对象、教学内容和教学资源进行分析，并在此基础上设计教学程序，选用教学方法。

在教学设计时，教师应该重点分析(1)我所教授的内容是否是学生最需要的？(2)我的教学对象具有怎样的学习基础和学习风格？(3)他们需要多长时间掌握这些内容？能掌握到怎样的程度？(4)本节课中我的教学任务是什么？学生的预期的目标是什么？(5)我有哪些教学资源？(6)怎样的方法最能刺激学生的学习兴趣？(7)怎样证明我的教学目标正在达成？

在设计课堂教学方案时要对教学内容、教材、学生情况等作出尽可能详尽的分析，并在此基础上制定教学目标、教学的重点和难点。在制定教学目标时要注意目标用语的科学，目标要可操作、便于评价。重点应该是能够反映本次教学的核心知识和技能的内容，而难点则应该是学生在学习重点内容时最难掌握的内容。在教学设计时可以列明教学资源，因为教学资源充足能够丰富我们教学的手段。

一堂完整的语文课通常由五个连续的环节构成，即复习检查、讲授新课、巩固练习、指导书写、小结与作业。师范生在学习设计教学流程时可以从这五方面入手。但是，设计教学流程是要格外注意教学环节设计要适当、环节转换衔接要平稳、注重过程中的评价等。

➢讨论与探究

1. 访谈2—3名培智学校语文教师，了解一下哪些因素对教学设计的影响最大？并在小组内报告你的访谈结果。

2. 在制定分层教学目标时要特别注意哪些问题？

3. 结合本章内容、参照给定的学情分析，学习写一份教案。

教案要求：

1. 写一份详案：可以是识字、朗读、阅读分析、课后练习中任意一个环节的1教时教案。

2. 详案内容要求：教学名称、教学目标、重点与难点、教学准备、时间安排、教学过程、板书设计等七个部分。

学情分析

一、学生障碍分析

本班级共计9名学生，其中轻度学生2名；中度学生5名，自闭症儿童1名，重听儿童1名。

二、认知情况

1. 班级中2名轻度学生和2名能力较强的中度学生具有较好的感受能力和表达力。①他们不但能感受季节的变化，还能较准确地表达季节的景物特征；②他们愿意主动参与各项教学活动。

2. ①班级中3名中度学生能通过触觉和衣着变化感受季节的变化，可以借助图片感受季节的主要景物特征，但不能用语言表述不同季节的景物特征；②愿意参与教学活动。

3. ①班级中自闭症儿童能够感受"烫"和"凉"，但不能感受较为细微的温度变化，更不能用语言或其他手段表述季节变化；②但其能在教师的控制下短时间地参与课堂的部分活动；③语言表达为即时性反响语言，无意义。

4. ①班级中1名听障儿童听力损失较严重，社会认知水平较高；②不但能够理解四季含义，还能准确表述四季的景物和人物特征；③能够积极参与教学。

三、学科水平

1. ①班级中2名轻度生和1名听障生对汉字结构具有较好的分析和综合能力。能运用构字规律分析生字，且借助形旁或声旁推导字的读音和义类；②能够正确书写生字词，且字迹端正；③能进行口头组词、扩词和造句的练习；④语感较强，用词、用句较规范；⑤具有较好的阅读水平，能抓住描写季节特征的词句。

2. ①班级中5名中度智障学生识字能力较差，没有独立分析字形结构的能力，但认识常用偏旁、部件，能在教师的引导下分析左右结构和上下结构的汉字；②能书写简单、常用的汉字，能描写复杂的汉字，间架结构基本合理；③对日常生活用语有较好的语感，但阅读时不太能够理解成语等书面语词、也抓不住关键词句；④能在教师启发和图片配合下找出课文中表现季节景物特征的词句，但不能独立完成寻找描写景物特征的词句；⑤能正确朗读日常用语，但如果朗读整段课文或文学色彩较浓的词句会出现添/漏字或读破句的情况。

3. ①班级中自闭症学生基本没有建立学科意识，不能区分不同课程、不同教学活动；②不能主动参与教学；③能认读一些汉字，但不理解意思，不愿意模仿写字；④不会朗读、不理解文义；⑤有时能够按照老师要求重复词句，但并不理解所说的词句含义。

4. ①班中1名听障儿童听力损失较严重的学生虽然听觉障碍，但识字量较大；②能够借助文字理解课文的大致含义。

四个太阳

我画了个绿绿的太阳，挂在夏天的天空。高山、田野、街道、校园，到处一片清凉。

我画了个金黄的太阳，送给秋天。果园里，果子熟了。金黄的落叶忙着邀请小伙伴，请他们尝尝水果的香甜。

我画了个红红的太阳，照亮冬天。阳光温暖着小朋友冻僵的手和脸。

春天，春天的太阳该画什么颜色呢？噢，画个彩色的。因为春天是个多彩的季节。

➢拓展阅读资料

1. 郭友、杨善录、白蓝编著:《教师教学技能》,首都师范大学出版社 1993 年版。

2. 国家教委师范教育司组编:《教学技术基础》,北京师范大学出版社 1997 年版。

3. 庄仪珍主编:《基础教育现代化教学基本功——小学语文卷》,首都师范大学出版社 1997 年版。

4. 李龙编著:《教学设计》高等教育出版社 2010 年版。

5. 李建国:《教学设计在语文教学中的作用》,载《语文教学与研究》2011 年第 13 期。

6. 胡利萍:《论教学设计的重要性》,载《考试周刊》2011 年第 75 期。

7. 张春旺、邢化玲:《板书设计在语文教学中的作用》,载《语文教学与研究:综合天地》2006 年第 10 期。

8. 李翠玲著:《特殊教育教学设计》,台湾心理出版社 2001 年版。

9. 钮文英著:《启智教育课程与教学设计》,台湾心理出版社 2003 年版。